智能露天矿山理论及关键技术

付恩三 刘光伟 著

东北大学出版社
·沈 阳·

ⓒ 付恩三　刘光伟　2022

图书在版编目（CIP）数据

智能露天矿山理论及关键技术 / 付恩三，刘光伟著． — 沈阳：东北大学出版社，2022.7
ISBN 978-7-5517-3025-9

Ⅰ．①智… Ⅱ．①付… ②刘… Ⅲ．①智能技术—应用—露天矿—煤矿管理　Ⅳ．①F407.21-39

中国版本图书馆 CIP 数据核字（2022）第 114255 号

出 版 者：	东北大学出版社
地　　址：	沈阳市和平区文化路三号巷 11 号
邮　　编：	110819
电　　话：	024-83680176（总编室）　83687331（营销部）
传　　真：	024-83687332（总编室）　83680180（营销部）
网　　址：	http://www.neupress.com
E-mail：	neuph@neupress.com

印 刷 者：抚顺光辉彩色广告印刷有限公司
发 行 者：东北大学出版社
幅面尺寸：170 mm×240 mm
印　　张：22.5
字　　数：404 千字
出版时间：2022 年 7 月第 1 版
印刷时间：2022 年 7 月第 1 次印刷
策划编辑：张德喜
责任编辑：郎　坤
责任校对：刘新宇
封面设计：潘正一

ISBN 978-7-5517-3025-9　　　　　　　　　　　　定　价：78.00 元

序
PREFACE

  我国露天煤矿从1904年的抚顺露天煤矿开始，发展延续至今已有将近120年的历史。露天煤矿开采因其资源回收率高、生产能力大、建设工期短、劳动生产率高、吨煤投资低、劳动条件好、利于安全生产等优点而得到迅猛发展。智能露天矿山的建设是我国煤炭行业转型升级和保持竞争优势的关键手段，是实现煤炭资源智能、安全、高效、绿色开发的战略任务和必由之路。智能露天矿山建设是一项复杂的系统性工程，如何构建高质量的智能露天矿山，给我们提出了诸多新的挑战：一是如何实现露天矿山的全面感知，实时动态全面了解矿山的运行状态；二是如何对海量数据进行关联分析，针对露天矿山特定场景进行实时分析；三是如何进行科学决策、综合协调和高效处置，更好的指导露天矿山安全、高效、绿色开采。诚然，要解决上述问题，需要多学科、多部门的科研工作者之间进行高效沟通，需要科研工作者深入现场一线，了解矿山现状，运用新技术、方法、装备，来解决矿山实际问题。这正是露天矿山智能化建设工作者要正面面临的现实问题，也是当代露天矿山建设者的职责和使命。

  2010年我曾提出要建设数字化的露天矿山，2010~2015年多次与神华准能集团进行沟通，酝酿开展露天矿山整体智能化的建设工作。限于诸多方面的原因，该项工作未能如期开展。由于工作的关系，2015年我与刘光伟、付恩三所在的科研团队有了深入接触，两位年轻同志一直从事露天矿山智能化开采设计、矿山安全、智能化总体规划等方面的工作，10余年来从未间断，并深入露天矿山一线，为全国多个露天煤矿开发建设智能开采软件系统和综合管控平台系统以及矿山智能化总体规划等工作。在刘光伟的带领下，组建一支露天矿山安全智能精准开采创新团队，取得了一定的效果。在当前我国智能化建设的关键时期，我曾对两位年轻人建议，你们团队做了大量的智能化矿山建设工作，也有了很好的应用示范和基础，可以适时适当的进行凝练和总结。两位年轻人利用工作之余，经过三年多的酝酿和准备，完成了本书的编写工作，我为两位年轻人感到高兴。本书内容涉及智能露天矿山总体架构、地质模型、无人机、无人驾驶、大数据平台、智能视频、导航开采以及智能露天矿山评价体系等内容。书中介绍了当前我国典型露天矿的智能化建设案例，同时也涵盖作者及其团队近年来的研究成果，使得本书具有了自己鲜明的特色。

在我看来，本书的出版代表了两位年轻人工作和学习积累的一种展示和呈现，但对于两位年轻人来说，这更是一个新起点。当前，我国露天矿山智能化建设处于初级阶段，今后我国露天矿山智能化建设将要面临诸多的机遇和挑战，我国露天矿山智能化建设任重道远。衷心地希望本书的出版能为我国露天矿山智能化建设贡献一份力量，也希望更多的有识之士能关心、关注和支持我国露天矿山的智能化发展事业。

2022 年 8 月 20 日于北京

（贺佑国同志现为教授级高工、享受国务院政府特殊津贴、中国矿山安全学会常务副会长、矿山智能化建设专家委员会主任）

前言
PREFACE

本书主要从基于"互联网+"智能露天矿山为出发点，结合我国露天矿山信息化发展历程，研究智能露天矿山的建设总体框架和关键技术等内容，建立智能露天矿山阶段的评价体系，以构建具有深度学习能力的数字化智能体的"矿山互联网+安全生产"的露天矿山为目标，形成矿山感知、互联、分析、自学习、预测、决策、控制的完整智能系统。快速感知、实时监测、超前预警、联动处置、系统评估、应急联动等新型能力体系基本形成，数字化管理、网络化协同、智能化管控水平明显提升，形成完善的露天矿山支撑和服务体系，实现更高质量、更有效率、更可持续、更为安全的发展模式。实现露天矿山开采无人化、监测感知实时化、风险预警智能化、应急处置快速化、绿色开采一体化的智能露天矿山生态体系。

本书的编写，旨在搭建一个持续推进我国露天矿山转型与探索绿色矿山健康、稳定、协调、可持续发展的交流沟通纽带。在此，诚挚地感谢编写过程中各相关部门、高等院校、众多专家以及矿山企业的大力支持和帮助。本书共由8章组成，依次为第1章绪论、第2章多维属性地质云模型、第3章无人机智能测量技术、第4章露天矿无人驾驶技术、第5章露天矿智能视频平台、第6章综合决策大数据平台、第7章数字孪生与导航开采、第8章智能露天矿评价体系以及附录部分，针对智能露天矿山的网络建设部分的内容，本书不做详细介绍。

感谢国家自然基金委对本书的大力支持，基金编号：51974144。

感谢辽宁工程技术大学学科创新团队资助项目（LNTU20TD-07）对本书的大力支持。感谢应急管理部信息研究院对本书的大力支持。

感谢辽宁工程技术大学白润才教授，对本书总体架构、内容编撰提出的宝贵意见。感谢应急管理部信息研究院贺佑国院长，张勇书记；感谢煤炭工业规划设计研究院有限公司严民杰副院长；感谢曹兰柱教授，宋子岭教授，王东教授，曹博副教授，赵景昌副教授；感谢应急管理部研究中心赵浩高级工程师；感谢盐城工学院柴森霖副教授；感谢中国矿业大学，中国矿业大学（北京），华北科技学院，感谢中煤科工集团沈阳设计研究院，内蒙古煤矿设计院，新疆煤炭设计院，中煤科工集团北京华宇工程有限公司；感谢海克斯康采矿技术人员李亚雷；感谢上海烜璞工程技术有限公司林牧。感谢宝日希勒、平朔、黑岱沟、哈尔乌素、伊敏、神华北电、扎哈淖尔、元宝山、吉林郭勒等露天矿山相关技术人员的大力支持。

对本书所引用文献所涉及的基础理论知识和成果所属单位和作者表示真诚的感谢。

限于作者水平和时间有限，书中存在不足之处，敬请读者批评指正。联系方式：fues@iiem.com.cn

编 者
2022年6月

目 录
CONTENTS

1 绪 论 ·· 1
　1.1 智能露天矿山建设背景 ······································ 1
　1.2 智能露天矿山建设内容 ······································ 5
　1.3 智能露天矿山协同架构 ······································ 6
　1.4 我国智能露天矿山定义 ······································ 13
　1.5 我国智能矿山发展趋势 ······································ 15
　1.6 智能露天矿山建设思路 ······································ 16
　1.7 智能露天矿山相关标准 ······································ 18
　1.8 露天矿山生产实景图 ··· 19

2 多维属性地质模型 ··· 22
　2.1 概述 ·· 22
　2.2 地质储量相关概念 ·· 26
　2.3 露天矿地质模型数据库 ······································ 30
　2.4 多维属性地质空间插值 ······································ 38
　2.5 块体模型构建原理及流程 ·································· 43
　2.6 多维属性实体模型建立 ······································ 52
　2.7 三维地质模型动态更新 ······································ 64
　2.8 露天矿山地质云系统 ··· 65

3 无人机智能测量技术 ··· 74
　3.1 概述 ·· 74
　3.2 系统概念及技术 ·· 83

  3.3 无人机类型介绍 ·· 88
  3.4 任务载荷选型 ·· 93
  3.5 飞行控制与管理 ·· 98
  3.6 无人机测量流程 ··· 100
  3.7 其他应用场景 ··· 104
  3.8 存在的问题 ··· 106
  3.9 露天矿无人机测量应用现状 ······························ 107

4 露天矿无人驾驶技术 ··· 109
  4.1 概述 ··· 109
  4.2 车铲设备协同作业 ······································ 113
  4.3 露天矿山道路及路径 ···································· 118
  4.4 无人驾驶关键技术 ······································ 122
  4.5 无人驾驶作业流程 ······································ 138
  4.6 矿山无人驾驶架构 ······································ 139
  4.7 企业无人驾驶现状 ······································ 145

5 露天矿智能视频平台 ··· 150
  5.1 概述 ··· 150
  5.2 露天矿异常场景介绍 ···································· 152
  5.3 应用研究挑战与问题 ···································· 161
  5.4 智能视频系统架构 ······································ 163
  5.5 智能视频识别流程 ······································ 165
  5.6 视频识别关键技术 ······································ 167
  5.7 算法模型介绍 ··· 170

6 综合决策大数据平台 ··· 182
  6.1 概述 ··· 182
  6.2 边缘数据采集 ··· 184
  6.3 相关理论和技术 ··· 186
  6.4 系统平台架构 ··· 200
  6.5 数据仓库设计 ··· 203

  6.6 指标模型平台 ·· 221
  6.7 数据治理服务 ·· 226

7 数字孪生与导航开采 ··· 232
  7.1 概述 ·· 232
  7.2 数字孪生体系结构 ······································ 240
  7.3 数字导航开采规划 ······································ 241
  7.4 设备故障知识图谱 ······································ 297
  7.5 构建智能化耗能监测预警体系 ····························· 307

8 智能露天矿评价体系 ··· 310
  8.1 第一阶段智能露天矿评价体系 ····························· 312
  8.2 第二阶段智能露天矿评价体系 ····························· 318
  8.3 智能露天矿山分级 ······································ 328
  8.4 智能露天矿山建设标准 ·································· 329

参考文献 ··· 330

附 录 ··· 337
  附录1 固体矿产资源储量新老分类标准转换基本对应关系 ········· 337
  附录2 固体矿产资源/储量分类 ································ 338
  附录3 煤炭资源量估算指标 ·································· 339
  附录4 千万吨级露天矿明细表 ································ 339
  附录5 露天矿知识库资料 ···································· 342

1 绪 论

◆ 1.1 智能露天矿山建设背景

我国固体矿产资源中,露天矿山开采占很大比重,例如建筑材料、石料等几乎全部由露天开采方法采出,70%以上的化工原料矿石、90%以上的黑色冶金辅助矿石、90%以上的铁矿石以及30%以上的有色金属矿石、18%左右的煤炭都是由露天开采方法采出的。露天矿山受自然气候影响明显,季节性剥采排工程交替进行,涉及采掘、运输、排土、爆破、疏干、复垦等多个复杂工程。每个系统犹如人体器官,相互协调运转,支撑露天矿山安全平稳发展。我国露天矿山先后经历了机械化、自动化、数字化等阶段,当前也逐步由数字化走向智能化、智慧化。2019年发布矿产资源节约和综合利用先进适用技术目录370项,其中新技术109项,涉及煤炭类15项、金属类42项、非金属类44项、矿山钻探测量类8项。由此可知,我国依靠新技术和新理念改变传统矿山企业粗放式开采生产模式的投资力度增加,决定了矿山开采生产计划和智能优化技术在未来相当长的时间内起着至关重要的作用,其在国民经济和社会发展中占据着重要的战略地位。当前新一轮科技革命和产业变革与全国加快转变经济发展方式形成历史性交会,以人工智能、机器人、虚拟现实、大数据等技术为代表的第四次工业技术革命给中国矿山行业带来了新的挑战与机遇。2015年以来,国家高度重视基础工业智能化转型的重大问题,相继出台《中国制造2025》《新一代人工智能发展规划》等一系列政策措施推进我国工业智能化转型,为企业提高盈利能力、建立差异化竞争优势、应对激烈国际竞争指引了明确的方向。

2020年3月,国家发展改革委、能源局、应急部、煤监局、工信部、财政部、科技部、教育部八部委联合印发了《关于加快煤矿智能化发展的指导意见》（以下简称《指导意见》）。《指导意见》明确了主要目标：

到2021年，建成多种类型、不同模式的智能化示范煤矿，初步形成煤矿开拓设计、地质保障、生产、安全等主要环节的信息化传输、自动化运行技术体系，基本实现掘进工作面减人提效，综采工作面内少人或无人操作，井工和露天煤矿固定岗位的无人值守与远程监控。

到2025年，大型煤矿和灾害严重煤矿基本实现智能化，形成煤矿智能化建设技术规范与标准体系，实现开拓设计、地质保障、采掘（剥）、运输、通风、洗选、物流等系统的智能化决策和自动化协同运行，井下重点岗位机器人作业，露天煤矿实现智能连续作业和无人化运输。

到2035年，各类煤矿基本实现智能化，构建多产业链、多系统集成的煤矿智能化系统，建成智能感知、智能决策、自动执行的煤矿智能化体系。

《指导意见》明确了煤矿智能化发展的10项主要任务：

一是加强顶层设计，科学谋划煤矿智能化建设。二是强化标准引领，提升煤矿智能化基础能力。三是推进科技创新，提高智能化技术与装备水平。四是加快生产煤矿智能化改造，提升新建煤矿智能化水平。五是发挥示范带动作用，建设智能化示范煤矿。六是实施绿色矿山建设，促进生态环境协调发展。七是推广新一代信息技术应用，分级建设智能化平台。八是探索服务新模式，持续延伸产业链。九是加快人才培养，提高人才队伍保障能力。十是加强国际合作，积极参与"一带一路"建设。

从《指导意见》中可以看出，实现智能矿山的建设，应重点实现包括煤矿在内的矿山智能化发展的10项主要任务。随着大数据、人工智能、通信技术的发展，煤炭行业也逐步从低端迈入智能化新纪元。煤炭行业逐步迈向环境友好、科技感十足、人才队伍创新发展的新时代。

截至2021年12月，全国在籍的露天煤矿有361处（其中，生产建设露天矿山264处，长期停建矿山97处），分布在内蒙古、新疆、山西、陕西、黑龙江、云南等15个省。其中大型露天煤矿有42处（千万吨级露天矿30处），占全国露天煤矿数量的11.63%；中型露天煤矿104处，占全国露天煤矿数量的28.80%；小型露天煤矿215处，占全国露天煤矿数量的59.56%。产能上看，大型露天煤矿贡献7.02亿吨，占比71.34%，中型露天煤矿贡献1.724亿吨，占比17.52%，小型露天煤矿贡献1.096亿吨，占比11.14%，详见表1-1和图1-1。

表1-1 露天煤矿产能表

矿型	核定生产能力/Mt	煤矿数量/处	核定产能/Mt
大型	$X \geqslant 10$	30	579
	$4 \leqslant X < 10$	12	123
中型	$1 \leqslant X < 4$	104	172.4
小型	< 1	215	109.6
合计		361	984

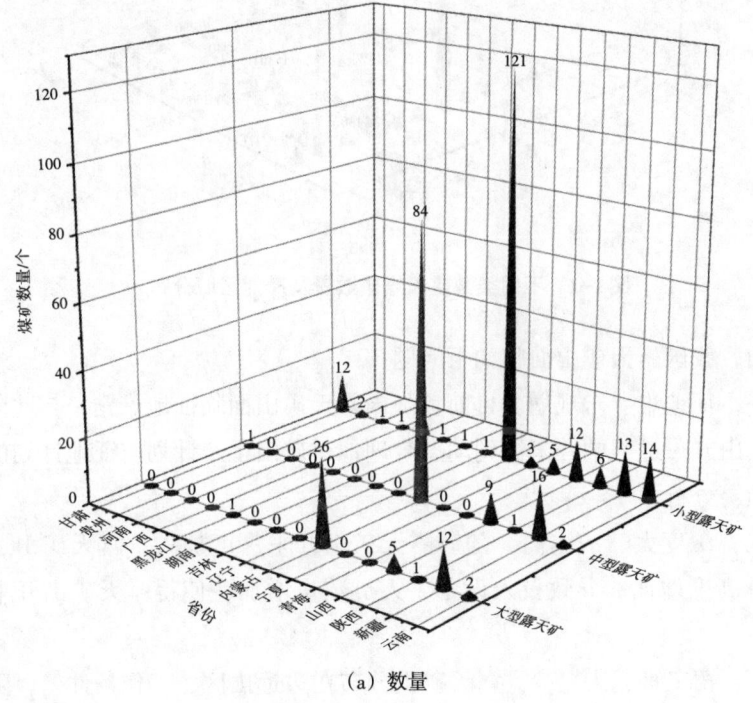

(a) 数量

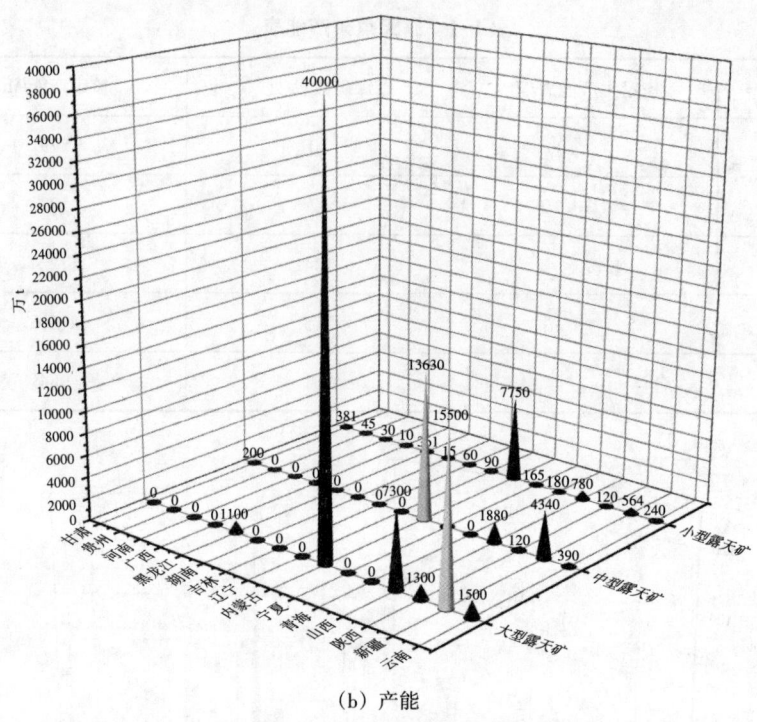

(b) 产能

图1-1 不同类型露天煤矿数量及产能区域分布

目前，我国露天矿山面临如下问题：

第一，征地难、未规划。目前，国内露天矿山面临征地难题，与此同时反映出，矿山开采过程中并未做到动态合理地对矿山生产计划与征地计划的超前融合和预警分析。

第二，深度大、成本高。随着露天矿山开采深度加大，露天矿山运距增加，提升高度增加，导致投入设备、人员数量增加，使得露天矿山开采成本增加。

第三，招工难、人短缺。露天矿山分布在边远山区，工作条件差，随着国家产业升级，招工难的问题是制约露天矿山发展的一个重要因素。

第四，艺综合、难管理。近年来，随着矿山设备发展，露天矿山中开采工艺复杂化，露天矿山逐步发展成为综合型的开采工艺矿山，其工艺主要有：卡车+破碎站+皮带运输的半连续工艺；自移式破碎机+胶带的连续工艺；轮斗铲+转载机+胶带连续开采工艺；吊斗铲无运输倒堆工艺；开采过程中为回收端帮残煤而融合的端帮采煤工艺等等。随着露天矿山开采工艺的复杂化，大量大型化、现代化设备的投入使用，露天矿山面临对设备的维修、保养、管理等方面的问题。露天矿山面临新的安全管理模式，新的安全生产问题逐步涌现。

在智能化发展进程中，存在如下问题：

第一，在智能露天矿山总体设计规划、分步实施、评价标准等方面缺乏深入的基础性研究。更多强调智能露天矿山实现的最终目标，缺乏对露天矿山各系统之间的业务流、数据流、安全管理、环境保护等环节的智能化交叉梳理。

第二，智能露天矿山复合型人才匮乏。智能露天矿山是一个复杂的系统工程，需要既懂露天矿山开采又懂计算机技术的复合型人才，实现对智能露天矿山的建设，实现跨学科、跨专业的深度融合。

近年来，我国露天矿山开采从单一的开采资源到注重企业发展战略，充分利用资源，不断延伸产业链条，构建循环经济发展模式，建设新型的现代化露天矿山企业成为现阶段的主导思想。随着我国矿山新开采理念的提出，如何构建基于最小生态扰动开采的绿色化、智能化矿山成为露天开采专业的研究重点；如何将露天矿山生产过程中的各种数据和信息有效关联，实现对生产过程监控、安全风险防控、生态环保管控，构建智能露天矿山的"智能大脑"，全方位动态支配露天矿山各个生产环节，成为构建智能露天矿山的主要核心。建设智能露天煤矿，发展智能化开采，符合当前我国国家战略，也是解决目前矿山行业面临的问题和发展的必然选择。应用先进的云计算、大数据、三维云平台等手段，优化矿山开采生产环节，控制矿山生产成本，以最小生态扰动控制矿山征地、复垦、环保，建设安全绿色环保高效智能可视化于一体的新型智能矿山，保持矿山核心竞争力，引领我国露天矿山行业的发展。

◆ 1.2 智能露天矿山建设内容

智能露天矿山的建设是建立在智能露天矿山开采的基础上。应用于露天矿山整个系统中的所有新技术，都是以露天矿山开采方法为依托。智能露天矿山的建设发展以实现露天矿山自动化装备及自动化系统的大范围应用、生产设计与矿山工程施工的一体化管控、信息化数据链的集成、数据处理和决策为基础目标。智能露天矿山建设内容涵盖智能露天矿山设计规划开采、智能露天矿山基础支撑平台和智能露天矿山关键技术应用系统三大部分。

① 智能露天矿山开采：包括矿山开采规划（短期计划、长期计划），爆破计划等开采方案设计等内容，涉及地质部门、采矿部门、测量部门、环保部

门，智能矿山开采规划为露天矿山协同管理提供技术、经济基础指标数据。

②智能露天矿山基础支撑平台：包括多维属性地质云平台、智能露天矿山数据平台和多维数据库建设、移动互联网络建设等内容。

③智能露天矿山关键技术应用系统：包括大数据分析关键技术、无人机智能测量技术、露天矿山无人驾驶技术、设备实时调度技术、露天矿感知和预警分析技术、数字孪生导航开采技术、应急管理技术等内容。

智能露天矿山的三部分建设内容相辅相成，相互交织，数据相互融合，共同支撑智能露天矿山的建设，最终实现智能矿山类人思维运转、执行、交互、感知、预警、应急等智能化运行模式。

1.3 智能露天矿山协同架构

1.3.1 智能露天矿山架构

智能露天矿山的应用落地需要遵循"智能露天矿山业务目标—智能露天矿山功能要素—智能露天矿山实施方式—智能露天矿山技术支撑"的主线，打造新时代的矿业发展新模式，将金山银山融入到智能矿山之中。结合智能露天矿山的数字化基础和整个露天矿山行业发展，形成具有我国特色的智能露天矿山建设方式。智能露天矿山采用"云—边—端"的总体网络架构，如图1-2所

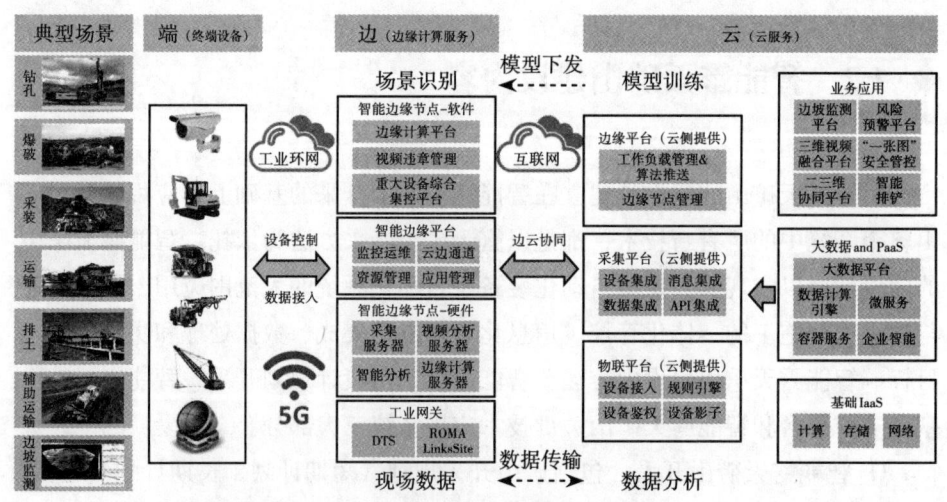

图1-2 云、边、端智能露天矿山思路

示,通过接入矿山多源异构数据,充分应用大数据、云计算等先进技术,来实现对露天矿山的地质储量分析、开采方案优化、边坡安全预警、设备实时调度以及经营指标的多维分析,实现露天矿山各个生产环节的协同关联,构建具有竞争优势的露天矿山。智能露天矿山提供智能矿山服务、构建天地一体化体系、实现协同创新。智能露天矿山的功能架构如图1-3所示。

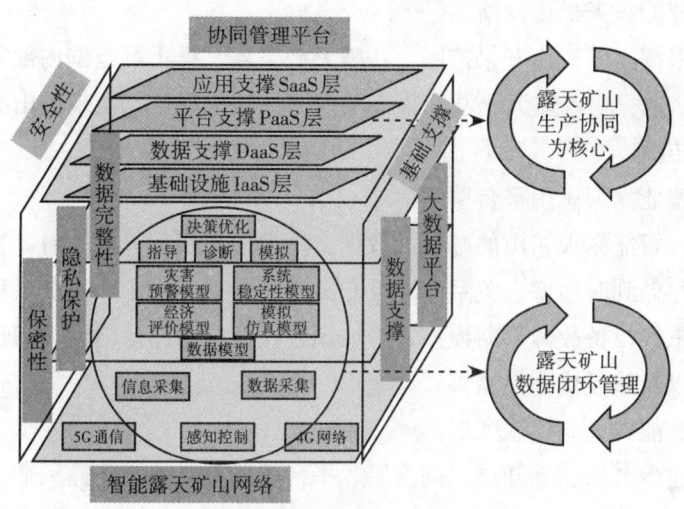

图1-3 智能露天矿山功能架构

根据智能露天矿山的含义,总结凝练智能露天矿山的总体架构涵盖:生产层、感知层、网络层、平台层和服务层。总体架构如图1-4所示。

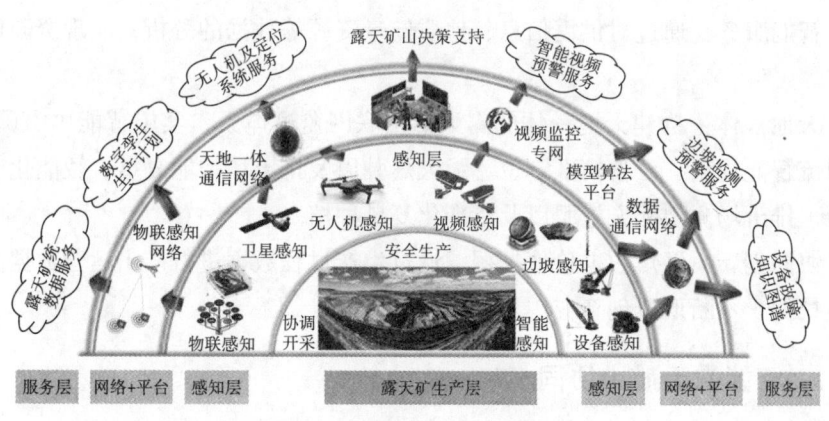

图1-4 智能露天矿山总体架构

(1) 智能露天矿山生产层

主要体现在露天矿山生产环节:测量—钻爆(若有)—剥离—采煤—运

输—排土—复垦等。实现露天矿山生产接续平稳，设备高效运行。

(2) 智能露天矿山感知层

主要实现矿山全系统数据的感知接入，感知数据涵盖：边坡数据、重大设备工况数据、环境数据、成本数据、无人机矿图影像数据、CAD线框数据以及卫星感知，实现数据空地一体的实时汇聚。

(3) 智能露天矿山网络层

主要根据露天矿山开采范围，在露天矿采场、排土场范围内部署移动或固定4G/5G基站，实现露天全域开采范围内网络的全覆盖，实现矿山感知系统数据的高速传输。

(4) 智能露天矿山平台层

涵盖：智能露天矿山的基础大数据支撑平台、模型算法平台。根据不同数据类型，存储到时序库、关系库以及非关系型数据库当中。算法模型包括：穿采运排等重大设备故障诊断模型、滑坡预警模型、道路运输能力模型、系统可靠性模型以及路径优化模型等。

(5) 智能露天矿山服务层

在上述生产层、感知层、网络层、平台层的基础上，为露天矿山提供相应的智能服务，包括：数字孪生生产计划、无人机测量服务、智能视频预警、边坡监测预警、设备故障诊断以及矿山的辅助决策服务。

智能露天矿山的发展是协同创新的集中体现，是天地一体的监测网络，是为露天矿山提供一种新的智能服务，上述三个方面的内容体现如下：

智能服务：通过对供需信息、地质储量资源等数据的分析，实现资源优化配置。

天地一体：构建天地一体的露天矿山联网监测体系，实施智能矿山调度、物料流智能规划、设备精准定位、无人驾驶以及排土场智能复垦、智能化节水灌溉、排土场测土配方施肥以及精准化复垦种植。

协同创新：聚焦数据价值挖掘，通过生产过程数据进行矿山运营数据的分析、挖掘，不断形成创新应用。

1.3.2 智能露天矿山协同

在数据采集、生产计划设计、开采方案选择、智能调度开采、生产计划优化、协同办公、开采参数实时模拟方面，实现露天矿山的多系统协同运转。智能露天矿山协同建设以基础数据协同为目标提供精准的基础数据支撑，以生产系统协同为目标提供矿山合理的生产能力，以安全生产协同提供稳健的安全生产环境，以生产经营协同实现具有竞争优势的智能露天矿山。智能露天矿山协同自下而上要实现基础数据协同、生产系统协同、灾害风险分析协同以及经营决策协同的四维一体的构建具有竞争优势的智能露天矿山的总体目标。智能露天矿山协同流程如图1-5所示。

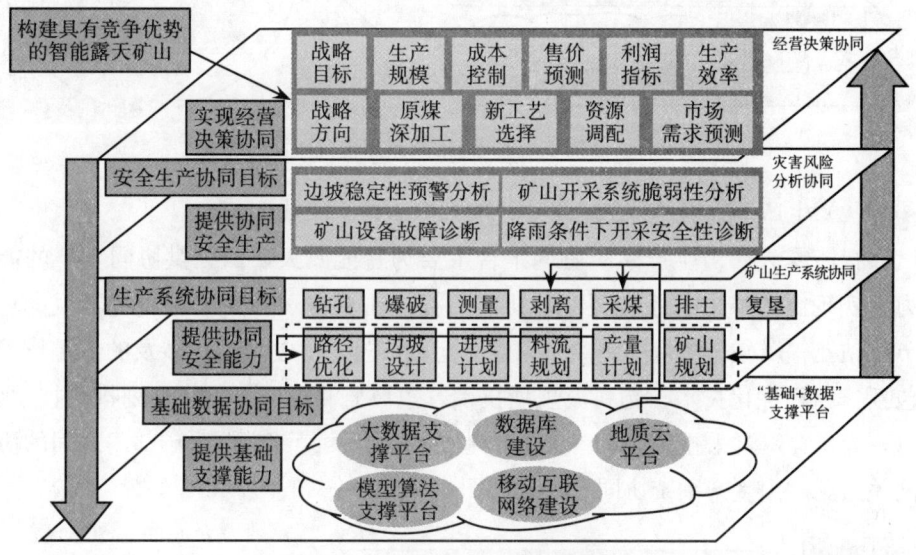

图1-5 智能露天矿山协同流程

（1）基础数据协同

智能露天矿山基础+数据支撑平台主要包括：地质云平台、数据库建设、大数据支撑平台、模型算法支撑平台以及移动互联网建设等建设内容。地质云平台：实现对智能露天矿山地质资源数据的三维化，知悉露天矿山开采境界内的资源储量及分布。数据库建设：随着露天矿山各类生产系统实时海量数据的汇聚采集，通过构建智能露天矿山的数据汇聚云平台，将露天矿山的各类结构化数据、非结构化数据进行分门别类的存储。同时，将各类数据按照使用频率，分成热数据、温数据、冷数据，用于海量多源异构数据的融合分析。根据不同的数据类型，存储到时序库、关系库以及非关系型数据库当中。实现智能露天矿山的基础支撑需要依托大数据支撑平台、模型算法平台以及关键的移动互联网络建设。露天矿山基础+数据支撑平台如图1-6所示。

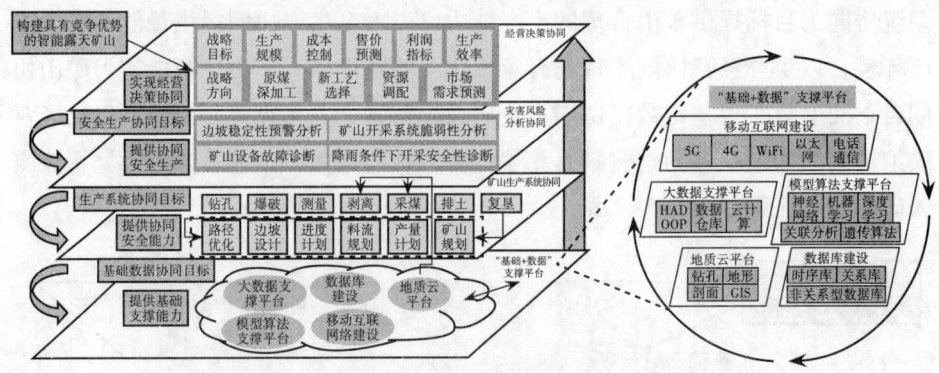

图1-6 智能矿山基础+数据支撑平台建设内容

（2）生产系统协同

智能露天矿山生产系统协同平台主要为智能露天矿山提供协同生产的能力，实现露天矿山各系统环节的协同目标。主要体现在露天矿山各个生产环节：钻孔—爆破—测量—剥离—采煤—运输—排土—复垦等。涉及的关键技术包括：路径优化技术、物料流规划技术、边坡监测设计、生产规划排产技术。以露天矿穿爆剥采排为例，露天矿山地质部门—测量部门—采矿部门之间的协同关系见矿山生产系统协同平台，如图1-7所示。

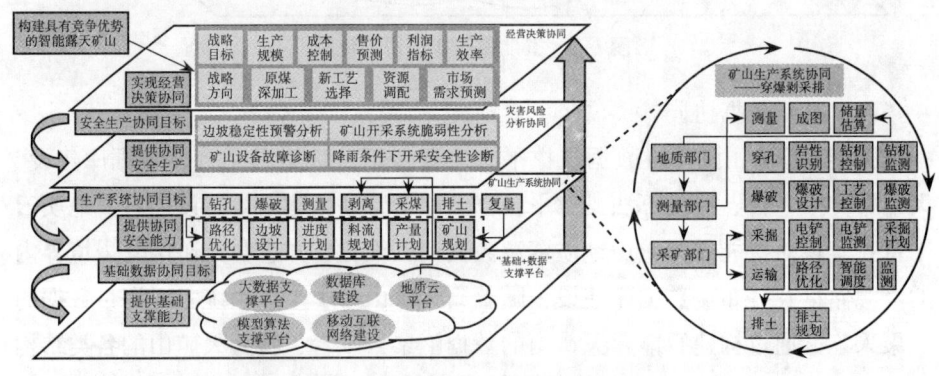

图1-7 矿山生产系统协同建设内容

（3）灾害风险分析协同

露天矿山灾害风险分析协同平台为智能露天矿山提供安全生产的目标。主要涵盖：露天矿山实时监测数据采集、构建露天矿山算法分析模型以及建设露天矿山灾害风险评估处置流程。数据采集包括：边坡数据、露天矿重大设备数据、矿山环境数据以及矿山道路实时数据。算法模型包括：穿采运排等重大设备故障诊断模型、滑坡预警模型、道路运输能力模型、系统可靠性模型、尾矿库预警模型等。灾害风险评估包括：露天矿山灾害风险研判、灾害风险处置建议、灾害风险预警发布等内容，灾害风险分析协同架构如图1-8所示。

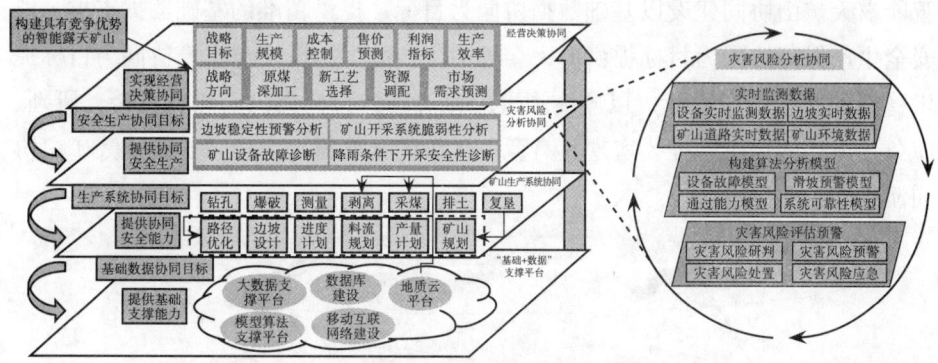

图1-8　灾害风险分析协同建设内容

（4）经营决策协同

露天矿山经营决策协同平台主要实现对露天矿山总体战略规划的决策支持。主要涵盖：露天矿山生产规模优化、露天矿山生产成本控制、生产效率分析、矿产售价预测、利润分析、企业上下游产业链资源调配以及露天矿山整体行业的资源需求预测。经营决策平台的数据需要由露天矿山各个生产环节数据的融合支撑，为矿山领导者实现战略决策。构建具有竞争优势的智能露天矿山经营决策协同架构如图1-9所示。

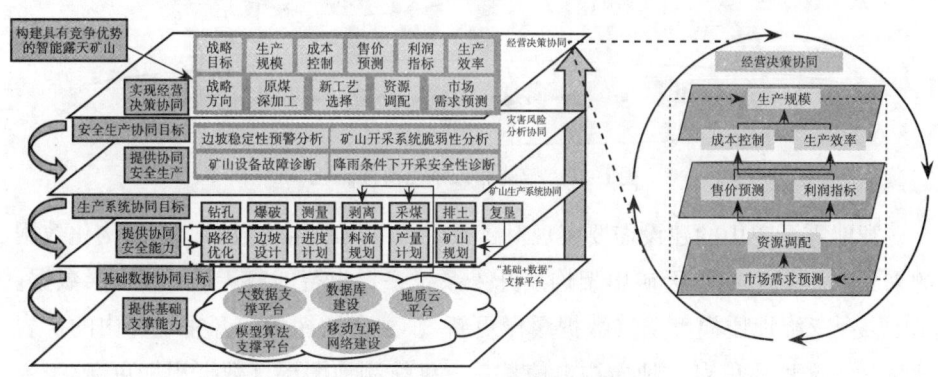

图1-9　经营决策协同建设内容

综上所述，智能露天矿山的目标是实现露天矿山的协同运转，实现基础数据支撑、生产系统协同、灾害风险分析以及经营决策协同之间的相互关联，协同协作，实现智能露天矿山的安全平稳运转。

智能露天矿山协同流程包括数据采集、生产计划设计、开采方案选择、智能调度开采、生产计划优化、风险监测、预警、研判、救援以及各生产部门之间的信息交互共享，协同办公，实现露天矿山多系统之间的业务流协同运转。智能露天矿山协同建设以基础数据协同为目标，提供精准的基础数据支撑，以安全生产保障协同为目标提供矿山合理的生产能力，以安全生产协同为目标提供稳健的安全生产环境，以监测预警应急协同为目标提供监测、预警、研判、应急一体化的风险管控，实现具有竞争优势的智能露天矿山。智能露天矿山协同流程如图1-10所示。

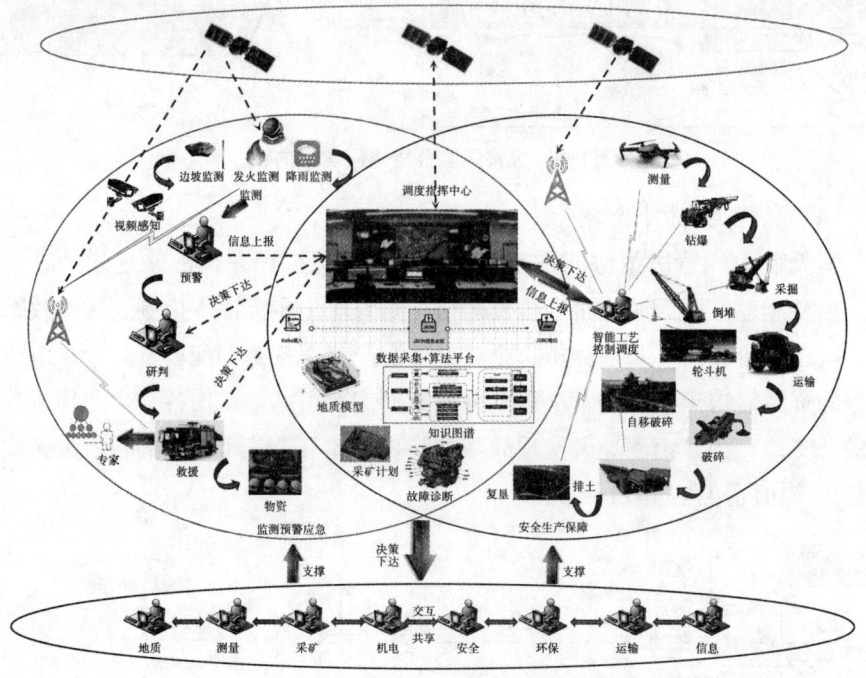

图1-10 智能露天矿山协同流程

智能露天矿山的建设需要实现对露天矿山各类结构化数据、非结构化数据的采集。根据智能露天矿山架构及开采系统，提出智能露天矿山的4层数据。第1层：三维地质模型层（数据缓慢更新），主要为露天矿开采境界内的矿岩信息、水文地质信息、地质构造信息；三维航测地图层（数据周期更新），主要为露天矿山的地表现状，采场、排土场的地图信息，涵盖：矿权境界信息、运输道路信息、关键运输位置等信息。第2层：感知数据层，为露天矿生产数据（数据高度动态），涵盖：车铲工况感知、边坡位移、剥采产量、用电以及实时视频等信息。第3层：生产控制层，为露天矿各生产环节控制系统，涵盖：设备远程控制、故障智能诊断控制以及视频识别等。第4层：辅助决策层

(数据周期更新),涵盖:成本、售价、利润、效率、规划等信息。智能露天矿山动态数据层架构如图 1-11 所示。

图 1-11 智能露天矿山数据层

1.4 我国智能露天矿山定义

2017 年 10 月 14 日发布的《智慧矿山信息系统通用技术规范》(GB/T 34679—2017)(以下简称《规范》)中,明确了智慧矿山(Smart Mine)的定义。智慧矿山的定义为:基于空间和时间的四维地理信息、泛在网、云计算、大数据、虚拟化、计算机软件及各种网络,集成应用各类传感感知、数据通信、自动控制、智能决策等技术,对矿山信息化、工业自动化深度融合,能够完成矿山企业所有信息的精准适时采集、高可靠网络化传输、规范化信息集成、适时可视化展现、生产环节自动化运行,能为各类决策提供智能化服务的数字化智慧体,并对人—机—环的隐患、故障和危险源提前预知和防治,使整个矿山具有自学习、分析和决策的能力。

从《规范》中可以看出,智慧矿山涵盖各类传感信息,实现数据的实时传输,最终实现矿山的自学习、分析和决策的能力。目前我国矿山还不具备自学习、分析和决策的能力,要想实现矿山的"智慧",需要融入矿山自身信息和日常管理经验后进行智能决策,从而使整个矿山具有自我分析和决策的能力,使矿山的"人、机、环、管"处于高度协调的统一体中运行。

2021年4月9日自然资源部发布了《智能矿山建设规范》。该标准规定了矿山在地质与测量、矿产资源储量、采矿、选矿、资源节约与综合利用、生态环境保护、生产经营管理方面实现智能化的相关要求,用于指导矿山企业"智能矿山"的规划和建设。规范中明确了智能化系统、智能矿山以及矿山大数据等概念。相关概念如下:

智能化系统:由现代通信与信息技术、计算机技术、自动控制技术、矿业先进技术等整合而成,针对某一方面应用的可执行系统。其具有感知、分析、推理、判断能力,可以代替人工自主性地完成某一方面的工作。

智能矿山:对矿山地质与测量、矿产资源储量、采矿、选矿、资源节约与综合利用、生态环境保护等生产经营各要素实现数字化、自动化和协同化管控,并且其运行系统具备感知、分析、推理、判断及决策能力的现代化矿山。

矿山大数据:将矿山从勘探、建设、生产到闭坑全生命周期和全过程的信息进行数字化表述产生的海量、多变、异构数据,通过IT技术和软硬件工具将其汇集到一起,形成的数据资源,经过数据挖掘和深度加工,将有用数据用于矿山的生产管理和决策。

国家能源局和国家矿山安全监察局印发的《煤矿智能化建设指南(2021年版)》(以下简称《指南》)中对露天矿山的建设有如下要求:生产煤矿重点提升基础网络、数据中心、感知系统、智能装备、机器人等建设,重点建设远程操控系统、无人驾驶系统、远程运维系统、综合管控系统等,实现开采环境数字化、剥采装备智能化、生产过程遥控化、信息传输网络化和经营管理信息化。

智能露天矿山应具备《规范》和《指南》中提到的所有关键点,实现矿山的自学习、分析和决策。本书作者结合《规范》和《指南》中的定义和露天矿山特点,定义智能露天矿山为:智能露天矿山是一种矿山新生态,通过建设关键的基础设施和创新应用新技术形态,在矿山优化开采的基础上,融合矿山地理信息、人员信息、设备信息、环境信息、管理信息等多维数据,是新型基础创新技术与露天矿山转型深入融合的产物,是实现露天矿山的全面互联、协同开采、灾害预警、应急联动,实现全露天矿山上下游产业链、价值链的全面连接,不断创新传统矿山生产模式和产业形态,推动矿山企业加速产业升级转型，不断壮大智能露天矿山的发展，最终实现集安全、高效、绿色、环保、智能、自学习、分析和决策于一体的智能化露天矿山新生态。

1.5 我国智能矿山发展趋势

露天矿山开采是一个复杂的系统工程，涉及系统繁多、工艺复杂、人机交互作业、各环节作业场所关联度高。随着新技术、新设备的投入使用，露天矿山逐步向着大型化、安全化、智能化方向发展。将露天矿山开采各系统智能化融合，充分利用信息化技术手段，进行多源数据深度分析学习，以信息化的手段，建设智能露天煤矿，以期实现对传统产业的升级改造，指导露天矿山安全生产，具有重要的意义。

未来，我国智能露天矿山发展主要向着如下几个方面发展：

一是基于平台的数据智能成为整个露天矿山智能化的核心驱动。大数据、人工智能技术持续拓展数据分析应用的深度和广度，强化生产过程中的智能分析决策能力，基于数字孪生所构建的虚实交互闭环优化系统实现对物理世界更加精准的预测分析和优化控制，最终驱动形成具备自学习、自决策、自使用能力的新型智能化生产方式。主要表现在如下三个方面：

第一，态势感知将成为重要技术手段。鼓励矿山能源企业运用大数据技术对设备状态、设备负荷等数据进行分析挖掘和预测，开展精准调度、故障判断和预测性维护。

第二，形成更加完善的露天矿山交通运输的感知体系。全面支撑运输设备故障预警、运行维护以及智能化调度和安全监管，形成智能露天矿山交通运输感知体系。

第三，建设支撑超大规模深度学习的新型计算集群。构建包括语音、图像、视频、地图等数据的海量训练资源库，加强人工智能基础资源和公共服务等创新平台的建设。进一步推进计算机视觉、智能语音处理、生物特征识别、自然语言理解、智能决策控制以及新型人机交互等关键技术的研发。新型计算集群为一个集团、一个地域的多个露天矿山提供智能决策服务。

二是平台化架构成为未来智能矿山系统的共性选择。促使露天矿山软件与平台加速融合。基于统一平台载体的数据集成管理和智能分析应用破解了信息孤岛问题，基于平台部署应用研发设计、仿真优化、生产管理、运营管理等软件工具，能够有效降低企业数字化系统的复杂程度和投资成本，并构筑全生产流程打通集成的一体化服务能力，驱动实现更加高效的业务协同。主要表现在如下两个方面：

第一，推进露天矿山能源生产智能化。建立能源生产运行的监测、管理和调度信息公共服务网络，加强能源产业上下游企业的信息对接和生产消费智能化，同时需要支撑电厂、钢厂等企业的协同运行，促进相关行业的协同发展。

第二，强调与现场级设备的互通。打通现场设备层，通过现场数据的实时采集，实现企业内资源的垂直整合。

三是数据的标准化、"上通下达"。人工智能、大数据的快速应用，使得工业企业对数据互通的需求越来越强烈，标准化、"上通下达"成为数据互通技术发展的趋势。主要表现在如下两个方面：

第一，实现信息标准化。与传统工业控制系统数据信息只会在固定的设备间流动不同，工业互联网对数据处理的主体更广泛，需要跨系统对数据进行理解和集成，因此要求数据模型以及数据的存储传输更加通用化与标准化。

第二，加强与云的连接。借助云平台和大数据，实现数据价值的深度挖掘和更大范围的数据互通。

四是实现露天矿山的绿色生态、智能环保。实时监控矿山生产环节中的能耗、环境污染关键指标，加大监测范围及力度。主要表现在如下两个方面：

第一，"互联网+"绿色生态。加强资源环境动态监测。结合互联网大数据分析，优化监测站点步距，扩大动态监测范围，构建资源环境承载能力立体监控系统。依托现有互联网、云计算平台，逐步实现矿山环境动态监测信息互联共享，加强对用能环节能耗在线监测和大数据分析。

第二，大力发展智能环保。完善污染物排放在线监测系统，增加监测污染物种类，扩大监测范围，形成全天候、多层次的智能多源感知体系。建立环境信息数据共享机制，统一数据交换标准，推进区域污染物排放、空气环境质量、水环境质量等信息公开。建设环境预警和风险监测信息网络，提升矿山等重点风险防范水平和应急处置能力。

◆ 1.6 智能露天矿山建设思路

智能露天矿山建设思路是立足综合信息化，满足露天矿山生产短期和长远需要，坚持企业为主体、因企制宜、立足当前、融合创新、分步实施、源头防范，最终形成智能露天矿山的融合发展。主要建设思路如下：

（1）坚持企业主体、政府引导

充分发挥市场在资源配置中的绝对性，充分调动企业的内生动力和创新活力；加强规划引导，完善相关支持政策，营造露天矿山智能化发展良好环境。

（2）坚持因企制宜、注重实效

根据企业发展战略和实际生产经营情况，充分考虑矿山资源禀赋条件、矿山所处生命周期阶段、工艺装备水平以及信息化建设基础，明确企业智能化建设重点，新建矿山直接进行智能化规划与设计，在产矿山有序推进智能化改造。

（3）坚持立足当前、谋划长远

立足我国露天矿山发展不平衡现状，加大技术资金投入和人才培养力度，突破制约露天矿山智能化发展的瓶颈；把握能源革命发展机遇，以智能技术为牵引布局露天矿山智能化发展，推动矿产资源开发利用方式变革。

（4）坚持融合创新、开放合作

坚持以"深入实施工业互联网创新发展战略"和"提升露天矿山智能化"为主线，着力打造"露天矿山互联网+安全生产"新型能力，推动"露天矿山互联网+安全生产"融合创新应用，提升露天矿山本质安全水平和安全监管效率，实现露天矿山的实时监测、快速感知、超前预警、提升应急处置的能力。加强露天矿山智能化基础理论研究与科技创新，实现关键核心技术自主可控；通过多元合作拓展智能化发展空间，构建创新包容的露天矿山智能化产业生态，形成开放共享的煤矿智能化大格局。

（5）分步实施建设、有序推进

坚持创新引领、数据驱动。积极探索5G新型基础设施在企业生产中的应用，推进新技术与智能露天矿山的融合创新。基于数据和机理融合驱动理念，应用大数据、人工智能、边缘计算等技术提升信息系统学习与认知的能力，充分发挥工艺技术人员的智慧与机器智能各自的优势，推动工艺与管理知识的沉淀与复用，支撑企业持续进行技术创新。

1.7 智能露天矿山相关标准

目前关于露天矿山行业规范2001—2022年的现行相关标准，详见附录5：露天矿山知识库资料。本书在编写过程中，参照了以下规范、标准、指导意见。

(1)《关于加快煤矿智能化发展的指导意见》（发改能源〔2020〕283号）

(2)《智能矿山建设规范》

(3)《煤矿智能化建设指南（2021年版）》

(4)《金属非金属矿山智能矿山建设标准》

(5)《有色金属行业智能矿山建设指南（试行）》

(6)《煤矿安全规程》（中华人民共和国应急管理部令第8号）

(7)《中华人民共和国安全生产法》（2021年修订版）

(8)《露天煤矿边坡变形监测技术规范》（GB/T 37697—2019）

(9)《煤炭工业矿区总体规划规范》（GB 50465—2008）

(10)《爆破安全规程》（GB 6722—2021）

(11)《带式输送机安全规程》（GB 14784—2013）

(12)《煤炭产量远程监测系统通用技术要求》（MT 1082—2008）

(13)《冶金矿山采矿设计规范》（GB 50830—2013）

(14)《有色金属采矿设计规范》（GB 50771—2012）

(15)《煤炭工业露天矿设计规范》（GB 50197—2015）

(16)《智能化采煤工作面分类、分级技术条件与评价指标体系》（T/CCS 002—2020）

(17)《智能化示范煤矿验收管理办法（试行）》（国能发煤炭规〔2021〕69号）

(18)《贵州省露天煤矿智能化机械化建设与验收暂行办法》（黔能源科技〔2020〕49号）

(19)《智能化露天煤矿建设规范》（DB14/T 2271—2021）

(20)《露天矿山无人驾驶采场道路安全技术规范》（T/NAJX 002—2019）

(21)《露天矿山无人驾驶车辆运行安全技术规范》（T/NAJX 003—2019）

(22)《厂矿道路设计规范》（GBJ 22—87）

(23)《智能化示范煤矿验收管理办法（试行）》

1.8 露天矿山生产实景图

为了让大家更好地了解壮美的露天矿山，本小节给出我国大型露天矿山的航拍图和相应的设备作业图，展现新时代我国露天矿山的风貌。如图1-12至1-17所示。

图1-12 哈尔乌素露天矿（图片来自哈尔乌素露天矿）

哈尔乌素露天煤矿位于内蒙古自治区鄂尔多斯市准格尔旗（薛家湾镇）东部，属晋陕蒙交界地区，北邻黑岱沟露天煤矿，生产能力35 Mt/a，设计台阶高度15 m，工作线长度约2000 m，剥离采煤均采用单斗-卡车间断开采工艺。

图1-13 伊敏露天矿（图片来自伊敏露天矿）

伊敏露天矿是华能伊敏煤电有限责任公司所属的煤炭生产单位，是国务院批准的国内第一家煤电联营工程主体配套项目，1973年进行煤田地质勘探，1976年开发立项，1984年建成百万吨首采区，煤矿经三期建设，核定生产能力为2700万t/a，2022年核定生产能力3500万t/a。现有在职正式职工1127人。

煤炭生产主要包括采掘、运输、排土、煤炭运输、疏干排水、供配电及推平碾压辅助等生产环节。目前，伊敏河露天矿上部采用轮斗挖掘机进行表土剥离，下部岩石采用单斗卡车工艺，采煤采用电铲自移式破碎机。属于综合工艺露天矿。

图1-14 世界首套9000 t/h中硬岩石半连续开采工艺在平朔东露天煤矿成功应用　　图1-15 平朔露天矿电铲-卡车协同作业

安太堡露天矿于1982年开始筹建，1985年7月开工建设，于1987年9月建成投产。初始设计产能1533万t/a，2008年新设备投入运行后，核定生产能力2200万t/a，后经扩建改造，2014年再次核定生产能力为3000万t/a，现核定生产能力2000万t/a。安太堡矿岩土剥离采用单斗-卡车间断工艺。原煤开采采用单斗—卡车—它移式破碎站—带式输送机的半连续开采工艺。

依据中煤集团公司的战略要求，平朔煤炭公司2010年要达年产煤炭亿吨的生产规模，所以安家岭露天煤矿改扩建时间为2008、2009年两年。安家岭露天矿2006年核定规模13.50 Mt/a，2008年设计规模13.50 Mt/a，2009年设计过渡规模16.50 Mt/a，2010年设计达产规模20.00 Mt/a。2019年核定生产能力2000万t/a。剥离工艺：黄土层外包剥离，采用小型挖掘机—卡车工艺；岩石采用大型电铲—卡车工艺；煤层开采：采煤采用半连续工艺，即坑内单斗—卡车—地面半固定破碎站—胶带输送机。

黑岱沟露天煤矿1992年开工建设，1996年投入试生产，1998年划归原神华集团管理，1999年正式移交生产。2003年黑岱沟露天煤矿进行扩能技术改造，引进吊斗铲工艺，生产规模由原来的1200万t/a扩能至2000万t/a。2014年核定生产能力3400万t/a。黑岱沟露天煤矿黄土层及上部岩层采用单斗-卡车开采工艺，6号煤层以上平均45 m岩层采用抛掷爆破+吊斗铲倒堆开采工艺，采煤采用单斗—卡车+地面半固定破碎站半连续开采工艺。

图1-16 黑岱沟露天矿吊斗铲（图片来自黑岱沟露天矿）

图1-17 扎哈淖尔轮斗铲（图片来自扎哈淖尔露天矿）

扎哈淖尔露天矿区位于霍林河煤田中段，煤田在内蒙古自治区通辽市西北端，在扎鲁特旗和霍林郭勒市境内。南距通辽市 324 km，东北距霍林郭勒市 15 km。建设规模 18.00 Mt/a，上部松散土层采用国际先进的轮斗—胶带连续工艺；浅部岩石剥离生产采用单斗—卡车间断工艺；深部剥离生产采用单斗—卡车—半移动破碎站—带式输送机—排土机半连续工艺；煤炭生产采用单斗挖掘机—卡车—半移动破碎站—带式输送机半连续工艺。

2 多维属性地质模型

◆ 2.1 概述

地质云平台充分利用云存储、北斗定位、5G通信网络等新技术，实现对矿山地质数据的采集和管控，见图2-1。地质云平台主要包括对矿山多源异构数据的采集、存储，可实现矿体面模型、体模型、水文模型、岩石体的构建，同时实现对矿床地质信息的集中管控与存储。通过构建基于多维属性信息的矿山"地质云"模型，实现对矿山资源的"一张网、一张图、一个库、一张表"的综合管理，使露天矿山企业生产实现"看得见、管得了、控得住、查的着"的管理目标。

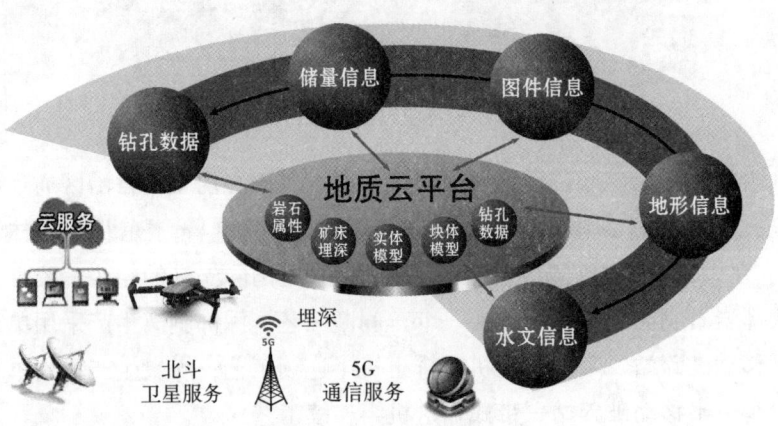

图2-1 地质云平台图

多维属性信息的矿山地质数据，是构建智能露天矿山的基础，也是智能露天矿山生产管理的重点，只有摸清矿权范围内的储量数据（例如：矿石品位、容重、密度、岩性、构造、埋深、厚度等），才能更好地为矿山生产服务，为矿山提供精准的地质数据支撑。

基于矿物的空间位置关系、经济学指标、储量数据、地质图件数据，构建矿体和岩体模型、矿体品位分布、灰分硫分分布以及相关的构造模型，全方位地对矿床进行开采范围内的储量分析和矿床开采模拟，为矿山开采境界优化、边坡时效性控制、矿产储量实时动态更新管理、时空构造分布提供有价值的信息。

目前，国内外许多矿山已建立了矿山三维地质模型，相关软件建模已经很成熟，但目前应用人员对于软件"知其然，不知其所以然"。因此，本章节在内容设置上，主要介绍国内外三维软件建设发展历程、新老地质储量概念、多维属性"地质云"建模流程、构模方法以及地质云平台功能架构等内容。

国外矿山关于虚拟开采的应用研究始于20世纪70年代，经过40多年的发展，已经发展出相当的规模和取得了良好的应用效果。从历届"国际计算机在矿业中的应用学术会议"（APCOM）的资料来看，以矿床模拟为代表的矿业软件发展迅速，西方采矿大国相继推出了用于地质资料处理、矿床建模、采矿设计、计划编制、测绘图形处理等方面的矿用商品化软件，如Datamine、Surpac、Micromine、Mintec、Lynx、MinCom、Vulcan、MineMap等，特别是在澳大利亚、南非和北美地区的一些矿山，取得了很好的应用效果和经济效益。英国矿山计算有限公司（Mineral Industries Computing Ltd.，MICL）开发的Datamine采矿软件系统，包括地质信息处理、矿床模型构造、采矿设计、矿山调度与计划等模块。其主要应用在地质勘探数据处理、露天或地下采矿设计、矿山调度以及生产计划编排等方面。澳大利亚Surpac国际软件公司（Surpac Software International，SSI）开发的Surpac软件是一套三维交互式图形软件系统，具有地表测量数据处理、地质勘探数据分析和采矿设计等功能。其应用领域主要包括勘探和地质建模、资源评估、露天和地下采矿设计、生产计划和开采进度计划编制以及尾矿和复垦设计等。澳大利亚MAPTEK公司是一家专业计算机软件公司，由其主要计算机人员、采矿人员历时3年多开发的Vulcan软件，将地质矿床建模、采矿设计及进度计划编制融为一体，可以利用地质统计学方法处理原始数据并预测品位变化，进行露天或地下采矿设计和生产进度安排。加拿大的Lynx公司开发的MinCAD系统，具有三维地质统计、三维实体模型和集成CAD系统，能用于露天和地下开采。其露天开采系统可在屏幕上显示不同水平的矿石块段矩阵、地质结构信息和各个块段的开采收益值，用户可以在屏幕上通过人机对话来设计不同边界品位和边坡角条件下的露天矿开采境界，并做出生产进度计划。Micro LYNX是加拿大Kirkham Geosystems Ltd.公司的一个专门面向地质采矿用户的软件系统,在微机平台上用来帮助地质学家和工程技术人员进行矿山开发、矿藏评价和采矿规划。此外,澳大利亚Micromine、Gemcom、MinCom、MineMap等公司开发的矿业软件系统,具有地质统计、矿体造型和采矿设计等功能,广泛应用于许多国家的矿山。图2-2所示是应用软件建立的三维地质模型。

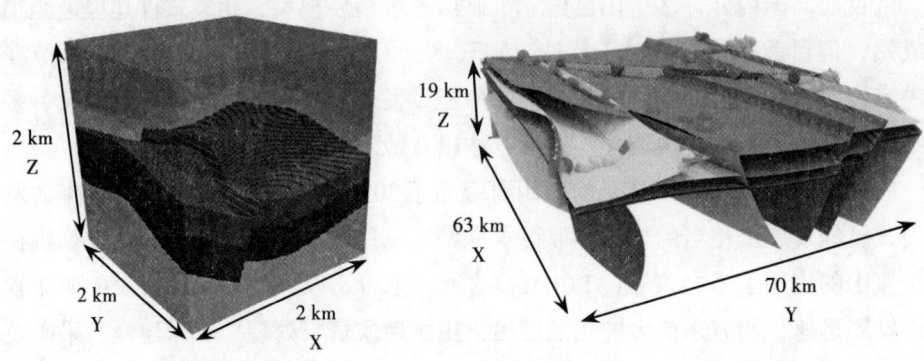

图2-2 三维地质模型

我国的矿业软件大致可以分为两类:一类是以某一绘图软件包为基础进行二次开发,形成解决某方面问题的软件,其中只用少量的高级语言来弥补绘图软件包计算功能较差的缺点。另一类是完全从底层开发,形成完全具有自主知识产权的软件,如鞍山冶金设计研究院在20世纪80年代末期开发的矿山地质、采剥计划与测量验收的微机软件GMGS,就是使用BASIC语言写成的。中南工业大学的陈建宏教授于1996年开发的露天矿模拟开采软件MPLAN,主要采用了"块段模型"与"线框模型"相结合的方法,利用"块段模型"计算矿石品位、"线框模型"进行模拟开采及算量出图等。由于当时的建模技术手段有限,实体构模技术尚属研究阶段,因此未能引入该系统中。1999年辽宁工程技术大学的魏春启教授提出了以台阶为单元的分层式矿床地质模型进行模拟开采的方法,该方法将每个分层划分成若干个以台阶高度为高度的空间格网柱体,以数字化仪及屏幕模拟开采过程,可视化程度不高。2009年王崇倡教授提出了基于层面构建数字地质模型,利用两期DEM进行虚拟开采的方法,该方法未能进行计划工程量的精准分类计算。据不完全统计,我国各类矿山软件已不少于50种。这些软件可按应用领域分为4类:

(1) 煤矿领域

如中国矿业大学的采矿CAD,中国矿业大学(北京)的矿山GIS(TT-MGIS2002),村庄保护煤柱自动圈定软件系统(VCPD V1.0),辽宁工程技术大学白润才、刘光伟团队的 SMCAD，北京大学与龙软集团的龙软 GIS，煤炭科学研究总院西安分院的地质测量信息系统（MSGIS），煤炭科学研究总院开发的矿区资源与环境信息系统（MREIS），山东蓝光软件系列及 3DMine 公司开发的 3DMine 等。其中，3DMine 软件应用于固体矿产的地质勘探数据管理、矿床地质模型、传统和现代地质储量计算、露天及地下矿山采矿设计、露天短期进度计划以及生产设施数据、规划目标数据的实用三维可视化基础平台建设。该软件包括三维软件界面设计、模块化软件结构，实现了地质、测量、采矿和生产管理的信息共享，具有较好的与国内外图形软件的数据兼容性，是国内较为领先的三维矿业软件。

（2）冶金矿山领域

如中南大学开发的 DIMINE 软件、采矿 CAD，东北大学开发的地学空间三维基础平台 Geos3D、Mine Star 软件，马鞍山矿山设计研究院开发的矿床模型计算程序，山东金软科技公司开发的 Goldsoft 等。其中，DIMINE 软件提供了一套较完整的数字矿山解决方案，可应用于地质勘探资料分析、地质体三维建模、资源评价与储量计算、露天和地下采矿优化设计、通风网络解算、开采计划编制、矿山局部与整体的快速建模等工作。

（3）石油领域

如北京华油吉澳科技开发有限责任公司投资开发的 GEOTOOLS3.0 系统，是面向石油地质专家和油藏工程师的专业应用软件系统。

（4）地质领域

如中国矿业大学（北京）与东北大学联合开发的三维地学建模基础平台（Geo Mo3D），具有三维地质建模、井巷工程精细建模、地上地下集成建模、开采开挖设计、地下空间容量与质量综合评估、地上下联动漫游等功能；北京理正软件设计研究院研制开发的 LeadingGIS，较好地实现了工程地质体的三维可视化。此外，中国地质大学武汉中地信息工程有限公司基础 GIS 平台（MAPGIS）、中国地质大学武汉坤迪科技有限公司的三维地学信息软件平台（GeoView）、北京超图 Super MAP 等也都具有相应的三维可视化模块。

露天矿虚拟开采构模方法分析矿山的自然地质现象与人造工程如矿体、地层、断裂、采场等，都是三维空间实体。二维或基于 DEM/DTM 的 2.5 维模型难以表达复杂的地下三维地质与工程问题及进行矿山空间分析，包括对复杂矿体、断层、褶皱等不连续体的真三维地质体任意剖切和三维可视化等。数字化露天矿虚拟开采，就是在真三维环境下，满足矿山工程发展的几何约束条件，按照开采程序、开采方法，通过对地层实体的剖切，确定工程位置，计算工程量，进行矿山生产决策。因此实现露天矿虚拟开采，必须利用三维地学模拟（3D Geoscience Modelling，3DGM）技术，构建露天矿三维地形模型、三维地质实体模型、露天矿采场模型、参数化开采模板及采、剥工程分类算量模型等。

矿山多维地质建模是智能矿山建设的关键技术之一，是实现智能矿山最基本、最核心的第一步，其发展程度直接关系到数字矿山的实现。与传统的二维地质数据表达方式相比，建立矿山三维地质模型可以定量化以及形象逼真地描述矿山地质体，准确表达地质体的边界条件以及地质体内部的地质构造，直观再现地质单元的空间展布以及它们的相互关系，有助于提高采矿工作者对地质数据的分析与理解能力。同时，建立矿山三维地质模型是实现矿山优化设计、提高开采设计与生产计划准确性、提高设计效率的必要手段。

现代化露天煤矿必须有现代化的管理手段和水平与之相适应，采用传统的工程技术管理方法远不能适应现代化露天矿管理的技术需求，传统的地、测、采分步管理模式和手工处理方法已经不能满足当代露天矿的发展需要。因此，需要建立矿山三维地质模型，实现矿山工程信息数据采集与处理、生产计划编制、采矿设计优化的计算机可视化，提高工作效率和剥、采、排工程计划的设计质量，及时有效地指导生产，提高露天矿的综合管理水平和经济效益，以达到实现建设安全、经济、高产、高效现代化露天矿的目标。

目前，我国大部分露天矿山购买了矿山三维地质软件，矿权内的地质模型委托第三方软件公司进行模型构建，矿方人员仅仅使用软件，对建模原理、软件开发应用流程等内容不清楚，由于绘图工具与三维建模软件的系统平台不统一，导致多个软件系统频繁切换使用，给露天矿山工作者带来了一定的操作困难和工作压力。因此，构建一套地质云系统平台，兼容矿山现有系统的数据，通过一个系统平台实现生产出图、计划编制、储量更新预警等工作，实现地质模型为生产辅助工作，是露天矿山亟须解决的问题。

◆ 2.2 地质储量相关概念

自然资源部办公厅日前印发《关于做好矿产资源储量新老分类标准数据转换工作的通知》（以下简称《通知》），部署固体矿产新的国家分类标准下矿产资源储量数据转换工作。矿产资源储量分类国家标准——《固体矿产资源储量分类》和《油气矿产资源储量分类》已于2020年5月1日起实施。为推进新分类标准的执行，必须妥善处理好新老分类标准矿产资源储量数据的衔接问题，从而夯实矿产资源储量统计工作基础，确保矿产资源家底真实可靠。新老分类标准见附录1固体矿产资源储量新老分类标准转换基本对应关系。

自然资源部《关于推进矿产资源管理改革若干事项的意见（试行）》要求，结合矿产资源储量统计、矿山储量动态管理改革内容，对矿产资源储量新老分类标准数据转换工作开展了认真研究。一是深入研讨，提出对应转换关系，提出了新老分类标准转换对应关系；二是按照对应关系，开发了数据转换程序，对储量库中近5年的20多种战略性矿产数据进行了转换，分析转换存在的问题；三是广泛听取管理部门、矿山企业、研究院所等各方面意见，不断修改完善转换方案，使转换方案既科学合理，又简单可行、易于操作。

推进矿产资源储量新老分类标准数据转换工作的基本思路：转换工作与年度矿产资源储量统计、矿山储量管理工作相结合，推动矿山企业贯彻落实新分类标准，在直接转换结果基础上，结合矿山储量年报编制对转换结果进行调整确认，扣减年度开采、损失等数据，为2020年度统计工作奠定基础。

新分类标准下的矿产资源储量数据，按"固体矿产资源储量新老分类标准转换基本对应关系"转换形成，大致有4种情况：一是按照新老分类标准类型和定义，将老分类标准《固体矿产资源/储量分类》（GB/T 1766—1999）中的储量按照地质可靠程度和可行性研究程度转换为新分类标准的证实储量和可信储量；二是将老分类标准中的基础储量按照地质可靠程度转换为新分类标准的探明资源量和控制资源量；三是将老分类标准中的各类资源量按照地质可靠程度转换为新分类标准的探明资源量、控制资源量和推断资源量；四是老分类标准中预测的资源量，因可靠程度低，达不到新分类标准中资源量的要求，纳入"潜在矿产资源"管理。通过转换，把老分类标准下固体矿产的16种资源储量类型归并形成新分类标准下的5种资源储量类型。

固体矿产分为资源量和储量两类，资源量分为推断资源量、控制资源量和探明资源量三级，储量分为可信储量和证实储量两级。为了更好地了解新老储量分级内容，下面将详细介绍储量的分类及基本概念。各类储量信息转换及详细介绍参见附录1至附录3。

（1）证实储量

证实储量是指，联合国《国际储量/资源分类框架》和国际采矿冶金协会理事会《矿产资源和储量国际分类建议》以及市场经济国家行业协会分类中的一个储量类别。

基础储量是查明矿产资源的一部分。它能满足现行采矿和生产所需的指标要求（包括品位、质量、厚度、开采技术条件等），是经详查、勘探所获控制的、探明的并通过可行性研究、预可行性研究认为属于经济的、边际经济的部分，用未扣除设计、采矿损失的数量表述。基础储量有以下6种类型：

① 探明的（可研）经济基础储量：它所达到的勘查阶段、地质可靠程度、可行性评价阶段及经济意义的分类同可采储量所述，与其唯一的差别在于本类型是用未扣除设计、采矿损失的数量表述。

② 探明的（预可研）经济基础储量：它所达到的勘查阶段、地质可靠程度、可行性评价阶段及经济意义的分类同预可采储量所述，与其唯一的差别在于本类型是用未扣除设计、采矿损失的数量表述。

③ 控制的经济基础储量：它所达到的勘查阶段、地质可靠程度、可行性评价阶段及经济意义的分类同预可采储量所述，与其唯一的差别在于本类型是用未扣除设计、采矿损失的数量表述。

④ 探明的（可研）边际经济基础储量：是指在达到勘探阶段工程的地段，详细查明了矿床地质特征、矿石质量、开采技术条件，圈定了矿体的二维形态，肯定了矿体连续性，有相应的加工选冶试验成果。可行性研究结果表明，在确定当时，开采是不经济的，但接近盈亏边界，只有当技术经济等条件改善后才可变成经济的。这部分基础储量可以是覆盖全勘探区的，也可以是勘探区中的一部分，在可采储量周围或在其间分布。计算的基础储量和可行性评价结果的可信度高。

⑤ 探明的（预可研）边际经济基础储量：是指在达到勘探阶段工作程度要求的地段，详细查明了矿床地质特征、矿石质量、开采技术条件，圈定了矿体的三维形态，肯定了矿体连续性，有相应的矿石加工选冶试验成果。预可行性研究结果表明，在确定当时，开采是不经济的，但接近盈亏边界，待将来技术经济条件改善后可变成经济的。计算的基础储量的可信度高，可行性评价结果的可信度一般。

⑥ 控制的边际经济基础储量：是指在达到详查阶段工作程度的地段，基本查明了矿床地质特征、矿石质量、开采技术条件，圈定了矿体的三维形态，预可行性研究结果表明，在确定当时，开采是不经济的，但接近盈亏边界，待将来技术经济条件改善后可变成经济的。计算的基础储量的可信度较高，可行

性评价结果的可信度一般。

(2) 资源量

资源量是指查明矿产资源的一部分和潜在矿产资源。包括经可行性研究或预可行性研究证实为次边际经济的矿产资源以及经过勘查而未进行可行性研究或预可行性研究的内蕴经济的矿产资源，以及经过预查后预测的矿产资源。资源量有以下7种类型：

① 探明的（可研）次边际经济资源量：是指在勘查工作程度已达到勘探阶段要求的地段，地质可靠程度为探明的，可行性研究结果表明，在确定当时，开采是不经济的。必须大幅度提高矿产品价格或大幅度降低成本后，才能变成经济的。计算的资源量和可行性评价结果的可信度高。

② 探明的（预可研）次边际经济资源量：是指在勘查工作程度已达到勘探阶段要求的地段，地质可靠程度为探明的，预可行性研究结果表明，在确定当时，开采是不经济的，需要大幅度提高矿产品价格或大幅度降低成本后，才能变成经济的。计算的资源量可信度高，可行性评价结果的可信度一般。

③ 控制的次边际经济资源量：是指在勘查工作程度已达到详查阶段要求的地段，地质可靠程度为控制的，预可行性研究结果表明，在确定当时，开采是不经济的，需大幅度提高矿产品价格或大幅度降低成本后，才能变成经济的。计算的资源量可信度较高，可行性评价结果的可信度一般。

④ 探明的内蕴经济资源量：是指在勘查工作程度已达到勘探阶段要求的地段，地质可靠程度为探明的，但未作可行性研究或预可行性研究，仅作了概略研究，经济意义介于经济的与次边际经济的范围内。计算的资源量可信度高，可行性评价可信度低。

⑤ 控制的内蕴经济资源量：是指在勘查工作程度已达到详查阶段要求的地段，地质可靠程度为控制的，可行性研究评价仅作了概略研究，经济意义介于经济的与次边际经济的范围内。计算的资源量可信度较高，可行性评价可信度低。

⑥ 推断的内蕴经济资源量：是指在勘查工作程度只达到普查阶段要求的地段，地质可靠程度为推断的，资源量只根据有限的数据计算的，其可信度低。可行性研究评价仅作了概略研究，经济意义介于经济的与次边际经济的范围内，可行性评价可信度低。

⑦ 预测的资源量：依据区域地质研究成果、航空、遥感、地球物理、地球化学等异常或极少量工程资料，确定具有矿化潜力的地区，并和已知矿床类

比而估计的资源量，属于潜在矿产资源，有无经济意义尚不确定。

2.3 露天矿地质模型数据库

在露天矿三维地质建模的过程中，为了便于地质数据的利用与存储，可以建立地质云数据中心来管理这些数据。地质云数据中心为露天矿三维地质建模提供有效的数据支持，它记录了大量的地质信息，一个完整的矿山地质信息数据库包括一切必要的地质信息，如钻孔信息、煤层数据信息、境界数据信息、断层数据信息、地层属性信息等，具有存储和管理钻孔数据、剖面数据、等值线数据、测量验收数据以及地质写实数据的功能，是进一步实现地质解译、储量计算与管理、采矿设计以及生产计划编制的基础。地质数据库的创建流程及主要功能如图2-3所示。

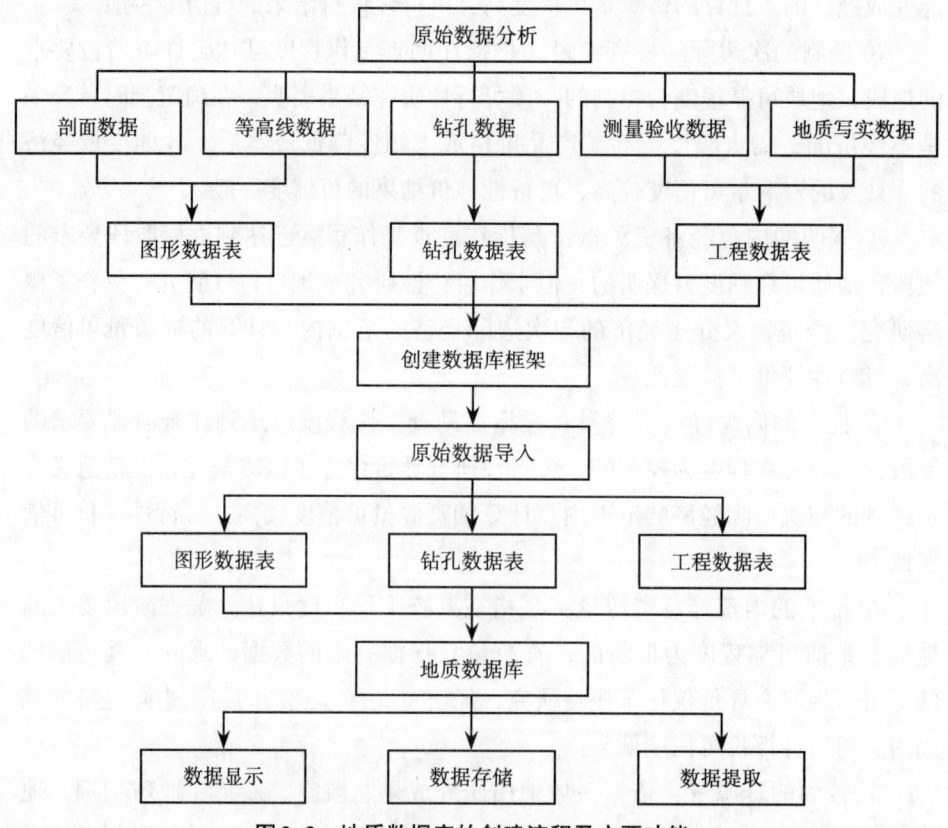

图2-3 地质数据库的创建流程及主要功能

2.3.1 数据库设计

在建立地质数据库的过程中，数据库设计是非常重要的环节。地质数据库的设计不仅影响数据库的开发以及数据库的应用，而且直接影响整个建模系统的使用效果。

(1) 数据分析

在地质数据库设计之前，首先要对系统中用到的各类数据进行分析与归类，明确数据库中各数据表的结构以及表间的关系；其次要明确整个系统的工作流程与数据流程，完成系统各功能模块的数据需求分析，才能够有针对性地设计和实现地质数据库的各项功能，为露天矿三维地质建模的实现提供有效的数据支持。

地质数据库要能够方便地管理露天矿的钻孔信息、地质写实信息、测量验收信息、原始地质资料信息（如等值线、剖面图等），因此露天矿三维地质建模中的地质数据库包括钻孔数据库、图形数据库和工程数据库。钻孔数据库存储钻孔信息（包括原始钻孔信息及补勘钻孔信息）；图形数据库存储等值线数据、剖面图数据；工程数据库存储测量验收数据及地质写实数据等。

(2) 设计数据库框架

在对原始数据进行分析之后就应该构建地质数据库的结构，也就是建立数据库中的数据表以及相应表的各个字段和这些字段的属性等，并设计数据表与数据表之间的关系，定义好地质数据库的结构也就设计了地质数据库的基本框架。

钻孔数据表用于构建钻孔数据库。数据表中包括钻孔号、钻孔孔口坐标（X, Y, Z）、各地层底板深度、地层岩性名称、岩性描述以及备注；备注用于对钻孔特殊情况进行说明（例如：孔深不足、水文孔等），如无特殊情况可以不填。定义的钻孔数据表格式如表 2-1 所示。这样设计数据表有利于钻孔数据的提取以及钻孔综合柱状图的绘制。

表 2-1 钻孔数据表格式

属性名称	数据类型	字段大小	索引	必填字段
层号	数字	双精度型	有（无重复）	是
钻孔号	文本	10	无	是
钻孔 X 坐标	数字	双精度型	无	是

表2-1（续）

属性名称	数据类型	字段大小	索引	必填字段
钻孔Y坐标	数字	双精度型	无	是
钻孔Z坐标	数字	双精度型	无	是
底板深度	数字	双精度型	无	是
岩性	文本	10	无	是
岩性描述	文本	100	无	是
备注	备注	—	无	否

图形数据表用于构建图形数据库，用来存储剖面图数据、等值线数据以及各个地层的建模边界数据。因此，数据表中应包括线上节点序号、线序号、颜色索引号、节点（X，Y，Z）坐标以及线属性；线属性用于说明线名称，例如"地形等高线""煤底板建模边界线""勘探线剖面图基岩"等。在数据提取过程中，可以按照数据表中线属性的相应字段内容进行提取。定义的图形数据表格式如表2-2所示。此外，由于露天开采是一个动态过程，随着露天矿工作帮的水平推进以及垂直降深，各个地层逐渐揭露，各个时期露天矿的剖面图、煤层底板等高线图以及各个地层的建模边界线等都会有所变化，为了便于管理矿区历史变化数据，实现重建历史状态以及跟踪变化，将所构建的数据库赋予时间T属性，构建基于时间序列的时空数据库。

表2-2 图形数据表格式

属性名称	数据类型	字段大小	索引	必填字段
线上节点序号	数字	双精度型	有（有重复）	是
线序号	数字	双精度型	无	是
颜色索引号	数字	双精度型	无	是
节点X坐标	数字	双精度型	无	是
节点Y坐标	数字	双精度型	无	是
节点Z坐标	数字	双精度型	无	是
线属性	文本	20	无	是

现状台阶线数据表以及离散点数据表用于构建工程数据库。现状台阶线数据表用于存储露天矿测量验收图中的台阶线数据，应包括台阶线上节点序号、

台阶线序号、颜色索引号以及节点（X，Y，Z）坐标；离散点数据表用于存储露天矿测量验收图中的散点数据以及地质写实数据，应包括离散点序号、颜色索引号、节点（X，Y，Z）坐标以及离散点属性，离散点属性是指离散点的类别，如"平盘离散点""12煤顶板写实点"等。由于露天矿的测量验收以及地质写实工作是定期进行的，因此设计工程数据库时，也需要构建基于时间序列的四维时空数据库。定义的现状台阶线数据表以及离散点数据表如表2-3、表2-4所示。

表2-3 现状台阶线数据表格式

属性名称	数据类型	字段大小	索引	必填字段
台阶线上节点序号	double	双精度型	有（有重复）	是
台阶线序号	double	双精度型	无	是
颜色索引号	double	双精度型	无	是
节点X坐标	CoorX	统一为2000坐标系，小数点后保留2位数字，不超过10个数字字符	无	是
节点Y坐标	CoorY	统一为2000坐标系，小数点后保留2位数字，不超过10个数字字符	无	是
节点Z坐标	CoorZ	统一为2000坐标系，小数点后保留2位数字，不超过10个数字字符	无	是

表2-4 离散点数据表格式

属性名称	数据类型	字段大小	索引	必填字段
离散点序号	double	双精度型	有（有重复）	是
颜色索引号	double	双精度型	无	是
节点X坐标	CoorX	统一为2000坐标系，小数点后保留2位数字，不超过10个数字字符	无	是
节点Y坐标	CoorY	统一为2000坐标系，小数点后保留2位数字，不超过10个数字字符	无	是
节点Z坐标	CoorZ	统一为2000坐标系，小数点后保留2位数字，不超过10个数字字符	无	是
离散点属性	文本	20	无	是

建模境界数据表用来存放建模境界的信息,包含建模ID、建模X坐标、建模Y坐标等信息。建模境界数据结构如表2-5所示。

表2-5　建模境界数据结构

属性名称	属性类型	长度	属性含义
ID	ID	自动编号	
X坐标	CoorX	统一为2000坐标系,小数点后保留2位数字,不超过10个数字字符	双精度
Y坐标	CoorY	统一为2000坐标系,小数点后保留2位数字,不超过10个数字字符	双精度
Z坐标	CoorZ	统一为2000坐标系,小数点后保留2位数字,不超过10个数字字符	双精度

块体是矿山开采生产的最基本单元,该数据表用于存储块体的空间位置、数量、品位、密度等信息,具体结构如表2-6所示。

表2-6　块体数据表结构

属性名称	属性类型	长度	属性含义
开采顺序号	int	50	矿床开采顺序
块体空间坐标	double	50	唯一标识的空间坐标
块体尺寸	double	50	块体大小
块体密度	double	50	矿体固有属性信息
矿石品位	double	50	矿体固有属性信息
块体数量	double	50	跟块体大小相关联
开采状态	double	50	已开采、未开采
开采时段	double	日期时间格式字符串,格式为yyyy-MM-dd	开采时间
起止时间	double	日期时间格式字符串,格式为yyyy-MM-dd	结束时间

矿岩量是矿山生产计划的重要参考信息,用于存储地质体内矿岩量的名称、类型、采剥量等内容。详细的结构如表2-7所示。

表2-7 矿岩量统计表结构

属性名称	属性类型	长度	属性含义
矿岩体编号	int	20	开采矿岩体的编码信息
矿岩名称	warchar	20	开采矿岩名称
矿岩类型	warchar	20	开采的矿岩类型，例如：煤矿、钨矿等
备采矿量	float	50	准备开采的矿石量
剥离岩量	double	50	剥离的岩石数量
矿块重量	int	50	采剥的矿体体积质量
回采量	int	50	选矿厂选出的矿量
采场区域编号	double	30	发生变化的采场区域

技术经济参数是多维生产计划模型优化的主要数据源，用于存储矿山生产计划模型中的矿石数量、生产成本、矿山产品销售价格、采矿回采率、设备数量和备采矿量等信息，具体结构如表2-8、表2-9所示。

表2-8 露天矿山生产计划技术经济表结构

属性名称	属性类型	长度	属性含义
开采成本	double	50	开采矿石成本
剥离成本	double	50	剥离成本
矿产售价	double	50	产品售价
运输成本	double	50	运输成本
回采率	double	50	回采率
备采矿量	double	50	备采矿量
折现率	int	4	折现率
内部收益率	double	4	内部收益率

表2-9 露天矿山开采技术指标参数表

属性名称	属性类型	长度	属性含义
矿石品位	float	20	矿石的品位
开采时期	int	10	矿山开采周期

表2-9（续）

属性名称	属性类型	长度	属性含义
最终帮坡角	double	10	矿山帮坡角
开采进尺	int	10	台阶推进距离
开采时段	data	10	开采时间段

2.3.2 地质数据库建立

创建完上述几个空数据表之后，露天矿山地质数据库的基本框架就建成了，这时的数据库里没有任何地质信息，下一步工作就是将收集整理的地质数据导入地质数据库中，完成矿山地质数据库的建立。

首先，创建"地质数据库"文件夹；其次，在"地质数据库"文件夹中新建"钻孔数据库.mdb"、"图形数据库.mdb"以及"工程数据库.mdb"；最后，将露天矿的钻孔数据、剖面数据、等值线数据、测量验收数据以及地质写实数据分别导入相应数据库文件中，构建矿山地质数据库，地质数据库的创建流程如图2-4所示。所构建的图形数据库、钻孔数据库以及工程数据库如图2-5~图2-7所示。

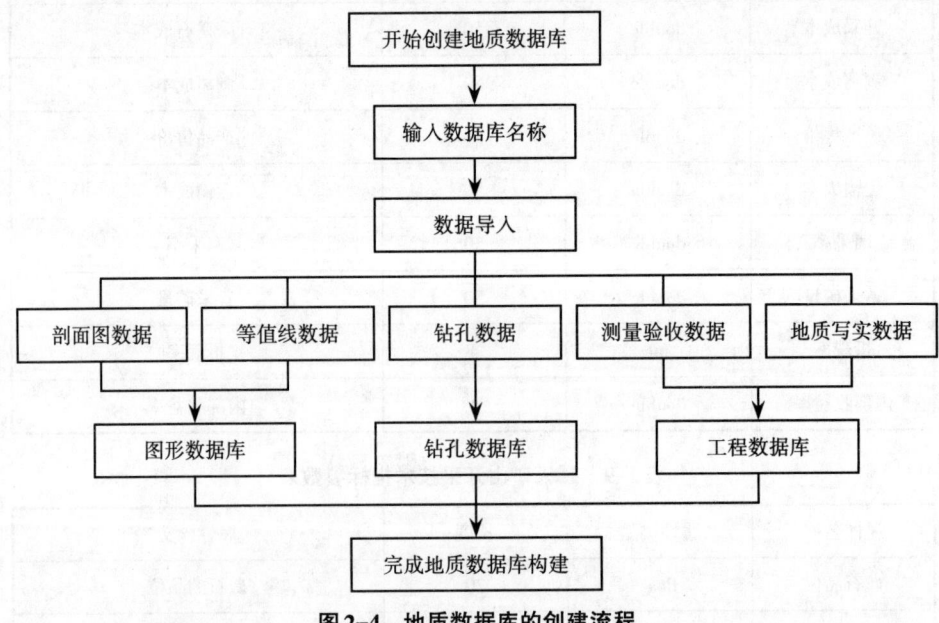

图2-4 地质数据库的创建流程

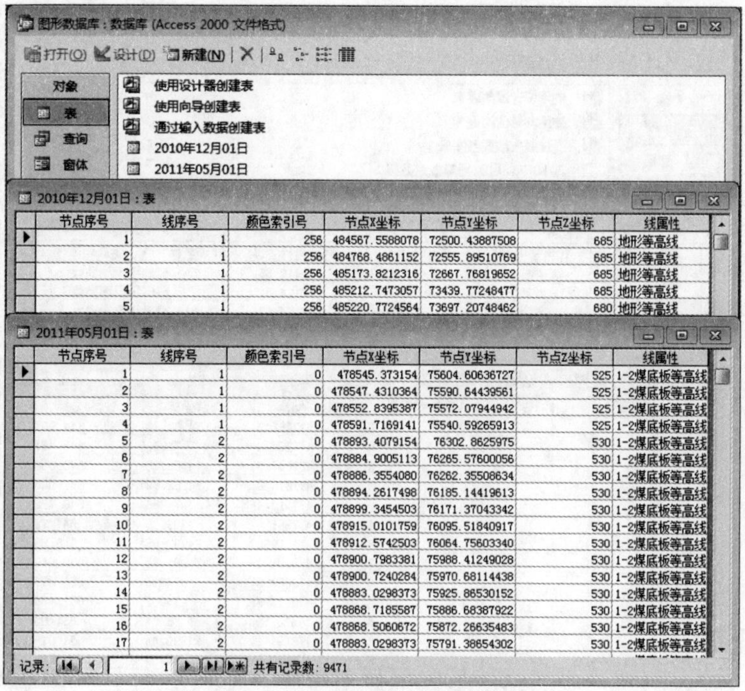

节点序号	线序号	颜色索引号	节点X坐标	节点Y坐标	节点Z坐标	线属性
1	1	256	484567.5588078	72500.43887508	685	地形等高线
2	1	256	484768.4861152	72555.89510769	685	地形等高线
3	1	256	485173.8212316	72667.76819652	685	地形等高线
4	1	256	485212.7473057	73439.77248477	685	地形等高线
5	1	256	485220.7724564	73697.20748462	680	地形等高线

节点序号	线序号	颜色索引号	节点X坐标	节点Y坐标	节点Z坐标	线属性
1	1	0	478545.373154	75604.60636727	525	1-2煤底板等高线
2	1	0	478547.4310364	75590.64439561	525	1-2煤底板等高线
3	1	0	478552.8395387	75572.07944942	525	1-2煤底板等高线
4	1	0	478591.7169141	75540.59265913	525	1-2煤底板等高线
5	2	0	478893.4079154	76302.8625975	530	1-2煤底板等高线
6	2	0	478884.9005113	76265.57600056	530	1-2煤底板等高线
7	2	0	478886.3554080	76262.35508634	530	1-2煤底板等高线
8	2	0	478894.2617498	76185.14419613	530	1-2煤底板等高线
9	2	0	478899.3454503	76171.37043342	530	1-2煤底板等高线
10	2	0	478915.0101759	76095.51840917	530	1-2煤底板等高线
11	2	0	478912.5742503	76064.75603340	530	1-2煤底板等高线
12	2	0	478900.7983381	75988.41249028	530	1-2煤底板等高线
13	2	0	478900.7240284	75970.68114438	530	1-2煤底板等高线
14	2	0	478883.0298373	75925.86530152	530	1-2煤底板等高线
15	2	0	478868.7185587	75886.68387922	530	1-2煤底板等高线
16	2	0	478868.5060672	75872.26635483	530	1-2煤底板等高线
17	2	0	478883.0298373	75791.38654302	530	1-2煤底板等高线

图2-5 图形数据库

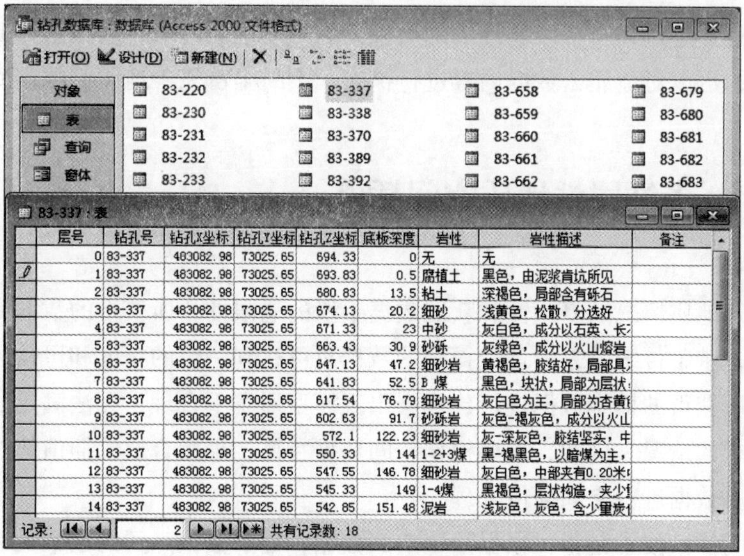

层号	钻孔号	钻孔X坐标	钻孔Y坐标	钻孔Z坐标	底板深度	岩性	岩性描述	备注
0	83-337	483082.98	73025.65	694.33	0	无	无	
1	83-337	483082.98	73025.65	693.83	0.5	腐植土	黑色，由泥浆肯坑所见	
2	83-337	483082.98	73025.65	680.83	13.5	粘土	深褐色，局部含有砾石	
3	83-337	483082.98	73025.65	674.13	20.2	细砂	浅黄色，松散，分选好	
4	83-337	483082.98	73025.65	671.33	23	中砂	灰白色，成分以石英、长	
5	83-337	483082.98	73025.65	663.43	30.9	砂砾	灰绿色，成分以火山熔岩	
6	83-337	483082.98	73025.65	647.13	47.2	细砂岩	黄褐色，胶结好，局部具	
7	83-337	483082.98	73025.65	641.83	52.5	B 煤	黑色，块状，局部为层状	
8	83-337	483082.98	73025.65	617.54	76.79	细砂岩	灰白色为主，局部为杏黄	
9	83-337	483082.98	73025.65	602.63	91.7	砂砾岩	灰色-褐灰色，成分以火山	
10	83-337	483082.98	73025.65	572.1	122.23	细砂岩	灰-深灰色，胶结坚实，中	
11	83-337	483082.98	73025.65	550.33	144	1-2+3煤	黑-褐黑色，以暗煤为主，	
12	83-337	483082.98	73025.65	547.55	146.78	细砂岩	灰白色，中部夹有0.20米	
13	83-337	483082.98	73025.65	545.33	149	1-4煤	黑褐色，层状构造，夹少	
14	83-337	483082.98	73025.65	542.85	151.48	泥岩	浅灰色，灰色，含少量炭	

图2-6 钻孔数据库

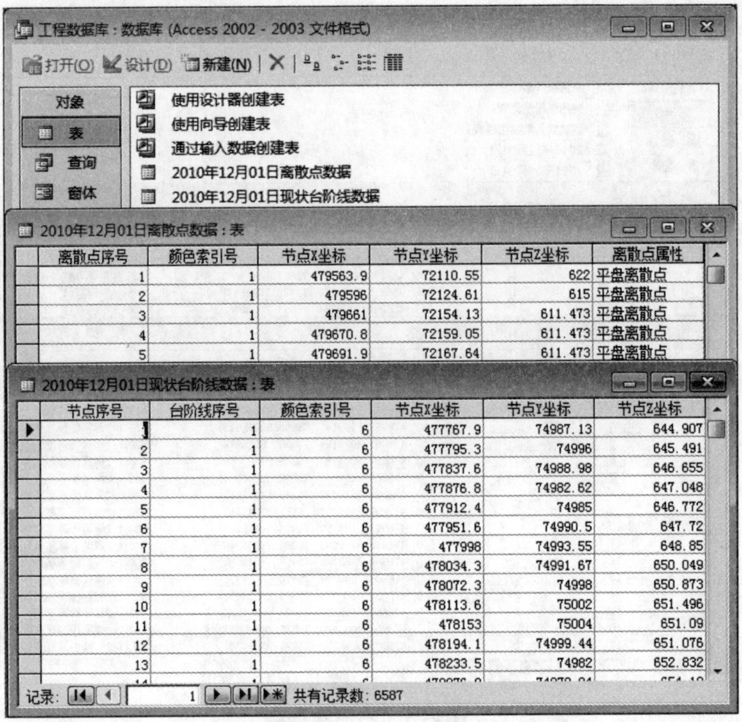

图 2-7 工程数据库

通过上述过程将多维属性的地质模型数据库建立起来，根据露天矿山开采的需要，可以对地质云数据内容进行扩充，不断丰富完善地质云数据库。

◆ 2.4 多维属性地质空间插值

由于地质情况的复杂性和获取数据手段的局限性，所获得的数据稀疏且分布不均，基于传统的采样理论得到的数据只可达到一定的精度和可信度。若直接利用所获得的样本数据进行建模会出现模型形态不合理，无法满足实际工作精度要求的情况。因此，需要根据空间数据特征，采用合适的插值算法对所获得的地质数据进行空间插值处理。

空间插值技术是指：根据给定空间数据，寻求数据点间的函数关系，以该函数关系逼近已知数据，并求出区域内其他任意点值。根据地质数据自身特点，各国学者探索出多种空间数据插值方法，不同插值方法具有不同的优势和使用条件。按照插值时使用已知样本点的范围可划分为两类：整体插值法和局部插值法。整体插值法考虑所有样本数据建立插值函数，包括趋势面法、最小二乘法、距离幂次反比法等；局部插值法采用未知点周围少数已知样本点参与估值，包括多面函数法、距离幂次反比法（IDW）、克里金（Kriging）法等。整体插值法的特点是考虑整个区域样本数据进行插值，无法提供局部区域的特征，适用于大范围趋势拟合；局部插值法的特点是可以体现局部异常区域特征，且不受其他局域影响。本书介绍4种三维地质建模中常用的插值方法：克里金法、距离幂次反比法、趋势面法、最小二乘法。

2.4.1 克里金法

克里金（Kriging）法在经典统计学基础上，充分考虑了地质属性的相关性和随机性变化特征，它以变异函数作为工具，研究地矿中的各种问题。该方法充分考虑了区域变量的空间变化特征，将地质变量的随机性与结构性融为一体，保证了估值结果的准确性，是一种最优、无偏估值方法。

设有 n 个采样点，其坐标分别用向量列表 $V = \{x_1, x_2, \cdots, x_i, \cdots, x_n\}$ 表示，采样点上承载的因变量值集合为 $Y = \{y_1, y_2, \cdots, y_i, \cdots, y_n\}$，设 $x_0 \in [\min(V), \max(V)]$，在点 x_0 处的因变量估计值记为 y_0^*，则

$$y_0^* = \sum_{i=1}^{n} \lambda_i y_i \tag{2-1}$$

它是 n 个数值的线性组合。克里金法的原则，就是在保证这个估值量无偏，并且估计方差最小前提下，求出 n 个权值系数的值。

（1）无偏性

设在点 x_0 处的因变量估计值记为 y_0^*，实际值为 y_0，克里金法首先要求无偏差，即所有待估样本的 y_0 与 y_0^* 之间的偏差平均为0，也即估计误差期望值为0：

$$E(y_0 - y_0^*) = 0 \tag{2-2}$$

（2）最优性

其次，克里金法要求估值方差最小，即误差平方的期望值最小，记为：

$$\sigma_E^2 = Var\{y_0 - y_0^*\} = E\{[y_0 - y_0^*]\} \tag{2-3}$$

按照克里金法的上述两个基本原则，可得到如下 $n+1$ 元方程组，用于求解权系数 λ_i：

$$\left.\begin{array}{l}\sum_{j=1}^{n}\lambda_{j}C(x_{i},y_{j})+\mu=\overline{C}(x_{i},x_{0}),\ i=1,\ 2,\ \cdots,\ n\\ \sum_{i=1}^{n}\lambda_{i}=1,\ i=1,\ 2,\ \cdots,\ n\end{array}\right\} \quad (2-4)$$

式中：C——协方差函数；
　　　$\overline{C}$——平均协方差函数。

这样通过 $n+1$ 元方程组求解可以得到权系数和 μ，再代入表达式，求出 x_0 点的因变量估计值。

克里金法是无偏最优的，既反映了变量的空间结构特性，又反映了变量的随机分布特性，理论与误差分析严谨，很容易实现局部加权插值。但是克里金法计算量大，程序设计复杂，计算速度慢，特别在几个标准变异函数模型组合时，计算非常大，并且需要人为选定变异函数。该方法的适用范围为区域化变量存在空间相关性，如果区域化变量存在空间相关性，则可用克里金法进行内插或外推；若区域化变量间无空间相关性，是不可行的。

2.4.2 距离幂次反比法

距离幂次反比法是一种常用的空间插值方法。该方法认为空间数据点之间存在一定的联系，而并非孤立存在，这种联系与数据点之间的距离存在一定的函数关系，即估值点的属性值可以用周围一定距离已知点的属性值对其进行估计，距离估值点越近，作用越大，距离估值点越远，作用越低，成距离幂次反比函数关系，如图 2-8 所示。

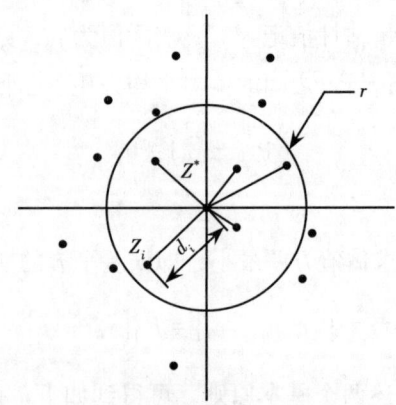

图 2-8　距离幂次反比法

数学表达式如下：

$$Z^* = \frac{\sum_{i=1}^{j}\left(\frac{1}{d_i^n}\right)Z_i}{\sum_{i=1}^{j}\left(\frac{1}{d_i^n}\right)} \qquad (2-5)$$

式中：Z^*——估值点的属性值；
　　　Z_i——已知点的属性值；
　　　d_i——第 i 个已知点距估值点距离；
　　　n——幂指数；
　　　j——参与估值的已知点数。

距离幂次反比法算法简单，符合对空间数据分布规律的认知，插值结果较为平滑。但该方法也存在缺陷，如：影响半径确定存在主观性，一般人为选取勘探线距离的1.5倍，而忽略了数据的各向异性特征；幂指数选取无理论依据，通常选择2次幂。该方法适合于对地层高程、地层厚度的估值。

2.4.3 趋势面法

趋势面法是整体插值方法中的一种。由于某种地理属性在空间的连续变化，可以用一个平滑的数学方程来描述，因此先将已知采样点数据拟合为一个平滑的数学平面方程，再根据该方程计算无测量值的点上的数据。这种只根据采样点的属性和地理坐标的关系，进行多元回归分析得到平滑数学平面方程的方法，称为趋势面法。

趋势面法的理论假设是地理坐标(x, y)、属性Z以及回归误差均为独立变量，并且属性Z是正态分布的。多项式回归分析是描述长距离渐变特征的最简单方法，它的基本思想是用多项式表示线和面，采用最小二乘法原理拟合数据点。数据的维度（一维、二维）决定了线或面多项式的选择。三维地质建模插值过程中，数据往往是二维的。对于二维情况，XY坐标的多元回归分析得到的曲面多项式形式如式（2-6）：

$$f(x, y) = \sum_{r+s \leqslant p}\left(b_{rs} \cdot x^r \cdot y^s\right) \qquad (2-6)$$

式中：p——趋势面方程的次数；
　　　b_{rs}——回归系数。

当 $p=0$ 时,表示水平面,$f(x,y)=b_0$;当 $p=1$ 时,表示斜平面,$f(x,y)=b_0+b_1x+b_2y$,可用其模拟边坡、倾斜煤层、断层等;当 $p=2$ 时,表示二次曲面,$f(x,y)=b_0+b_1x+b_2y+b_3x^2+b_4xy+b_5y^2$,可用于模拟地形起伏、褶皱煤层等。理论上说,多项式次数越高,趋势值越接近于观测值,具体工作中,需要根据实际情况恰当选择趋势面次数。

趋势面法的优点是在计算方面非常容易理解,大多数情况下可以用低次多项式进行拟合;其缺点是给复杂的多项式赋予明确的物理意义比较困难,并且趋势面是一个平滑函数,很难恰好通过原始数据点,是一种近似插值方法。趋势面法主要用于揭示区域中不同于总趋势的最大偏离部分,在使用某种插值方法前,可以用趋势面法从数据中除掉一些宏观特征,而不直接用于空间插值。

2.4.4 最小二乘法

最小二乘法是距离幂次反比法和趋势面法相结合的一种估值方法,该方法是在趋势面分析的基础上引进距离权的概念,从而使估值更为合理。具体方法如下:

已知样本点 (x_1,y_1,z_1),(x_2,y_2,z_2),…,(x_n,y_n,z_n),估值函数为

$$Z=f(x,y)=b_0+b_1x+b_2y+b_3x^2+b_4xy+b_5y^2 \tag{2-7}$$

估计误差平方和:

$$Q=\sum_{i=1}^{n}\left[f(x_i,y_i)-E_i\right]^2 \tag{2-8}$$

对每个样本点考虑一个距离权系数 $\omega(d_i^2)$:

$$\omega(d_i^2)=\frac{1}{d_i^2+\varepsilon}=\frac{1}{(x_i-x)^2+(y_i-y)^2+\varepsilon} \tag{2-9}$$

式中:ε——极小正数,防止除数为零;

(x_i,y_i)——第 i 个样本点坐标;

(x,y)——待估点坐标;

d_i^2——待估点与第 i 个样本点距离的平方。

则估值误差平方和:

$$Q=\sum_{i=1}^{n}\left[f(x_i,y_i)-E_i\right]^2\cdot\omega(d_i^3) \tag{2-10}$$

令 $\frac{\partial Q}{\partial b_0}, \cdots, \frac{\partial Q}{\partial b_5} = 0$，解之得系数 $b_0, b_1, \cdots, b_5$，即可求出估值多项式 $Z = f(x, y)$，将待估点 (X, Y) 带入估值多项式方程中，即可求得 Z。

最小二乘法方法简单，算法易于实现，不仅可以反映全局性变化特征，还可以反映局部变化特征，并且该方法外推能力强，但是其反映的局部变化不明显，计算量大于距离幂次反比法，在矿化结构性描述上也没有严谨的理论。由于其外推能力强，该方法适用于连续地层边界的插值。

◆ 2.5 块体模型构建原理及流程

2.5.1 块体模型的构建原理

块体模型是指把地质体或矿体划分为一系列的小的长方体单元，近似地表示地质体或矿体，每个小的长方体单元都有相应的属性表示地质体或矿体内部某一位置的内部性质，所有长方体单元的属性变化规律就是地质体或矿体的内部变化规律。用这种长方体单元堆砌的地质体或矿体，称为块体模型。每一个带有属性的长方体单元，称为块或单元块（cell）。单元块的尺寸可以相等，也可以不相等。单元块有父块和子块之分，父块是指在块模型中允许的最大的块，子块是父块被分割后形成的小块。

块体模型是可视化数据库的一种格式，其结构不仅可以存储和操作数据，还能修补来自数据中的信息，这是和传统的数据库不同的地方，存储数据的时候更像内插替换一个值，而不是度量一个值。第二个主要的不同在于这个值具有空间参照性。第三个不同在于块体模型在打开的时候完全放在了内存中，实现了动态操作。在创建块体模型时需要明确块体模型的以下几个概念。

（1）块体空间范围

尽可能使建立的块体模型能够包含所有矿体以及采掘的岩石范围，以便可以计算出矿岩量，而不仅仅是矿体范围。

（2）块体尺寸

通常情况下，块体尺寸的大小取决于矿体的类型、规模和采掘方式，例如，脉状金属矿与层状煤矿的块体尺寸是不同的，并且露天开采与地下开采方式不同，定义的块体尺寸也是不同的。

(3) 次级模块

每个有一定体积的长方体叠加构成了块体模型，然而，在矿体边缘（曲面），需要将边缘块体分割成更次一级的子块，以期使矿体边缘的块体更接近于矿体，从而保证计算的误差在许可范围之内。次级模块的分割按几何级数进行，也不能太小。

(4) 块体模型属性

块体模型的属性正是体现块体模型的价值所在。属性通常与地质数据库样品表中的字段同名，如含矸率、可剔除矸石率、岩性、容重等，也可以是名词、序数、间距、比率、数字表达式、字符数据等，还可以是由其他属性字段值的计算表达式而来（计算型）。这些属性一般通过用户在创建块体模型时定义，也可后来单独添加，比如为了建立矿床的经济模型，可以给块体模型增加成本、利润和价值属性。

创造属性的时候，必须给属性命名，指定属性的数据类型、背景值。属性类型可以是字符型（character）、实型（real）、整型（integer）、浮点型（float）。所有的块都要求属性是有背景值的，一旦在属性定义时指定了背景值，则这些背景值一直保存在所有块中，直到指定了新的值。还可以采用数学的方法直接根据其他属性值来给某一个属性赋值。例如，计算煤层含煤率时可以先对煤层含矸率赋值，用"1-含矸率"计算出含煤率。

(5) 块体模型约束

块体模型的特点就是约束的应用。约束是空间操作和对象的逻辑组合，可以用来控制对块的选择。当需要用值填充块体模型、产生报告、以图形方式查看块体模型以及载入一个块体模型的部分时，就常用到约束，这样便于计算出任意空间范围的矿岩量。约束的对象包括：实体模型、表面模型、闭合线、块体模型和区域文件；约束的空间操作有：内部、外部、上部、下部；约束组合操作符有：并集和交集。

(6) 估值方法

通常根据矿床类型和样品数量来选择不同的估值方法。对于详查或勘探级别的矿山而言，数据量往往不多，一般采用距离幂次反比法或最近距离法，对于详细勘探和生产矿山，样品量比较大，可以选用克里金法，但需要对数据进行分析后才能使用。

2.5.2 块体模型的构建流程

构建块体模型主要依据的数据有：反映地质体空间位置的实体模型、揭露地质体的工程样品、样品的分布规律等。综上所述，构建块体模型的流程如图2-9所示。

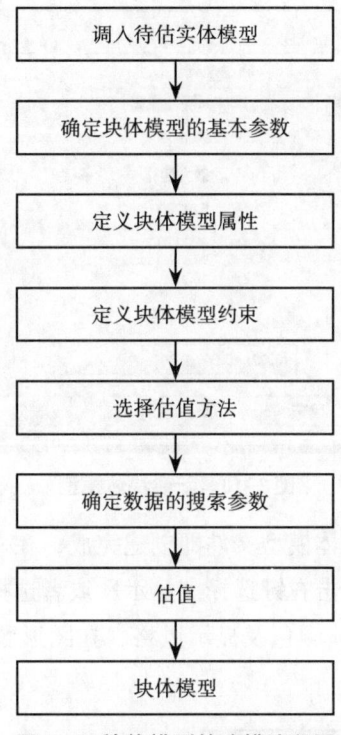

图2-9 块体模型的建模流程图

要建立块体模型，首先对块体模型的基本参数、属性进行定义并建立约束。但是，块体模型中并没有包含煤质信息等属性的属性值，只是空块体模型，只有通过块体模型估值，使每个单元块均被赋予煤质信息等属性的属性值时，块体模型才成为煤质块体模型，即具有岩性属性和煤质属性的块体模型，称为煤质块体模型。

2.5.3 空块体模型的建立

以我国某露天煤矿为例，对块体模型建立进行说明。

① 调入已经建立好的煤层实体模型，选择主菜单"块体"→"创建"→"新建块体模型"，如图2-10所示，软件自动确定了矿体的空间范围（X, Y, Z

的坐标范围），根据煤层的赋存条件和工程控制网度，选择合适的块尺寸。若选择的块尺寸太大，块与块之间将会出现很大的空隙，这样不仅会影响矿体的外观形态，更重要的是将会影响后续的储量计算工作。如果选择的用户块尺寸太小，将会影响赋值的速度。定义块体尺寸为80×80×2，次级模块的大小选为40×40×1，如图2-10所示。

图2-10 新建块体模型

点击"确定"后，块体模型文件即创建完成，在左侧的层浏览器中可以看到相应的路径和名称。点击右键选择"显示"或者选择主菜单"块体→显示→块体模型显示"，选择块体颜色及显示风格，在图形区显示该模型。如图2-11所示。

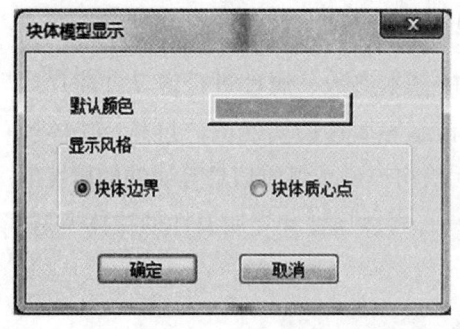 

图2-11 块体模型显示

② 添加属性：模型建立完成之后，需要为模型的块体添加属性，没有属性的块体是没有实际意义的，块体的属性用来反映地质体在块体单元位置的各种性质，如容重、矿岩类型、含矸率以及硫分、发热量等。根据煤层特征和属

性需要进行定义。注意：在定义任何属性时，要明确属性的类型和背景值的含义。本例中建立了矿岩类型、含矸率、可剔除矸石率、含煤率四个属性。如图 2-12 所示。

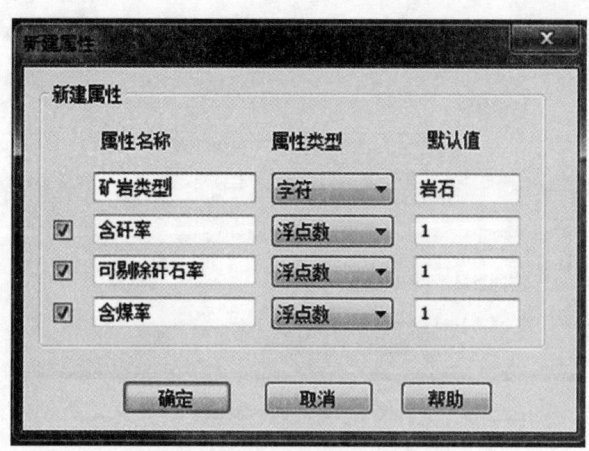

图 2-12　新建块体模型属性

2.5.4　块体模型的估值

块体属性赋值有两种类型：一种情况是属性值是一个已知的确定值，其赋值过程是利用约束条件提取块体赋值范围进行直接赋值，如矿岩类型、容重等；另一种情况是属性值必须按照一定规则通过参照若干其他数据进行计算得出，再对特定块体进行赋值，如煤层的含矸率、含煤率、可剔除矸石率、发热量、硫分等属性。

采用的估值方法有：① 直接赋值法（给块模型分配一个精确的值：单一赋值）；② 多边形投影赋值法（用多边形中的属性值为其投影到块体模型部分的块体赋值）；③ 最近距离法（将距离最近的样品点的值分配到待估块质心）；④ 距离幂次反比法（指定的有效范围内的样品的权重与块质心的距离成反比）；⑤ 普通克里金法（使用克里金法以地质统计研究中的方差参数来修改块体模型中的值）。

在赋值时需要注意的是属性的不同而带来不同的估值方法，最根本的目的就是保证有数据分配的空间，通过估值方法实现。从而保证每个块体的质心点上都能够查询到相关的值。

（1）单一赋值

单一赋值可以给块体模型的全部小块分配一个单一的属性值。主要是需要分析具体范围以及约束条件。如需要对"2-1中下煤"赋名字和容重两个属性，需要选择矿岩类型，填入"2-1中下煤"，选择容重，填入"1.39"，如图 2-13 所示。

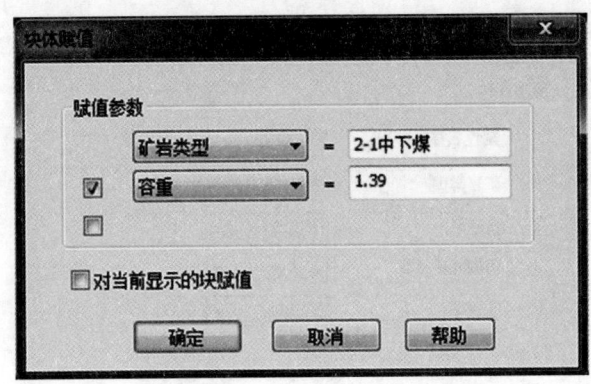

图 2-13　单一赋值

点击"确定"，显示如图 2-14 所示的对话框。在这个对话框中对块体模型添加约束限制。选择约束类型为"实体"，点击"文件"，选择用来建立当前块体模型的煤层实体模型，然后在对话框中选择"添加约束"。如想将生成的约束块体文件保存，则选择"保存到区域文件"，可以输入自定义文件名称。块体模型内部即被矿体约束且被赋上单一的矿岩类型属性值。

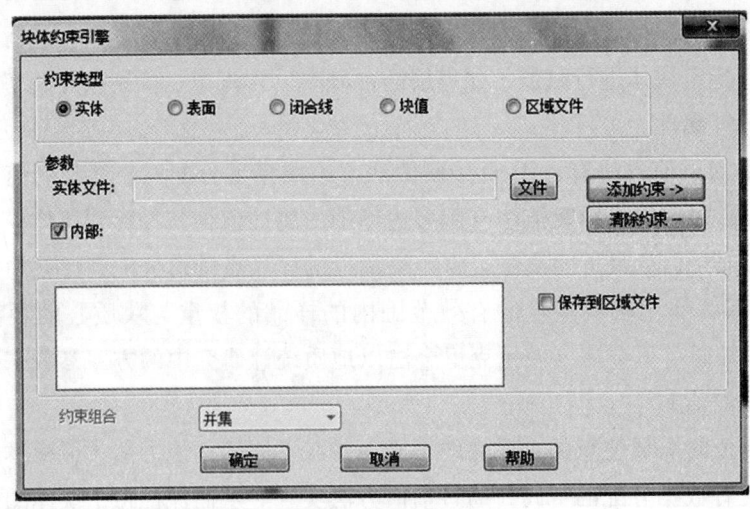

图 2-14　添加约束

（2）距离幂次反比法赋值

煤质指标等数据不能用单一赋值的方法为每个块体赋于相应的数据，这时引进距离幂次反比法和克里金法。其中，在地勘阶段，由于数据量较少、很难找到相应的变异函数的变化规律，因而，距离幂次反比法是最常用的方法之一。

第一步：对"2-1中下煤"含矸率赋值，在记录"到样品点最近的距离"栏中添加"最近距离"属性，将自动记录用此方法赋值时被赋值的块体与样品点的最近距离，并将此属性保存在块体模型中。同样的方法，将"平均距离"和参与的"数目"等属性直接求出并保存在块体模型中。幂次选择为2，即距离平方反比法，点击确定，如图2-15（a）所示。

第二步：填入搜索椭球体参数。在对矿体进行三维空间的数据插值时，一般应用搜索椭球体来确定已知点的空间分布规律，搜索椭球体反映了已知点对未知点的影响范围和方式，必须确定搜索椭球体的参数，其参数如表2-10所示。

表2-10 搜索椭球体参数表

参数	说明
主轴搜索半径	根据数据空间位置，确保所有块体单元都能够找到数据源为主
主轴	矿体走向轴
次轴	矿体延深方向轴
短轴	矿体的厚度方向轴，其比值决定矿体的形态。一般矿体的长度和延深差不多时，其主轴/次轴的比值为1；矿体越是扁状，主轴/短轴的值越大
主轴倾角	矿体侧伏角
次轴倾角	矿体的倾角

注：模型的侧伏角是指模型旋转前的水平线在旋转后与水平面的角度，这也是模型的倾斜度的参照。

"次分块估值"是为了更精确地估值，将原块体再沿XYZ轴分块，使每个小块附上更精确的待估点的值；"最少选择样品数"是在搜索范围内，样品数若小于此数将不参与估值；"最多选择样品数"即最多参与估值的样品数；"八分圆"是将搜索椭球体分为8个区域，对于这些区域可以设置"有效分区最少数目"、"分区内最少样品数"和"分区为最多样品数"。当某区域中的样品数达不到设置的值时，将不对该区域进行估值，距离幂次反比法估值过程如图2-15（b）所示。

第三步：需要用约束条件对估值范围进行限定，这里限定为煤层实体内。完成赋值后，将相关应用参数以文本报告形式显示并保存。估值结果如图2-15（c）所示。

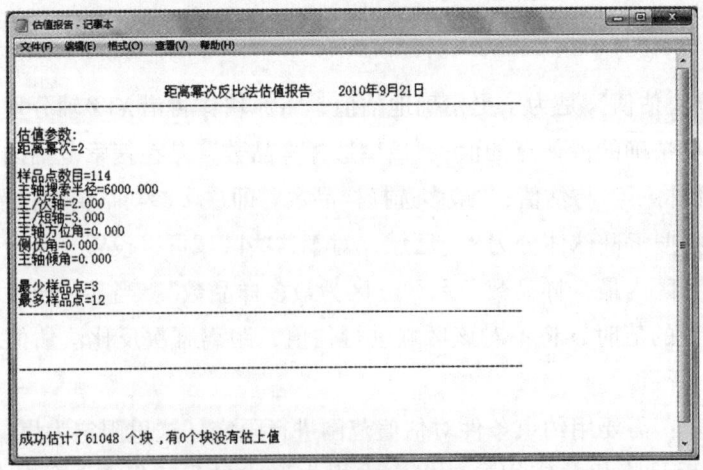

(a) 距离幂次反比估值参数

(b) 搜索样品参数

(c) 估值报告

图 2-15 距离幂次反比法估值过程

煤层含煤率的计算公式为“1–含矸率”，平台提供了数学计算的功能，点击“块体”→“属性”→“数学计算”，选择属性名称，填入数学表达式，并对表达式的合理性进行验证，验证为合理后，点击“确定”。添加约束条件，程序会自动计算每个块体的含煤率。如图2–16所示。

块体数学计算
属性名
表达式
含煤率
=
1-含矸率
可用操作符
验证表达式
示例
确定
取消
帮助

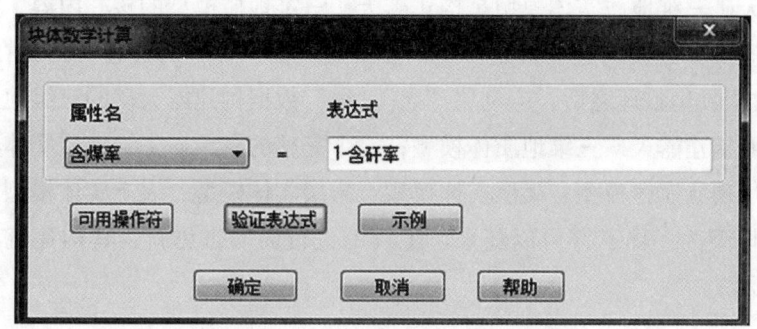

图2–16　块体模型的数学计算

用距离幂次反比法对煤层的可剔除矸石率进行估值，方法与含矸率的估值相同，至此，完成“2–1中下煤”的赋值，对建立的块体模型进行保存。估值结果见图2–17。依次对煤层块体模型赋值。

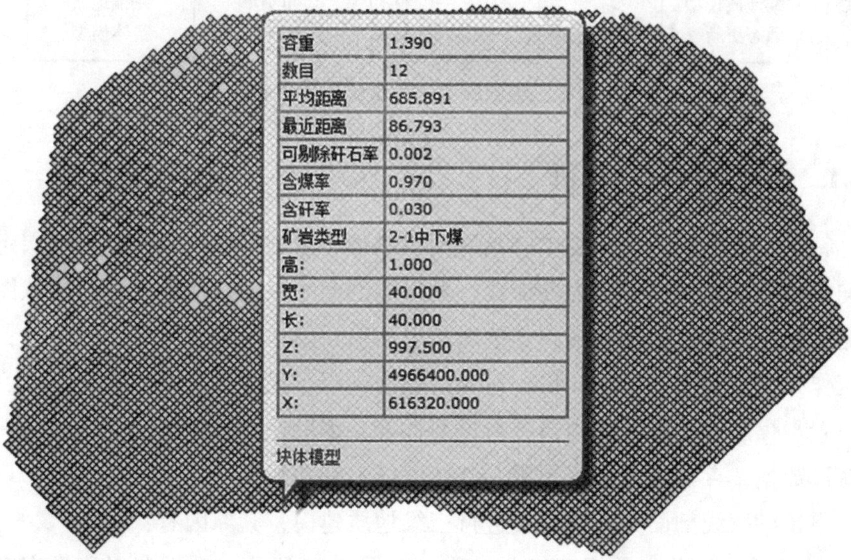

容重 1.390
数目 12
平均距离 685.891
最近距离 86.793
可剔除矸石率 0.002
含煤率 0.970
含矸率 0.030
矿岩类型 2-1中下煤
高: 1.000
宽: 40.000
长: 40.000
Z: 997.500
Y: 4966400.000
X: 616320.000
块体模型

图2–17　煤层赋值结果

同理，在上述块体属性当中，可以增加经济成本信息、售价信息等一系列矿体属性信息。

2.6 多维属性实体模型建立

露天矿三维地质实体模型是构建露天矿三维地质模型的核心内容，露天矿三维地质实体建模的过程就是一个"点—线—面—体"的过程，因此在"点""线"数据收集整理之后，应利用"点""线"数据构建露天矿的三维地质面模型，进而构建露天矿三维地质体模型；一个完整的露天矿三维地质实体模型应该集采场现状实体模型、煤层实体模型、岩层实体模型、表土实体模型以及地质构造模型为一体，并可以随采矿工程的进行而动态更新，其构建流程如图2-18所示。

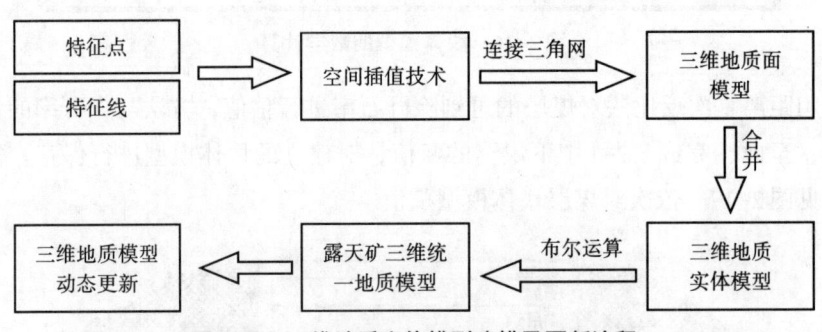

图 2-18　三维地质实体模型建模及更新流程

2.6.1 剖面数据整理分析

钻探工程形成的钻孔是以一系列网状结构布置的，在网络中垂直煤层走向方向由若干钻孔连成的线为勘探线。勘探线剖面图以勘探线上的钻孔柱状图为依据所绘制，以此为基础编制其他地质平面图。因地质数据具有不完备性，地质工作人员需利用地质学知识，对煤层形态进行了描述，对煤层尖灭位置、断层位置、煤层露头和其他构造进行推断插补，因勘探线剖面图是经钻孔进一步的解译数据，存在人为主观因素，其精度低于钻孔数据。

原始勘探线剖面并不能直接进行三维地质建模，其原因有：

① 地质连线节点数据密度非对称，如图 2-19 所示。数据非对称且密度不均会使三角剖分时出现大的三角片或狭长三角片，固化成体时使局部误差增大，当处理上下相距较近的煤层、薄煤层和煤层尖灭时，易造成煤层顶底板相交等逻辑错误。

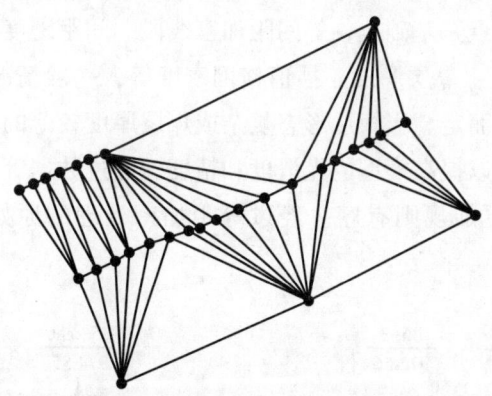

图 2-19　数据分布不均导致出现狭长三角片和大三角片

② 勘探线剖面全部为二维剖面，不满足三维建模的需要。通常做法是将二维剖面旋转 90°，将 Y 坐标转换为 Z 坐标，选择定位点旋转至勘探线近似位置，因定位点选择的不同并且未严格通过钻孔位置，该方法得到的三维剖面误差将进一步扩大。在实际勘探过程中，由于钻探条件限制，实际勘探线与设计勘探线位置往往存在差异，且勘探线不是严格的直线，而是带有一定弯度的折线，局部地区可能存在较大的曲率，这些弯曲节点即钻孔所在位置，如图 2-20 所示。

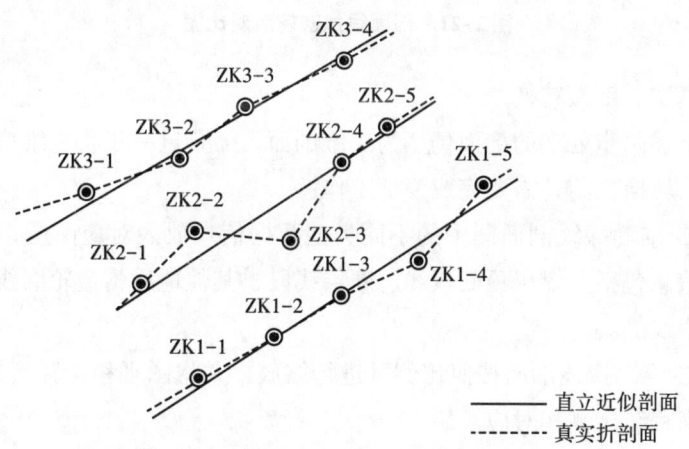

图 2-20　真实折剖面与直立近似剖面对比

针对上述存在的问题，对原始的勘探线剖面数据进行处理十分必要。具体处理步骤为：

（1）加密剖面数据

在保证煤层顶底板线全部通过特征点（煤层顶板线与钻孔的交点、断层点、特殊构造边界点）基础上，等间距加密线段。间距密度主要考虑勘探线间距、煤层复杂程度、煤层厚度、插值格网密度等，一般情况取 50 m 或者 20 m 间距，视钻孔间距而定。当煤层形态复杂或煤层厚度较薄的情况下，可适当增加线上节点密度，以提高模型的光滑度和精度。经过数据等距加密处理，增加数据数量，数据更加规则有序。经过等距加密处理的原始勘探线剖面如图 2-21 所示。

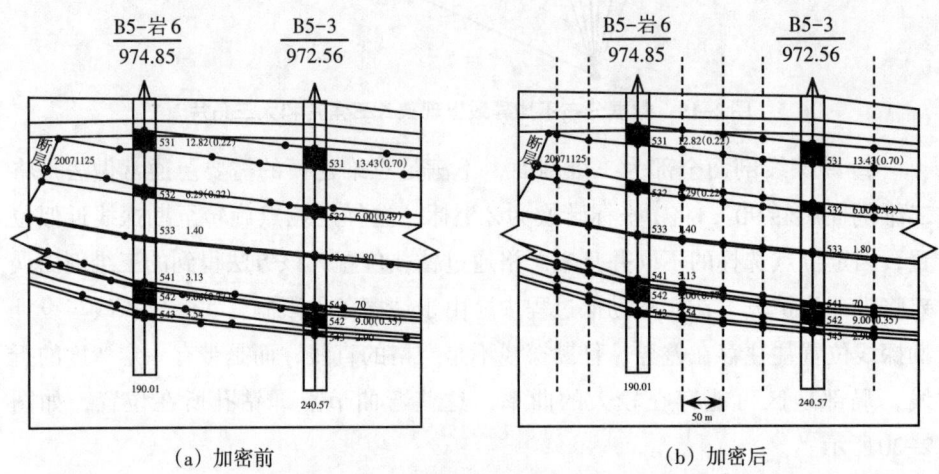

图 2-21　剖面线加密前后对比图

（2）真实折剖面转换

经过上述两步处理的剖面仍然为二维剖面，需要进一步将二维信息转换为三维信息。转换之前，需要完成两项工作：

① 将二维勘探线剖面图中的不同类型数据信息放入对应图层，以分类处理。主要信息包括：煤层顶底板线、断层线段、其他地质构造轮廓线、钻孔柱状图、高程线等。

② 将二维勘探线剖面按照比例尺进行缩放，并将图平移，转换 Y 坐标为 Z 坐标，与高程线标高相对应。

由于传统二维剖面图转三维剖面图未严格通过钻孔，为保证模型精度，真实折剖面转换势在必行。

考虑到真实折剖面严格通过钻孔位置，因此，可以采取勘探线剖面图分段转换的方法。如图 2-22 所示，真实勘探线各段与 Y 轴夹角为 θ_0，θ_1，θ_2，…，θ_n，在每一个分段中进行坐标转换。

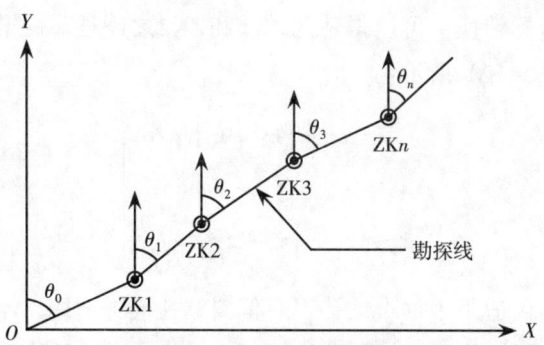

图 2-22 真实折剖面勘探线

图 2-23 中，设 A，B 点为钻孔 ZK1，ZK2 的孔口位置，坐标分别为 (x_A, y_A)，(x_B, y_B)；C 点为钻孔 ZK1 和 ZK2 之间煤层任意一个节点，坐标为 (x_C, y_C)；以 A 点为基准进行旋转，旋转角度为 θ_1，其中 θ_1 为分段勘探线与 Y 轴的夹角；A_1，B_1，C_1 为三维旋转后的点，坐标分别为 (x_{A_1}, y_{A_1})，(x_{B_1}, y_{B_1})；A_{11}，B_{11}，C_{11} 为 A_1，B_1，C_1 在 XOY 平面的投影点。

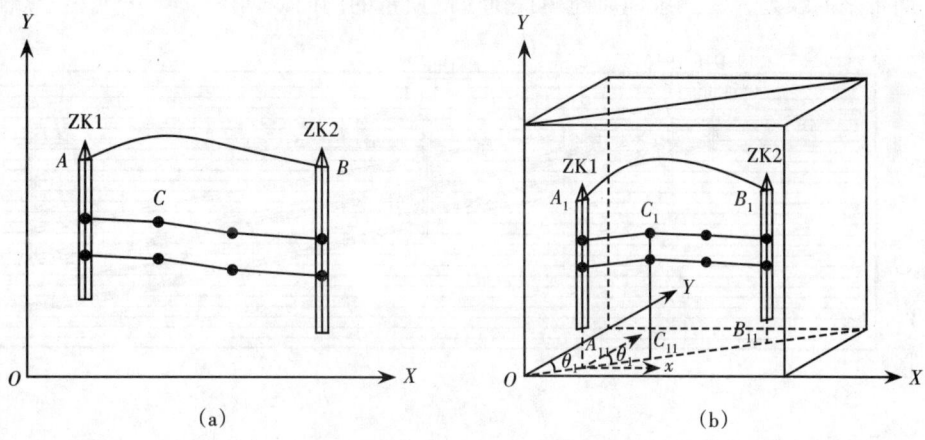

图 2-23 分段折剖面示意图

由几何关系可求得分段勘探线与 Y 轴的夹角 θ_1，如公式（2-11）所示：

$$\left. \begin{array}{l} |A_{11}B_{11}| = |A_1B_1| = \sqrt{\left(x_{A_1} - x_{B_1}\right)^2 + \left(y_{A_1} - y_{B_1}\right)^2} \\ \cos\theta_1 = \left(y_{A_1} - y_{B_1}\right)/|A_{11}B_{11}| = \left(y_{A_1} - y_{B_1}\right)/\sqrt{\left(x_{A_1} - x_{B_1}\right)^2 + \left(y_{A_1} - y_{B_1}\right)^2} \\ \sin\theta_1 = \left(x_{A_1} - x_{B_1}\right)/|A_{11}B_{11}| = \left(x_{A_1} - x_{B_1}\right)/\sqrt{\left(x_{A_1} - x_{B_1}\right)^2 + \left(y_{A_1} - y_{B_1}\right)^2} \end{array} \right\} \quad (2\text{-}11)$$

进而通过坐标转换,可以得钻孔ZK1和ZK2之间任意一节点的坐标,坐标转换公式如式(2-12)所示:

$$\left.\begin{array}{l} x_C = x_{A_1} + \left|x_B - x_A\right|\cos\theta_1 \\ y_C = y_{A_1} + \left|y_B - y_A\right|\sin\theta_1 \\ z_C = z_{A_1} - \left|z_B - z_A\right| \end{array}\right\} \quad (2\text{-}12)$$

上述公式不仅适用于垂直钻孔,对偏斜钻孔同样适用。不同的是,对于偏斜钻孔,上述坐标转换得出的钻孔轨迹仅为真实钻孔轨迹在分段勘探线剖面上的投影,但不影响其他控制点的坐标转换,地质技术人员已将偏斜钻孔与矿岩交点坐标进行矫正并投影至勘探线剖面图上。

因此,一旦确定出分段勘探线钻孔的孔口坐标(x_i,y_i,z_i)和二维剖面各控制点的坐标,通过公式(2-12),即可将分段勘探线二维剖面转换为三维真实折剖面。如图2-24所示,以19p勘探线为例,以钻孔19-04p为基准点,进行分段坐标转换,经过转换的折剖面严格经过各钻孔位置,减少了直立旋转剖面带来的误差,为三维地质建模提供了高质量的剖面数据。

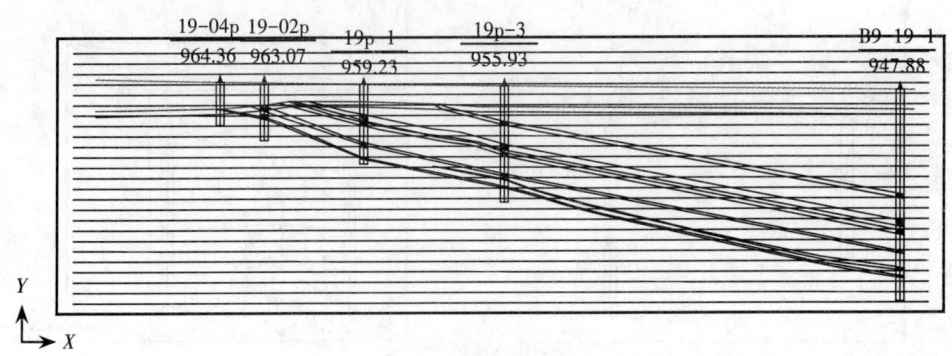

(a)转换前

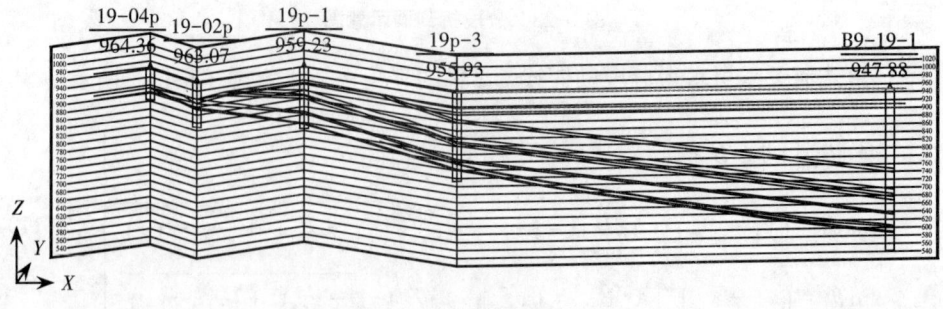

(b)转换后

图2-24 勘探线剖面三维转换

下面对某露天矿开采境界内 64 个原始勘探线剖面进行了整理,将所有勘探线剖面进行数据加密、真实折剖面转换,最终得到该露天矿空间序列断面,如图 2-25 所示;进而可以提取出建模所需煤层数据和断层数据。图 2-26 所示为提取的 IVC 煤顶板和底板剖面线。

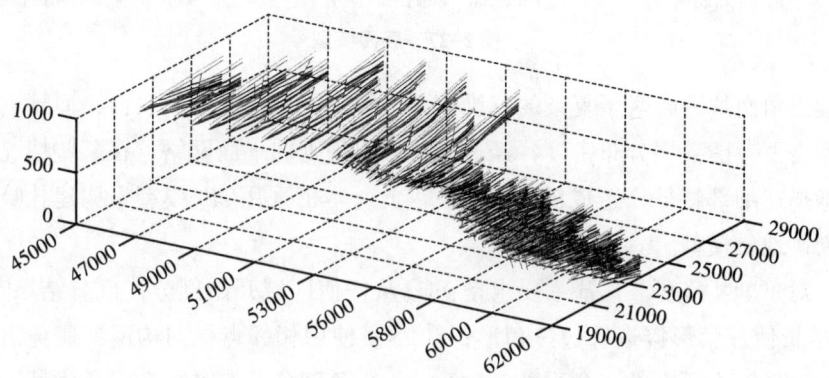

图 2-25 露天矿空间序列断面

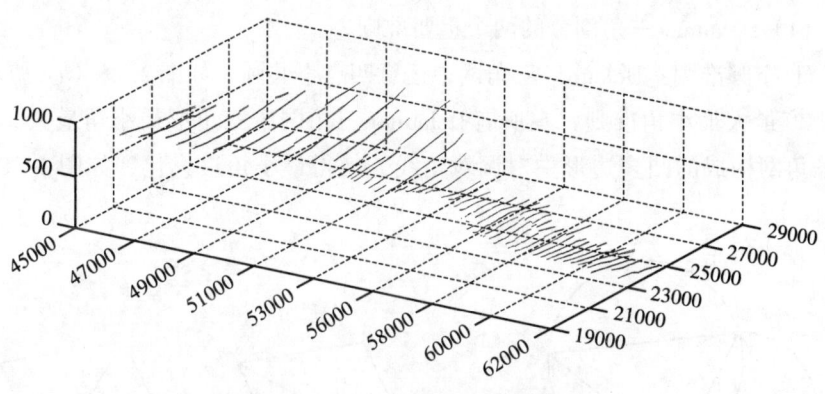

图 2-26 IVC 煤顶板和底板剖面线

2.6.2 表面模型构建技术

表面模型(facial model)主要表达三维实体表面,是三维实体模型构建的前提。表面模型有多种实现形式,如图 2-27 所示,包括等高线(contour)模型、规则格网(grid)模型、不规则三角网(TIN)模型等,最为常用的为规则格网模型和 TIN 模型。两种模型既可以用于地形面的构建,也可用于沉积煤层面的构建。

在各种表现形式中,TIN 模型可以按照某种规则将不规则分布的数据生成

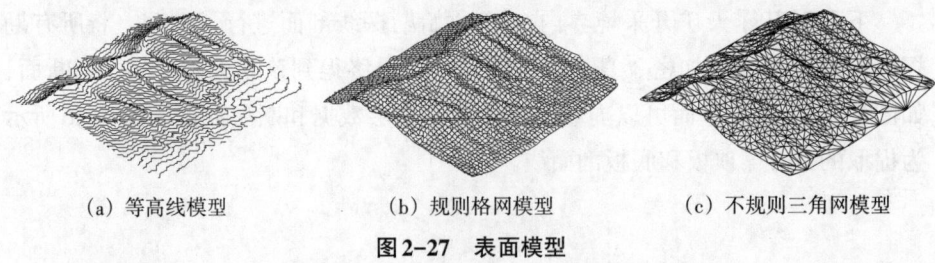

(a) 等高线模型　　　　　(b) 规则格网模型　　　　(c) 不规则三角网模型

图 2-27　表面模型

连续三角面片网，对于复杂的三维模型，可以更好地描述其表面；而规则格网模型需要考虑数据分布密度，经过内插形成规则的平面网络，在某些情况不能准确描述细部特征，造成精度损失。因此，本书采用 TIN 模型来构建扎哈淖尔露天矿地质模型。

对于 TIN 模型，其基本要求是：① 从任何区域开始剖分，剖分结果唯一；② 尽量使三角形接近等边三角形；③ 尽量使用相邻点参与构网，避免出现狭长三角形。在所有的三角形中，Delaunay 三角剖分具有唯一性、最优性、最近性等优越特性，广泛用于 TIN 模型生成。下面简要介绍 Delaunay 三角剖分技术。

(1) Delaunay 三角剖分的两个重要准则

① 空圆准则：Delaunay 三角网中任意四点不共圆，如图 2-28（a）所示。

② 最大最小角准则：在所有 Delaunay 三角网中三角形最小角最大，即相邻三角网构成的凸多边形中对调对角线，使得最小角最大化，如图 2-28（b）所示。

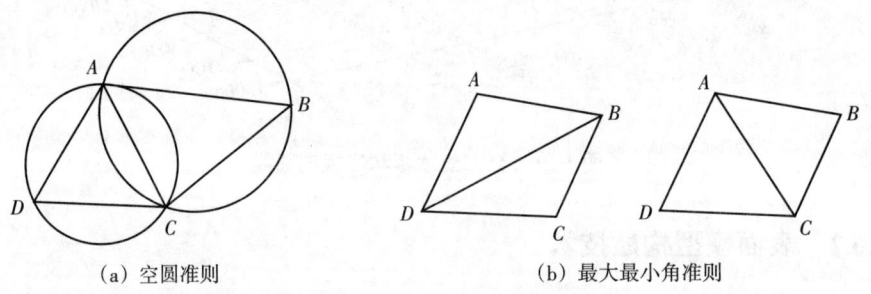

(a) 空圆准则　　　　　　　　　　　　(b) 最大最小角准则

图 2-28　Delaunay 三角剖分准则

(2) Delaunay 三角剖分分类

按照有无特征线约束，可以将 Delaunay 三角剖分划分为无约束三角剖分（DT）和有约束三角剖分（CDT）。

① DT：无约束三角剖分是将离散点集剖分为三角网络。常用 Delaunay 生成算法包括三角网生长算法、数据逐点插入法等。

② CDT：以特征线作为约束条件参与构建Delaunay三角网，是无约束三角剖分的扩展。在地质模型构建过程中，存在多种特征约束线，如勘探线剖面中提取的煤层顶底板线、煤层顶底板等高线、地形等高线、露天矿台阶坡顶坡底线等，在构建Delaunay三角网时，这些线段将作为三角形的边，参与构网。特征线的加入使得剖分结果更加符合实际。如图2-29（a）所示，在未考虑约束线构网时，会出现三角形与等高线相交和三角形三个顶点在同一条等高线（平三角形）的错误情况；图2-29（b）所示是正确剖分情况。

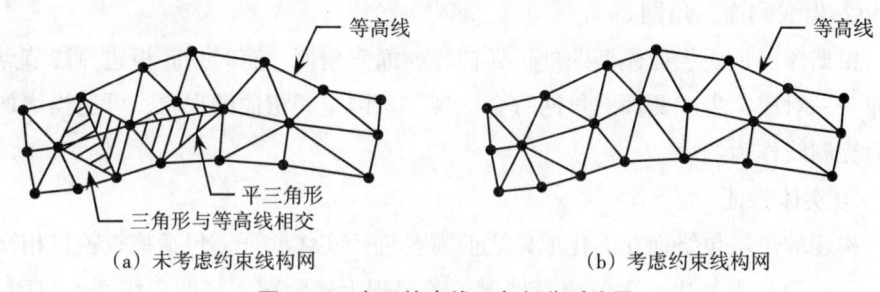

（a）未考虑约束线构网　　　　　　　　（b）考虑约束线构网

图2-29　有无约束线三角剖分对比图

鉴于露天矿实际情况，同时结合Delaunay三角网的独特和优秀的特性，本书采用带约束的Delaunay三角网构建露天矿三维地质模型。

2.6.3　实体构模流程方法

采用带约束条件的Delaunay三角网（CD-TIN）构建顶面模型以及底面模型，再利用顶面边界线与底面边界线，在这两条闭合线之间连接三角网，构建侧面模型，顶面模型、底面模型以及侧面模型形成封闭空间，经过合并形成实体模型，实体模型的建模流程如图2-30所示；该方法构建的实体模型可以表达地质对象之间的拓扑关系，还可以实现三维分析与查询等功能。该建模方法

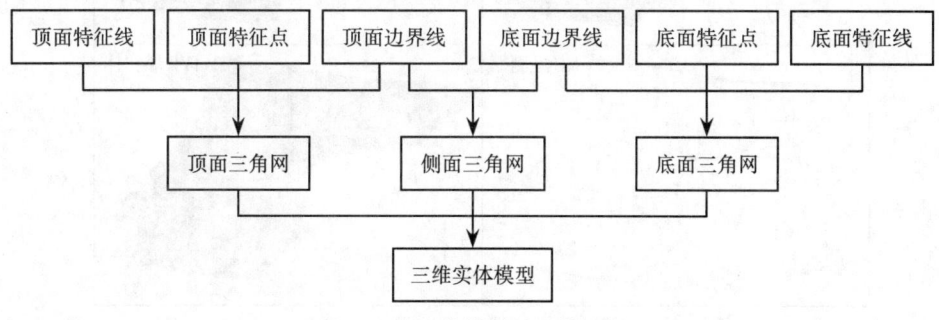

图2-30　实体模型的建模流程

完全适合于层状矿体建模,例如煤矿床建模。

煤层的包络面包括：顶板三角网、底板三角网、侧面三角网。由于要求包络面封闭,上一步骤对断层进行了"微调",因此需要重新生成可以构建实体的面模型。具体建模步骤如下：

① 顶板面和底板面重构。

构建煤层顶底板面模型的基础数据不变,将断煤交线向相反方向偏移 0.05 m,以偏移的断层交线作为内边界参与构建面模型。

② 生成侧面三角网。

根据煤层顶底板面模型的外边界构建侧面三角网。有时顶底板边界线节点并非一一对应,生成侧面三角网时会出现三角网空间扭曲的现象,可适当增加侧面控制线作为约束。

③ 实体验证。

构建的煤层包络面在固化成体之前需要进行实体验证,包括检查：自相交边、开放边、重复边、无效边等情况。若出现上述情况,说明包络面不封闭,需要检查问题原因,重新构建煤层包络面。

④ 固化成体。

将通过实体验证的生成的煤层顶板三角网、底板三角网、侧面三角网合并,通过固化成体技术即可生成煤层实体模型。以 IVC 煤实体为例,构建过程如图 2-31 所示,全煤实体如图 2-32 所示。

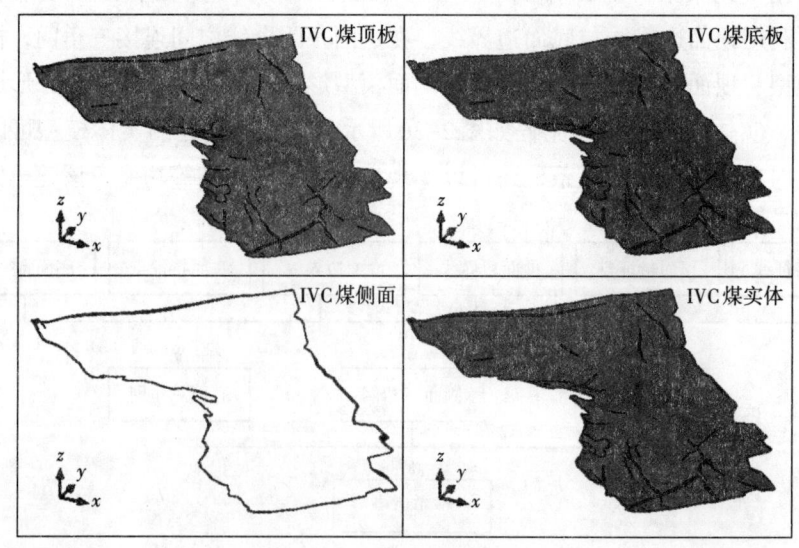

图 2-31　IVC 煤实体构建过程

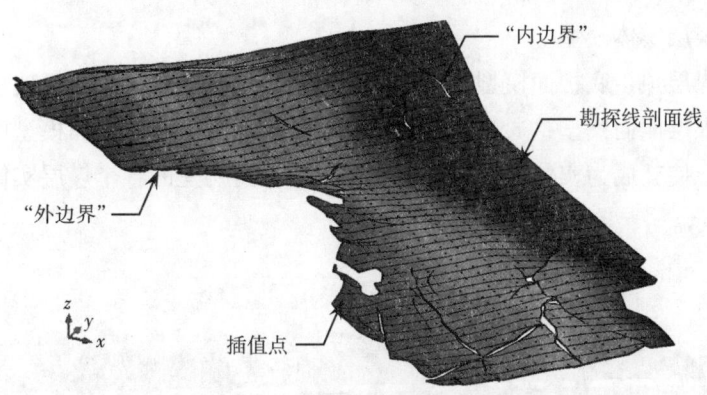

图 2-32 全煤实体模型

（1）地形及采场现状实体模型

按照以下步骤建立地形及采场现状实体模型：

① 将已经生成的地形及采场现状面模型作为顶面模型。

② 将圈定的顶面模型的边界线向某一水平面（例如0标高）投影，作为底面模型的边界线；利用底面模型的边界线生成三角网，作为地形及采场现状的底面模型。

③ 在顶面边界线与底面边界线间连接三角网，作为地形及采场现状侧面模型。

④ 将顶面模型、底面模型以及侧面模型合并，形成地形及采场现状的实体模型。

地形及采场现状实体模型的创建过程如图2-33所示。

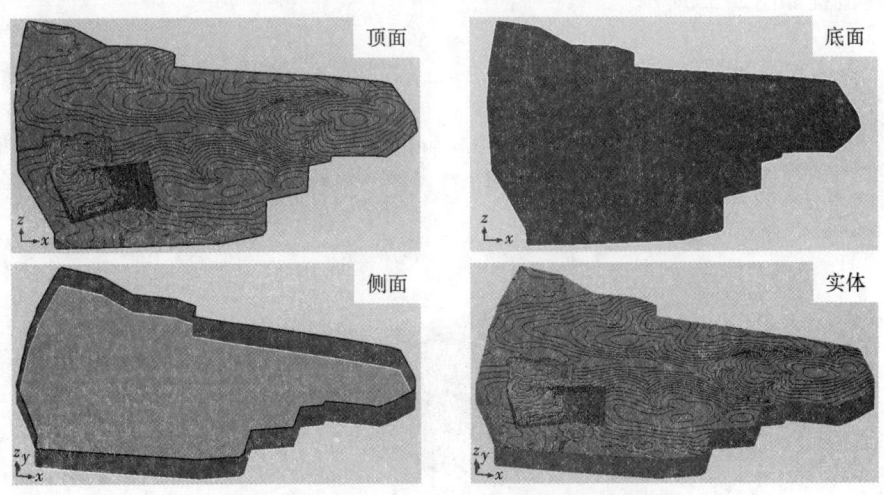

图 2-33 地形及采场现状实体模型创建过程

（2）煤层实体模型

构建煤层顶、底板面模型之后，在煤层顶板建模边界线与底板建模边界线之间生成煤层侧面模型；通过合并法将煤层顶板面模型、底板面模型以及侧面模型合并，使其成为实体，得到煤层实体模型。所构建的各个煤层实体模型如图2-34所示。

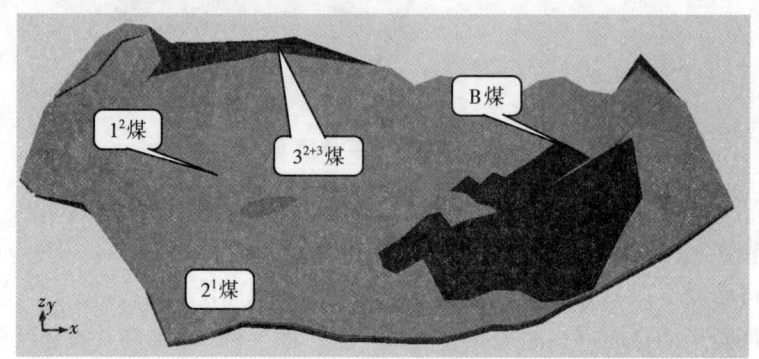

图2-34 各煤层实体模型

（3）表土实体模型

表土实体模型的顶面是地形面，底面是基岩面，因此创建表土实体模型时，可以将地形面向下（如0水平）投影，构建一个以地形面为顶面的向下的实体，将基岩面向上（如1500水平）投影，构建一个以基岩面为底面的向上的实体；两个实体模型之间做"布尔交集"运算，就得到了表土实体模型，其创建流程如图2-35所示。

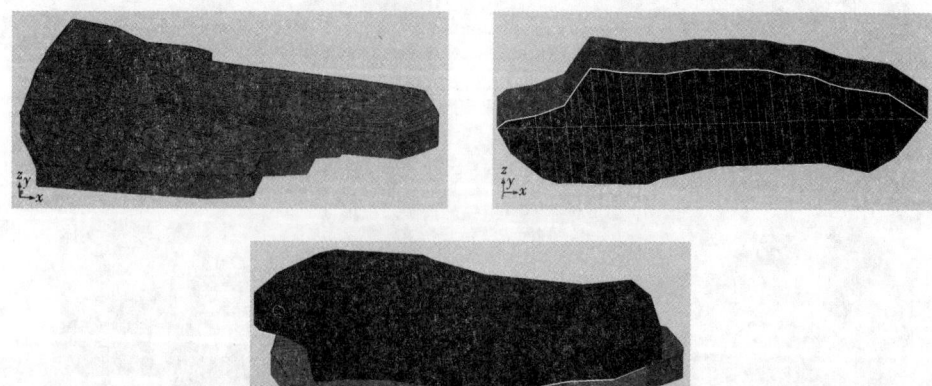

图2-35 表土实体模型创建流程

2.6.4 露天矿集成实体构建

露天矿集成实体是露天矿采场、排土场、煤层出露、第四系、第三系、煤层赋存等重要的生产要素和地质结构的集成表达与显示，可以全面反映露天矿地表以下全部的地质信息，是露天矿生产模型和地质模型的高度集成，为地质空间分析、生产决策部署、采矿设计编制等工作提供了直观的空间模型。

露天矿集成实体的构建过程分以下几个步骤：

（1）构建基态实体

基态模型是以露天矿现状图或计划图为基础，建立基态面模型（相当于顶面），将基态面模型边界投影到某一标高，建立底面模型，以上下边界建立侧面模型，最后将基态包络面固化，形成基态实体。

（2）布尔运算

将第四系实体、第三系实体、煤层实体与基态实体进行交集、差集、并集、干涉等布尔运算，高于基态实体的部分（已采部分）将被裁掉，剩余部分（未揭露部分）将插入基态模型中。

下面是以某露天矿为基态图，构建的该露天矿生产年末集成实体模型，如图2-36所示。贯穿采场任意切割一剖面 $A-A$，如图2-37所示。

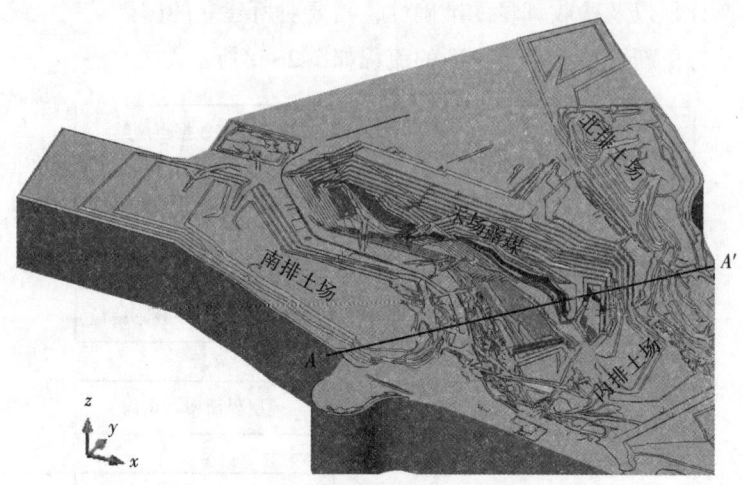

图2-36　露天矿集成实体模型

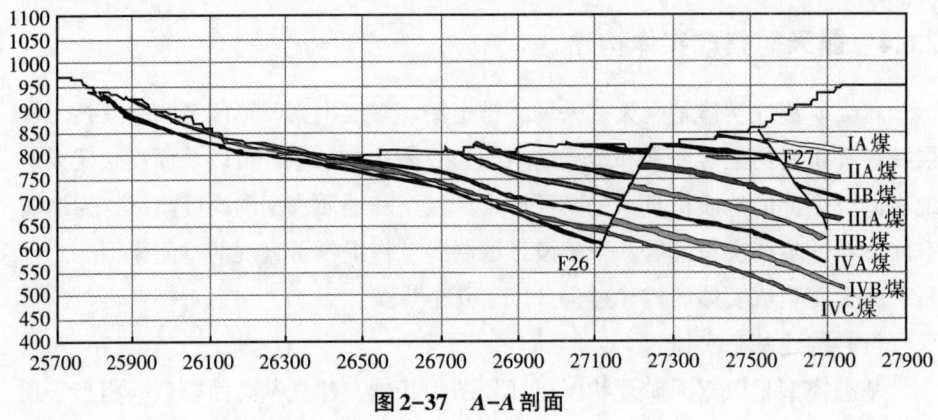

图 2-37 A—A 剖面

2.7 三维地质模型动态更新

露天采矿是一个动态过程，在露天开采过程中，采掘工作自上而下采出矿岩，形成空间；排土工作一般为由下而上堆垒废石，占领空间；随着露天开采的进行，地层不断被揭露，可以通过地质写实的方法获得真实的地质数据，因此建立静态的三维地质模型是不能满足露天采矿需要的。为了保证露天矿开采设计、生产计划以及验收算量的准确性，需要对所建立的露天矿三维统一地质模型进行动态更新。模型动态更新的流程如图 2-38 所示。

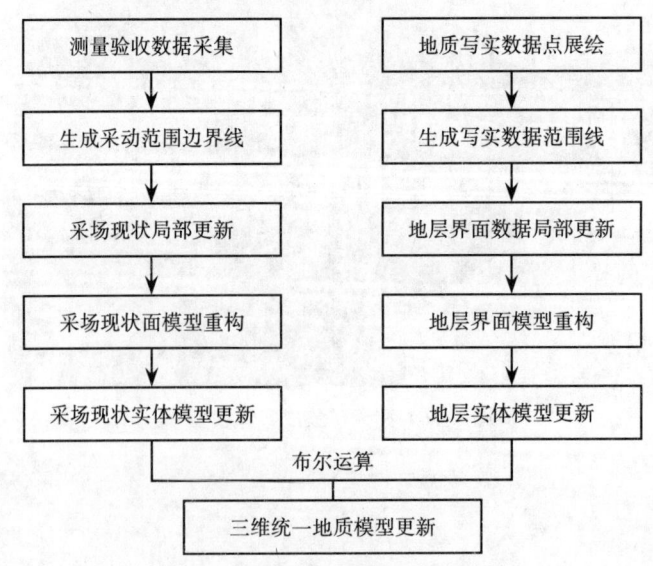

图 2-38 三维地质模型动态更新流程

（1）采场现状实体模型更新

随着露天采矿活动的进行，露天矿的地形会发生区域性的变化，矿山测量人员定期对发生变化的区域进行测量，将所得到的测量验收数据进行展点、连线，之后圈定出采动范围的边界线，将采动范围边界线以内的上期测量数据删除，并将本期测量离散点、台阶线放入采动范围边界线内，以达到露天矿采场现状的局部更新的目的。利用更新之后的采场现状数据构建采场现状DEM，采用合并法对更新后的采场现状DEM构建实体模型。

（2）地层实体模型更新

露天矿开采之前，三维地质建模的基础数据主要有钻孔数据、剖面数据以及插值点数据等，所建立的地质模型与真实地质体形态肯定存在差别，而随着开采活动的进行，各个地层逐渐被揭露，控制各个地层的实测数据点逐渐增多，矿山工作人员对地层结构的认识更加完善与细化。因此，为了保证露天矿测量验收以及生产计划的准确性，需要对地层实体模型更新：首先，应展绘出本期地质写实数据点，按照写实数据点连接地质写实数据范围线；其次，删除地质写实数据范围线以内的插值点数据、三维剖面数据，以达到地层界面数据局部更新的目的；最后，对更新后的地层界面模型进行重构，采用合并法生成地层实体模型。

（3）三维统一地质模型更新

在采场现状实体模型和地层实体模型更新之后，对采场现状实体模型与地层实体模型进行布尔运算，就可以达到露天矿三维统一地质模型更新的目的。

◆ 2.8 露天矿山地质云系统

2.8.1 多维属性地质云架构

地质云由基础设施（IAAS）、数据（DAAS）、平台（PAAS）、应用（SAAS）四层标准云架构组成，通过标准规范体系与安全保障体系建设，保障"地质云"安全有序运行。地质图空间数据主要指以GIS形式表达的各类地质数据，包括空间几何数据和属性数据。地质图件主要指以地图形式表达的产品，包含完整的图名、图框、图例、注记等信息，可以是通过GIS、RS、CAD软件形式出图的空间（矢量）数据（MapGIS、ArcGIS等），也可以是图片（jpg、tif等）格式表达的图件。地质云架构如图2-39所示。

图2-39 地质云架构

地质云基础设施层（IAAS）：主要包括计算资源、存储资源、网络资源、安全设备以及相应的平台软件等内容。

地质云数据层（DAAS）：采用"空-天-地-井-孔"全方位立体化的探测模式，获得矿区地表三维地形地貌、地下岩层岩性分布、三维地质构造形态、资源赋存状态以及原始岩石力学、温度、水文等多参量的三维数据，同时融合露天矿山建设的基础地质信息等多维数据信息，采用虚拟现实技术对钻孔、地层、物性等各类参数重建，获得单元素或多元素三维数据体，构建其静态参数模型。其重点是反映原始地形地貌、地层条件、资源赋存状态、地质构造发育形态、地下水空间分布范围、岩石物理力学参数等多元信息。

地质云平台支撑层：（PAAS）：包括系统绘图软件CAD、数据采集处理软件GIS软件、ARGIS软件、MAPGIS软件、相应三维地质成图软件以及数据接口和数据采集平台等。

地质云应用服务层（SAAS）：地质云用户主要包括：煤矿、集团、监管监察、科研机构用户等。支持各类用户对数据的下载、查询，三维地质模型的储量核实、任意生成剖切等。

2.8.2 地质云综合数据查询

（1）基础数据查询

系统可实现对接入地质云平台的矿床地质基础信息数据进行模糊查询和高级查询的方式，可以显示出矿山范围内所有钻孔的基础信息数据。模糊查询结果包括：钻孔编号、钻孔类型、钻孔深度、钻孔日期，可以点击钻孔柱状图，生成钻孔柱状图、所属单位名称等信息。如图2-40、图2-41所示。

图2-40 矿床地质基础信息查询

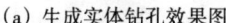

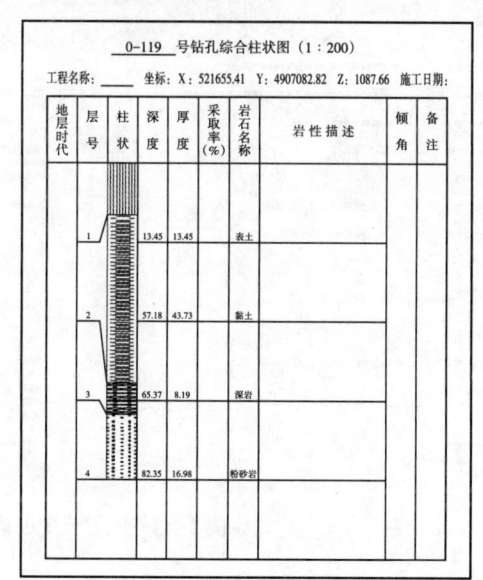

（a）生成实体钻孔效果图　　　　　（b）生成综合柱状效果图

图2-41 生产实体钻孔效果图及综合柱状效果图

高级检索可以通过检索钻孔编号、工作区名称、钻孔类型、比例尺、钻孔深度、钻孔位置、项目名称、主要矿种、工作程度、终孔日期等内容，进行高级别检索。

地质云系统数据查询界面如图2-42所示。

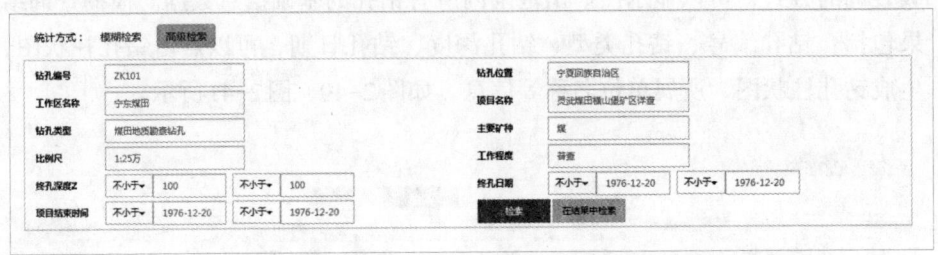

图2-42 地质云系统数据查询界面

（2）图纸信息查询

可以查看矿产的地表地形图、矿体等值线图、等厚线图、钻孔综合柱状图、金属矿、非金属矿、煤矿等资源的分布图、水文地质分布图、矿山开采现状图、生产进度计划图、月度计划图、剖面图等。地质云矿图信息查询如图2-43所示。

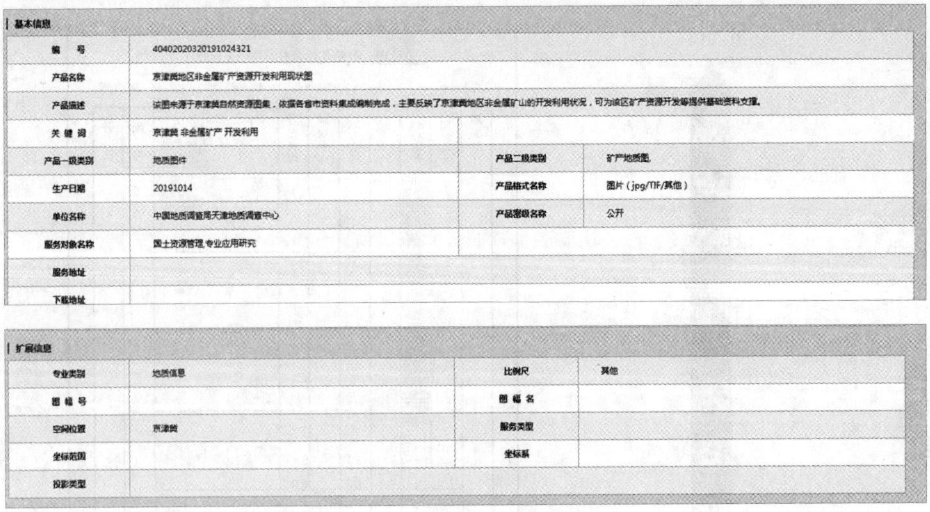

图2-43 地质云矿图信息查询

（3）矿体信息查询

系统支持对本矿的矿体信息的查询，包括实体模型、块体模型等信息，例如金属矿的品位、煤矿的发热量；矿床储量、范围、厚度、赋存深度等信息。

（4）地质报告、规范查询

系统可以查询本矿的相应地质报告以及相关的行业规范。

（5）统计查询

系统可实现对本矿的钻孔信息、储量信息，进行分水平、分时间年限的统计查询。

2.8.3 智能地质模型编辑

地质云系统可实现对实体的编辑、实体之间的布尔运算、实体的任意位置生成剖面以及对实体进行储量查询等功能。

（1）实体模型编辑

露天矿山实体模型建模流程如图2-44所示。

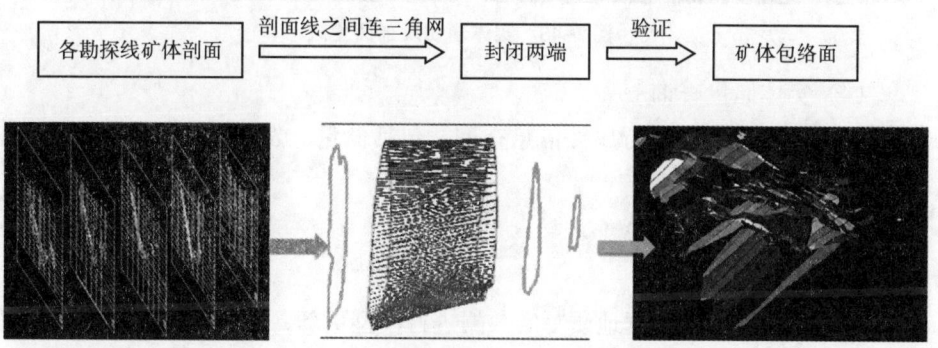

图2-44 露天矿山实体模型建模流程

（2）实体布尔运算

布尔运算通过对两个以上的物体进行并集、差集、交集的运算，从而得到新的物体形态。系统提供了4种布尔运算方式：Union（并集）、Intersection（交集）和Subtraction（差集，包括A-B和B-A两种）。

（3）实体剖面切割

可以实现任意位置的剖切，也可以生成剖切剖面（见图2-45）。

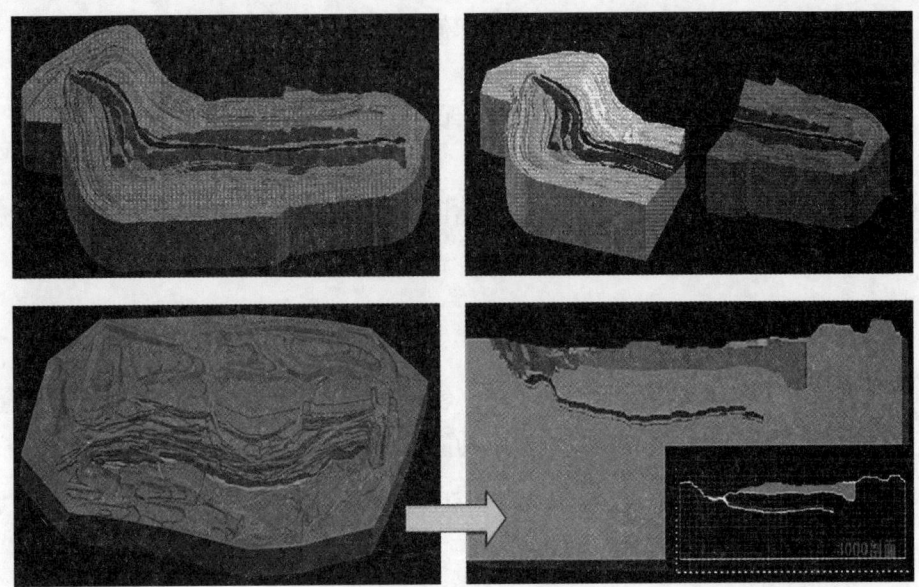

图 2-45　实体剖切及剖面生成

（4）实体储量查询

可以对生成实体进行属性信息查询，包括储量、发热量、灰分、挥发分、含硫量等属性信息数据。

2.8.4　储量数据预警

系统平台可实时根据地质写实数据进行模型更新，更新后的地质模型数据可提供储量的预警信息。通过采用封闭多边形或者开采水平等方式，实现对矿体品位波动异常、煤层厚度变化异常、灰分、硫分、发热量、剥采比等关键生产信息进行及时预警。同时，对相应地质构造进行预警，例如开采过程中遇到断层、向斜、背斜、无矿体区域等。储量数据预警，可为露天矿山开采设计提供关键的数据支撑，优化开采方案，具有重要的意义。

2.8.5　地质云数据发布

系统平台将构建的地质模型数据、基础数据、储量报告数据、剩余储量信息数据以及地质图件数据通过地质云平台统一进行发布。数据发布后，可供露天矿山相应部门进行自行下载使用。保证了数据的唯一性，实现地质数据的一数一源。地质云系统需要有权限约束，当地质部门人员进行地质数据发布后，其他相关部门才可进行地质数据的下载及使用。因此，地质云数据发布系统，实际上需要露天矿山建立相关部门之间的地质数据流转流程和数据质量的保障。

2.8.6 智能自动出图

目前，露天矿生产技术部门采用CAD进行生产设计，当需要出具纸质版本的图纸时，需要设置相关比例的图形尺寸。目前，国家出台了相关的制图标准。但采矿技术人员中存在出图比例设置不规范，线型、文字使用不规范的现象。为了更加便捷地方便采矿技术人员进行出图的便捷化操作，系统平台提供智能自动出图功能。涵盖图纸幅面、图框格式、标题栏、会签栏、比例、量的符号与计量单位、图线、字体、采矿图例等内容，进行智能化出图。

系统平台提供多种出图模板，见表2-10；支持经纬网、指北针、图签图框的自动生成，提供图纸图幅的尺寸查阅功能，见表2-11；提供量和计量单位的标注标准，见表2-12。提供绘图的各种图例，如：边界线图例、地质图例、剥、采、排工程图例、剖切线图例、标准轨距铁路运输图例、道路运输图例、带式输送机运输图例、各种运输线路交叉道口图例、边界线及地质图例、剥采排工程图例、矿山运输图例、疏干防排水图例和机械设备图例。

表2-10 露天矿制图常用的比例

图名	常用比例
矿区矿（井）田划分及开发方式图	平面1∶5000 1∶10000 1∶20000 剖面1∶2000 1∶5000
剥、采、排工程图	平面1∶2000 1∶5000 1∶10000 剖面1∶1000 1∶2000 1∶5000
采区划分及开采顺序图	平面1∶5000 1∶10000
出入沟工程图	平面1∶1000 1∶2000 1∶5000 纵断面 横1∶2000 纵1∶200 　　　　横1∶5000 纵1∶500 横断面 1∶200 1∶500 路面结构 1∶30 1∶50
线路工程图	平面1∶1000 1∶2000 1∶5000 纵断面 横1∶2000 纵1∶200 　　　　横1∶5000 纵1∶500 横断面 1∶200 路面结构1∶30 1∶50

表2-10（续）

图名	常用比例
单斗-自移式破碎站半连续工艺系统开采程序图	平面 1：1000　1：2000　1：5000
拉斗铲倒堆工艺系统开采程序图	平面 1：1000　1：2000　1：5000
轮斗挖掘机连续开采工艺开采程序图	平面 1：1000　1：2000　1：5000
疏干降水孔布置图	平面 1：1000　1：2000　1：5000
降水孔结构图	平面 1：1000　1：2000　1：5000
降水孔过滤器结构图	1：2
降水孔潜水泵安装图	1：20　1：10
疏干排水管路图	平面 1：500　1：1000　1：2000 纵断面　横 1：500　1：1000　1：2000 　　　　　纵 1：50　1：100　1：200 横断面 1：20　1：50　1：100
观测孔布置图	平面 1：5000　1：10000
观测孔结构图	1：100　1：200　1：500
观测孔过滤器结构图	1：1　1：5
地面排水沟图	平面 1：2000　1：5000 纵断面　横 1：2000　纵 1：200 　　　　　横 1：5000　纵 1：500 横断面 1：50　1：100
防洪堤（坝）工程图	平面 1：1000　1：200 纵断面　横 1：500　纵 1：50 横断面 1：100　1：50
采掘场排水泵站图	设备安装 1：20
采掘场排水管路图	平面 1：2000　1：5000 纵断面　横 1：500　1：1000　1：2000 　　　　　纵 1：50　1：100　1：200 横断面　1：20　1：50

表 2–11　图纸图幅查询

幅面代号	尺寸/mm
A0	841×1189
A1	594×841
A2	420×594
A3	297×420
A4	210×297

表 2–12　量的符号与计量单位

量的名称	符号	量的名称	符号
长度	L	角度	α、β
宽度	B、b	质量	G
高度	H、h	经距	Y
厚度	M、m	纬距	X
直径	D、d、φ	高程	Z
半径	R、r	年产量	A
面积	F	视密度	γ
体积	V	转点	JD
采掘带宽度	Ac	疏干涌水量	Q
最小平盘宽度	B_{min}	渗透系数	K
道路最大纵坡	I_{max}	单位涌水量	q

3 无人机智能测量技术

◆ 3.1 概述

随着测绘技术的进步，矿山测量的方法也在逐步优化，方法越来越多，精度也越来越高，如今矿山测绘采用最多的是全站仪以及GPS-RTK动态测量技术，这种技术具有集成、自动化程度高的特点，在一定程度上提高了矿山测绘的精度和效率，但是由于传统测绘均采用单点接触式测量，对于矿区中一些比较陡峭大坡度区域，以及深沟区域，测绘人员往往无法到达，在高陡边坡采集数据时也存在测量安全隐患。此外，大型露天矿区开采范围大，开采水平多，单点测量需要大量的人力物力，不仅增大了劳动强度，还降低了工作效率。

无人驾驶航空器虽然1917年就已经出现，但无人机最早开始用于军事领域，只是作为军用航空器的一种补充用途（如靶机、诱饵机等），直到21世纪无人机才发展成为航空器中一个重要的分支。1980年之后，随着计算机技术的迅猛发展以及数字传感器的出现，测绘工程精度得到大幅度提升，在此背景下，无人机技术也随之诞生。无人机从军用扩展到民用还是近几十年的事，而无人机发展势头之猛、普及程度之快，超出了其他航空器发展的速度，这是因为无人机具有研制周期短、相对成本低、使用便捷和无人员伤亡等突出优点的缘故。随着无人机技术的不断成熟，其使用频率和运用领域也在不断增加，这不仅促进了经济社会的全面发展，同时也在民生领域和军事领域都起到了举足轻重的作用。当前，随着国家对无人机领域投资力度不断增加，无人机技术得到了快速发展，电池续航能力以及飞机载荷都有明显的提高，在社会领域的作用越来越大，这些改变使得无人机在测绘工程中的应用得以顺利地开展。

随着无人机在测绘工程中的运用范围越来越广，在地理信息采集、低空航遥测量中使用无人机进行数据采集已成为必然，这不仅可以保证低空航遥测量精度，同时也可以确保采集的地理信息数据的准确性。在进行测量过程中，可以通过在机翼两侧搭载航测摄像机，从而对当地地理信息环境进行全方位的扫面拍摄。无人机技术的使用不但可以增加对信息处理的速度，同时可以提高测绘数据的采集效率。与传统测量技术相比，无人机技术投入少、成本低、操作简单，对于数据的处理更为顺畅和高效，在测绘过程当中可以大幅度提升航拍的速度，无人机自身适应能力和调整能力也相对较强，图像采集较为完善。

当前我国大型露天矿的生产有以下几个特点：

生产规模大，生产压力重。露天矿山的生产规模大，矿产与上下游产业的关联度高，为满足矿山上下游产业发展，露天矿山生产压力重。

开采工艺多，生产管理难。随着我国露天矿山业的发展，生产工艺的多样化，露天矿山逐步发展成为综合开采工艺矿山。智能露天矿山主要工艺有单斗-卡车间断开采工艺、单斗-自移式破碎站半连续开采工艺、单斗-卡车-半固定式破碎站半连续开采工艺、轮斗-胶带-排土机连续开采工艺系统、拉斗铲导堆开采工艺等。随着开采工艺的多样化，对矿山的生产管理难度越来越大，复杂的生产系统增加了矿山测量工作的难度。

露天矿山测量验收工作分为两个部分：第一部分是以测量点坐标为主的外业数据采集工作；第二部分是以验收图绘制与采剥工程量计算为主的内业工作。目前，露天矿山地形数据采集主要利用全站仪、GPS-RTK测量。

露天矿山测量的外业工作是对矿山在测量时间段内发生采动区域（排土区域）的信息进行采集。露天矿开采是以台阶方式进行开采，每个月实际发生的采动面积较大，且散落分布于各个台阶。这就造成测量人员在测量时不是连续地对某个台阶进行量测，而是分区域、分时段地进行测量，最终造成外业工作量显著增加。对于大型露天矿而言，测量工作由测量部门多名技术人员共同进行，月均量测采场采动台阶9~10个，采动范围近10平方公里；外业测量时间为4~5天。

目前，露天矿测量验收中采用传统数据采集方式进行测量工作，亟需采用新的测量方式，来减少人员外业测量工作。无人机移动测量技术的引入，一方面可降低工作人员工作强度，提高测绘人员的工作效率和安全性；另一方面还能快速精准地获取矿区全面、完整、丰富的三维数据。数据信息的采集大多是通过无人机设备搭载的航拍工具完成的，通过无人机存储设备进行数据存储，利用这种模式对数据进行分析，保证数据的可靠性和精准度以及保密性，传统的手工数据搜集措施也可以同步进行，并且通过计算机进行具体的运算和操作。因此，无人机移动测量为露天矿山进行测量数据采集、精准算量提供了应用可能性。无人机具有机动灵活、高效快速、精细准确、作业成本低、适用范围广、生产周期短等特点，在小区域和飞行困难地区高分辨率影像快速获取方面具有明显优势，基于无人机平台的低空遥感技术已显示出其独特的优势。无人机可广泛应用于国家重大工程建设、灾害应急与处理、国土监察、资源开发、新农村和小城镇建设等方面，尤其在基础测绘、土地资源调查监测、土地利用动态监测、数字城市建设和应急救灾测绘数据获取等方面具有广阔前景。无人机测量设备的引进将会极大地解决露天矿在测量验收数据采集方面的问题，使用无人机进行移动测量有以下几点优势：

① 快速航测反应能力。无人机航测通常低空飞行，空域申请便利，受气候条件影响较小。对起降场地的要求限制较小，可通过一段较为平整的路面实现起降，在获取航拍影像时不用考虑飞行员的飞行安全问题，对获取数据时的地理空域以及气象条件要求较低，能够解决人工探测无法到达区域的监测问题。升空准备时间短、操作简单、运输便利。

② 突出的时效性和性价比。传统高分辨率卫星遥感数据一般会面临两个问题：第一是存档数据时效性差；第二是编程拍摄可以得到最新的影像，但一般时间较长，时效性也相对不高。无人机航拍可以很好地解决这一难题，工作组可随时出发，随时拍摄，相比卫星和有人机测绘，可做到短时间内快速完成，及时提供用户所需成果，且价格具有很大优势。相比人工测绘，无人机每天至少几十平方公里的作业效率，必将成为今后小范围测绘的发展趋势。

③ 地表数据快速获取和建模能力。系统携带的数码相机、激光扫描仪等设备可快速获取地表信息，获取超高分辨率数字影像和高精度定位数据，生成数字高程模型、三维正射影像图、三维景观模型、三维地表模型等二维、三维可视化数据，便于进行各类环境下应用系统的开发和应用，见图3-1。

④ 无人机平台可扩展性较强。现代无人机的发展，使得无人机不再只具有单一化的功能，而是朝着模块化、多用途化的方向发展。引进无人机系统不仅是对露天矿测量验收数据采集工作的补充，更是对其他环节工作方式的改变。无人机平台搭载不同的模块将会具有不同的专业应用，实现不同的功能，使之更好地服务于矿山工程。

鉴于露天开采的特殊性和测区地形的复杂多变性，以及矿区采剥工程验收算量和采矿规划设计的需要，应构建智能露天矿山的应用示范，努力提高露天矿技术管理水平，探索应用无人机测量技术的应用。充分考虑露天矿区自然条

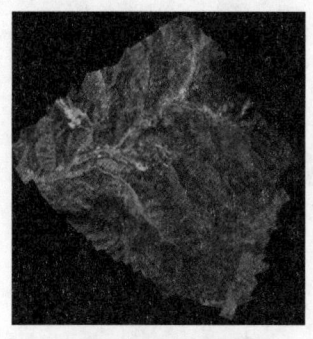 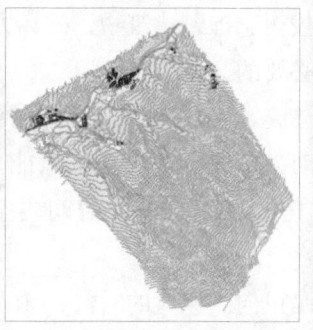 

(a) DOM（数字正射影像图）   (b) DLG（数字线划图）   (c) DSM（数字三维地形图）

图 3-1 无人机航测成果

件、气候条件、无人机及其搭载设备的性能、法律条文的规定等多方影响因素，深入研究无人机测量外业数据采集、测量，内业数据处理及建模，精度分析、测量成图等，将为智能露天矿山高效率、高精度进行数字化测量验收提供系统解决方案。

3.1.1 无人机影响因素分析

（1）温度

温度是影响大多数仪器设备性能的因素，特别是无人机这种高精密仪器。组成无人机的元器件有上百个，有些还对于温度反应较为敏感。无人机在高空中飞行，系统中任何零件失灵，都有可能造成无人机无法正常工作。

当无人机所在工作环境温度较高时，无人机的驱动电机由于高温动力转化性能下降，为了保持升力需要更大的电力消耗，造成电力消耗较快，导致飞行时间缩短。不仅如此，在某些情况下产生的热量可能会使电子设备过热，熔化有线连接，造成飞机故障。

当无人机工作环境温度较低时，电力驱动的无人机锂电池的性能会严重降低。当电池暴露在低于5℃的环境下时，电池的化学物质活性显著降低，其内阻增大导致放电能力降低，电池放电时电压降加大。电压大幅下降会有两大风险：第一，飞行器动力系统推力不足以维持飞行；第二，电池会主动关机以避免电芯过放。这种特性是锂电池的通病，目前仍没有完美的解决方案。

（2）风力

一般来说，风力是指风吹到物体上所表现出的力量的大小。根据风吹到地面或水面等物体上所产生的各种现象，把风力的大小分为13个等级，最小是0级（无风），最大为12级。陆地上出现的风力一般多在0~9级之间，10~12

级的风陆上很少见，有则拔树、摧毁建筑物，破坏力极大。因此，研究风力对无人机飞行的影响是十分必要的。

轻型飞行器中，直升机、动力三角翼、固定翼等一般抗风能力都在5级（9 m/s）左右；热气球、动力伞、滑翔伞等抗风能力都在4级（6 m/s）以下。（风力换算成所对应的风速：也就是单位时间内空气流动的距离，用米/秒表示。）

风造成的第一个影响是风向。顺风的时候，无人机的速度会增加；逆风的时候，无人机受到的阻力会增大。在这样的情况下，飞行会面临以下风险：顺风，无法正确判断操控力度，容易打杆过大造成操控失误；逆风，由于风的阻力，可能会造成返航失败。

风造成的第二个影响是乱流。乱流（turbulence）又称湍流或紊流，是指空气块的一种不规则运动。在乱流运动中，各个乱流微团的路径不是整齐的、平行的，而是极其复杂的、各不相同的弯曲路径。乱流因为方向不定，无规律可循，会对飞行器的状态造成一定的影响。另外露天矿山容易出现局部小气候，会有局部乱流出现，应特别注意。

(3) 天气

雨雪阴晴是影响无人机飞行的一些其他气候制约因素。无论是无人机飞行平台还是所搭载的任务载荷，都受到气象条件直接影响。如阴天多云，不建议无人机执行飞行任务，因为可视条件差，采集的数据会丢失或严重失真；如在飞行过程中突降雨雪，必然导致无人机无法继续飞行。

矿山用无人机移动测量过程中，所搭载的常用测量设备有光学相机、倾斜摄影相机、三维激光扫描仪等。搭载不同的精密仪器，所适用的工作条件不同。如想获得较为精准的测量成果，应尽量在满足设备工作条件下飞行。比如想要获得良好的图像数据，就需要在光线良好、视线通透的环境下进行。如测区范围内出现阴天、雾霾等天气，倾斜摄影相机就无法工作，或者精度较低。如果想获得良好的激光点云数据，就需要被测量的物体表面反射率足够且没有覆盖层。

3.1.2 国内外研究发展现状

（1）无人机研究现状

无人机最早为军事侦察服务，直到20世纪80年代，随着科学技术的进步，尤其是计算机技术的迅猛发展，使得无人机摄影测量遥感技术获得了飞速发展，在引入了 GPS/IMU 惯导系统后，无人机摄影测量遥感进入了实际应用阶段。2013—2014 年 Guillaume Brunier 等利用无人机摄影测量遥感技术获取了法属圭亚那海湾的 DSM 数据，经过对比分析，发现了法属圭亚那海湾地质形态在一年间发生的变化。2015 年 Claudia 等利用无人机对西班牙安达卢西亚地区的沟壑进行了测量，建立了沟壑的三维模型。

在我国，民用无人机已有四十年的历史。1980 年 3 月，陕西省科学技术委员会联合西北工业大学共同研发了一款多用途无人机 D-4，主要用于航空测绘和航空物理探矿，直到 1995 年，该民用无人机才投入量产阶段。此后，在植保、气象、抗震救灾、电力等领域，都出现了无人机的身影。近几年，许多学者通过使用无人机采集数据，获得了许多宝贵的成果。杨青山等使用无人机对新疆两个地区的矿山进行了矿山储量评估，同时采用传统矿山测量的方法对研究区储量进行评估，将无人机摄影测量与传统测量方式所获取的结果进行对比后发现，使用无人机航空摄影测量对矿山储量进行动态监测所耗费的时间仅为传统测量方式的 1/3，其中外业所需时间约为传统测量方式外业所需时间的 1/9，极大地减少了外业工作量，提高了生产效率。

（2）倾斜摄影现状

近年来，无人机倾斜摄影技术在国内外均取得了迅速的发展。倾斜摄影在国外的发展起源于 20 世纪 90 年代。世界上最早研究倾斜摄影测量的机构是美国的 Pictometry 公司，该公司的倾斜摄影测量业务遍布了整个欧洲和美洲。在 2008 年第 21 届国际摄影测量和遥感大会上，主要的议题之一就是倾斜摄影测量；2011 年德国第 53 届摄影测量周上，大量的讨论和学术交流均围绕倾斜摄影测量技术展开。在国外，倾斜摄影测量技术已有几十年的发展历程，随着倾斜摄影仪的发展，倾斜摄影数据的处理系统也得到了相应的发展。在该研究领域内，相对领先的有荷兰的 Track Air 公司，美国的 Pictometry 公司、Trimble 公司。许多公司开发了一系列工作系统，比如微软公司旗下的 UCO 系统、徕卡公司旗下的 RCD30 系统、Idan 公司开发的 Oblivision 系统、以色列 Ofek 公司开发的 Multivision 系统以及 Pictometry 公司开发的 EFS/POL 系统，都是国际上经典的处理倾斜影像的软件。上述系统可以实现对倾斜影像进行视角关联显示，对影像进行纹理和定位等处理，可以很好体现地物特性。

倾斜摄影测量技术在国内起步相对较晚。2010 年 10 月，我国诞生了第一款倾斜摄影相机 SWDC-5，自此我国具备了获取高精度倾斜影像的能力。在之后的一段时间，多款同类倾斜相机相继问世，国产倾斜航摄仪迎来了一次快速的发展。2013年,基于旋翼无人机的倾斜相机AP5100在广州红鹏科技公司诞生,对低空倾斜航空摄影技术的发展起到了极大的带动作用。目前我国引进的倾斜摄影三维自动建模软件主要有法国的"街景工厂"和Smart3D。2013年,中国国家测绘地理信息局派发了倾斜摄影相机到下属的三个直属局,这给我国倾斜摄影测量技术的发展带来了很好的引导,对国内的倾斜摄影市场也起到了开拓的作用。在国内倾斜摄影测量技术相关硬件设备的发展和需求的带动下,相关软件也应运而生,国内已经有多家机构开始投身到倾斜摄影测量自动化建模软件的开发工作当中,比如武汉立得空间和香港科技大学等。2014年,超图软件公司推出SuperMapGIS7CS,该软件能够快速加载海量倾斜模型,解决三维空间分析和单体化模型等技术难题。关于无人机倾斜摄影测量,已经有研究人员对此从多角度进行了探索。Bertram采用四旋翼无人机搭载GO3Pro相机,对一幢独栋建筑进行了倾斜影像的采集,借助Autodesk软件进行了自动化的三维重建,得出了高分辨率影像完全可以借助多旋翼无人机搭载数码相机来采集的结论,且与有人机相比费用较低。曲林采用多旋翼无人机搭载了自制的五镜头倾斜相机和POS系统,空三匹配和畸变差修正采用的是Inpho5.5软件,把结果导入Street Factory(街景工厂)软件进行三维建模,生成了数字表面模型,并比较了多种倾斜摄影的方案,得出无人机相对于有人机的优势在于近地面细节丰富、作业不受云层影响、成本低以及空域限制小等。无人机倾斜摄影在智慧城市、数字城市领域应用前景较为广阔,但其应用发展在很大程度上受无人机续航和承重能力限制。近年来,针对多旋翼无人机承重小的特点,一些国内摄影测量方案供应商研制出了微型无人机倾斜摄影相机系统,通过固定框架组合多个市售微型消费级相机来实现,一般为五镜头倾斜摄影机。

(3)三维激光扫描现状

随着三维激光扫描技术的出现,国外的专家学者尝试在各个领域使用三维激光点云进行研究。在逆向工程中通过测量仪器得到的地形地貌表面的点的集合称为点云。Doyle等利用LiDAR对澳大利亚东南部海岸的37个点进行了三维激光扫描验证试验,发现了海岸地形地貌与植物的关系。Paolo等使用LiDAR获取了森林的点云数据,利用这些点云数据进行了木材体积以及生物量的估算,效果良好。国外的地质研究人员也利用三维激光扫描获取点云数据取代传统人工野外测量进行了灾害研究。由于点云具有很高的精度,所以使用点云数据进行时空序列分析也是许多专家学者进行研究时采用的办法。Teza等通过将多期点云与参考点云配准,得到了点云位移量,计算出的点云位移量即为形变量。Joel等在2010年利用LiDAR对美国麦纳马火山进行了部分扫描,对公元前7700年的一次火山喷发后形成的沉积物进行了研究,分析了沉积物在时间以及空间上的演化情况。

国内的点云研究主要还是通过三维激光扫描技术获取点云,从而进行分析。董秀军等使用地面三维激光扫描仪对震后的汶川公路进行扫描,获取公路以及公路边坡的点云数据,通过对点云数据进行处理提取出岩体结构信息,进行灾害分析,并分析使用三维激光扫描与传统地质调查方法相结合的适用性与可行性。邵延秀等将无人机载LiDAR测绘系统应用于野外地质调查,通过该系统对西秦岭北缘断裂漳县段南坡村研究点进行了扫描,有效地消除了地物和植被的影响,验证了断层分布位置,并获取了漳河阶地的抬升量。除了在地质地灾方面,在文物保护、建筑物建模、医疗等方面,国内学者也通过应用点云数据取得了许多研究成果。

3.1.3 无人机相关法律法规

近年来我国对无人机监管力度加大,国家相继出台了一些法律法规,从无人机驾驶员、无人机业主、无人机服务方、无人机的监管方等多方面、多角度地对无人机行进行监管。法律法规的出台,有利于无人机行业有序健康的发展,防止由于监管不力、责任不强、技术不精给相关人员带来不利影响。在使用无人机进行移动测量的过程中,必须遵守国家的相关法律法规的要求,以免对露天矿生产造成不必要的影响。

(1)《民用无人机驾驶员管理规定》

《民用无人机驾驶员管理规定》是于2016年7月11日由中国民用航空局飞行标准司下发的针对于无人机驾驶员的法规。其中明确了法规出台的目的是按照国际民航组织的标准建立我国完善的民用无人机驾驶员监管体系。

该规定包括目的、适用范围、法规解释、定义、管理机构、行业协会对无人机系统驾驶员的管理、局方对无人机系统驾驶员的管理等内容。通过各个条款的规定,明确了其适用的范围,并对无人机进行了系统的分级;系统定义了诸如"无人机"、"无人机驾驶员"以及"空域"等行业用词;确定了无人机分级系统下的管理机构;明确了管理无人机驾驶员的行业协会的标准以及规则;将中国民用航空局对无人机驾驶员的管理进一步细化。此规定的出台是对无人机操作行业的一次改革,细化了行业标准,同时确定了管理方式,为无人机行业的健康有序发展奠定了基础。

(2)《民用无人驾驶航空器经营性飞行活动管理办法（暂行）》

《民用无人驾驶航空器经营性飞行活动管理办法（暂行）》是于2018年3月21日由中国民用航空局运输司下发的针对于无人机驾驶航空器从事经营性飞行的管理规定。由于露天矿山使用无人机进行露天矿山的采剥工程量测验收，是矿方自用，并非使用无人机进行经营性活动并从中盈利，所以此管理办法对于露天矿山而言，仅供参考，并无执行的空间。

(3)《民用无人驾驶航空器实名制登记管理规定》

《民用无人驾驶航空器实名制登记管理规定》是于2017年5月16日由中国民用航空局航空器适航审定司针对于无人机拥有者管理出台的规定，目的是加强对民用无人驾驶航空器（以下简称民用无人机）的管理，对民用无人机拥有者实施实名制登记。

该规定分为四个部分：总则、职责、民用无人机实名登记要求及附录。其中明确了其适用的范围，要求从2017年6月1日起需要对无人机系统进行实名登记；系统定义了诸如"民用无人机"、"民用无人机拥有者"等用词；规定了中国民用航空局航空器适航审定司、民用无人机制造商、民用无人机拥有者的职责；将民用无人机实名登记的过程要求进一步明确。

该规定的颁布明确了无人机的所属，明确了无人机的责任人，使无人机的管理更加严格，避免发生"黑飞"的情况，保护了无人机飞行范围内各方的权益。

(4)《民用无人驾驶航空器系统空中交通管理办法》

《民用无人驾驶航空器系统空中交通管理办法》是于2016年9月21日由中国民用航空局空管行业管理办公室针对于无人机空中飞行出台的管理办法，目的是加强民用无人驾驶航空器飞行活动的管理，规范其空中交通管理工作。适用于依法在航路航线、进近（终端）和机场管制地带等民用航空使用空域范围内或者对以上空域内运行存在影响的民用无人驾驶航空器系统活动的空中交通管理工作。

因此，露天矿山使用无人机测量时，应参照上述相关的法律法规，禁止发生违反国家法律法规的异常无人机飞行事件。

3.2 系统概念及技术

3.2.1 无人机系统概念

（1）无人机

无人机是无人驾驶航空器的简称，英文简称UAV（unmanned aerial vehicle）。无人机是一种机上无人驾驶、自动程序控制飞行和无线电遥控引导飞行、具有执行一定任务的能力、可重复使用的飞行器。图3-2、图3-3所示为美国全球鹰无人机。

图3-2　全球鹰无人机

图3-3　全球鹰无人机结构

（2）无人机系统

无人机在狭义概念上主要指的是空中飞行平台，但在无人机装备技术特点上，更重要的是"无人机系统"概念。所谓"系统"，是由若干个相互联系、相互作用、相互依存的组成部分（要素）组合而成的具有特定功能的有机整体。具体从组成上来说，是指"相关部件（子系统）、软件与功能的有机集合"；从技术上来说，是指"具有相互依存功能的机械结构、电器、电子的一种集合"。飞机本身可以作为一个独立系统，而无人驾驶空中飞行平台通常不是一个独立系统，这正是无人机系统不同于有人驾驶飞机之处。2005年美国在"无人机系统线路图"报告中，不再单提"无人飞行器"，而将"无人机系统"作为基本概念，即UAV不仅是无人飞行器本身，还包括无人机通信、任务载荷设备和地面设备（地面测控站、发射与回收设备、地面保障设备）。从更广意义上，"无人机系统"还包括地面测控无人机的操作人员。

（3）无人机系统驾驶员

无人机系统驾驶员是对无人机的运行负有必不可少职责并在飞行期间适时

操纵无人机的人。

（4）视距内运行

无人机在驾驶员或观测员与无人机保持直接目视视觉接触的范围内运行，且该范围为目视视距内半径不大于500 m，人、机相对高度不大于120 m。

（5）超视距运行

无人机在目视视距以外的运行。

（6）扩展视距运行

无人机在目视视距以外运行，但驾驶员或者观测员借助视觉延展装置操作无人机，属于超视距运行的一种。

（7）授权教员

授权教员是指持有按规定颁发的具有教员等级的无人机驾驶员执照，并依据其教员等级上规定的权利和限制执行教学的人员。

（8）无人机系统的机长

无人机系统的机长是指由运营人指派在系统运行时间内负责整个无人机系统运行和安全的驾驶员。

（9）控制站

控制站（也称遥控站、地面站），是无人机系统的组成部分，包括用于操纵无人机的设备。

（10）指令与控制数据链路

指令与控制数据链路是指无人机和控制站之间为飞行管理之目的的数据连接。

（11）感知与避让

感知与避让是指看见、察觉或发现交通冲突或其他危险并采取适当行动的能力。

（12）无人机感知与避让系统

无人机感知与避让系统是指无人机机载安装的一种设备，用以确保无人机与其他航空器保持一定的安全飞行间隔，相当于载人航空器的防撞系统。在融合空域中运行的XI、XII类无人机应安装此种系统。

（13）融合空域

融合空域是指有其他有人驾驶航空器同时运行的空域。

（14）隔离空域

隔离空域是指专门分配给无人机系统运行的空域，通过限制其他航空器的进入以规避碰撞风险。

（15）空机重量

空机重量是指不包含载荷和燃料的无人机重量，该重量包含燃料容器和电池等固体装置。

（16）飞行经历时间

飞行经历时间是指为符合民用无人机驾驶员的训练和飞行时间要求，操纵无人机或在模拟机上所获得的飞行时间，这些时间应当是作为操纵无人机系统必需成员的时间，或从授权教员处接受训练或作为授权教员提供教学的时间。

（17）无人机云系统

无人机云系统（简称无人机云），是指轻小民用无人机运行动态数据库系统，用于向无人机用户提供航行服务、气象服务等，对民用无人机运行数据（包括运营信息、位置、高度和速度等）进行实时监测。接入系统的无人机应即时上传飞行数据，无人机云系统对侵入电子围栏的无人机具有报警功能。

3.2.2 感知与避障关键技术

（1）无人机的自主飞行控制与导航技术

无人机上没有人员驾驶，自主飞行控制与导航技术必然成为无人机的核心技术，地面人员遥控技术只是无人机系统的辅助控制技术。无人机飞行控制要实现像飞行员一样的驾驶水平仍然有困难，驾驭能力和遭遇特殊情况的处理能力依赖人的智慧和长期训练的经验。

（2）无人机的环境感知、视觉导航与避障技术

能否实现无人机智能化的自主飞行，如何保障空中无人机与有人驾驶航空器的交通管理和安全性，成为无人机能否科学健康地发展的重要问题。从技术上来看，无人机对飞行环境的感知能力和自主避障功能，是解决上述问题的关键技术之一。尤其是无人机在低空、城市、山林、室内、群飞等复杂环境中飞行，是否能自主避障至关重要。

视觉感知是无人机对环境感知最重要的技术，单目视觉感知技术、双目视觉深度感知和立体视觉技术、光流感知技术正从简单的视觉向智能化仿生视觉发展。单纯视觉技术尚难实现全自主导航，因此视觉导航计划正与卫星导航、激光扫描测距、红外测距、超声波测距、微波与毫米波雷达测距等技术相结合，更加精确地感知环境，实现自主避障和导航功能。

无人机系统尚处于发展阶段，新型无人机还在不断地被设计创造。无人机

系统的关键技术也在不断发展中,智能化、环境感知能力、自适应能力、隐身技术、协同作战能力、微小型化、长航时动力与能源的发展,将使无人机系统具有更加神奇的功能和更加广阔的应用前景。

(3)实景三维建模基本理论

空中三角测量是无人机实景三维建模的关键步骤,其核心思想是利用POS数据作为外方位元素的初始值,并在影像上刺像控点,采用光束法进行区域网整体平差法解算,将通过影像匹配得到的连接点及部分地面控制点纳入到已知控制点的大地坐标系中。然后,对每个立体像对进行密集匹配,从而形成密集点云。通过点云生成不规则三角网,构建数字表面模型。最后,对三维模型和纹理影像进行配准,以实现三维模型的纹理贴合,最终形成实景三维模型。将截取的有效数据剪切后传递给解析函数,解析函数通过检测数据中的标志位逗号",",来进行有效数据的分割,通过检测数据中的标志位及检测逗号来获取实际的经纬度。对GPS数据的处理流程如图3-4所示。

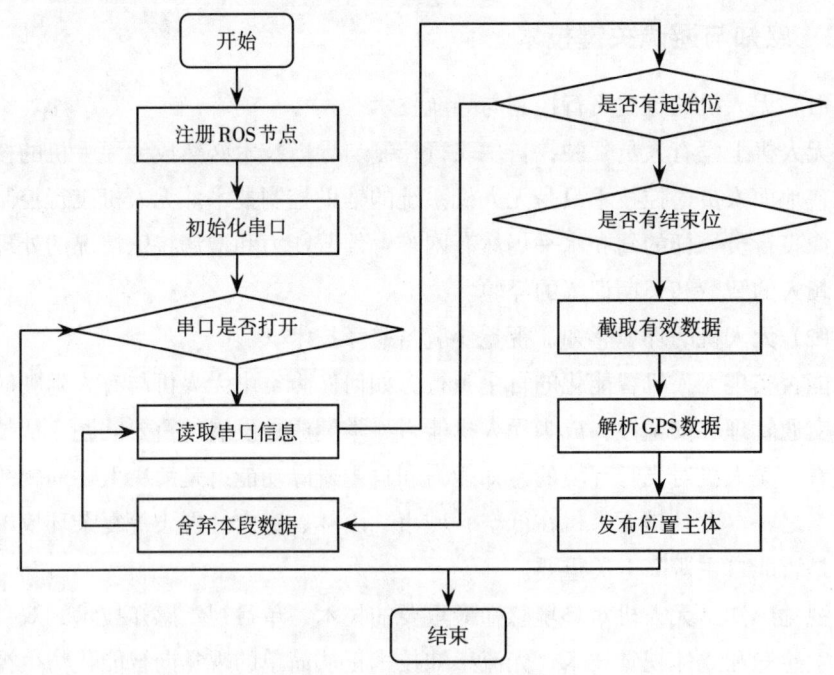

图3-4 GPS数据处理流程图

3.2.3 无人机飞行路径控制

无人机作业过程中,应对航线飞行路径做一个详细规划设计。主要的飞行路径有：交叉航线规划设计、全航线规划设计、多架次模拟航线规划设计、"之"字形飞行线路、环形飞行线路。

(1) 交叉航线规划设计

交叉航线如图3-5所示。其规划设计的核心思想是使两个航带网式航线垂直叠加，使航线覆盖整个研究区域。多旋翼单镜头无人机只配备一个镜头，采集数据时保持俯仰角为45°，在航线相交处获取目标建筑物4个角度的无人机影像。图中，小三角形为多旋翼单镜头无人机获取目标对象的4个视角。

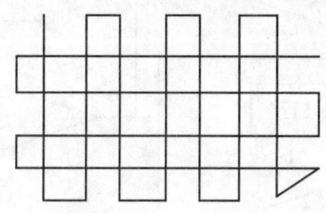

图3-5　交叉航线

(2) 全航线规划设计

全航线规划设计的核心思想是将建筑物视为长方体，通过云台旋转相继从正射、左视、右视获取目标。全航线的具体实施是在航带网式航线的基础上进行3次多角度航带的飞行，可以认为全航线的飞行是由3个航带网式航线组成。

(3) 多架次模拟航线规划设计

多架次模拟航线规划设计的核心思想是对目标建筑物进行多架次航拍任务，每架次通过云台旋转相机角度来模拟五镜头倾斜摄影相机获取影像。

(4) "之"字形飞行线路

"之"字形飞行线路主要是为了满足采集的照片纵向重叠率不低于80%，横向重叠率不低于50%，以此设计无人机"之"字形飞行线路。

(5) 环形飞行线路

无人机环形飞行，需要环绕测量场地中心进行飞行拍摄，环绕场地中心飞行时镜头沿圆周径向拍摄，两张照片的拍摄角度差不宜大于15°，即环形绕飞一圈拍摄不少于24张照片。同时，镜头与地面夹角以35°~55°为宜，最佳角度为45°。飞行高度根据露天矿山现场周边环境、场地范围以及需要的精度确定，一般以50~150 m为宜。

3.2.4　无人机控制流程

无人机控制流程：设备启动—获取飞机的控制权—选择飞行模式—选择飞

机飞行线路——选择控制速度和角度参数,无人机控制流程如图3-6所示。

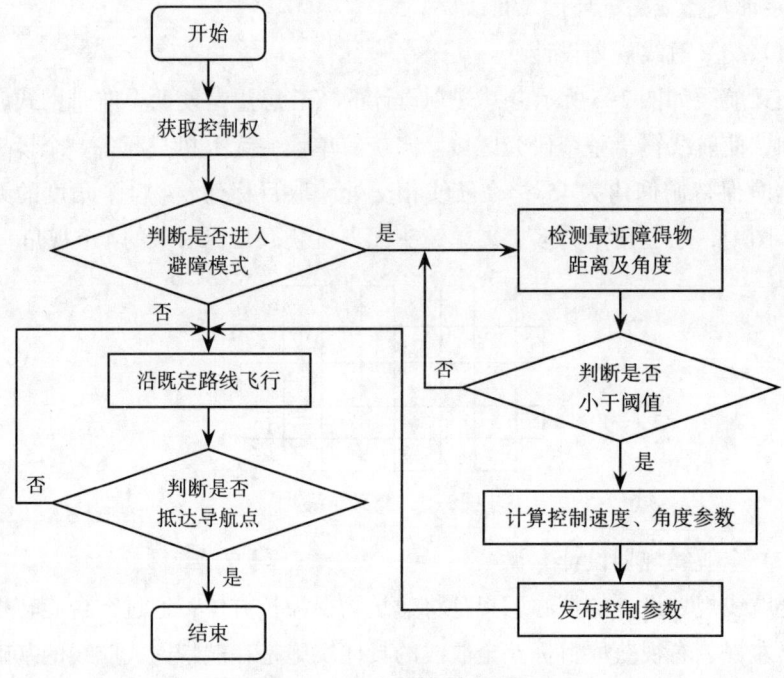

图 3-6 无人机控制流程图

3.3 无人机类型介绍

无人机飞行平台是无人机系统的主要载体,是无人机移动测量验收系统选型的首要步骤。由于不同的飞行平台在性能、适用条件、售价等方面存在很大差异,因此需要进行分析选择。现阶段在我国应用的无人机类型主要有四种:固定翼无人机、多旋翼无人机、无人直升机、无人飞艇。下面分别介绍各类型的无人机飞行平台。

3.3.1 固定翼无人机

固定翼无人机通过动力系统和机翼滑翔实现起飞和降落,具有携带方便、展开即飞、加工维修方便、安全性好、机动性强、抗干扰性强等特点,程控飞行容易实现,抗风能力比较强,是目前类型最多、应用最广泛的无人驾驶飞行器。它携带的相机多为非量测型相机,其前期设计和拍摄方式上与传统的摄影测量有所不同,是一种新型的低空对地观测平台。图3-7所示为固定翼无人机。

图3-7 飞马F2000固定翼无人机

固定翼无人机的起飞方式主要有弹射起飞和滑跑起飞两种。滑跑起飞要求有一定距离较为平整的滑跑场地。弹射起飞时,在有风的条件下,选择逆风安置,最好安置在有高差的地方,以确保有比较充裕的空间和时间提高无人机的飞行速度,增加无人机的升力,及时修正飞行方向,从而保证飞行安全。

着陆方式有伞降和滑跑降落、撞网回收等。滑降时由于飞机起落架没有刹车装置,导致降落滑跑距离长,在狭窄空间着陆的时候,由于尾轮转向效率较低,或是受到不利风向风力或低品质跑道的影响,滑跑过程中飞机容易跑偏,发生剐蹭事故,损伤机体甚至损伤机体内航点设备。伞降容易受到风速影响,场地要求平坦、开阔,降落方向一定距离内无突出障碍物、空中管线、高大树木以及无线电设施,以避免相撞。若风速较大,应逆风降落。如果没有合适的降落场地,可以充分利用无人机本身的起落架的高度,选择在田地降落,如面积较大的水稻田。撞网回收适合小型固定翼无人机在狭窄场地或者舰船上实现定点回收。

3.3.2 多旋翼无人机

多旋翼无人机具有良好的飞行稳定性,对起飞场地要求不高,适用于起降空间狭小、任务环境复杂的场合,具备人工遥控、定点悬停、航线飞行多种飞行模式,在城市大型活动、应急保障、灾害应急救援中具有明显的技术优势。比较有代表性的是自转多旋翼无人机和多旋翼倾转定翼无人机。

自转多旋翼无人机是以旋翼自转提供升力、螺旋桨提供前进动力的旋翼类无人机。自转旋翼机在20世纪20年代问世,是旋翼升力技术的最早实际应用。自转旋翼机需要提供预旋,即起飞前通过传动装置将旋翼预先驱动,然后通过离合器切断传动链路后起飞。断开离合器后,旋翼机依靠前方来流吹动而使其处于自转状态。与直升机和固定翼无人机相比，自转旋翼机在发动机失控时，依然可以依靠自转而实现安全着陆。同时，自转旋翼机具有良好的低空性、低速性和安全性，同时具有结构简单、造价较低、维护成本低、操纵简单等优点。

多旋翼倾转定翼无人机继承了倾转旋翼机的优点，结合了旋翼机及固定翼机两种飞行器的特长，同时也克服了倾转旋翼机的一部分缺点，采用了倾转定翼机构，最大化利用气动效率；改为多旋翼结构，巡航模式飞行时，即使其中一个电机发生故障，无人机也能继续飞行。

多旋翼无人机自主飞行控制系统较为复杂，一般需要设计三类控制器：位置控制器、速度控制器及姿态控制器。同时，还有姿态角推算、导航数据融合等算法。无人机的自主飞行涉及飞行器姿态、速度、位置这几个方面的控制运算，因此对于控制器的运算能力有很高的要求。常见的多旋翼机有四旋翼、六旋翼、八旋翼等机型。四旋翼无人机作为多旋翼机的代表，其自主控制的研究最为活跃，主要包括室外自主飞行、编队飞行、室内避障以及室内SLAM的研究等。四旋翼型无人机按旋翼的控制方式还可分为可变轴距机制和固定轴距机制无人机。如图3-8所示为自转四旋翼无人机。

图3-8　自转四旋翼无人机

3.3.3　无人直升机

无人直升机具备垂直起降、空中悬停和低速机动能力，能够在地形复杂的环境下进行起降和低空飞行，具有多旋翼和固定翼无人机不具备的优势，独特的飞行特点决定了它不可替代的地位。它起飞重量大，可以搭载激光雷达、红外传感器等大型传感设备。

20世纪50年代以来，无人直升机在经历了试用、萧条、复苏之后，现已步入加速发展时期。基于研究成本、市场需求、技术能力、研制周期、工程化水平以及研制风险等因素，目前国内外研发机构均将小型（或微小型）无人直升机作为重点研发对象，其起飞重量通常在2000 kg以下，其中500 kg以下又占绝大多数。无人直升机相对于固定翼无人机而言，发展较晚且型号较少。因为无人直升机是一个具有非线性、多变量、强耦合的复杂被控对象，其飞行控制技术更加复杂。

无人直升机的飞行控制方式有3种：遥控型、自动型和自主型。遥控型是指通过数据链由地面操作人员对无人直升机进行控制，属"人在回路"控制，要求地面操作人员具有比较专业的水平，因而无法满足工程化和实用化的需求，是实现自动型和自主型控制的过渡阶段。自动型是指根据任务不同，在起飞前规划好航线，设置好控制参数，使无人直升机按预定的航线飞行，完成相应的任务，同时具备简单的故障和应急处置模式。自主型是指无人直升机不依赖人的干涉，能够进行自主控制。飞行控制技术的突破是实现无人直升机真正工程化和实用化的关键。飞行控制技术水平决定了无人直升机的能力，技术水平越高，能力越强，所能承担的任务越多，适应复杂环境的能力越强，用途越广泛。

与固定翼无人机相比，无人直升机可以做到不需跑道、起降便利，同时在执行任务过程中具备定点悬停、飞行姿态操纵灵活、实时动态影像清晰稳定的特点，在对影像结果要求较高、注重任务细节和质量的行业，得到越来越多用户的青睐。如图3-9所示为无人直升机。

图3-9　无人直升机

3.3.4　无人飞艇

无人飞艇航测系统将航测技术和无人飞艇技术紧密结合，是一种新型的低空高分辨率遥感影像数据快速获取系统。系统具有高机动性、低成本、小型化、专用化、快速、实时对地观测等特点，可作为卫星遥感和常规航空遥感的重要补充手段，有效地改善高分辨率数据既缺乏又昂贵的现状。如图3-10所示为无人飞艇。

图3-10　无人飞艇

飞艇是配置有推进装置、利用气囊中封闭的轻质气体产生的浮力升空、可控制飞行轨迹的一种轻于空气的飞行器，其与气球的主要区别在于具有推进装置并能控制航行方向。其中，飞行时不需要有人驾驶的飞艇即为无人飞艇。无人飞艇主要由主气囊、副气囊、吊舱、推进器和燃料箱、调压系统以及控制系统组成。其气囊内充漂浮气体（出于安全考虑，通常为安全的惰性气体氦气）。由于气囊是飞艇的主体结构，因此根据其结构不同，飞艇可分为软式、半硬式和硬式3种类型。软式飞艇由韧性纤维物制成，其囊体形状主要由充入气囊内的漂浮气体与外界空气的压差获得；硬式飞艇由刚性骨架外罩织物蒙皮构成，其气囊形状主要靠刚性骨架支撑；而半硬式飞艇介于这二者之间，艇体下部增设刚性骨架，织物囊体形状是靠充入气囊的漂浮气体与外界空气的压差获得。由于飞艇主气囊采用的气体为氦气，因氦气比空气轻而产生浮力，飞艇只需很少的动力就可以在空中飞行。

无人飞艇遥感监测系统作为一项新兴的遥感监测技术，其应用范围广，不仅在土地利用动态监测、矿产资源勘探、地质环境与灾害勘查、海洋资源与环境监测、地形图更新、林业草场监测领域得以应用，而且在农业、水利、电力、交通等领域中也得到广泛运用。它具有快速、机动灵活、适应性强、真实直观和视觉效果好的优势。这一新技术能够避免传统监测手段效率低、速度慢、精度低、效果差等弊端，是对其他遥感方式的有效补充。计算机和自动控制技术的进步，使得飞艇的结构设计更为合理，进一步提高了其可靠性，飞行控制也更加准确灵活，为无人飞艇开创了更广阔的应用领域，低空航测正是其中之一。

针对上述无人机平台的优缺点、适用条件及露天矿的实际情况，平台选型的结论如下：

① 固定翼无人机。飞行速度快，一架次测绘面积大。但受其起飞降落及飞行方式限制，固定翼无人机起飞降落对场地有很高的要求。此外，相对来说，固定翼无人机体积较大，不易携带，对操作人员有较高的要求，不能使无人机设备较快地投入生产。现阶段工业级固定翼测绘无人机还无法搭载激光雷达等高精密测绘设备，其可靠性还有待提高。

② 多旋翼无人机。飞行速度适中，对起飞降落的场地没有要求，能适应较多负载的飞行要求。但多旋翼无人机续航时间较短，一架次测绘面积较小。多旋翼无人机的操作相对容易，飞控技术较为成熟，可靠性较高，是露天矿山测绘无人机平台的首选。

③ 无人直升机。具备多旋翼无人机的大多数优点，并且续航能力也比较出色。但无人直升机现阶段以军用为主，其购买和维护成本都较高。以露天矿山测量验收为主要用途的无人机，采购成本较高、经济性较差，因此不推荐作为飞行平台。

④ 无人飞艇。它机动灵活、巡航能力强、平台稳定。但是无人飞艇对于风抵抗能力较差，通常能够抵抗三级风；如果搭载传感器，则需另外加装三轴稳定平台；此外，无人飞艇的氦气充加较为烦琐，成本较高。因此，无人飞艇不推荐作为露天矿的测量验收飞行平台。

综上所述，根据露天矿山无人机飞行特点及露天矿山特殊应用环境和场景，推荐使用多旋翼无人机，其搭载不同任务的传感器，可进一步完成不同的露天矿山安全生产及相应的扩展业务应用。

3.4 任务载荷选型

任务载荷主要是指搭载在无人机平台的各种传感器设备：移动测量传感器（非量测型相机、量测型相机等）、红外传感器、多镜头集成倾斜摄影相机、机载激光雷达。实际作业中，根据测量任务的不同，配置相应的任务载荷。

3.4.1 三维激光扫描仪

无人机 LiDAR 技术是遥感数据获取领域中的新兴技术，是一种崭新的革命性的测量技术。该技术优势明显，有可能给测绘领域带来一场全新的技术革命。与传统的测量技术相比，该方法避免了投影（从三维到二维）带来的信息损失，高精度具有明显优势，减少了地面控制测量，提高了自动化数据处理速度，缩短了制图周期；增强了表现不连续变化信息的能力。作为新型的主动式遥感测量技术，在理论依据集成方案和数据后处理等诸多方面与传统的测量技术有所不同。就应用而言，LiDAR技术具备如下优势：

① 主动式测量。自身激光光源主动发射激光脉冲，不依赖太阳光，通过接收到的地物回波来采集地面三维信息，无论白天黑夜均可测量。

② 测量效率高。LiDAR系统自带的定位定向系统（POS）可以提供高精度的定位定向信息，生成的每个激光点均含有三维坐标信息。因此，地面控制测量工作大幅度减少，减少野外测量工作量。

③ 数据精度高。在POS和极少量控制点的辅助下（可免控制点测量），利用激光特点和激光测距原理，能够采集到高精度的激光点云。

④ 采集密度大。根据不同的工程要求，可随时灵活地调整激光点云数据的点云间隔，数据点的采集密度非常高，非常有利于体现地形地貌的细节。

⑤ 产品丰富。高密度、高精度的点云及影像数据可以取得多种测量成果，可以生成数字表面模型（DSM）、数字高程模型（DEM）或数字地形模型（DTM）。

机载LiDAR严密整合了激光测距仪、高精度惯性测量装置、全球卫星定位系统三个模块，是激光技术、计算机技术、高动态载体姿态测量技术和高精度动态GPS差分定位技术迅速发展的集中体现。

3.4.2　倾斜摄影相机

倾斜摄影技术是国际测绘领域近年来发展起来的一项高新技术，它颠覆了以往正射影像只能从垂直角度拍摄的局限，通过在同一飞行平台上搭载多台传感器，同时从不同的角度采集影像，为用户提供符合人眼视觉规律的真实直观视觉。

倾斜摄影技术特点：

① 反映地物周边真实情况。相对于正射影像，倾斜影像能够让用户从多角度观察地物，更加真实地反映地物的实际情况，极大地弥补了基于正射影像应用的不足。

② 倾斜影像可实现单张影像量测。通过配套软件的应用，可直接基于成果影像进行包括高度、长度、面积、角度、坡度等的量测，扩展了倾斜摄影技

术在行业中的应用范围。

③ 建筑物侧面纹理可采集。针对各种三维数字城市的应用，利用航空摄影大规模成图的特点，加上从倾斜影像批量提取及贴纹理的方式，能够有效降低城市三维建模成本。

④ 数据量小、易于网络发布。相较于三维 GIS 技术应用庞大的三维数据，应用倾斜摄影技术获取的影像的数据量要小得多，其影像的数据格式可采用成熟的技术快速进行网络发布，实现共享应用。

倾斜摄影技术突出优势：

① 可结合 LiDAR 技术提供三维影像（每个像素具有三维坐标）。

② 可以直接定位，量测距离、面积及分析。

③ 提供真实、实时、可量测、大范围的三维浏览。

航空倾斜影像不仅能够真实地反映地物情况，而且还通过先进的定位技术，嵌入精确的地理信息、更丰富的影像信息、更高级的用户体验，极大地扩展了遥感影像的应用领域，并使遥感影像的行业应用更加深入。

目前比较流行的五镜头数字航空摄影仪，通过在一个飞行平台上搭载多个相机，分别从竖直和 4 个倾斜角度对地面进行拍摄，得到被拍摄物体的多视角影像、建筑物外立面的真实纹理，并且有效集成 POS 系统，获取到每张像片的外方位元素，数据可广泛应用于数字城市、数字地球的基础地理空间框架建设。

目前倾斜测量系统已经实现了正常的数据获取、数据后处理，具体工程解决方案有如下几种模式：

① 建立带有姿态数据的倾斜照片影像库，当光标在物体上方运动时系统自动调出相关的倾斜照片，并在其上进行量测和观察。为用户提供可量测影像数据。

② 与 POS、LiDAR 配合，用 LiDAR 的 DSMP 配合有姿态数据的影像进行三维建模。

③ 只与 POS 配合，不用 LiDAR，配合高可靠性相关匹配，用有姿态的影像的多光线前方交会生成 DSM 后进行建模。

④ 不用 POS 和 LiDAR，只用五镜头相机的数据和 POS 记录的曝光点坐标数据，配合高可靠性相关匹配，做倾斜照片自动空中三角测量，得

图 3-11　五镜头倾斜测量模块

到各照片姿态后进行前方交会生产DSM并且建模。图3-11所示为五镜头倾斜测量模块。

3.4.3 红外传感器

红外传感系统（见图3-12）是用红外线作为介质的测量系统，按探测机理可分成为光子探测器和热探测器。红外传感技术已经在现代科技、国防和工农业等领域获得了广泛的应用。红外传感系统是以红外线为介质的测量系统，按照功能能够分成5类：

①辐射计，用于辐射和光谱测量。

②搜索和跟踪系统，用于搜索和跟踪红外目标，确定其空间位置并对它的运动进行跟踪。

③热成像系统，可产生整个目标红外辐射的分布图像。

④红外测距和通信系统。

⑤混合系统，是指以上各类系统中的两个或者多个的组合。

图3-12 红外传感器

红外传感器是红外波段的光电成像设备，可将目标入射的红外辐射转换成对应像元的电子输出，最终形成目标的热辐射图像。红外传感器提高了无人机在夜间和恶劣环境条件下执行任务的能力。

3.4.4 视频摄像机

无人机搭载的视频摄像机一般为CCD和CMOS摄像机。CCD（charge coupled device）即电荷耦合器件，它是一种半导体成像器件，具有灵敏度高、抗强光、畸变小、体积小、寿命长、抗震动等优点。CMOS（complementary metal oxide semiconductor）即互补金属氧化物半导体，是电压控制的一种放大器件，是组成CMOS数字集成电路的基本单元。被摄物体的图像经过镜头聚焦至CCD芯片上，CCD根据光的强弱积累相应比例的电荷，各个像素积累的电荷在视频时序的控制下逐点外移，经滤波、放大处理后，形成视频信号输出。视频信号连接到监视器或电视机的视频输入端便可以看到与原始图像相同的视频图像。CCD与CMOS图像传感器光电转换的原理相同，它们最主要的差别在于信号的读出过程不同：由于CCD仅有一个（或少数几个）输出节点统一读出，其信号输出的一致性非常好；而CMOS芯片中每个像素都有各自的信号放大器，各自进行电荷电压的转换，其信号输出的一致性较差。但是CCD为了读出整幅图像信号，要求输出放大器的信号带宽较宽，而在CMOS芯片中，每个像元中的放大器的带宽要求较低，大大降低了芯片的功耗，这就是CMOS芯片功耗比CCD低的主要原因。尽管降低了功耗，但是数以百万的放大器的不一致性却带来了更高的固定噪声，这又是CMOS相对CCD的固有劣势。MV-VE GigE千兆网工业数字相机可通过外部信号触发采集或连续采集，广泛应用于工业在线检测、机器视觉、科研、军事科学、航天航空等众多领域，特别是在智能交通行业、重大事件应急测绘安保、空间地理信息直播方面得到应用。其特点有：

① 数字面阵帧曝光逐行扫描CCD，软件控制图像窗口无级缩放。

② 采用GigE输出，直接传输距离可达100 m。

③ 可控电子快门，全局曝光，闪光灯控制输出，外触发输入，软件触发；在连续模式和触发模式下都支持自动增益和自动曝光，晚间自动开启闪光软件，调整增益、对比度、外触发。

④ 延迟图像传输，传输数据包长度和间隔时间可调。

图3-13所示为机载数字摄影仪。

图3-13 机载数字摄影仪

3.4.5 任务载荷应用场景

根据以上各类任务载荷的简介，初步得出以下结论：

① 三维激光扫描仪。测绘精度高、效率高，对作业环境要求较低，可在光线不足（甚至是夜晚）、寒冷的条件下完成工作，后期处理成果速度较快。但三维激光扫描仪造价较高，同时扫描成果只有单一点云数据，无法判读颜色信息。可作为露天矿无人机测量任务载荷的选项之一。

② 倾斜摄影相机。输出成果较多，造价较低，受其自身重量影响，外业测绘效率较低，高精度成果还需人工布设相控点，图像成果后期处理工作量较大，如需较快输出成果，还应额外购置高性能图形工作站群，才能进行快速数据处理与建模。可作为露天矿无人机测量任务载荷的选项之一。

③ 红外传感器。无法用于测量验收，可在无人机引进露天矿山后作为巡检工具，对煤堆以及采煤工作面进行巡检，检查潜在发火点，及时灭火，消除安全隐患。

④ 视频摄像机。可用于测量验收，但是较为烦琐，工业上一般不使用。与红外传感器一样，视频摄像机可在引进无人机后作为设备扩展的补充，随时起飞对露天矿的生产作业情况进行实时摄像监控，以便于矿山的精细化管理。

3.5　飞行控制与管理

飞行控制是指舵机根据飞控系统从各种机载任务载荷上获取的高度、风速、经纬度等飞行参数，对无人机的俯仰角、翻滚角、速度、高度做出相应的调整，来保持和控制无人机按照一定的姿态和轨迹进行飞行。随着控制技术的发展，无人机向多功能、快速反应及高可靠性方向发展。

3.5.1　无人机控制系统

无人机控制系统的目的是实现无人机飞行控制和任务载荷管理，包括机载飞行控制系统和地面飞行控制系统。

机载飞行控制系统由姿态陀螺、磁航向传感器、飞控计算机、导航定位装置、电源管理系统、伺服舵机等组成，可以实现对飞机姿态、高度、速度、航向、航线的精确控制，具有自主飞行和自动飞行两种模式。飞行控制系统主要用于保持无人机飞行姿态角，控制发动机转速和飞行轨迹，其性能与可靠性对无人机系统性能有着直接的影响。所有的飞行管理系统任务功能的实现都是由机载硬件和软件以及其他地面支持软件共同完成。无人机与地面控制站通过无线电传输GPS定位数据。

地面飞行控制系统实时传送无人机和遥感设备的状态参数，可实现对无人机测量系统的实时控制，供地面人员掌握无人机和遥感设备信息，并存储所有指令信息，以便随时调用复查。在对无人机的控制过程中，要求地面信息处理系统能够不断地实时确定飞机的位置、姿态、速度、加速度、气动力和力矩以及飞行环境参数,并复现控制的偏角和飞行的响应。

地面监控系统主要实现无人机飞行状态实时显示、航线规划和航线回放等功能。图3-14所示为地面飞控系统界面。

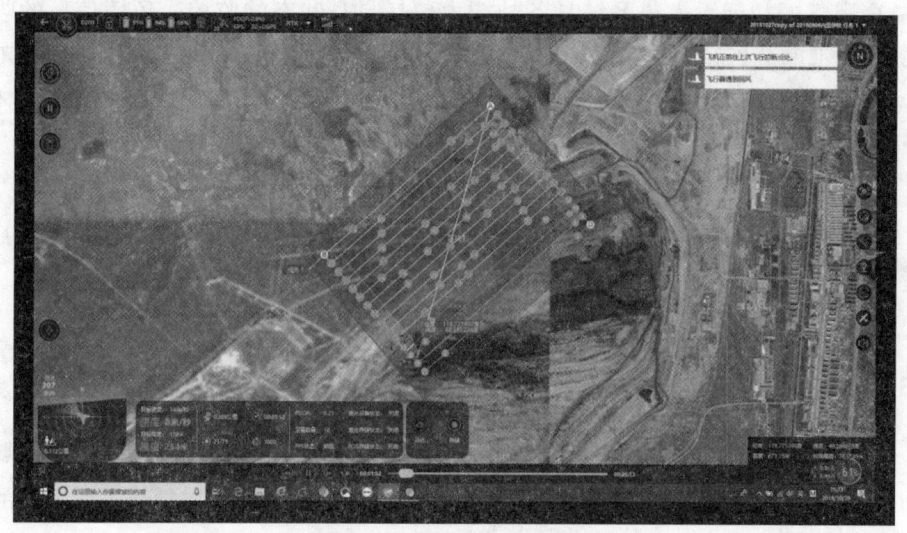

图3-14　地面飞控系统界面

3.5.2　飞行控制方式

无人机的控制已从遥控、程序控制,发展到可以针对自身的状态变化、具有故障诊断和重构的自适应控制。露天矿山地形条件复杂,作业高度动态变化、具有不确定性及复杂性,使得规划与决策成为无人机面临的新的技术挑战。

根据无人机不同的控制方式,可将无人机系统分成以下三类:

(1) 基站控制

基站控制式无人机也称为遥控无人机,该方式为操纵人员提供更大的操作权限,在执行任务过程中灵活性大,一般适用于较为复杂的任务环境,对操控人员要求很高,且对数据链性能要求较高,技术实现上较为复杂,适合在视距内使用。

(2) 半自主控制

半自主的无人机控制中,基站可随时获得无人机的控制权,并且在飞行过程中某些关键动作需由基站发出指令,如起飞、着陆等,除了这些关键动作,无人机可以按照事先的程序设定进行飞行和执行相关动作。人员操纵负荷小,系统具有较高的自主性，对数据链性能要求较低，但控制系统设计较为复杂，对机载设备精度要求高，执行任务的灵活性、机动性相对较差。

(3) 自主控制

自主控制可以在不需要人工指令的帮助下完全自主地完成一个特定任务。一个完整的智能无人机系统具备的能力包括自身状态的监控、环境信息的收集、数据的分析及做出相应的响应。无人机自主控制就是要使无人机能够在不确定的环境中，依赖自身和机群的观察、定位、分析和决策能力完成特定任务，且完成任务的过程中不需要人的实时控制。

3.6 无人机测量流程

3.6.1 测区范围的确定

无人机进行测量之前，需要对测区的范围进行规划，规划出需要测定区域的范围，尽量将无人机起飞地点选择在测区范围的中心处，尽量减少无人机的无用飞行距离，充分利用无人机的电池电量，延长无人机的工作时间。同时，将无人机起飞点布设在露天矿坑内部，一方面可减少露天矿的高差，另一方面，可减少大气环流对无人机的影响。

3.6.2 航线的规划

无人机测区范围确定后，需要对无人机的航线进行规划。通过无人机测量管理系统平台，对测量区域进行可视化虚拟航线变高飞行设计，使得无人机在外业飞行时，达到精准跟随地形起伏飞行的目的，从而在测区高差较大时仍能保证地面分辨率及点云精度的一致性。

3.6.3 检查点的布设

传统无人机航测都需要在地面上布设大量的靶标，用以加强数码相片的连接强度和对坐标系统的纠正。但是露天矿山测区内机械较多，人工布设像控点需要考虑到作业安全、像控点位在无人机飞行过程中是否被破坏等多种因素，没有从本质上减少作业人员的实际工作强度。目前，无人机基本具备RTK实时差分功能，可进行免像控航测。但为了进一步提升成果精度，建议在露天矿山测区范围内布设多个地面标志点作为检查点,同时用于后期成果质量的检查。

3.6.4 基于点云的露天矿三维重建

3.6.4.1 建模流程概述

无人机机载 LiDAR 可以快速获取地面的高程信息,且整体精度高、稳定性好。其主要技术流程包括外业数据获取、轨迹解算、点云解算、航带平差、坐标转换、去噪赋色、输出标准格式数据,以及三维建模等。无人机影像建模流程如图 3-15 所示。

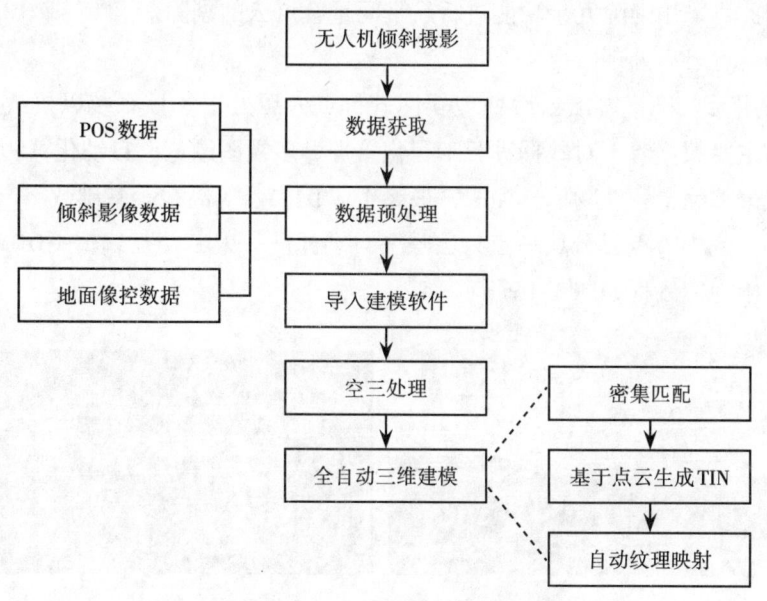

图 3-15 无人机影像建模流程图

利用点云建模的方法有两种:一种是通过点云生成 DSM,叠加 DOM 生成 2.5 维数据成果;另一种是利用点云以及外业影像数据进行三维建模,提供实景三维模型成果。两种成果都能体现测量成果方量上的差异,但 2.5 维成果比三维成果缺少立面位置的纹理信息。

3.6.4.2 点云三维模型构建

(1) 点云预处理

主要采用相应软件进行点云的预处理,输出标准点云,供点云后处理软件使用。

①点云轨迹解算：采用Smart GNSS模块进行GPS/IMU的联合解算，解算出点云的轨迹文件。

②点云解算：采用激光模块进行点云数据解算，基于原始点云数据和轨迹文件计算输出标准化点云成果。

③点云坐标变换：由于目标坐标系为地方坐标系（北京54），而点云默认解算为WGS84坐标系，因此采用七参数进行坐标转换。首先进行七参数计算，利用测区内几个已知点84坐标和54坐标，进行七参数计算。然后采用该参数进行点云数据投影变换，转换为矿区坐标系。

④消除冗余：航带间点云重叠较多时，由于靠近航带边缘的点云精度稍差，因此可采用消除冗余功能进行航带间重叠点云的剔除。

（2）点云后处理

采用无人机管家点云后处理软件进行点云后处理。该系统以机载LiDAR点云为主要数据源，对数据进行工程化管理、多视图浏览、自动化算法辅助的交互式分类编辑和地物信息提取，最终生成DEM、等高线等基础数字产品。

作业流程：点云分块—点云去噪—自动滤波—人工交互编辑—DEM输出。点云三维构模流程如图3-16所示。

(a) 无人机采集

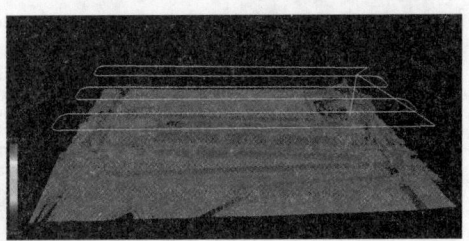
(b) 航线规划

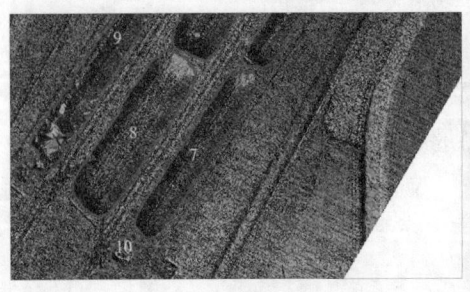
(c) 点云标记

(d) 点云算量

图3-16 点云三维构模流程

① 点云去噪：采用机载激光雷达扫描法获取的点云数据，在测量过程中不可避免地混有不合理的噪声点，噪声点的产生主要是由仪器的系统误差和被测对象的物理特性引起的。噪声点分为高于或低于地面的、孤立的、不成群的噪声点和与真实地表高差较小的、与地面点混合在一起的噪声点。采用点云去噪功能，进行飞点和低点去除。

② 点云滤波及分类：相对于地物点，地面点的高程是最低的。从较低的激光点中提取初始地表面，基于初始地表面，设置地面坡度阈值进行迭代运算，直至找到合理的地面点。通过地面点的分类算法（三角网TIN模型迭代分类算法）分离出未分类（Unclassify层）中的地面点。

③ 成果输出：输出后期应用的相关成果，如点云、DEM等。

3.6.5　基于点云的内业成图

LiDAR的点云矢量数据，并附带提供了LiDAR点云数据的切割、合并、分类等功能。使用专业软件可以很方便地完成矢量要素的采集，适用于测绘、城市勘测设计、水利、林业等诸多领域。而在矿山测量中，专业软件可以根据点云数据便捷地进行坡顶、坡底线的采集，便于生成高精度、符合矿山测绘要求的DEM数据模型，用于露天矿开采与核算。如图3-17所示为矢量化后台阶线在软件中显示。

图3-17　矢量化后台阶线在软件中显示

3.7 其他应用场景

无人机搭载传感器技术必然是未来露天矿山地质模型构建、生产测量、安全生产监测等各生产环节的应用发展方向。

(1) 开采设备的安全巡检

露天矿大型设备种类、数量较多,设备能否正常作业直接决定了露天矿的原煤产量。所以,为了保障大型设备正常工作,对设备进行定期的安全巡检是露天开采的重要任务。传统大型设备的安全巡检方式一般为人工徒步巡检,不仅费力耗时,工作效率低,劳动强度大,而且目视检查难以覆盖设备的所有部位,很难全面发现潜在的安全隐患,致使一些本应发现的事故隐患未能及时发现。引入无人机巡检技术,可以有效地解决上述问题。通过提前制定巡检路线,对于在采场作业的大型设备重点巡检,在巡检过程中,通过无人机搭载的红外热成像相机,可以有效地识别大型设备的温度异常、流体介质泄漏、火灾烟雾等隐患;通过搭载倾斜摄影相机,可以构建采场实景三维模型,清晰直观地展现设备作业情况,做好隐患排查的部署工作,最大限度地保障人和设备的安全。

(2) 边坡动态监测及控制

伴随露天采矿深度和边坡角度的不断增大,边坡的稳定性问题会给矿山的安全生产带来隐患,容易发生人员伤亡等生产事故。考虑到露天矿边坡几何形状由于自然条件以及采矿工艺的影响具有复杂性,传统的测绘方式难以进行全面描述,目前露天矿山普遍应用三维激光扫描技术进行边坡滑坡监测。但是,由于受扫描速率和扫描距离等因素限制且价格昂贵,该技术在特大型边坡地质灾害监测领域应用有限。鉴于上述问题,采用无人机测绘技术,可以为露天矿边坡滑坡动态监测、灾害分析和预测提供可靠的三维模型数据支持。利用无人机测绘技术获得的露天矿边坡影像,建立数字高程模型(DEM),研究边坡滑坡地质灾害,通过结合传统的FLAC3D等数值模拟软件进行露天矿边坡的稳定性分析计算;对于已发生滑坡灾害,可以完成滑坡灾害的定量评估,为露天开采软岩边坡的控制及监测提供详实的基础空间数据。

(3) 生产调度管理智能化

随着智能化露天矿的不断发展,其建设要求以模型进行精细化的生产管理，而传统的露天矿模型更新周期长、包含信息少，一般只能做概率性的生产计划，时效性差，达不到智能化建设的需求。露天开采是露天采场三维地理空间信息在时间维度上动态变更的过程，决定了露天矿智能化生产管理必须具备两个特征："三维的"和"时间动态的"。调度应用无人机技术可以较好地解决上述问题，以时间维为主线，将若干利用无人机测绘技术建立的矿山三维模型及其演变所形成的模型序列纳入时间维度下管理，形成可供量测和空间分析的动态三维时空数据库，进一步形成可进行可视化操作的时空演化模型。在露天矿进行生产时，利用无人机获取生产一线的信息，准确掌握现场的作业进度、环节接续关系以及设备的运行状态，为决策层提供及时准确的决策依据，大幅提高工作效率，能更好地满足露天矿各部门生产管理的需要，为精细化生产管理铺垫坚实基础；在露天矿闭坑后，可作为历史的载体，形成露天矿的时空档案馆。

（4）生态修复与复垦技术

国务院于1989年1月1日实施了《土地复垦规定》，该规定将土地复垦定义为：对在生产建设过程中，因挖损、塌陷、压占等造成破坏的土地，采取整治措施，使其恢复到可供利用状态的活动。矿区土地复垦是我国矿区生态修复的必然选择，也是缓解人地矛盾、恢复生态环境的重要举措。传统的生态修复一般都依赖卫星影像数据，获取土壤、植被、水体等环境信息，但露天矿生态极为脆弱，部分区域处于动态变化之中，传统的生态修复方式存在影像数据不精确、更新不及时等问题，所以矿区生态修复工作将会非常艰难。近年来无人机技术快速发展，具有高效、便捷等优点，可以快速地获取露天矿生态修复地区的影像数据，较好地弥补传统卫星影像数据精度不高、更新不及时等不足。矿区生态修复主要分为前期的修复规划和方案编制、中期的修复工程的方案实施和工程验收等，以及后期的修复效果评价和监测。矿区生态修复前期通过无人机遥感获取待修复地区影像数据，建立三维模型和正射影像图（DOM），进行未修复矿区的细分类，计算相应的区域面积以及地形的坡度等，制定前期的修复规划；在中期的修复过程中，可以利用建立的三维模型实时计算需要回填的土方量，并且可用于矿区的修复过程管理；后期将矿区修复前后的数据进行对比分析，进行生态重建效果评价，对于矿区复垦的植被进行定期的监测与保护。

（5）矿山监管

违法开采矿山资源屡禁不止，问题突出，而传统的人力监察有着四大难题：①违法开采地区十分隐蔽，不易察觉；②盗采人员设置岗哨、阻断道路逃避打击；③违法开采地区覆盖面积广、范围大；④大部分违法开采行为基本在夜间实施以避监察。换句话说就是"发现难、制止难、取证难、查处难"。

而无人机在矿山治理过程中的应用，将会有效解决以上问题。首先，无人机轻便易携、操作简单、智能化程度高，受环境因素影响小。其次，无人机可迅速到达需要监察的区域，获得准确的视频和高精度的图像，为快速发现违法行为人越界开采、无证开采、非法盗采国土资源行为提供视频影像证据；第三，无人机解决了动态巡查效率低、有盲区的问题，同时弥补了遥感卫星执法周期长、分辨率低的缺点。可以有效地实现监管，有力地打击违法开采资源的活动。

3.8 存在的问题

(1) 气象条件

露天矿大都处于山区，气候多变，无人机野外作业易受温度、雨雪、风暴、雷电等气候的影响。例如中煤平朔露天矿地处山西朔州，从4月起经常刮大风、降雨，对每个月的验收工作造成一定的影响。再如白音华露天矿地处内蒙古西乌旗、华能伊敏露天矿地处呼伦贝尔，冬季都十分寒冷，常刮大风，都会影响无人机野外作业。

(2) 续航时间及安全风险

无人机实时飞行时，影响无人机航程和续航时间的因素较多，如无人机几何形状、自重、有效载荷、飞行速度、控制规律、导航方式等，都对无人机的航程和续航时间有较大的影响，也就是说，无人机的航程和续航时间不是定量。在无人机实际飞行时，如果能够实时估算无人机的航程和续航时间，将有利于无人机飞行任务制定、航线设计、有效利用留空时间等，从而提高无人机的有效利用率。

(3) 法规政策

近年来我国对无人机监管力度加大，国家相继出台了一些法律法规，多方面、多角度地对无人机进行监管。例如国能宝日希勒露天矿附近有海拉尔机场，根据《无人驾驶航空器飞行管理暂行条例》的规定，虽然在限飞区之外，但在不申请空域情况下，使用轻型无人机进行外业飞行时能够飞行的最大相对航高为120 m，如果想要进行更大航高的飞行，必须要向当地空军申请空域，而且飞行员必须要考取国家认可的飞行员证。

3.9　露天矿无人机测量应用现状

目前，我国大型露天矿开始进行无人机测量验收工作，我国露天煤矿无人机应用情况如下：

（1）霍林河北露天煤矿

2018年9月购置一台大疆精灵4Pro型无人机，主要用于北露天煤矿安全巡航，利用高分辨率摄像机从宏观整体把握生产情况，及时发现生产安全隐患。

2020年11月购置一台德国进口MD4-1000无人机，利用无人机1∶500免相控正射相机通过专业空三软件构建全矿采区实体矢量影像，1∶1还原现场生产情况，为科学生产决策提供依据；利用无人机多光谱分析辅助矿山生态修复，利用多光谱相机收集的数据提供各修复区域多光谱数值，根据各光谱数值反映的植被生长情况，采取对应措施使植被健康生长，提高矿山复垦绿化率。

（2）伊敏河露天矿

2020年12月28日，气温零下30℃，西北风4到5级，高空最大阵风达到15 m/s，伊敏露天矿技术人员自主操作JOUAV CW-15Q无人机正在进行采剥场验收测量。4个小时内，无人机以航向旁向8°的倾斜姿态抗风飞行，最大姿态修正角度达到20°，累计飞行8个架次，圆满完成4.8平方公里测量任务，顺利通过了大风极寒天气下技术指标验证，成为国内首个高寒地区煤矿成功采用无人机测量系统实现采剥场验收测量相关工作的典型，翻开了矿山测量系统的新篇章。

（3）霍林河南露天煤矿

2018年末，南露天煤矿自行采购了一台D1000型无人机，实现对南露天煤矿生态修复、排土场、边坡、采场等地区的数据采集及精细地形获取，更加直观地展示露天矿山建设发展状态，对露天矿山生产及地形数据进行全面快速建模展示。

（4）宝日希勒露天煤矿

2022年2月，国家能源集团雁宝能源宝日希勒露天煤矿技术人员自主操作的JOUAV CW-25E无人机进行交付验收测量，顺利通过了大风极寒天气下技术指标验证及采剥验收测量工作，成为国内首个高寒地区成功采用无人机雷达测量系统的煤矿。在室外零下35 ℃气温下，JOUAV CW-25E无人机搭载国内首台高精度雷达测绘系统进行姿态抗风飞行1个小时，雷达测程达到1850米，累计飞行2个架次，圆满完成矿区30平方公里测量任务。该无人机测量系统软硬件均属于最新科技产品，可胜任各种矿山测量工作，包括矿区地形图绘制、采剥场验收测量、采剥工程平面图绘制、矿山实景三维模型建立、采矿三维设计、矿区绿化成果展示、储煤场库存盘点等内容，使高寒地区矿山测量方式迎来了历史性变革，翻开了矿山测量系统的新篇章。

4 露天矿无人驾驶技术

4.1 概述

4.1.1 无人驾驶背景

2005—2018年我国原煤产量如图4-1所示。从图4-1可以看出,我国煤矿产量呈增长趋势,煤炭产量由2005年的22.73亿t,上涨至2018年的36.98亿t,增幅为62.69%;露天煤矿产量由2005年的1.17亿t,上涨至2018年的9.22亿t,涨幅为688%。按照露天矿山剥采比为6 m^3/t计算,2018年需要剥离量大约在55亿 m^3。目前,我国大部分露天煤矿采用单斗卡车开采工艺,也就是说,每年由卡车运输的煤岩量约为60亿 m^3。露天矿山采场内有大量大型、昂贵的运输工程机械不间断地在矿坑内运行,露天煤矿运营存在受气候环境影响大、矿区环境复杂恶劣、生产作业强度大、危险性高、矿卡司机用工成本高、矿区运营安全等问题。随着导航系统、传感技术、无线通信技术以及机器学习的不断发展,无人驾驶技术也在不断地突破革新,为矿用无人驾驶卡车应用提供了全新的发展机遇。因此,无人驾驶卡车在未来有广阔的发展和市场前景。

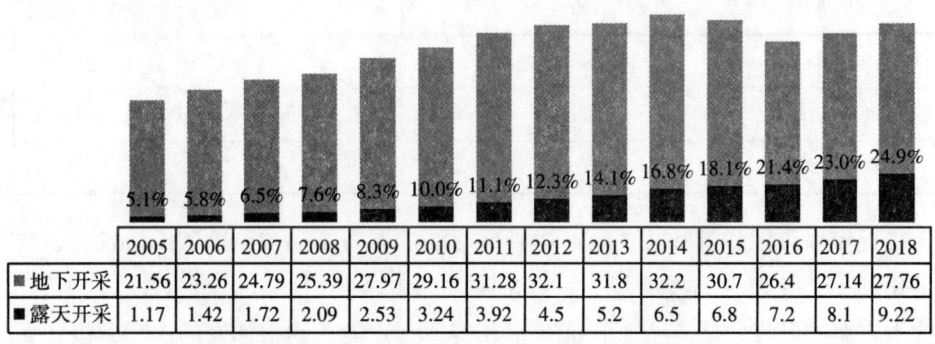

图4-1 2005—2018年我国原煤产量图(单位:亿t)

矿用无人驾驶卡车的研究开始于20世纪70年代。1994年，卡特彼勒公司2台无人驾驶矿卡在美国投入使用。1995年，小松公司1台载重77 t的矿卡在日本的一个采石场进行无人驾驶采矿试验。目前，5大全球矿用车供应商都在进行无人驾驶矿用车的研究与应用。小松公司的自动运输系统已经在澳大利亚和智利运行多年，现已有180多台930E实现了无人驾驶，累计运输物料超过20亿t。巴西淡水河谷公司给出的数据是：无人驾驶还可使燃料成本下降10%以上、使车辆维护费用降低10%、使轮胎磨损降低25%。目前，小松公司的无人运输系统已应用于澳大利亚、南北美洲的矿山，小松公司AHS（自动运输系统）已在全球4个国家的10个矿山（包括铜、铁和油砂）应用。此外，小松公司将在巴西卡拉加斯矿山增加37台930E无人驾驶矿车，以更好地助力当地绿色矿山建设，改善环境质量，提高运营效率，降低安全隐患。国内三一、徐工、同力重工、易控智驾、慧拓智能、踏歌智行等单位的矿用无人驾驶卡车研究都进入了试验测试阶段，截至2019年12月份，易控智驾无人驾驶运输土方量已经超过4万 m^3，无人驾驶行驶总里程也已经达到7500 km。矿用无人驾驶国内外现状对比如表4-1所示。

表4-1 矿用无人驾驶国内外差异表

项目	国外无人驾驶	国内无人驾驶
技术主体	小松、卡特彼勒、别拉斯等工程机械厂家	踏歌智行、慧拓智能、易控智驾等无人驾驶科技公司
改造成本	原车昂贵、改造成本高、平台服务费贵	改造成本相对较低、平台服务费低
投资主体	力拓、必和必拓等矿业集团投资巨大	国内各矿业集团投资力度相对较小
适用车型	电动轮矿车	电动轮矿车、宽体矿用车、后八轮
无人车数量	超过300台	超过50台
无人车运量	40亿t	30万 m^3
无人车里程	1亿km	3万km
5G	无	有

近年来，国务院和相关政府主管部门陆续颁布了多项鼓励矿山信息化、数字化和无人化建设的发展规划，越来越多的中国公司加入矿用无人驾驶车辆、技术方案的开发。随着人工智能技术、传感器性能、通信速度的迭代升级，无人驾驶技术和车辆已经在内蒙古、新疆等地的多个矿区落地运营。

经国家煤矿安全监察局2018年第41次局长办公会议审议通过，国家煤矿安全监察局2019年第1号公告发布的《煤矿机器人重点研发目录》中，第二十五项即露天矿卡车无人驾驶系统。国家能源集团、中煤集团、华能集团、包钢集团、大唐集团、国电集团、焦煤集团、河北钢铁集团、江铜集团、山东黄金、紫金矿业、霍林河煤业、特变电工、洛阳钼业等生产企业都在积极探索智能矿山建设，正在或将要在集团内典型露天矿建设"5G+无人驾驶"示范试点应用，以促进形成国内矿用无人驾驶样板工程及标准体系建立。同力重工在2017年下半年就生产了一台无人驾驶试验车，目前累计销售线控车超过20台；徐工集团一款无人驾驶试验车在2018年车展上亮相；2019年4月，北方股份完成国内首台110 t NTE120AT无人驾驶电动轮矿用车，目前线控车订单已经超过10台；三一重装一款纯电动无人驾驶原型车在2019年四季度北京工程机械展会上亮相；潍柴集团在2019年实现第一台无人驾驶用线控车订单；临工重机在2020年一季度生产了4台无人驾驶试验车。中国移动已经在白云鄂博铁矿、宝日希勒煤矿完成用于无人驾驶的5G部署；中国联通在大唐保利露天矿、洛阳栾川钼矿上完成试点应用；中国电信和国家能源集团神新公司在公司层面开展了全面合作。

4.1.2　无人驾驶概念

提到无人驾驶，需要了解以下几个关于无人驾驶的概念：

(1) 无人驾驶矿车

无人驾驶矿车可以合理规划布局和消除行驶误差，大大提高矿区生产效率，避免事故的发生，同时可以降低人工和整车使用成本，减少车辆本身的磨损和消耗。

(2) 跟驰理论

跟驰理论是一种运用动力学方法，探究在无法超车的单一车道上车辆列队行驶时，后车跟随前车的行驶状态，借助数学模型表达并加以分析阐明的一种理论。跟驰模型就是基于这种理论通过仿真得到的数学模型，分为线性跟驰模型和非线性跟驰模型。

(3) 跟驰最小安全距离

车辆跟驰行为是最基本的微观驾驶行为，描述了在限制超车的单行道上行驶车队中相邻两车之间的相互作用。两辆车在行驶过程中，当前车突然制动停止时，后车与前车之间不发生碰撞的最小安全距离即跟驰最小安全距离。

(4) 路径规划

路径规划是指移动物体按照某一性能指标（如距离、时间、能量等）搜索一条从起始状态到目标状态的最优或次优路径，包括：整体路径规划、避障规划、轨迹规划。

(5) 激光雷达

激光雷达是以发射激光束探测目标的位置、速度等特征量的雷达系统，又称光学雷达。

(6) 毫米波雷达

毫米波雷达是工作在毫米波波段探测的雷达。毫米波是 30～300 GHz 频域（波长为 1～10 mm）的波。毫米波的波长介于厘米波和光波之间，因此毫米波兼有微波制导和光电制导的优点。同厘米波导引头相比，毫米波导引头具有体积小、质量轻和空间分辨率高的特点。与红外、激光、电视等光学导引头相比，毫米波导引头穿透雾、烟、灰尘的能力强，具有全天候（大雨除外）全天时的特点。另外，毫米波导引头的抗干扰、反隐身能力也优于其他微波导引头。

(7) 自动驾驶汽车分级

根据美国汽车工程师协会（SAE）的划分标准，自动驾驶汽车分为六个等级，分别为无自动化（L0）、驾驶支援（L1）、部分自动化（L2）、有条件自动化（L3）、高度自动化（L4）和完全自动化（L5），详细标准见表 4-2。而实际上，从 L3 开始，无人驾驶系统才开始完成相应的驾驶操作。L1，L2 属于辅助驾驶，L3，L4 属于自动驾驶，只有达到 L5 才算真正意义的无人驾驶。无人驾驶也是联网汽车、自动驾驶的终极形态。

表 4-2 自动驾驶技术分级标准

自动驾驶分级	称呼（SAE）	SAE 定义	驾驶操作	周边监控	支援	系统作用域
L0	无自动化	由人类驾驶者完全操作，在驾驶过程中可以得到警告和保护系统的辅助	人类驾驶者	人类驾驶者	人类驾驶者	无
L1	驾驶支援	通过驾驶环境对方向盘和加减速中的一项操作提供驾驶支援，其他的驾驶动作都由人类驾驶者操作	人类驾驶者和系统			部分
L2	部分自动化	通过驾驶环境对方向盘和加减速中的多项操作提供驾驶支援，其他的驾驶动作都由人类驾驶者操作	系统			

表4-2（续）

自动驾驶分级	称呼(SAE)	SAE定义	驾驶操作	周边监控	支援	系统作用域
L3	有条件自动化	由无人驾驶系统完成所有驾驶操作，根据系统请求，人类驾驶者提供适当的应答	系统	系统		
L4	高度自动化	由无人驾驶系统完成所有驾驶操作，根据系统请求，人类驾驶者不一定需要对所有系统请求作出回答，限定道路和环境条件等				
L5	完全自动化	由无人驾驶系统完成所有驾驶操作，人类驾驶者在可能的情况下接管，在所有道路和环境下驾驶				全程

（8）V2X

V2X即车对外界的信息交换，也就是车与互联网的连接，X代表的是车、路、行人以及周围环境。车联网通过整合全球定位系统（GPS）导航技术、车对车交流技术、无线通信及远程感应技术奠定了新的汽车技术发展方向，实现了手动驾驶和自动驾驶的兼容。在4G时代，中国主导的基于LTE蜂窝网络的LTE-V2X技术按照全球统一规定的体系架构了机器通信技术协议和数据交互标准，但目前4G网络的延迟还不足以满足未来无人驾驶的需要。随着5G时代的到来，假如汽车的行驶速度为30 km/h，以5G的时延1 ms来计算，制动距离仅为0.00835 m，极大地提升了驾驶的安全性。在车与车、车与路、车与人之间组网，构建数据共享交互桥梁，可以助力实现智能化的动态信息服务、车辆安全驾驶、交通管控等。

4.2 车铲设备协同作业

4.2.1 卡车-电铲协同作业

露天矿山采用单斗卡车开采工艺，电铲等采掘设备实现剥离物及矿物的挖掘，将岩石及矿物装载至运输矿车，矿车与电铲协同配合过程中，需制定矿车进入电铲铲位的路线及卡车之间的等待规则。电铲-卡车协同作业流程为：卡车驶入装载区域—卡车按待装规定等待装车—卡车接收驶入信号—卡车驶入装车位—电铲进行装车—卡车接收离开信号—卡车驶出装车位。电铲-卡车协同作业示意图如图4-2所示。

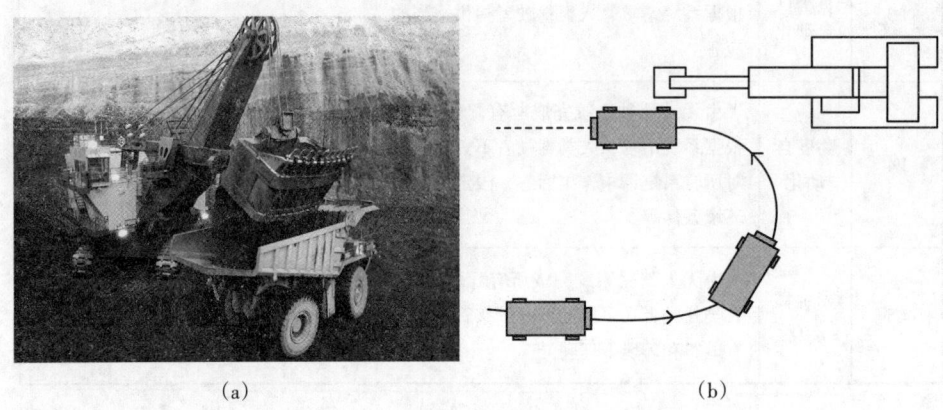

图4-2 电铲-卡车协同作业示意图

4.2.2 卡车排卸协同作业

剥离运输卡车经由剥离运输道路驶向对应排土场。排卸卡车进入排卸区域需要保证与其他排卸卡车的协同作业，同时减少与辅助工程设备的交互影响，建立排卸卡车与其他工程设备之间的空间位置关系模型以及相互调度规则，制定排卸卡车排卸物料的车辆入换方式。运输卡车排卸作业流程：卡车驶入排卸区域—卡车按排卸规定等待卸车—卡车接收驶入信号—卡车开始排卸—卡车接收离开信号—卡车驶出排卸位。卡车排卸协同作业示意图如图4-3所示。

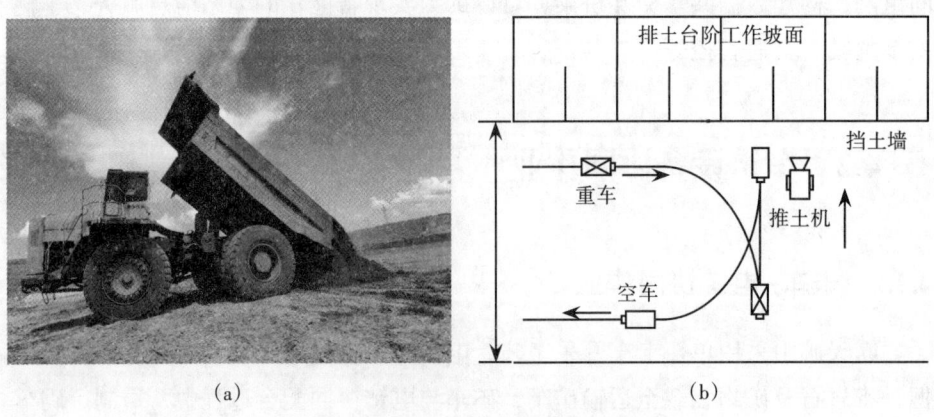

图4-3 运输卡车排卸协同作业示意图

4.2.3 卡车破碎站协同作业

露天矿山运输卡车将矿岩从采掘点运出后,运输卡车经由矿山运输道路驶入破碎站区域。进入破碎站区域卸车过程中,需要保证卸车区域车辆的协同作业,最大效率地实现卡车的驶入驶出。运输卡车破碎站协同作业流程为:卡车按排卸规定等待卸车—卡车接收信号—卡车开始排卸—卡车接收离开信号—卡车驶出破碎站区域。卡车破碎站协同作业示意图如图4-4所示。

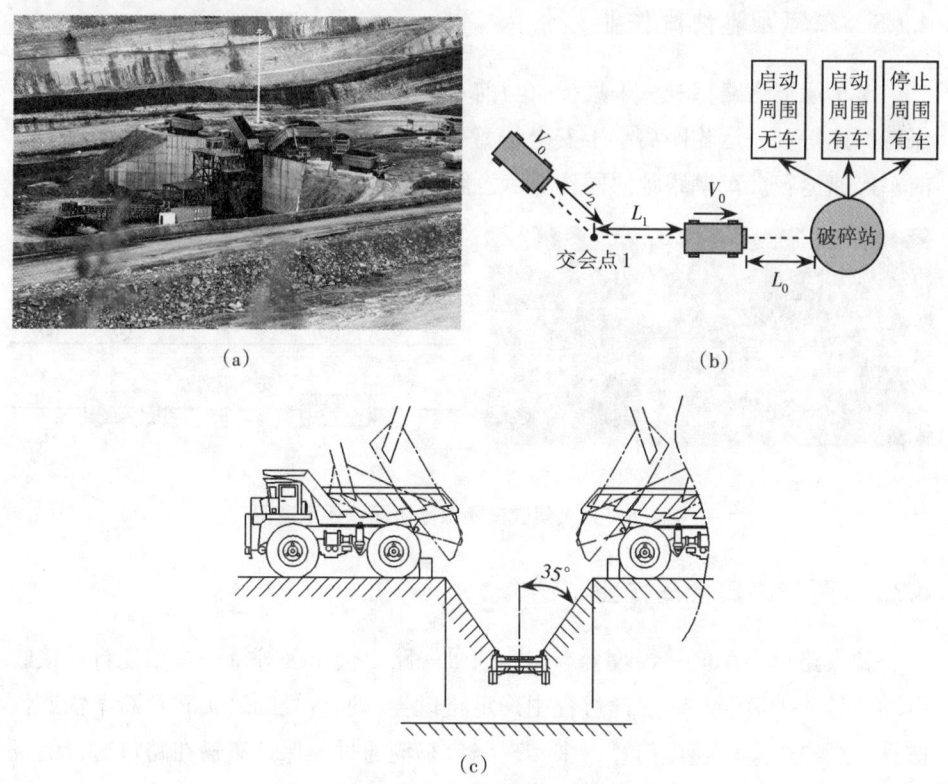

图4-4 运输卡车破碎站协同作业示意图

4.2.4 卡车启动及停止作业

系统启动—接收驾驶任务—离开驾驶库位—驶入驾驶库位—排队等待—接收泊车停位—上传数据—系统关闭。此过程中需要制定好车辆的停车位的区域、车辆启动和停车的参数模型,以及驶离、入库过程中与周围车辆之间的空间数学模型关系。卡车启动及停止作业示意图如图4-5所示。

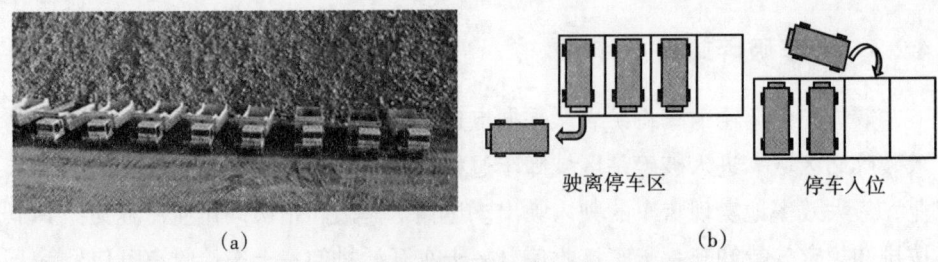

(a)   (b)

图 4-5   无人驾驶卡车启动停止作业示意图

4.2.5 车辆跟驰协同作业

卡车运输道路行驶—采集接收与前车实时距离—运输距离大于安全距离—保持原速行驶—运输距离小于安全距离—减速运行—接收与前车实时距离—与前车等速运行。车辆跟驰协同作业示意图如图 4-6 所示。

(a)   (b)

图 4-6   无人驾驶车辆跟驰协同作业示意图

4.2.6 两车路口会车作业

驶入路口会车区—接收会车指令信号—路口会车区等待—重车先行—接收启动信号—驶离会车区。此过程中确定路口会车通行规则，实时判断车辆属性信息、距离信息、速度信息，来实现路口车辆通过，保证车辆在路口通行的畅通。两车路口会车作业示意图如图 4-7 所示。

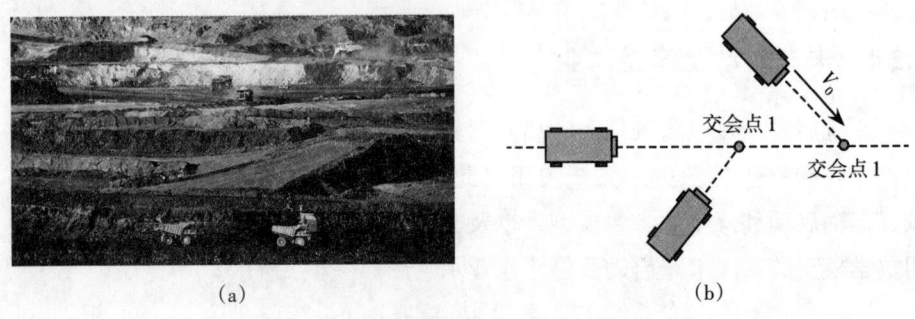

(a)   (b)

图 4-7   两车运输路口会车作业示意图

4.2.7 车辆协同避障、超车

露天矿山车辆运输过程中，存在大小车之间的特殊作业场景下的运输车辆之间的超车行为，或者由于运输过程中大量岩土大块堆撒至运输道路中，需要车辆进行超车行驶，以避免对露天矿山的正常安全生产带来影响，露天矿山车辆运输过程中存在超车行驶等特殊条件下的场景。车辆协同避障、超车示意图如图4-8所示。卸载平台卡车运行线路如图4-9所示。

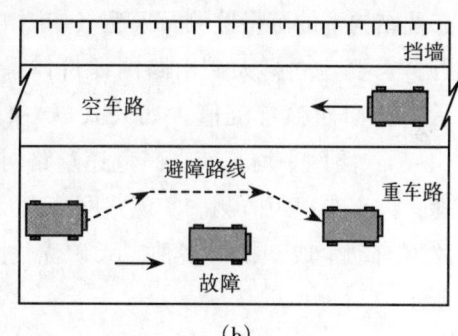

图4-8　车辆运输过程中超车、避障示意图

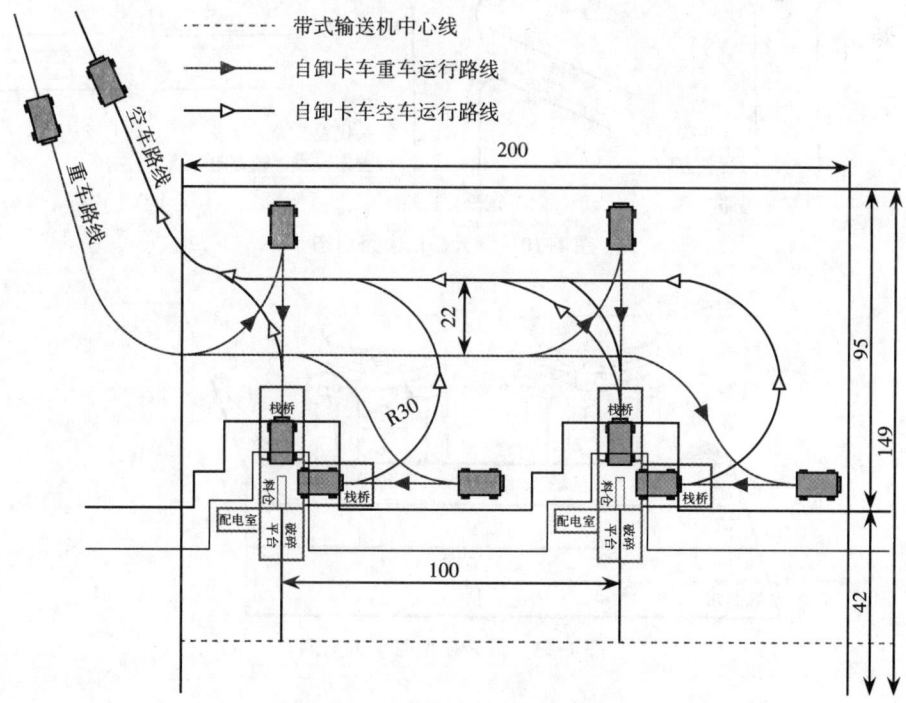

图4-9　卸载平台卡车运行线路图

4.3 露天矿山道路及路径

露天矿山无人驾驶系统的实现，要充分考虑露天矿路网道路通过能力，如公式（4-1）所示；道路行车密度，如公式（4-2）所示；充分了解路网结构，如T字形道路、十字形道路、汇聚型道路（如图4-10所示），建立不同道路形态及结构下的沉量监测及模型（如图4-11所示）。为保证无人驾驶车辆平稳运行，需要建立露天矿山路网评价体系，涵盖：累计运量，如公式（4-3）所示；路面回弹弯沉值，如公式（4-4）所示；弯沉系数，见式（4-5）和式（4-6）；路网平均车速；高危违章路网路段；车辆工况数据监测；轮胎燃油消耗；停会车视距监测。实现路网高程及关键数据融合展示，实现车辆运输最优路网自动生成，提供多种露天矿优化路径场景，部分路径优化模式如图4-12所示。

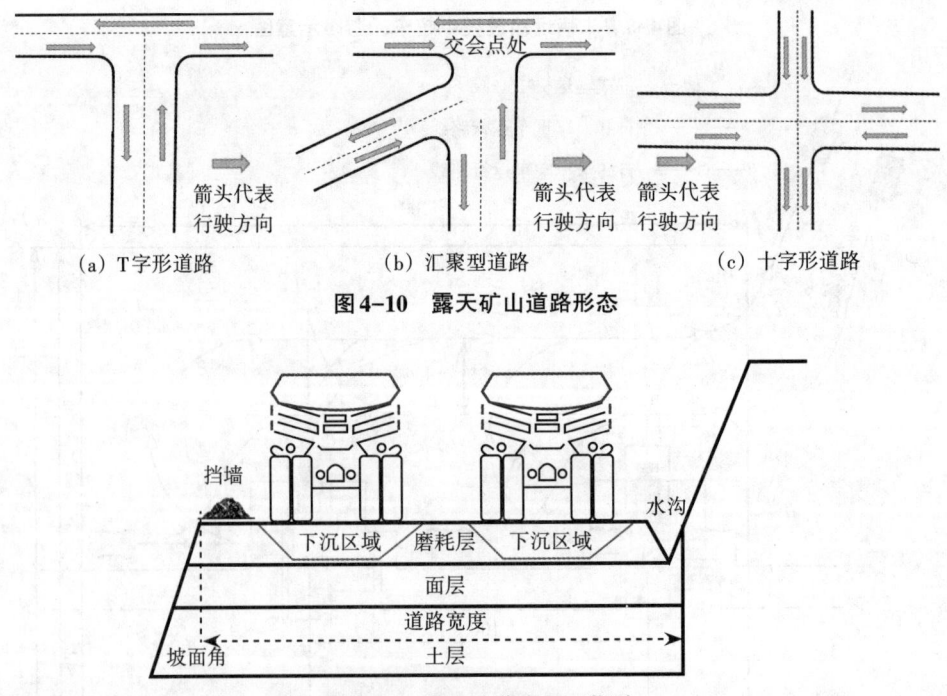

(a) T字形道路　　　　(b) 汇聚型道路　　　　(c) 十字形道路

图4-10　露天矿山道路形态

图4-11　露天矿道路下沉监测

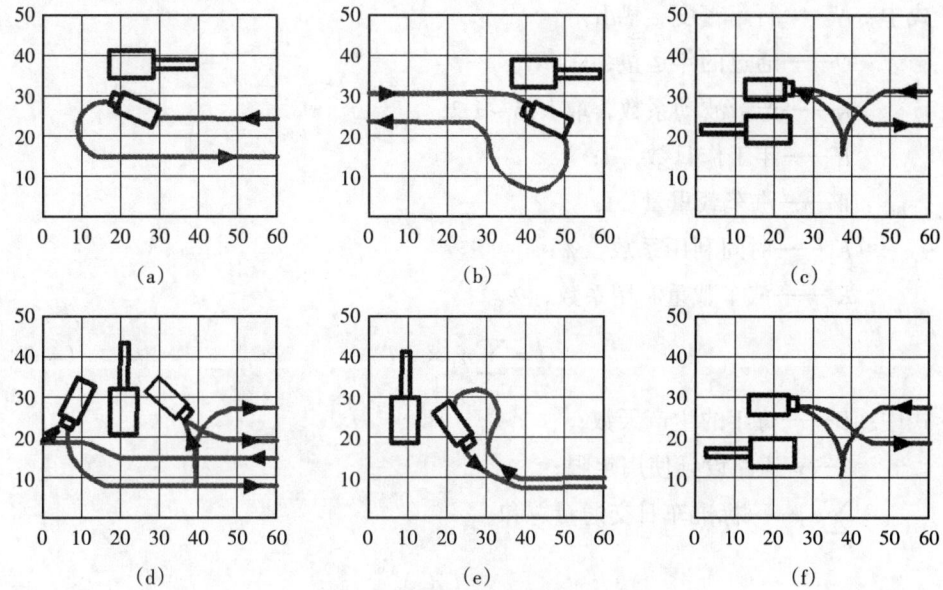

图4-12 露天矿车辆路径优化模式

根据露天矿山道路运输系统的布置情况,将露天矿山道路划分成三种类型:T字形道路、十字形道路、汇聚型道路,相应道路形态如图4-10所示。露天矿山不同道路形态会对露天矿山车辆运行轨迹路径产生重要影响。露天矿道路特点:道路转弯多、道路坡道多、路况相较城市道路差,但露天矿山道路车辆数量较城市道路车辆数量少,突发状况少。由于露天矿山运输采用大型设备,设备盲区大、吨位足,大小车辆相互之间保持安全距离极为重要。

因此,无人驾驶露天矿山运输卡车,需要满足上述相关规范技术要求。

$$M = \frac{1000vG_1G_2G_3}{S_0} \quad (4-1)$$

式中:M——道路通过能力,辆/h;

v——汽车运行速度,km/h;

G_1——运行不均衡关系,与电铲数量有关,取0.5~0.7;

G_2——会车影响系数,取0.75~0.84;

G_3——制动安全系数,取0.5;

S_0——同一方向上汽车间安全距离,即停车视距。

$$N = \frac{Q}{24HWK_1K_2} \cdot K \quad (4-2)$$

式中：N——行车密度，辆/h；

Q——通过的年运量，t；

K——产量波动系数，取 1.15~1.2；

H——年工作日数，d；

W——汽车载重量，t；

K_1——时间利用系数，%；

K_2——汽车载重利用系数，%。

$$Q = \sum n_1 \times DT \tag{4-3}$$

式中：D——每年的生产天数；

T——道路设计使用年限；

$\sum n_1$——标准车日交通量总和。

$$L_R = \frac{A}{N^{0.2}} \left(\frac{d_1}{d_{车}}\right)^{0.48} \tag{4-4}$$

式中：L_R——容许回弹弯沉值；

A——面层相关系数；

N——累计通过车辆；

$d_{车}$——汽车单轮胎轮迹的相当圆直径，cm。

实际弯沉系数：

$$d_s = \frac{L_R \times E_0}{P_1 \times d_1} \times \frac{1}{K_a} \tag{4-5}$$

式中：K_a——轨迹间隙修正系数。

理论弯沉系数：

$$d_L = \frac{d_s}{F} \tag{4-6}$$

《煤炭工业露天矿设计规范》（GB 50197—2015）中对露天矿山道路设计进行了要求：

① 露天煤矿内部卡车运输道路路面宽度，应符合现行国家标准《厂矿道路设计规范》（GBJ 22）的有关规定。行驶载重 68 t 以上的大型卡车双车道路面宽度，应包括养路设备作业宽度，可按 3~4 倍车体宽度设计。

② 露天煤矿矿山道路，在路堤和半路堑路段应设置安全防护堤，并应符

合下列规定：

第一，填方路堤路段，应在路面两侧各设一条安全防护堤。

第二，半路堑路段应在路面外侧设一条安全防护堤。

第三，安全防护堤高度不应低于车轮直径的2/5倍。

③露天煤矿内部运输道路，最大纵坡应符合下列规定：

第一，生产干线不宜超过8%。

第二，生产支线不宜超过9%。

第三，联络线不宜超过10%。

第四，重车下坡地段，宜按本条前三款的规定相应减少1%。

④露天煤矿内最高限制行车速度，应根据运输道路系统中最险要地段的运输条件和车辆牵引特性确定，不宜超过40 km/h。

⑤卡车计算平均行车速度，应根据路况、运距及卡车牵引特性确定，可按表4-3选取。

表4-3 卡车计算平均行车速度

运距/km	0.5	1.0	1.5	2.0	2.5	3.0	3.5
卡车平均速度/（km·h^{-1}）	14	16	18	20	22	24	25

⑥露天煤矿运输道路平面圆曲线半径，应根据卡车型号、运输条件等通过计算确定。对载重68 t以上的大型卡车，生产干线不宜低于40 m，生产支线不宜低于25 m。如表4-4所示。

表4-4 露天矿山道路部分技术指标

项目		单位	道路等级		
			一	二	三
平面要素	最小平曲线半径	m	45	25	15
	不设超高的最小平曲线半径	m	250	150	100
	最小视距：停车	m	40	30	20
	最小视距：会车	m	80	60	40
纵断面要素	最大纵坡	%	7	8	9
	最大纵坡时限制坡长	m	≤300	≤250	≤200
	竖曲线最小半径	m	700	400	200
	竖曲线最小长度	m	35	25	20

4.4 无人驾驶关键技术

4.4.1 车辆定位关键技术

（1）GPS定位

基于GPS全球定位系统（global positioning system，GPS）定位的方法是一种绝对位姿估计方法，见图4-13。基于GPS的定位方法的优点在于可全天候连续定位，使用差分GPS可实现厘米级定位，且适用于全局定位，缺点在于受环境影响较大，高楼、树木、隧道都会屏蔽GPS信号。

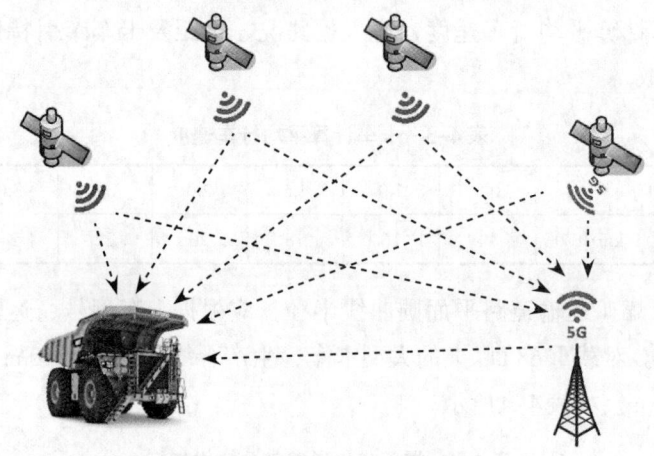

图4-13 露天矿GPS定位技术

（2）磁感定位

基于磁传感器的磁感应定位方法通过在露天矿山固定运输车道上安装磁钉，使车辆可以在无人驾驶过程中通过检测磁信号的位置实现定位。

磁感应定位方法的优点在于检测预先铺置的磁性材料，检测结果稳定可靠，且不会受到光照、天气或其他障碍物的影响；其缺点在于需要对道路进行升级改造，成本较高，不便于大规模推广，适用于机场、工厂、车间等场所的物流自动导引。

（3）惯性定位

基于惯性传感器的定位方法通过使用陀螺仪、加速度计传感器来测量车辆的角加速度和线性加速度，对测得的数据进行积分，从而推算出车辆相对初始位置的当前位置信息。基于惯性定位方法的优点在于不需要接收外界信号，受环境干扰小；其缺点在于存在累计误差，且随时间增加而增加，因此该方法适用于局部短时间内的定位或辅助定位。

（4）基于视觉或激光的地图信息匹配定位

通过摄像头或激光雷达的地图信息匹配方法也是一种绝对位置估计方法。该方法通过事先建立地图信息，在无人驾驶过程中，不断将检测到的数据特征与地图信息进行对比匹配，从而得到车辆在地图中的绝对位置。基于地图信息匹配定位方法的优点在于无累积误差，不需要对道路进行改造；其缺点在于包含地图生成和地图匹配两个步骤，而地图生成需要提前采集制作，在室外场景中，绘制地图的数据量十分巨大，而且对地图匹配中的实时性带来很大挑战。

4.4.2 环境感知技术

在无人驾驶技术中，传感器是无人车的眼睛。要实现真正的无人驾驶，汽车上通常需要安装各种各样的感知环境的传感器，如图4-14所示，其中最为主要的是激光雷达、毫米波雷达、超声波雷达以及高精度摄像头，它们相互协助，在距离、速度、方向上提供可靠的数据，帮助无人车更准确地感知周边的环境。环境感知包括无人驾驶汽车自身位姿感知和周围环境感知两部分。无人驾驶汽车自身位姿信息主要包括车辆自身的速度、加速度、倾角、位置等信息，这类信息测量方便，主要用驱动电机、电子罗盘、倾角传感器、陀螺仪等

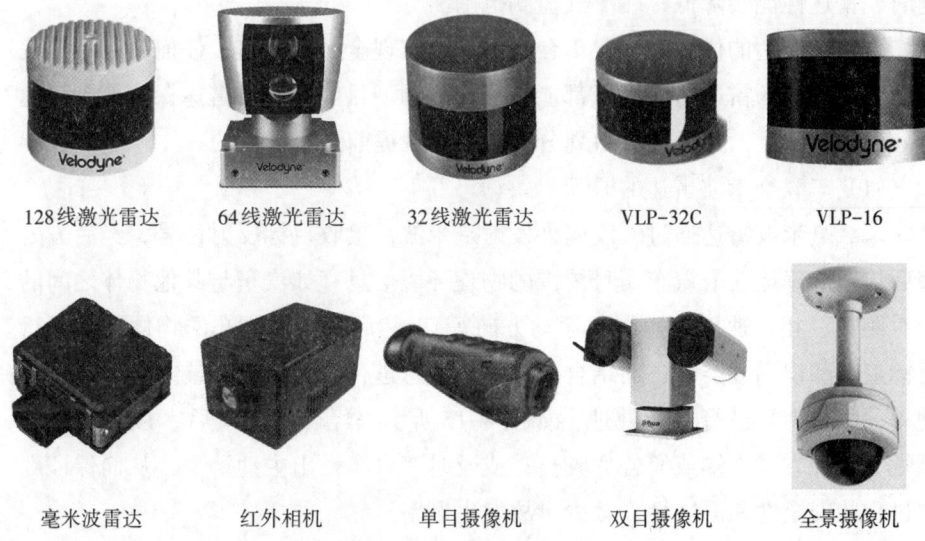

图4-14 全自动驾驶用传感器

传感器进行测量。无人驾驶汽车周围环境感知以雷达等主动型测距传感器为主，被动型测距传感器为辅，采用信息融合的方法实现。激光、雷达、超声波等主动型测距传感器结合更能满足复杂、恶劣条件下执行任务的需要，最重要的是处理数据量小，实时性好。同时进行路径规划时可以直接利用激光返回的数据进行计算，无须知道障碍物的具体信息。

4.4.2.1 激光雷达

激光传感器是利用激光技术进行测量的传感器。它由激光器、激光检测器和测量电路组成。激光传感器是新型测量仪表，它的优点是能实现无接触远距离测量，速度快，精度高，量程大，抗光电干扰能力强等。

4.4.2.2 毫米波雷达

毫米波雷达是指工作在 30～300 GHz 频域（波长为 1～10 mm）毫米波波段的探测雷达，波长短、频段宽，比较容易实现窄波束，雷达分辨率高，不易受干扰。毫米波雷达是测量被测物体相对距离、相对速度、方位的高精度传感器，早期被应用于军事领域，随着雷达技术的发展与进步，毫米波雷达传感器开始应用于汽车电子、无人机、智能交通等多个领域。

毫米波雷达的原理是电磁波由发射机通过雷达天线发射，遇到障碍物反射，再由接收机接收，根据收发之间的时间差测得目标的位置数据。在特大暴雨时，雷达性能会降低，缩小其监测范围。

毫米波雷达的优势在于，单台雷达可以实现全区域覆盖，任何具有一定表面积的物体进入雷达防护区域都能够被探测到。目前毫米波雷达探测范围可达 3 km，优势明显，并可以自由划分防区，实现提前预警的目的。

(1) 车载毫米波雷达的原理

车载毫米波雷达通过天线向外发射毫米波，接收目标反射信号，经后方处理后快速准确地获取汽车车身周围的物理环境信息（如汽车与其他物体之间的相对距离、相对速度、角度、运动方向等），然后根据所探知的物体信息进行目标追踪和识别分类，进而结合车身动态信息进行数据融合，最终通过中央处理单元（ECU）进行智能处理，如图 4-15 所示。经合理决策后，以声、光及触觉等多种方式告知或警告驾驶员，或及时对汽车做出主动干预，从而保证驾驶过程的安全性和舒适性，减少事故发生概率。

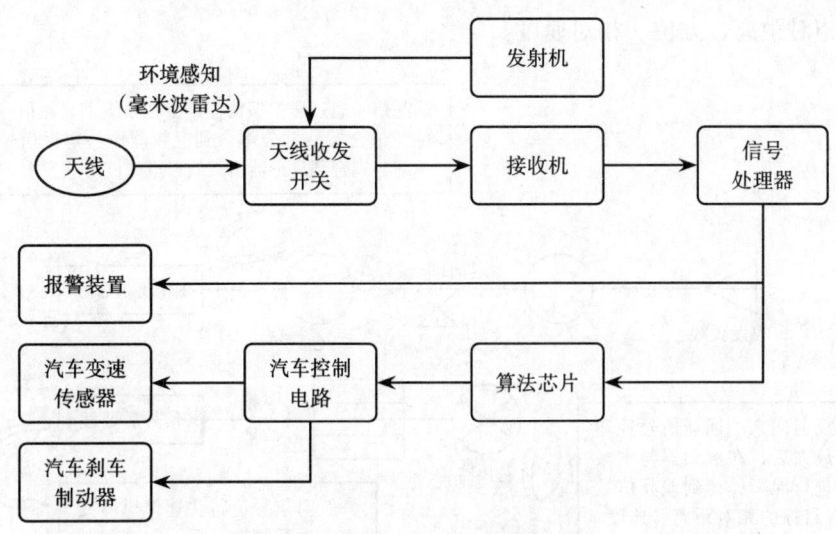

图 4-15 毫米波雷达工作路径简图

根据辐射电磁波方式不同,毫米波雷达主要有脉冲以及连续波两种工作方式。其中连续波又可以分为 FSK(频移键控)、PSK(相移键控)、CW(恒频连续波)、FMCW(调频连续波)等方式。各种毫米波的优缺点如表 4-5 所示。

表 4-5 不同毫米波特点

工作方式	脉冲类型	连续波类型			
		CW	FSK	PSK	FMCW
特点	适于长距离目标探测;测量过程简单,测量精度高	通过来自目标的多普勒频移信息测速	可测量被测目标的距离、速度	利用随机二相码或四相码调制载频测量距离和速度	可对多个目标测量距离、速度信息;分辨率高,信号处理复杂度低、成本低廉,技术成熟
不足	在汽车防碰撞雷达这种短距离应用情况下,窄脉冲产生相对困难;发射峰值功率大,测量多目标困难	不能测量距离	难以测量多个目标	当要求分辨率较高时,对信号处理要求很高,目前技术难以实现	好的线性调频度不易获得,影响距离分辨率

FMCW 雷达系统主要包括收发天线、射频前端、调制信号、信号处理模块等,如图 4-16 所示。毫米波雷达通过接收信号和发射信号的相关处理判断目

标的相对距离、方位、相对速度。

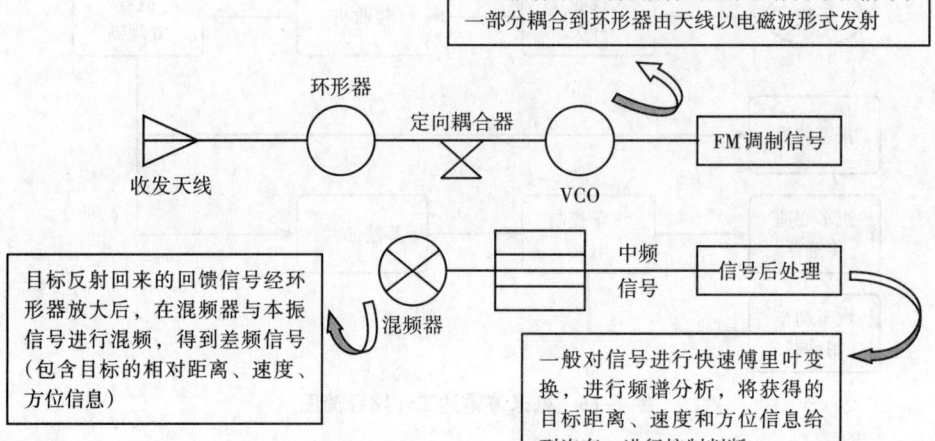

图4-16　FMCW毫米波雷达系统简图

(2) 毫米波雷达发展现状

目前，毫米波雷达主要为24 GHz和77 GHz两类。24 GHz的雷达测量距离较短（5~30 m），主要应用于汽车后方；77 GHz的雷达测量距离较长（30~70 m），主要应用于汽车前方和两侧。毫米波雷达主要包括雷达射频前端、信号处理系统、后端算法三部分。在现有的产品中，雷达后端算法的专利授权费用约占成本的50%，射频前端约占成本的40%，信号处理系统约占成本的10%。

(3) 短距毫米波雷达功能

① 射频前端。

射频前端通过发射和接收毫米波，得到中频信号，从中提取距离、速度等信息。因此，射频前端直接决定了雷达系统的性能。当前毫米波雷达射频前端主要为平面集成电路，有混合微波集成电路（HMIC）和单片微波集成电路（MMIC）两种形式。其中，MMIC形式的射频前端成本低、成品率高，适合于大规模生产。在生产工艺上，一般采用的是外延MESFET、HEMT和HBT等器件工艺。其中，GaAs基的HEMT工艺最为成熟，具有优秀的噪声性能。

② 信号处理系统。

信号处理系统也是雷达重要的组成部分，通过嵌入不同的信号处理算法，提取从射频前端采集得到的中频信号，获得特定类型的目标信息。信号处理系统一般以DSP为核心，实现复杂的数字信号处理算法，满足雷达的实时性需求。

③ 后端算法。

后端算法占整个毫米波雷达成本的比例最高。针对毫米波雷达，国内研究人员从频域、时域、时频分析多个角度提出了大量的算法，离线实验的精度也较高。但是，国内的雷达产品主要采用基于频域的快速傅里叶变换及其改进算法进行分析，测量精度和适用范围有一定局限性，而国外算法价格非常昂贵。

（4）毫米波雷达可以实现自动驾驶应用

ADAS采用的传感器主要有摄像头、毫米波雷达、激光雷达、超声波雷达、红外传感器等，见表4-6。毫米波雷达传输距离远，在传输窗口内大气衰减和损耗低，穿透性强，可以满足车辆对全天气候的适应性要求。并且毫米波本身的特性决定了毫米波雷达传感器器件尺寸小、质量轻等特性，很好地弥补了摄像头、激光雷达、超声波雷达、红外传感器等其他传感器在车载应用中所不具备的使用场景。把毫米波雷达安装在汽车上，可以测量从雷达到被测物体之间的距离、角度和相对速度等。利用毫米波雷达可以实现自适应巡航控制（adaptive cruise control）、前向防撞报警（forward collision warning）、盲点检测（blind spot Detection）、辅助停车（Parking aid）、辅助变道（lane change assistant）、自主巡航控制（ACC）等高级驾驶辅助系统（ADAS）功能。

表4-6 各类传感器感知适用范围及优缺点比较

制式参数	毫米波雷达	超声波雷达	激光雷达	红外传感器	光学成像
最大作用距离/m	1000	15	300	35	无法探测相关的距离、速度和角度信息
速度范围/（km·h^{-1}）	≥1000	≤100	≥300	≤10	
径向运动	好	好	好	差	
切向运动	差	差	差	好	
静止测距	复杂	简单	简单	不能	
角度测量能力	较好	好	很好	不能	
环境限制因素	全天候、不易受环境影响	风、沙尘等	雨天	温度	光线
成本	中	低	高	低中	

表4-6（续）

制式参数	毫米波雷达	超声波雷达	激光雷达	红外传感器	光学成像
穿透性	好	较长	较差	差	
优点	不受天气情况和夜间的影响；探测距离远	价格低，数据处理简单，体积小巧	测距精度高，方向性强，响应时间快，不受地面杂波干扰	成本低，夜间不受影响	成本适中，可实现道路目标的分辨与识别
缺点	成本较高；目标识别难度较大；可与摄像头互补使用	易受天气和温度影响，最大测量距离一般只有几米	成本很高；不能全天候工作；遇浓雾、雨、雪天气无法工作	受天气影响，只能探测到近距离的物体，难以识别出行人	与人眼一样会受到视野范围的影响

矿车感知设备如图4-17所示。

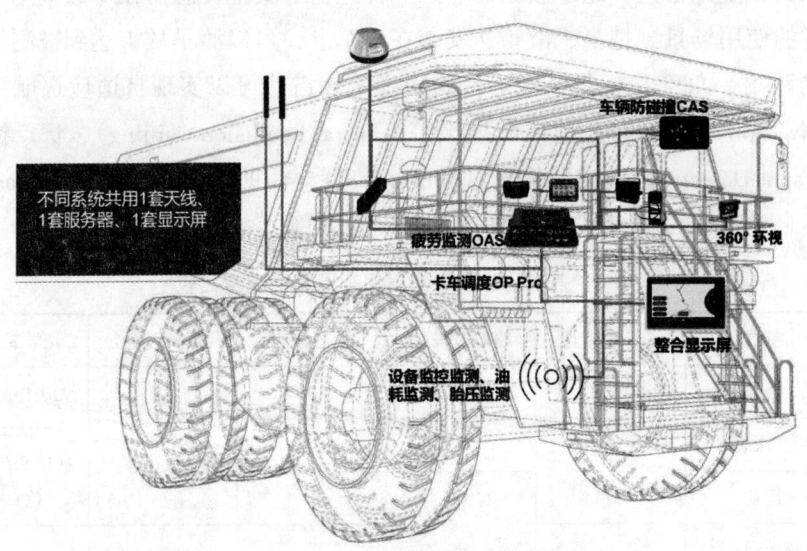

图4-17 矿车感知设备图

4.4.3 跟驰、避障模型

（1）跟驰相关概念

露天矿山无人驾驶车辆跟驰最小安全距离指的是后车在跟随前车行驶的过程中，当前车采取紧急制动措施时，后车对前车运动状态突变做出反应，相应地采取制动措施，直到两车保持相对静止时仍不发生追尾的危险，在前车紧急制动的那一刻，前后两车需要保持的安全间距即为车辆跟驰行驶状态下的最小安全距离。如图4-18所示。

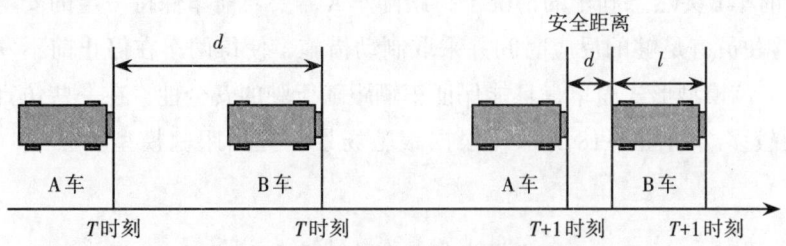

图4-18 确定跟驰最小安全距离示意图

在车队跟驰行驶过程中，车辆之间的制约性体现在三个方面：

① 紧随要求。无人驾驶车辆可以通过一系列的控制模型算法使其保持某一运行环境下的最优运动状态，因此跟随车不会落后前导车太多，而是紧随前进；保证整个无人驾驶编队的整体运行协调性，协调性保证实际上提升了整个车队的运行效率和整体安全性，保持整体车队的协同运转。

② 车速条件。为了避免发生追尾危险，跟随车在跟驰行驶时间内的车速只能在前车车速范围附近摆动，不可以长时间高于前车，否则就会发生碰撞。

③ 间距要求。跟随车与前导车之间必须保持足够的车间距，在前导车出现紧急情况采取制动措施后，需要提供足够的时间使跟随车做出反应保证两车不追尾。

紧随要求是无人驾驶车辆跟驰行驶的效率性体现，车速条件和间距要求是无人驾驶车辆跟驰行驶的安全性体现。露天矿山需要根据不同运输道路等级设定不同的跟随间距。

《煤炭工业露天矿设计规范》明确规定，露天煤矿内最高限制行车速度应根据运输道路系统中最险要地段的运输条件和车辆牵引特性确定，不宜超过40 km/h。卡车计算平均行车速度应根据路况、运距及卡车牵引特性确定，可按表4-3选取。

（2）跟驰模型

车辆跟驰模型一直是交通流理论领域的研究热点。对跟驰行为进行建模可量化跟驰车辆间的纵向相互作用，从而理解交通流运行特性，揭示交通拥堵等交通现象的内在机理。车辆跟驰的概念首先由Reuschel等提出，该模型假设驾驶人通过控制车辆的速度与前车保持一个期望的相对距离，并假定该期望距离与后随车的速度成线性关系。

安全距离跟驰模型是从防碰撞的安全驾驶角度出发，以运动学公式为基础建立起来的。

当前车 B 突然急刹车的情况下，跟随车 A 需要与前车保持一定的安全距离 d，让驾驶员有足够的反应时间并采取制动措施，使得两车在停止前不发生追尾危险。该模型形式简单，且能保证车辆跟随行驶的安全性，在一些仿真软件上应用较多。如图 4-18 所示，根据跟驰场景，提出跟驰模型如公式（4-7）所示：

$$v_n(t+\Delta t) \leqslant a_n(t)\Delta t + \sqrt{a_n^2(t)\Delta t^2 - a_n(t)\left\{2[\Delta x_n(t)-l]-v_n(t)\Delta t - v_{n-1}^2(t)/\hat{a}\right\}} \quad (4-7)$$

式中：$\Delta x_n(t)$——跟随车与前车车头间距；

l——前车车身长度。

（3）避障模型

图 4-19 所示为露天矿山无人驾驶卡车制动过程的示意图，利用该图建立汽车安全距离模型。

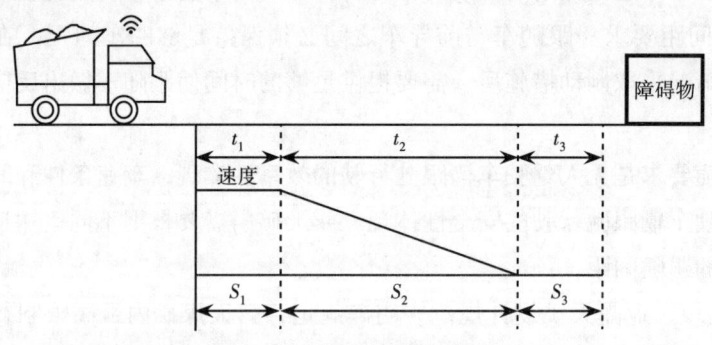

图 4-19　卡车制动过程示意图

通过对图 4-19 的分析可知，安全距离是指汽车发现情况紧急制动停车的距离，也即从当前车速到停止的最大滑动距离。安全距离主要由 3 部分组成，分别为算法运行距离 S_1、刹车距离 S_2 以及预留距离 S_3。

4.4.4　导航定位技术

无人驾驶汽车的导航模块用于确定无人驾驶汽车自身的地理位置，是无人驾驶汽车路径规划和任务规划的支撑。导航可分为自主导航和网络导航两种。

自主导航技术除了定位辅助之外，可独立完成导航任务。网络导航能随时随地通过无线通信网络与交通信息中心进行信息交互。

4.4.5 路径规划算法

路径规划是无人驾驶汽车信息感知和智能控制的桥梁，是实现自主驾驶的基础。路径规划技术可分为全局路径规划和局部路径规划两种。全局路径规划是在已知地图的情况下，利用已知局部信息如障碍物位置和道路边界，确定可行和最优的路径。局部路径规划是在全局路径规划生成的可行驶区域指导下，依据传感器感知到的局部环境信息来决策无人平台当前前方路段所要行驶的轨迹。全局路径规划针对周围环境已知的情况，局部路径规划适用于环境未知的情况。路径规划算法包括可视图法、栅格法、人工势场法、概率路标法、随机搜索树算法、粒子群算法等。

4.4.5.1 Dijkstra算法

Dijkstra算法由荷兰计算机科学家艾兹赫尔·戴克斯特拉（Edsger Dijkstra）发明，通过计算初始点到自由空间内任意一点的最短距离可以得到全局最优路径。算法从初始点开始计算周围4个或者8个点与初始点的距离，再将新计算距离的点作为计算点计算其周围点与初始点的距离，这样计算像波阵面一样在自由空间内传播，直到到达目标点。这样就可以计算得到机器人的最短路径。

Dijkstra算法是一种经典的广度优先的状态空间搜索算法，即算法会从初始点开始一层一层地搜索整个自由空间直到到达目标点。这样会大大增加计算时间和数据量，而且搜索得到的大量点对于机器人运动是无用的。

4.4.5.2 图搜索法

图搜索法依靠已知的环境地图以及地图中的障碍物信息构造从起点到终点的可行路径。主要分成深度优先和广度优先两个方向。深度优先算法优先扩展搜索深度大的节点，可以快速得到一条可行路径，但是深度优先算法得到的第一条路径往往是较长的路径。广度优先算法优先扩展深度小的节点，呈波状的搜索方式。广度优先算法搜索到的第一条路径就是最短路径。

4.4.5.3 RRT算法

快速搜索随机树（rapidly-exploring random tree，RRT）算法由美国爱荷华

州立大学的Steven M. Lavalle教授于1998年提出，是一种通过增量采样随机构建空间填充树的高效搜索算法。由于算法自身的索引逻辑及特性对于提升非凸、高维空间的搜索效率具有极好的适应性，且无须提前对搜索区域的环境状态进行系统化建模或特殊识别及几何划分，便可实现对存在代数约束（存在移动障碍的环境）或微分约束（局部动态或全局动态环境）的高维空间进行高效搜索，因而被广泛应用于机器人避障、运动规划等相关问题的求解过程中。

经典RRT算法的执行逻辑原理如图4-20所示，其伪代码如表4-7所示。

表4-7　经典RRT算法伪代码

Algorithm*: *RRT* *Algorithm

Input：Q，q_{init}，q_{goal}

Output：R *routing* r *from* q_{init} *to* q_{goal}

r_{init} ( )；

for $i = 1$ *to* n **do**

$q_{random} \leftarrow Sample(Q)$；

$q_{near} \leftarrow Neaar(q_{random}, r)$；

$q_{new} \leftarrow Steer(q_{random}, q_{near}, step)$；

$E_i \leftarrow Edge(q_{new}, q_{near})$；

if $CollisionFree(Q, E_i)$ **then**

$r_{addEdge}(E_i)$

if $q_{new} == q_{goal}$ **then**

$Success$ ( )；

表4-7算法中参数、方法定义及执行流程如下：Q表示场景图，即道路网络图；q_{init}表示选线起始位置节点；q_{goal}表示选线目标位置节点；n表示有向图中节点数量；R表示最终搜索到的目标路径；r表示搜索路径的节点及有向边集合。算法从q_{init}开始，通过随机散布q_{random}节点构造备选节点集，并通过查找距离q_{random}节点最近的q_{near}节点来确定算法前进方向，从而生产q_{near}节点。当具备q_{near}节点条件后，算法以q_{near}节点构建有向边，并最终通过CollisionFree方法判断当前路径是否可行，如可行，则确立当前路径，直至最终到达目标节点为止。

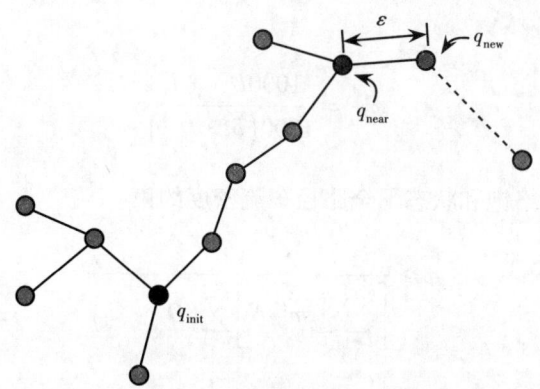

图 4-20　RRT 算法基本原理图

为表述模型方便，现对模型中的参变量做如下定义：

① 有向图参、变量定义。$\Omega = \{1, 2, \cdots, n\}$：表示道路网络有向图中的非空节点集合；$e_{i,j} = (i, j) \in E$：表示道路网络有向图中的非空节点 i, j 之间的有向边，$i, j \in \Omega$。其中，E 表示图中有向边集合。

② 技术经济学指标的参、变量定义。V：路网中从装载点至卸载点节点的物料总量，Mm^3；$\Delta h_{e_{i,j}}$：道路网络图中有向边上两相邻节点间高程差的绝对值，m；$D_{e_{i,j}}$：道路网络图中有向边上两相邻节点间的物理距离，km；m_i^k：道路网络中以第 i 个节点为初始节点的有向边上，第 k 类运输车辆的载重量，m^3；$k \in K$，K 为卡车的类型集合；N^k：k 类型实动卡车数量，台；l^k：k 类型实动卡车的车身长度，m；δ^k：k 类型实动卡车的行车安全距离极限；$\bar{v}_{e_{i,j}}$：有向边上车辆的平均行驶速度，km/h；p：车道数量，双车道取值为 2，单车道取值为 1；η：车辆的不均衡系数；ω：车辆作业时间利用系数；T：待排物料完整排卸的计划周期。

③ 规划模型的决策变量。x_i：表示有向边是否为最优路径的可行解。

计算模型是对现实工程场景的合理抽象，故对于场景内的部分特殊的矿山工程条件，则需通过特定的指标值约束来进行有效表达。为进一步保证模型的合理性及完整性，笔者对模型中的数值型指标约束进行如下分类：

（1）道路网络图中任意单一有向边上的车流密度约束

$$\varphi_{e_{i,j}} \geqslant \frac{V \cdot (D_{e_{i,j}} \cdot x_i)}{\left[\sum_{i=1}^{n-1} \sum_{k}^{K} m_i^{n-1} (D_{e_{i,j}} \cdot x_i) \right]^2} \tag{4-8}$$

式中：

$$\varphi_{e_{i,j}} = \frac{1000 D_{e_{i,j}} + l^k}{1000\left(\delta^k \cdot D_{e_{i,j}}\right)} \tag{4-9}$$

（2）道路网络饱和状态下全路径车流密度约束

$$\phi \geqslant \frac{V}{\left[\sum_{i=1}^{n-1}\sum_{k}^{K} m_i^k / N\right]\sum_{i=1}^{n-1}\left(D_{e_{i,j}} \cdot x_i\right)} \tag{4-10}$$

式中：

$$\phi = \frac{\sum_{i=1}^{n-1}\left(\varphi_{e_{i,j}} \cdot D_{e_{i,j}} \cdot x_i\right)}{\sum_{i=1}^{n-1} D_{e_{i,j}} x_i} \tag{4-11}$$

（3）寻径决策阶段的道路通过能力约束

$$V \leqslant \frac{1000\sum_{i=1}^{n-1}\left(\bar{v}_{e_{i,j}} \cdot x_i \cdot p \cdot \eta \cdot l^k \cdot m_i^k \cdot \omega\right) \cdot T}{\sum_{i=1}^{n-1} \delta^k x_i} \tag{4-12}$$

当寻径算法选择不同的路段组合时，不仅会触发线路总长度、提升高度等功、能关系属性的变化，同时也会诱发路面平整度等能耗特征指标产生波动，加之重型卡车的频繁碾压与路面的周期性养护，会导致车-路系统间形成内蕴的耦合联系，并进一步促进功、能关系产生极为明显的时间效应。鉴于对上述因素的综合考量，在寻径算法的规划建模中，本书以差异路段及周期性道路养护作用下的路面平整度分析为切入点，结合对路面平整度时效性变化的扰动分析，建立全局时变成本综合评价模型，并将综合评价模型确立为优化问题的全局目标函数，具体评价模型如下：

$$Q(t) = k_1 U(t) + k_2 C(\varphi) \tag{4-13}$$

式中：$Q(t)$——具有时间效应的综合评价模型；

$U(t)$——时变运输功，表达形式如式（4-14）所示；

k_1——评价模型的能耗转化系数；

$C(\varphi)$——以时变阻力系数的隶属度函数为参数的路面养护费用估计函

数,φ为分类型时变道路阻力系数$f(t)$的隶属度函数;

k_2——路面养护费用函数的折算系数。

$$U(t) = \sum_{i=1}^{n} F_{e_{i,j}} \cdot D_{e_{i,j}} \cdot x_i + \sum_{i=1}^{n} \Delta h_{e_{i,j}} \cdot 1000 \left(m_i^k \right) \cdot x_i \quad (4-14)$$

式中:$F_{e_{i,j}}$为有向图中任意有向边上的时变阻力的估计值。

改进遗传算法逻辑流程如图4-21所示。

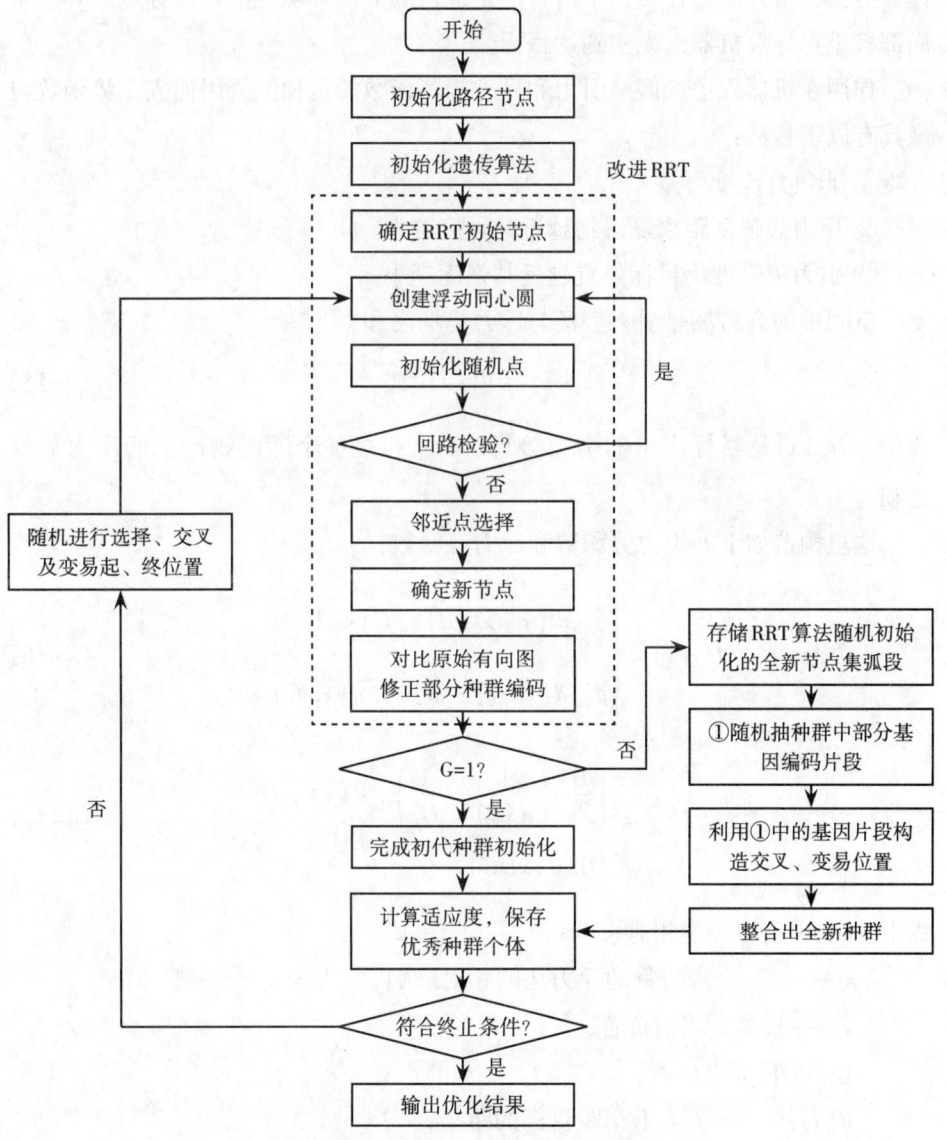

图4-21 改进遗传算法逻辑流程图

4.4.5.4 人工势场法

人工势场法是由 Khatib 提出的一种用于机器人运动规划的虚拟力方法。其基本思想是将目标和障碍物对机器人运动的影响具体化成人造势场。目标处势能低，障碍物处势能高。这种势差产生了目标对机器人的引力和障碍物对机器人的斥力，其合力控制机器人沿势场的负梯度方向向目标点运动。人工势场法计算方便，得到的路径安全平滑，但是复杂的势场环境可能在目标点之外产生局部极小点导致机器人无法到达目标。

作用在机器人上的假想引力和斥力为势函数的负梯度，因而人工势函数应该具有以下特征：

① 非负且连续可微。
② 斥力势强度距离障碍物越近其强度越大。
③ 引力势强度离目标位置越近其强度越小。

空间中的合势场是引力势场与斥力势场之和：

$$U(x) = U_{att}(x) + U_{rep}(x) \tag{4-15}$$

式中：$U_{att}(x)$ 是目标产生的引力势场；$U_{rep}(x)$ 是各个障碍物产生的斥力势场之和。

这里构造如下的引力势函数和斥力势函数：

$$U_{att}(x) = \begin{cases} \frac{1}{2}\zeta d^2(x, G), & d(x, G) \leq d_G^* \\ d_G^*\zeta d(x, G) - \frac{1}{2}d_G^*\zeta, & d(x, G) > d_G^* \end{cases} \tag{4-16}$$

$$U_{rep,j} = \begin{cases} \frac{1}{2}\eta_j\left(\frac{1}{d_j(x)} - \frac{1}{Q_j^*}\right)^2, & d_j(x) \leq Q_j^* \\ 0, & d_j(x, G) > Q_j^* \end{cases} \tag{4-17}$$

式中：ζ——引力势的相对影响；

η_j——第 j 个障碍物的斥力势的相对影响；

x——机器人当前位置；

G——目标点位置；

$d(x, G)$——无人卡车距目标的距离；

d_G^*——在机器人距离目标较远时，削弱目标引力势的作用；

$d_j(x)$——机器人距离第j个障碍物的距离；

Q_j^*——第j个障碍物的斥力势作用范围。

ζ和η_j对势场形状的影响很大，适当增大ζ能够增强引力势场的作用，有助于减少产生局部极小点的可能，并加快机器人向目标运动。η_j影响机器人在障碍物附近的运动特性，η_j比较大可以使机器人距离障碍物更远，运动路径更安全；η_j比较小，机器人在避开障碍物时运动比较平滑。

利用上面势函数的梯度可以计算机器人受到的假想引力和斥力：

$$f_{att} = -\nabla U_{att}(x) = \begin{cases} \zeta(G-x), & d(x,G) \leq d_G^* \\ \dfrac{d_G^* \zeta d(G-x)}{d(G-x)}, & d(x,G) > d_G^* \end{cases} \quad (4-18)$$

$$f_{rep,j} = -\nabla U_{rep,j} = \begin{cases} \dfrac{1}{2}\eta_j\left(\dfrac{1}{Q_j^*} - \dfrac{1}{d_j(x)}\right)\dfrac{1}{d_j^2(x)}\nabla d_j(x), & d_j(x) \leq Q_j^* \\ 0, & d_j(x) > Q_j^* \end{cases} \quad (4-19)$$

4.4.5.5 BUG算法

BUG算法是一种完全应激的机器人避障算法。其算法原理类似昆虫爬行的运动决策策略。在未遇到障碍物时，沿直线向目标运动；在遇到障碍物后，沿着障碍物边界绕行，并利用一定的判断准则离开障碍物继续直行。这种应激式的算法计算简便，不需要获知全局地图和障碍物形状，具备完备性。但是其生成的路径平滑性不够好，对机器人的各种微分约束适应性比较差。

该算法的基本思想是在没有障碍物时，沿着直线向目标运动可以得到最短的路线。当传感器检测到障碍物时，机器人绕行障碍物直到能够继续沿直线向目标运动。BUG算法实现了最基本的向目标直行和绕行障碍物的思想。

4.4.6 决策控制技术

决策控制模块相当于无人驾驶汽车的大脑，其主要功能是依据感知系统获取的信息来进行决策判断，进而对下一步的行为进行决策，然后对车辆进行控制。决策技术主要包括模糊推理、强化学习、神经网络和贝叶斯网络等技术。决策控制系统的行为分为反应式、反射式和综合式三种方案。反应式控制是一个反馈控制的过程，根据车辆当前位姿与期望路径的偏差，不断地调节方向盘转角和车速，直到到达目的地。

4.5 无人驾驶作业流程

露天矿山无人驾驶系统若要顺利实施建设，就要实现感知层、控制层和决策层的相互协同，以及各类关键技术的应用（轨迹跟踪、车辆控制、路径优化、精准定位）。露天矿无人驾驶系统实现流程见图4-22。

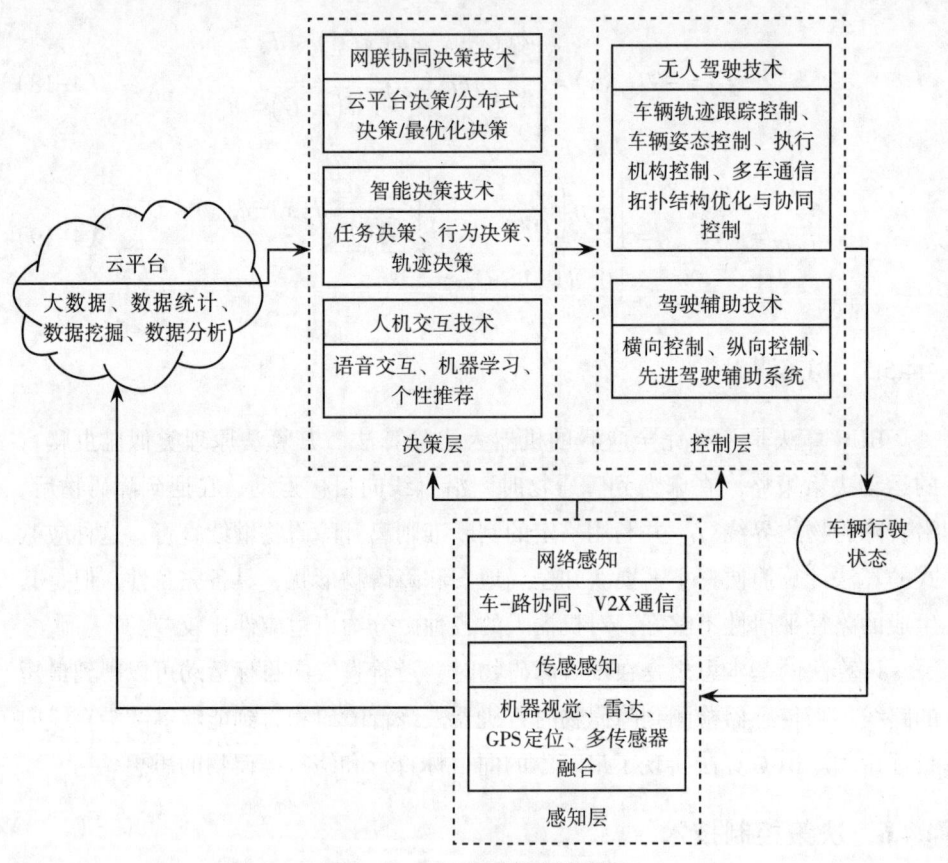

图4-22 无人驾驶实现流程图

在装载区域挖掘机为卡车装车，挖掘机司机可根据车辆称重系统或者视觉感官确定车辆是否装满，车辆满载后，挖掘机司机给予卡车出发命令，此时，满载车辆出场，待装车辆进场装车。车辆检测到障碍物（包括人、车辆、落石等）会逐渐减速停车，当感知范围内突然出现障碍物且距离较近时，卡车会立即停车，待障碍物移走（离开）后，车辆将重新启动，按照既定路线行驶。卡车运行到排土场后,根据制定的卸载点调整车辆位置转弯、倒车进行挡墙外卸载。排土场卸载范围较小时,先入场的先卸载,未入场的在等待卸载区域等候,当前一辆卡车卸载完毕驶出排土场后,等待卸载车辆方可进入卸载区排料。在双行车道会车时,车辆减速慢行,会车通过后再提速前进。在单车道会车时,空车等待避让重车,重车通过后空车再继续前行直到返回装载区。车辆故障或者需要加油时都会返回到切换区域由人工修理和加油。

露天矿山无人驾驶设备作业流程包括露天矿山设备计划层,涵盖车辆作业计划的下达、车辆生产运行计划、车辆作业计划统计;设备控制层,涵盖:车辆作业控制中心、矿山实时数字地图、矿山实时路径规划、矿山设备实时调度、矿山实时运行监控、矿山实时数据记录等内容;设备作业层,涵盖车辆作业管理、自主定位、匀速行驶、自主避障、联合装载、自主卸载;设备维修层,涵盖设备异常故障、故障实时监测以及设备的定期维护保养。露天矿山无人驾驶设备的作业流程之间并不是单项传输,而是各个环节之间上下融合关联分析。露天矿山无人驾驶设备作业流程如图4-23所示。

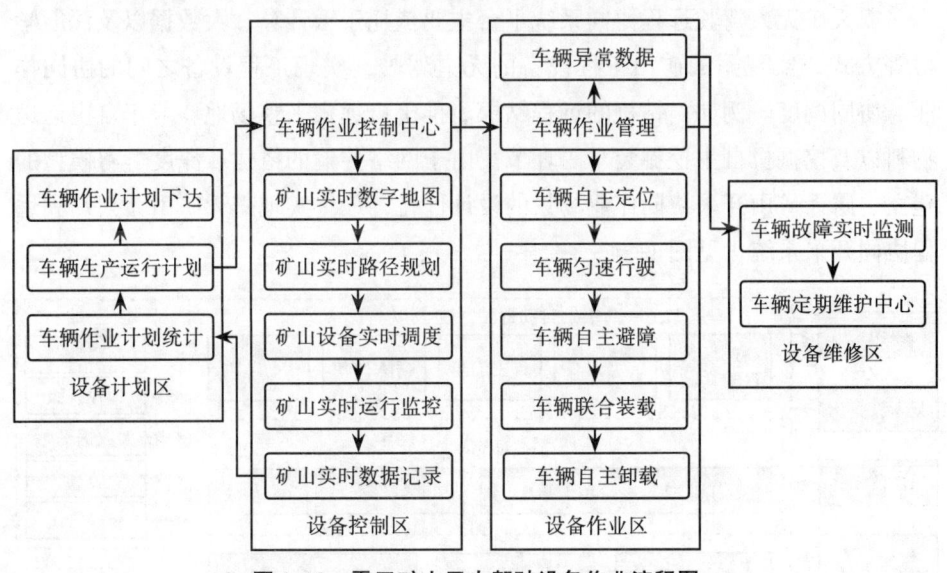

图4-23 露天矿山无人驾驶设备作业流程图

4.6 矿山无人驾驶架构

攻克上述关键技术后,需构建一套无人驾驶系统,实现对整个矿山企业的智能车辆进行实时调度。露天矿无人驾驶系统的建设，可实现车辆的智能管控运行。将无人驾驶的场景设定如下：

当露天矿主要运输道路车流量不大、路况较好时，无人驾驶车辆可按预先设定的车速进入巡航状态；当运输道路关键节点（如去往破碎站等卸煤场所）车流量较大时，安装在车辆上的雷达探测设备或传感器监测到前方道路一定距离内有车辆减速行驶时，无人驾驶系统自动切换到跟驰行驶模式：雷达或传感器自动测量自车与前车的距离差和速度差，车辆控制系统通过处理雷达或传感器传递的信息，对车辆节气门及控制器进行调节，从而调整车辆的跟驰车速，并与前方车辆保持一定的安全距离，达到安全跟驰的目的；如果前方车辆与自车的相对距离超过自车雷达或传感器的感应距离，无人驾驶车辆又重新回到预先设定的车辆定速巡航状态。无人驾驶车辆可利用雷达或传感设备收集前方多辆车的运动状态信息，并主动控制自车达到非自由行驶状态下的最优车速，在保证车辆安全间距的情况下，提高道路通行的效率。上述场景的实现，需要无人驾驶系统的建设。

露天矿无人驾驶远程协同系统平台主要依托于云计算、大数据以及深度学习等方式，实现露天矿山工程设备的无人驾驶，实现工程设备之间的协同作业、协同调度。例如：钻机的远程钻探、推土机远程平整场地、卡车自主运送物料以及挖掘机自主挖掘装车等环节。由于网络传输的搭建、深度学习模型的建立、露天矿山开采协同作业场景的设计优化，最终实现露天矿山无人驾驶远程协同开采系统，见图4-24。

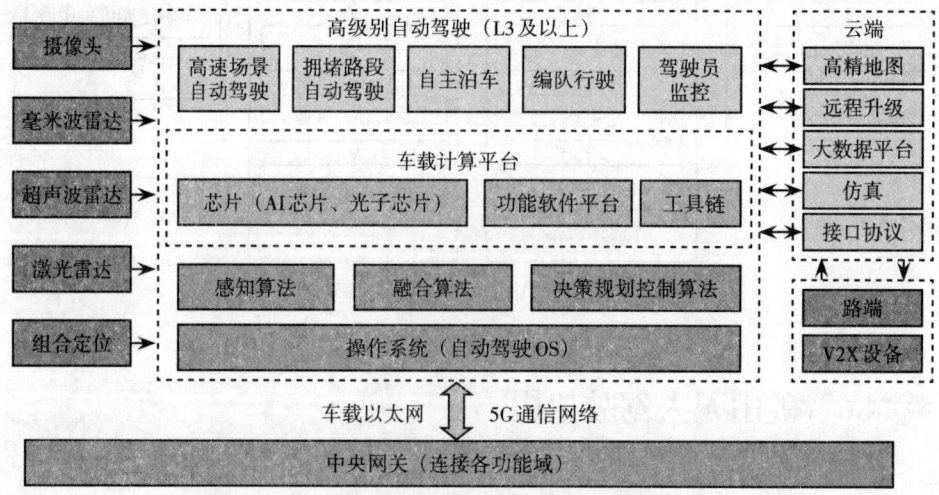

图4-24 高级别无人驾驶平台架构图

4.6.1 协同系统架构

传统的露天矿山驾驶司机行驶方式，在遇到突发危险情况时，如果全凭驾驶员的本能来控制车辆，风险较大，很容易发生事故。在应用无人驾驶技术后，通过5G网络的低时延和高速率等重要特点，可以大大降低处理危险情况的时间，从而降低事故发生率。无人驾驶汽车可以有效避免因人为因素（如酒驾、过度劳累、新手操作不熟练等）而发生的安全事故，大大减少了露天矿山的安全事故。另外，在发生露天矿山灾害时，无人驾驶机动车在救灾、灭火等危险环境中也能发挥重大的作用。

露天矿无人驾驶远程协同开采系统主要包括三大部分内容：一是数据通信系统的建立；二是无人工程设备的协同；三是无人驾驶远程开采系统的建设。系统的建立将大大减少矿山各生产设备之间的一线从业人员的数量，提高设备的可靠性和效率，降低由于人工操作所带来的不安全的危险因素。无人驾驶远程协同平台系统架构如图4-25所示。

图4-25 无人驾驶远程协同平台架构图

4.6.2 协同技术架构

露天矿采区作业范围广、地点移动变化大、设备状态变化快，调度难度也大。传统对讲和跑现场的人工调度方式无法实现对采矿作业人员和设备的实时监督，管理难度大、成本高。无人驾驶远程协同平台是作业管理与监控的主体，是矿山运输无人驾驶的综合调度指挥系统，相当于中枢和大脑。露天矿山无人驾驶远程协同平台，由中央显示屏、数据库服务器、地面控制服务器、远程操纵台、地面差分GPS基站、路侧摄像头等设备组成。

平台提供矿山数字地图，对运输车辆进行路径规划，在作业过程中获取车辆信息、采集设备状态、自动维护作业进度信息，为用户提供清晰、直观的矿区综合信息和人工干预控制接口，为车辆提供自动作业调度及主动防撞指令。平台功能围绕综合显示与智能调度，以安全、高效、自动化为目标，主要包括数字地图、路径规划、作业调度、运行监控、数据记录等。露天矿山无人驾驶远程协同系统实现对无人驾驶车队的智能调度管控，最终实现整个矿区矿卡自卸车车队无人驾驶运行和智能联网管理，中央指挥调度平台给车辆下达任务，同时监控矿区车辆位置状态及运行轨迹，车辆按照接收到的任务自动执行，实现自动行驶及自动卸料。其中涉及如下关键内容：

① AI分析模块：系统AI模块为智能调度的核心，后台自动收集在智能调度模式下的人工干预调度的情况，进行AI用户行为分析，实现系统的自学习，进而完善智能调度算法。

② 行车路径优化：运用大数据分析技术对矿山道路信息及卡车运行时间、运行速度、司机驾驶习惯等因素的智能研判，自动生成设备的最佳行车路径，以达到整体最优。

③ 车铲配套规划：根据班计划及生产进行情况（如产量完成情况、煤质要求变化、采掘设备装载时间变化、设备故障或调动、运输路线及运行时间发生变化等）采用车流规划方法随时更新车铲匹配方案。

④ 自动调度：正常情况下，系统根据设备的配置信息采用动态规划算法、正常调度、非正常调度等多种调车方法实现自动调度生产设备，而不需人工干预或操作。

⑤ 人工调度：在出现异常情况下，调度员可利用系统权限直接进行人工干预，随时将指定卡车、推土机等设备调往任何位置及用途。

⑥ 卡车重新调配：在电铲、破碎站、排卸点等出现故障或关闭以及在这

些点故障解除或恢复使用等各种原因造成铲车配比瞬时失衡时，系统自动启动AI模块对相关装卸点的配车情况、运距、运行周期等相关因素进行计算，自动完成重新调配。系统自动采集生产设备任何时间点的信息（包括位置、状态、速度、方向、物料等），根据智能状态识别模型对各类设备的运行状态（如卡车状态中的装车、卸车、空运、重运、待装、待卸等）和辅助状态（如故障、加油、维修等）进行精确智能识别，精确统计设备的当班产量及运行汇总信息，减少人为统计的大量工作，避免了人工统计的误差。

无人驾驶远程协同平台技术架构如图4-26所示。

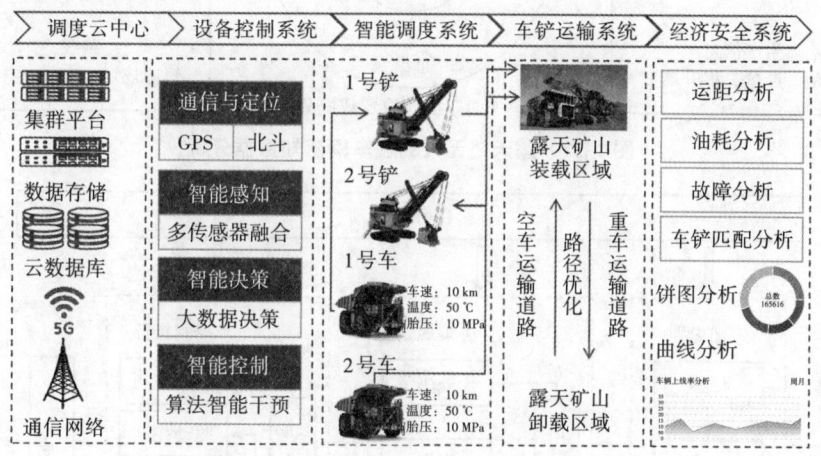

图4-26 无人驾驶远程协同平台技术架构图

4.6.3 单车智能系统架构

无人驾驶单车智能系统包括环境感知、决策规划和车辆控制三大板块。环境感知系统通过多种传感器，获取实时、准确的自身状态及全方位行驶环境信息，并且对环境准确理解。决策规划系统决定车辆的安全行驶模式，规划安全、实时的无碰撞轨迹。车辆控制系统用于实现车辆的纵向车距、车速控制和横向车辆位置控制等。根据矿山运输作业特点和无人驾驶系统的作业模型，常规的矿用无人驾驶系统包括运营监控平台、无人驾驶车辆（车队）智能系统、LTE-V2X通信系统等板块。传感器和通信技术是车辆实现无人驾驶和智能管控的基础。传统的矿用车需要搭载先进的车载传感器、控制器、执行器等装置，同时融合现代通信与网络技术，实现车内网、车外网的无缝连接。单车智能系统具备信息共享、复杂环境感知、智能化决策、自动化协同等控制功能，与智能矿山和辅助设施实现矿山智能运输。

露天矿无人驾驶车辆感知数据分析如图4-27所示。无人驾驶车路通信及外部感知系统关联图如图4-28所示。

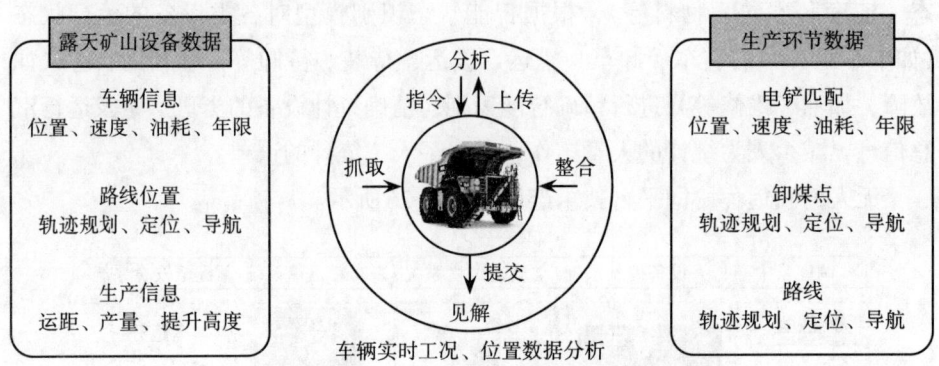

图4-27 露天矿无人驾驶车辆感知数据分析

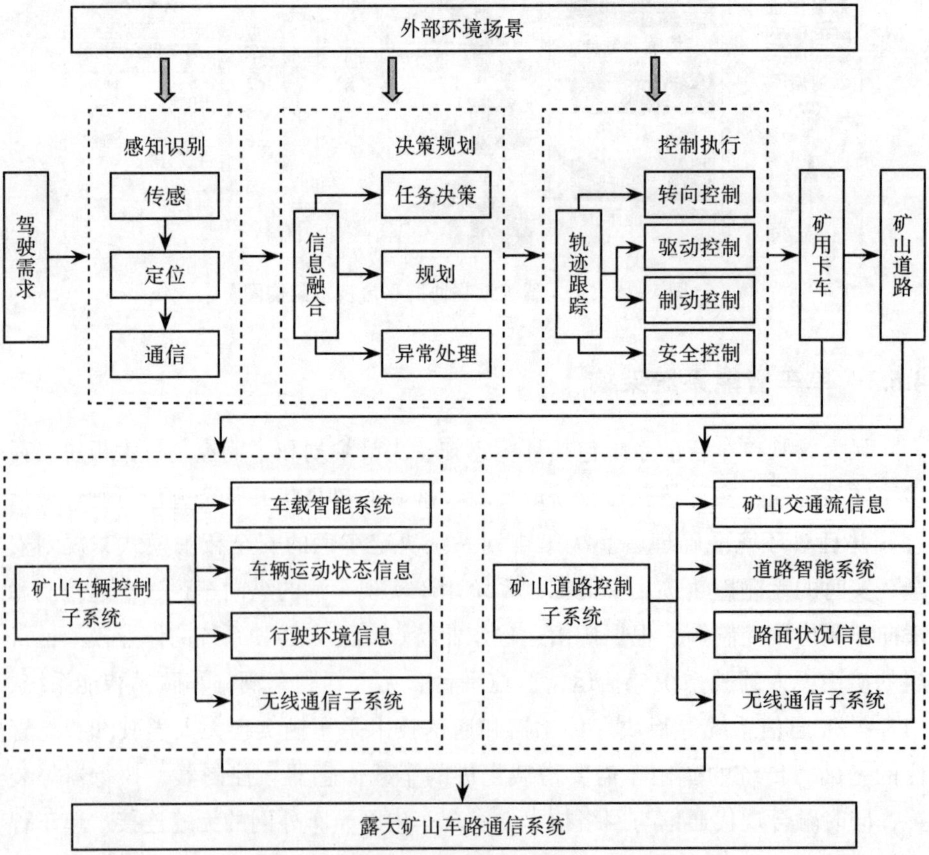

图4-28 无人驾驶车路通信及外部感知系统关联图

露天矿山无人驾驶车路通信及外部感知系统，通过感知外部识别来实现对矿山无人驾驶车辆的决策规划、控制执行，实现矿山车辆控制系统和矿山道路控制系统的融合，顺利实现露天矿山场景下的无人驾驶。

露天矿山无人驾驶的关键是要实现无人驾驶车队的上层路径跟踪算法。通过采集车辆的感知实时数据，实现对无人驾驶车辆的加速、减速、路径跟踪、相互车辆目标之间的实时感知，最终实现无人驾驶车辆任务的安全平稳的完成。

露天矿山无人驾驶通信系统流程如图4-29所示。

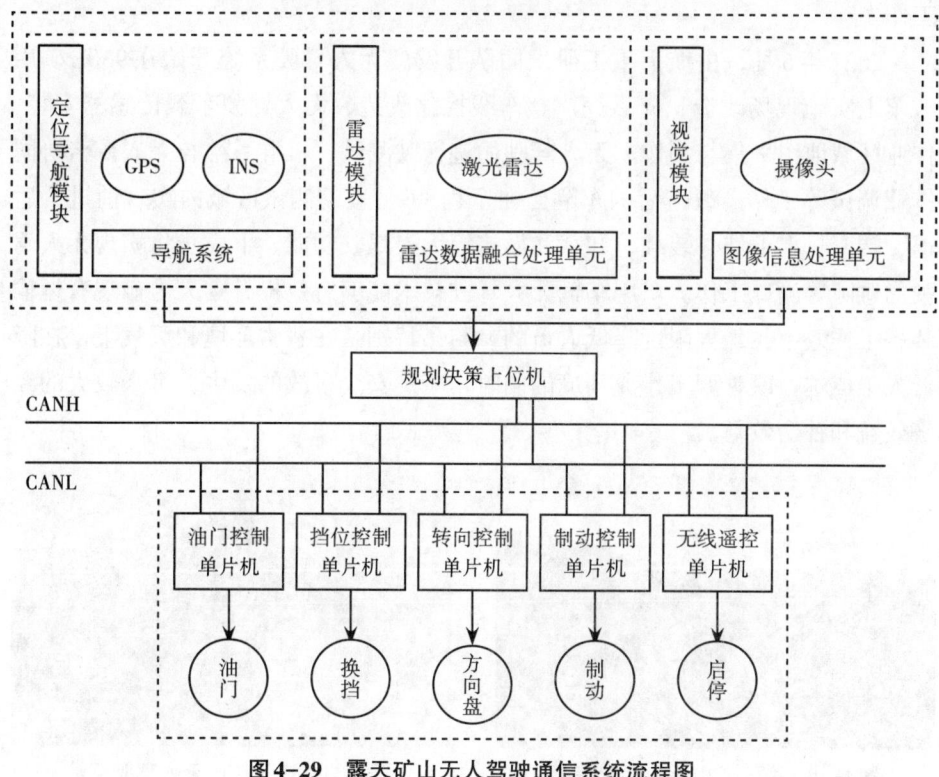

图4-29　露天矿山无人驾驶通信系统流程图

4.7　企业无人驾驶现状

4.7.1　准能集团无人驾驶

准能集团"露天煤矿矿用自卸车无人驾驶系统"科技创新项目于2018年5月被集团公司批准立项。2019年，该公司与航天重工、株洲中车达成最终合作意向，由两家公司各承担一台矿用卡车的无人驾驶系统研制，并在黑岱沟露天煤矿和哈尔乌素露天煤矿开展工业性试验。日前，在国家能源集团准能集团黑岱沟露天煤矿坑下，编号为508号的930E矿用卡车匀速行驶在1200平盘道路上，相关无人驾驶测试图片如图4-30、图4-31所示。该项目通过搭建一套包括地面控制中心系统、车地无线通信系统、车载控制系统等完整的无人驾驶控制系统，实现矿用自卸车"装、运、卸"典型作业过程的完全无人自主运行，并能够与钻机、电铲、推土机、平路机等露天煤矿作业关键设备配合工作。

2021年6月，由航天重工研发团队开发的无人驾驶系统开始在930E矿用卡车上实施现场改造，先后完成整车线控化改造、无人驾驶车载传感器安装、作业区域地图采集与制作、无人驾驶循迹行驶测试、机群系统与无人矿卡协同作业调试等工作。改造后的车辆已在全程3.6公里的测试区域内实现前进、后退、转弯、上下坡、装载、卸载和循迹等无人驾驶功能。下一步将实现无人驾驶的避障等测试工作。矿用车辆无人驾驶技术能够有效提升露天煤矿现有运输装备工作效率，最大限度降低人员的参与，特别是在恶劣环境和天气下，在降低人工成本、改善职工作业环境的同时，减少安全事故的发生，带来较大的经济效益和社会效益。

图4-30　露天矿山无人驾驶转弯

图4-31　露天矿山无人驾驶运输

4.7.2　宝日希勒无人驾驶

2021年4月，在国家能源集团大雁公司（宝日希勒能源）露天煤矿生产现场，5台高近8米、长近15米、载重220吨级的矿卡正在无人运输作业管理系统指挥下与电铲、推土机全流程24小时不间断运输作业。该项目填补当前极寒地区矿山设备无人化测试规程的空白，为极寒地区矿山设备无人化测试提供指导依据，见图4-32所示。并在推进、运行过程中引领"五个第一"：世界第一个极寒（零下50℃）环境下大型矿用自卸卡车无人驾驶编组运行项目；国内第一个5G网络下实现大型矿用自卸卡车无人驾驶编组并与电铲、遥控推土机智能协同作业项目；国内第一个5G网络下实现5台大型矿用自卸卡车无人驾驶工业性运行项目；国内第一个无人驾驶综合运输效率超过有人驾驶的露天矿无人化项目；国内第一个极寒工况下5G智能远程遥控驾驶推土机测试及应用。

项目对5台220吨级矿用自卸卡车进行无人驾驶改造，与配套的电铲、遥控推土机、洒水车、平路机等辅助作业车辆协同作业，形成一套完整的露天煤矿无人运输作业系统。项目采用双控双驾改造技术和无人运输仿真技术，安装了无人驾驶系统和智能调度管理系统，具备全局路径规划、高精定位、自主行驶、智能避障、精准自适应控制功能；安装了耐低温装置与传感器，具备在极寒天气下作业的条件。

截止2021年6月，无人驾驶矿卡最高车速达到38 km/h，超过了有人驾驶规定的30 km/h，提升26.7%。5台矿卡累计运行1113小时，运输里程18191千米，运输3593车次，累计土方运输量287740立方米。

图4-32　宝日希勒极寒地区无人驾驶测试

4.7.3　伊敏河无人驾驶

2020年11月23日，伊敏露天矿2台172吨无人驾驶自卸卡车在指定工作区域首次进行了夜间作业测试，3小时共计空载测试8车，重载测试4车，安全运输煤炭280吨，标志着无人驾驶夜间作业条件已经具备。自卸卡车无人驾驶自10月30日进入白班重载测试以来，共完成了安全运行83车、产量5820吨的预定目标，标志着无人驾驶车辆在生产现场作业安全稳定，满足进入夜间测试的能力。2021年3月31日白班，华能伊敏露天矿无人驾驶单台车以20 km/h

的速度行驶，运输8车、656立方米，顺利通过效率提升第一阶段目标验收，是伊敏露天矿北方股份无人驾驶自卸卡车全面提效的第一个里程碑。2021年4月，无人驾驶车辆将进入效率提升第二阶段，采取三班作业方式，车辆行驶速度提升至30 km/h，实现单台无人驾驶自卸卡车工作效率达到人工驾驶的60%的目标。车铲协同测试见图4-33。

图4-33　车铲协同测试

4.7.4　霍林河南露天无人驾驶

南露天煤矿自卸车无人驾驶技术研究项目是内蒙古公司2019—2020年重点推进科技项目，该项目的实施，将进一步提升南露天煤矿建设数字化矿山、绿色矿山、智慧矿山的进程。2019年12月11日，国家电投南露天煤矿与踏歌智行共同在南矿南内排土场对2台无人驾驶自卸车进行初验。此次用于实验的车型为SF31904型自卸车，车号分别为电68和电69，试验车辆在测试场地顺利地完成模拟装载、运输、卸载的过程，实现了自动行驶、障碍物识别、风险回避等、精准停靠、急停控制等功能，总体达到了单车智能的水平。无人卡车和5G基站见图4-34。

图4-34　无人卡车和5G基站

4.7.5　中煤平朔无人驾驶

中煤集团也将"大型露天矿智能卡车无人驾驶及钻机无人值守技术研究与应用"项目列为2020年度重点科技项目。平朔公司认真落实集团公司要求，与中煤西安设计院和慧拓公司签订了合作框架协议，与特雷克斯北方采矿机械有限公司签订了卡车线控化改造协议，统筹做好编制总体方案、控制方案、实施方案。目前，改造一台NET200卡车，建成了卡车无人驾驶试验基地，为项目持续推进提供了有力支撑。

目前，平朔无人矿卡采运排全流程测试、感知系统测试、循迹控制精度测试以及车铲对位功能、动态卸载点功能测试的方式进行，重点对冰雪路面防滑能力、障碍识别及自动停车能力、装载区与卸载区动态调整能力等进行了检测。通过开展这4项测试，详细验证了大型露天矿单台智能卡车无人驾驶项目在露天生产作业中的安全性、操作性、实效性等，进一步加快推进公司智慧矿山建设，推动项目早日落地见效，助力矿井安全高效生产。

5 露天矿智能视频平台

5.1 概述

随着第四次工业革命的兴起，数字经济与实体经济的紧密融合成为推动社会变革的重要力量，数字化转型已由互联网科技行业逐步扩展到传统行业。近年来，随着人工智能技术的不断发展，物联网产业被越来越多地提及，利用视频识别挖掘出海量物联数据的价值，以实现物联数据、业务数据、互联网数据的融合并孵化出更丰富的智能应用。工业和信息化部印发的《促进新一代人工智能产业发展三年行动计划（2018—2020年）》提出到2020年，我国视频图像识别、智能语音、智能翻译等产品要达到国际先进水平。

视频图像智能识别是指利用信息处理与计算机技术、模式识别、数学形态学等多种方法，实现对视频图像处理、分析以及理解的一门新兴技术交叉科学，属于计算机应用领域，是构建在计算机技术的发展之上，完成对视觉图像进行感知、转换、传输、存储、管理的人工视觉系统。典型的视频监控系统主要由前端设备和后端设备这两大部分组成，前端设备通常由摄像机、防护罩、监听器、报警探测器和多功能解码器等部件组成，并通过有线、无线或光纤传输媒介与中心控制系统的各种设备建立相应的联系。目前常用的图像识别过程一般有样本训练和图像识别两个阶段，研究思路为：视频图像预处理—图像特征提取—图像特征分类。其具体应用过程如图5-1所示。

视频识别系统，主要是将生物特征识别、视频内容理解与其他检测技术相融合、创新，实现视频监控、图像搜索等典型应用，拓展其在智能矿山中的应用范围，有效地提高露天矿山智能化程度。基于大数据学习和深度神经网络，采用人工智能算法开发基于视频数据的AI识别预警系统，分析和识别生产现场常见的露天矿山皮带堆煤、破碎站大块卡死、调度室脱岗离岗、操作工人违

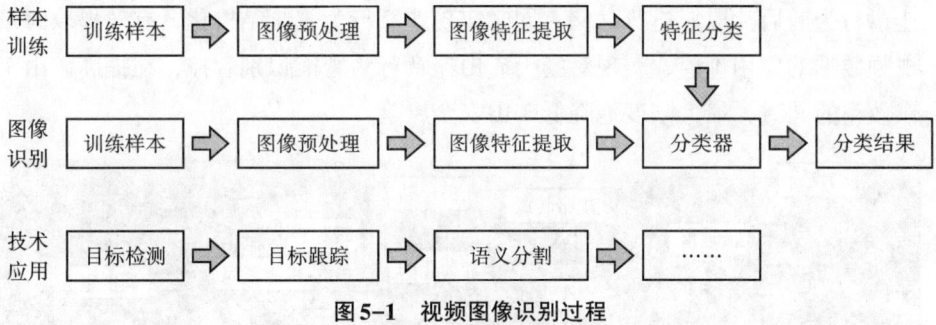

图 5-1 视频图像识别过程

章操作、驾驶司机违章行为、储煤场自然发火、变电站烟火故障、区域入侵等现象，及时、精准、自动推送报警，提高露天矿山生产过程的安全风险管控和应急处置能力。

目前露天矿山已经基本实现在生产办公区、机修车间、选煤厂、炸药库等关键位置部署高清视频摄像头（见图5-2），实现各类视频信息的接入，在露天矿山调度指挥中心实现视频信息的实时调阅。露天矿山部署大量高清摄像头的目的是：自动发现设备异常情况、人员违章操作行为，从而及早报警、及早处理。目前，大量高清摄像头的布设，仅仅实现对露天矿山各部位视频信息的采集，当发生突发事件后，对相应位置视频数据进行提取，大量视频数据上传，露天矿存储空间受限未实现对各类违章行为视频图像的智能识别和结构化处理等功能。目前露天矿视频监控系统存在如下问题：

① 视频数据量庞大，需要存储空间大，有价值的信息存储时间短。

② 违章行为的识别完全依靠管理人员事后人工识别，由于调阅视频信息量大，过程烦琐，识别周期长，工作量大，易造成人员视觉疲惫，违章行为识别准确率低。

③ 视频信息仅作为事故发生后备案存档留存，造成矿山视频存储量大，有意义、有警示作用的视频并未有效提取存储。

④ 违章行为不能实时识别，报警处置信息联动不及时。

⑤ 系统未实现网络化传输保存，违章行为处置实时性差。

因此，为解决上述问题，露天矿山需要探索创新，充分利用人工智能在图像分析、语音识别、数据挖掘、深度学习等领域的优势，构建露天矿山智能违章视频识别系统，以视频资源为基础，利用智能化视频识别分析技术，实现对视频、图像资源的结构化描述，充分利用露天矿山各类数据，实现对露天矿山特定场景下的各类违章行为的智能识别。通过违章视频识别技术的应用，截取违章行为前后片段，进行存储，同时实现违章行为视频结构化，有效提取海量视频数据的应用价值，实现对露天矿山违章行为智能识别管控，在提高矿山工作效率的同时，最大限度地降低矿山安全风险。

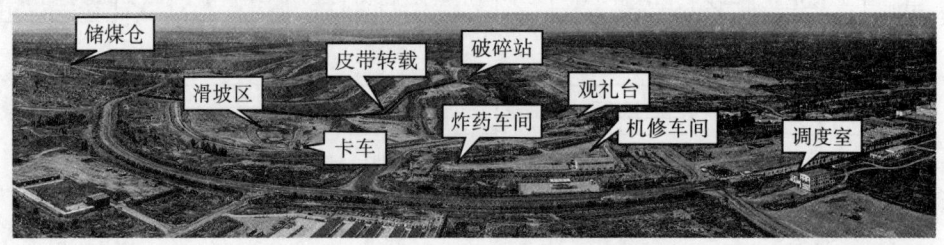

图5-2　露天矿摄像头部署位置

5.2　露天矿异常场景介绍

5.2.1　皮带状态异常分析

随着露天矿生产能力的逐步提升，露天矿山运输主要采用单斗卡车和皮带运输等方式。随着露天矿山开采深度的逐步加大、运距的增加，皮带运输逐渐显示出其优势。近年来，煤矿新配置的带式输送机大都选用变频驱动方式，原来采用液力耦合器驱动模式的也逐步改造为变频驱动。露天矿山的皮带运输走廊主要沿着露天矿主要运输沟道一直延展至露天矿山储煤仓，长度可达数公里。由于采用长距离的皮带运输，日常的皮带巡检工作就显得尤为重要。皮带运煤的过程中常常出现皮带在转载点堆煤、撒煤及皮带跑偏等异常状态，如若不能及时发现异常状态，将对露天矿山生产带来影响。因此，基于露天矿山视频采集及计算机视觉AI技术，将视频采集及数字化处理及智能分析与工业控制系统相集成，融合皮带的自动PLC控制系统，设计一种融合视频煤量识别、皮带跑偏识别、皮带异物识别以及皮带周围入侵检测识别于一体的识别系统，把检测和数字化处理的信息用于大数据分析和变频器速度控制，实现带式输送机相应保护及煤流系统煤量自动调节；同时将主运输系统集中控制、综合保护与AI技术、大数据分析技术以及计算机视觉技术相结合，将综合保护、集中控制、智能调速、视频监控及智能识别等子系统统一接入主运输管理平台，对主运输系统运行状态、报警信息、人员信息进行实时监控和计算，达到科学管理、减员增效、提高故障处理效率、减少事故隐患的目的。

5.2.2 人员劳保用品佩戴识别

露天矿山从业人员安全防护工作尤为重要。从业人员应严格按照相关规程、规范进行操作作业，防止发生人身事故。根据露天矿山多起事故类型，结合露天矿山智能视频识别系统，归纳总结如下几种违章行为：安全帽识别、防尘口罩识别、绝缘手套识别、高空作业安全带识别、焊接防护面具识别等。根据上述识别场景，需要将高清摄像头部署在上述人员作业区域。例如：配电柜上方需要部署摄像头，能清晰获取电工是否佩戴绝缘手套进行配电箱操作；焊接车间焊接区域上方部署高清摄像头。当发生异常行为后，系统自动报警，融合车间语音广播系统，智能干扰从业人员的违规行为，防范发生违章事故。以露天矿安全帽正确佩戴为例来进行介绍：

根据《建筑施工安全检查标准》（JGJ 59—2019），进入施工现场必须戴安全帽，各行业的作业规范也对佩戴安全帽做了严格的规定。安全帽作为一种最常见和实用的个人防护用具，能够有效地防止和减轻外来危险源对头部的伤害。然而，长期以来，我国施工区作业人员普遍存在综合素质低、安全意识不强的问题，尤其缺乏基础防护设施（如安全帽）的佩戴意识，大大增加了作业风险，而人工检查存在监管费用高、主观干扰大、不能全程监控等问题。在构建减员增效的智能露天矿山的大背景下，构建露天矿安全帽识别系统具有重要的意义。安全帽识别的原理是用AI技术对工作现场的视频进行实时分析，如果发现工作人员未按要求戴安全帽，系统会自动发出警报，在提醒监理人员的同时，系统会自动保存时间、地点及相应的照片，作为处罚的依据。

安全帽识别工作原理：

① 前端高清摄像机录制现场视频并上传至管理系统服务器。

② 服务器实时分析视频流，通过深度学习算法准确判定是否有违章行为。

③ 存储违章行为发生的时间、地点和现场图片并发出警报。

④ 安全员远程或者现场纠正违章行为。

安全帽佩戴检测判断逻辑见图5-3。

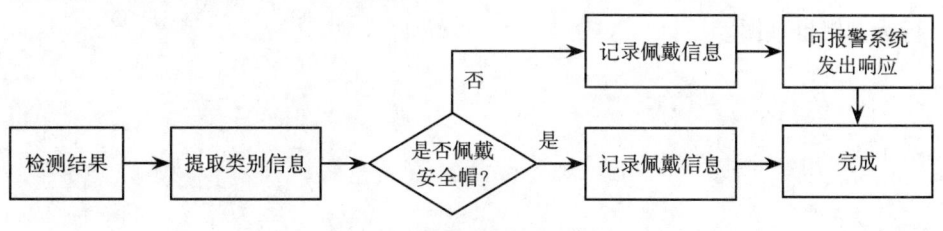

图5-3 安全帽佩戴检测逻辑

5.2.3 驾驶人员违章行为识别

目前露天矿山主要以间断工艺和半连续工艺为主，由于外委队伍设备数量较多，人员流动大，驾驶司机操作水平参差不齐，加之外委队伍之间的生产作业交互影响，管理者无法实时动态掌握驾驶人员的状态信息，给露天矿山运输环节生产带来一定的安全隐患。大量的运输卡车参与矿岩运输工作，驾驶司机的违规行为时有发生，是导致露天矿山运输事故的主要原因。目前，国内大型露天矿山在驾驶室安装了行车记录仪以及视频监控系统，但仅用于事后调查取证，需要调查人员将车载视频拷贝后查找证据，大量的视频调阅工作量巨大。因此，将驾驶司机违章识别算法嵌入摄像头前端，实现对司机接打电话、瞌睡、未系安全带、闭眼、抽烟等行为进行智能识别，利用露天矿山网络，将违章视频片段上传至视频系统平台，智能干预司机违章行为，可以防止发生矿山运输安全事故。

为有效降低和杜绝露天矿山卡车道路交通事故，保障人员和车辆安全，以防控人员不安全行为和违章行为为目的，通过建立露天煤矿卡车驾驶人员违章行为智能识别系统，实现违章视频片段实时上传、预警和警示功能。通过对卡车驾驶人员进行面部表情、状态及操作动作等的实时识别与分析，实时智能识别驾驶人员违章状态，第一时间通知矿山管理人员及外委剥离单位对违章人员进行干预，降低露天矿山的安全隐患。通过先进的AI手段、智能视频识别手段，实现对露天矿山外委队伍的统一、集中管理，实现对露天矿山违章行为智能识别管控，提高矿山工作效率的同时，最大限度地降低矿山安全风险。

驾驶司机违章行为检测主要包括：闭眼检测、接打电话检测、未系安全带检测、身份一致性检验、内视摄像头异常检测、打哈欠检测、分神检测、双手脱离方向盘检测、长时间作业检测、驾驶员离岗检测等。通过机器学习和深度学习的方式，实现上述违章算法。当发生违章行为后，系统自动截取违章视频前后10 s数据（截取时间可根据具体行为进行配置），将上述信息上传至系统中心端平台。如图5-4所示为违章行为智能识别流程图，如图5-5所示为违章行为逻辑推理图。

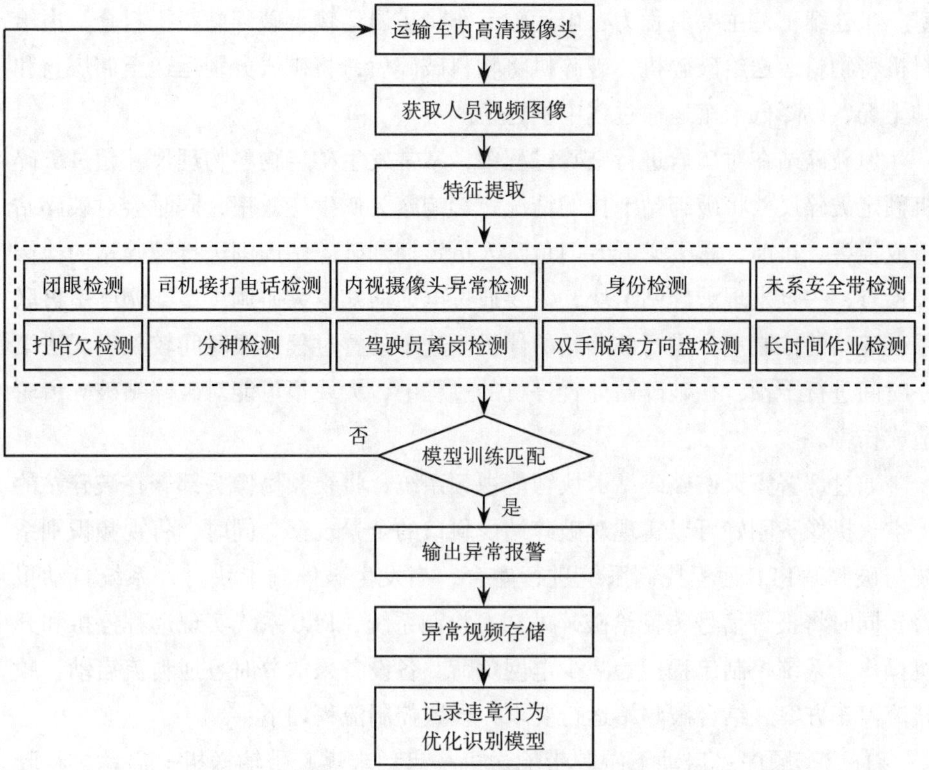

图 5-4 违章行为智能识别流程图

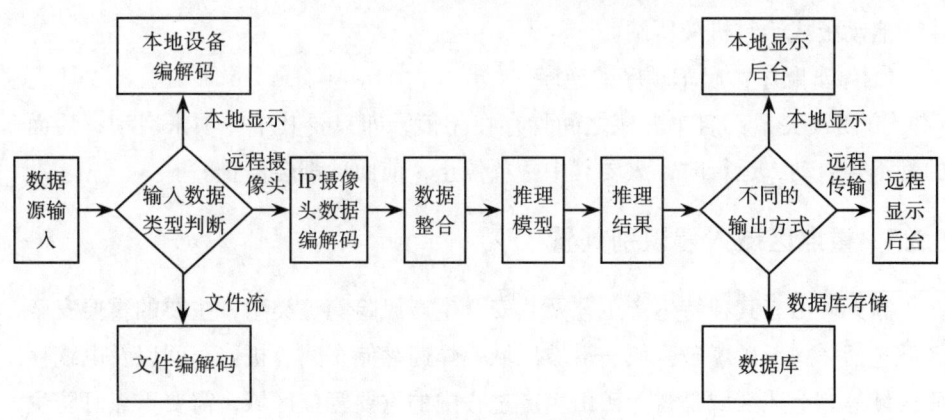

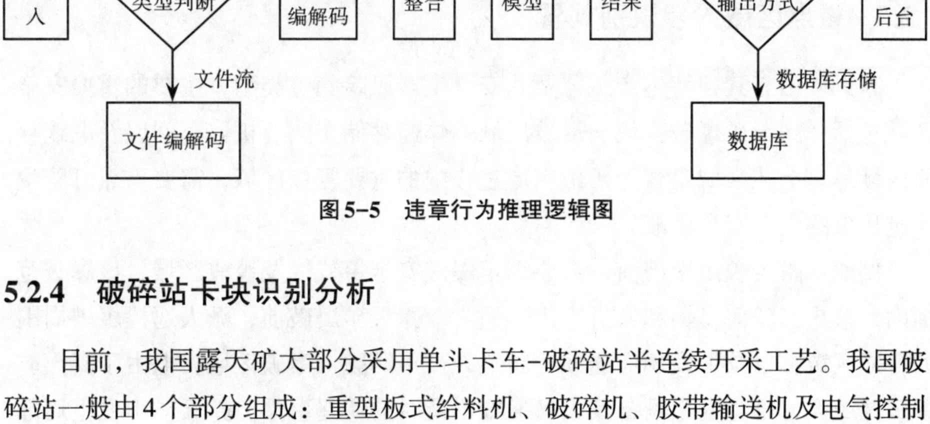

图 5-5 违章行为推理逻辑图

5.2.4 破碎站卡块识别分析

目前,我国露天矿大部分采用单斗卡车-破碎站半连续开采工艺。我国破碎站一般由4个部分组成:重型板式给料机、破碎机、胶带输送机及电气控制室。半连续工艺主要流程为：由运输卡车将矿岩运输至破碎站料机料仓，由给料机将物料运送给破碎机，破碎机将物料破碎后，将矿岩分别运送至储煤仓和排土场，以降低卡车运输过程中的运距。

但破碎站在对矿岩进行破碎过程中，常常发生矿岩物料物理尺寸超过破碎机额定破碎尺寸将破碎站卡住的情况，影响露天矿生产效率，同时会对破碎站造成损害。目前，露天矿派专门负责人员定期到破碎站周围进行破碎站的检修及检查，一旦发现破碎站卡块，需要通过电话通知露天矿调度室，调度室再联系破碎站的控制室，进行破碎站的停机。这个处置过程一般时间较长，无法第一时间进行干预，在破碎站处置停机的过程中，大块很可能对破碎站破碎齿轮造成伤害。

通过部署露天矿破碎站卡块智能视频系统，将视频摄像头部署在破碎站的上空，摄像头刚好可以实现对破碎站受料口的全景观察。同时，将视频识别系统与破碎站PLC远程控制系统进行融合，当发生破碎站卡块时，系统自动报警，同时将报警信号传输给破碎站PLC控制系统，PLC系统实现远程停机和开机操作。系统控制流程：为减少电网负荷，各设备采取分时且逆料流启动、顺料流停车方案，结合破碎站运行要求，设置控制流程如下：

① 启车顺序：启动下游胶带输送机—启动末煤胶带输送机—启动排料胶带输送机—启动破碎机润滑油泵—启动破碎机—启动板式给料机液压站冷却风扇—启动板式给料机液压站。

② 停车顺序：启车顺序的逆序。

③ 闭锁关系：启车顺序之间均存在闭锁，即只要其中一项未启动，后面的都不会启动；运行时，只要其中一项停止，前面项都会停止。

5.2.5 重点区域入侵识别处置

露天矿山有其独特生产工艺及其安全生产风险隐患类型，主要的重要安全区域包括：露天矿爆破区域、滑坡区域、炸药存储车间、机修车间以及电缆存放区域等。上述区域是露天矿山生产过程中的重要管控区域，需要重点盯防生产过程中的生产安全事故。

例如：露天矿山爆破前，需要划定爆破安全警戒线及警戒区域，该爆破范围内，禁止有任何车辆和人员进入。通常，露天矿爆破前，派人巡检爆破周围的警戒区域，以及下发相应通知，防范人员车辆驶入爆破区域，但由于露天矿爆破区域大，难免发生设备及人员通知不及时的遗漏事件。露天矿山发生局部滑坡时，需要划定滑坡安全警戒线及警戒区域。相关车辆和人员无特殊要求，严禁开车驶入滑坡区域，防止发生安全事故。露天矿安全管理人员会不定时对滑坡区域进行巡检，同时在滑坡区域周围放置明显的禁止进入的标志。但生产过程中，也会出现无关车辆人员进入滑坡危险区域的情况。露天矿炸药存放车间严禁一切外来人员进入，需要建立严格的门禁制度。

表5-1所示为越界侦测与区域入侵区别。图5-6所示为区域入侵与越界侦测示意图。

表5-1 越界侦测与区域入侵区别

名称	越界侦测	区域入侵侦测
功能介绍	越界侦测是指越界侦测功能可侦测视频中是否有物体跨越设置的一条界限，根据判断结果联动报警	区域入侵侦测功能可侦测视频中是否有物体进入到设置的某个区域，根据判断结果联动报警
使用场景	一般应用于监测穿越某一界限，例如露天矿设置皮带界限，防止无关人员穿越，当有人员穿越时，就会触发报警	一般用于露天矿需要重点监控的区域，例如：爆破区、滑坡区域、车间门口等。当有物体进入这个区域，就会触发报警

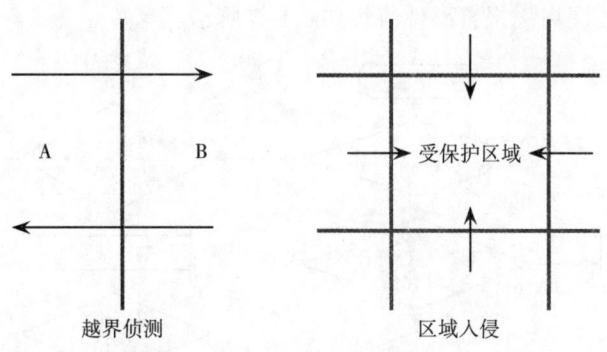

图5-6 区域入侵与越界侦测示意图

5.2.6 重要岗位脱岗离岗识别

露天矿重要岗位脱岗离岗主要针对指露天矿山调度室、远程操控设备车间等地点。露天矿山调度室需要24小时有人值守，当有异常事件发生后，调度室人员需要第一时间进行信息上报，同时针对异常事件的重要程度进行现场协调处置等工作。而调度室时常发生人员脱岗或者存在夜间调度室人员睡觉等情况，虽然有人值班，但是并未发挥真正的值班效能。通过采用视频识别的方式，实现对重要岗位脱岗离岗的识别检测，防范发生违法违规行为。重要岗位脱岗离岗的识别步骤如下：

① 图像采集：从视频流中捕获和采集图像。视频来源可以是实时录像的图像也可以加载已存在的视频文件。

② 图像分割：利用帧间差分法确定运动区域。

③ 判断是否存在运动目标：判断帧差图像是否存在较大的差异。

④ 预处理：当通过图像分割后发现有运动区域后，进行预处理操作，将两帧图像先进行灰度化处理，而后相减，并取绝对值。最后进行二值化处理。

⑤ 运动区域确定：找到运动区域后，取运动区域内的最高点、最低点、最左点和最右点，通过这四个点绘制一个矩形。分析矩形的长宽比，如果符合要求即确认为有人在岗，如画面中识别结果为无人并且时间超过10 s即判定画面中无人值守。

⑥ 交互判断：当画面检测无人超过10 s时，首先在监控点进行鸣笛预警，如此时画面中出现人员运动，则系统仍然判断有人值守，不进行报警处理。

⑦ 报警：当监控区域出现无人值守的情况并且交互失败时，则向相关人员报警并将此时离岗情况存储到数据库中。

重要岗位脱岗离岗报警事件流程如图5-7所示。

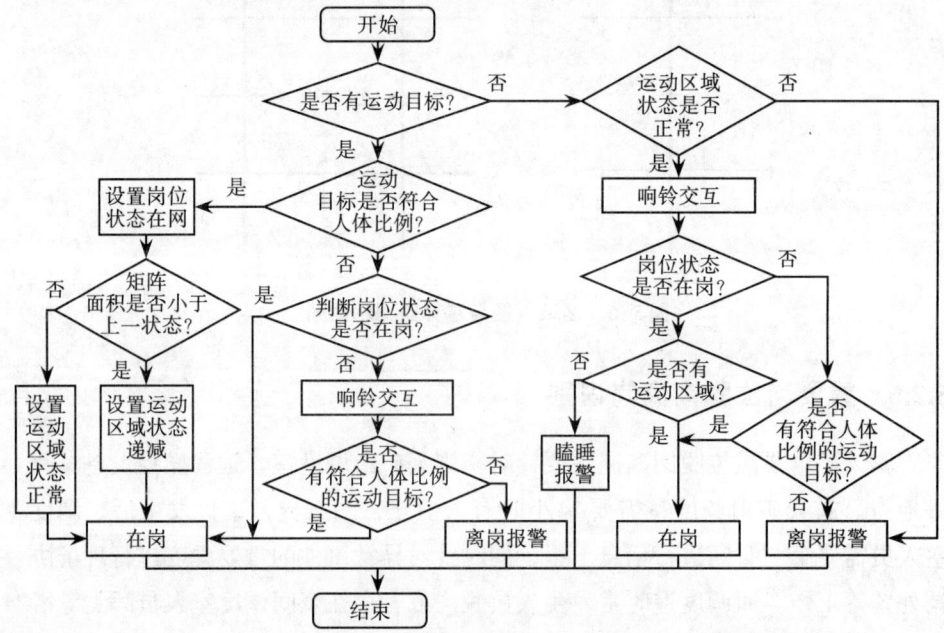

图5-7 露天矿山重要岗位脱岗离岗报警事件流程图

5.2.7 外包大巴人数统计分析

近年来，经常发生外包大巴车超员事故。2019年2月23日上午，内蒙古自治区某矿业公司的运送车辆，在往井下运送工人过程中发生事故，造成21死29伤。因此，需要在露天矿山外包大巴车上安装车辆人数技术摄像头，防止发生车辆超员事件。

采用视频运动目标检测与跟踪方法进行车辆乘客自动计数，其处理对象为露天矿外包车上采集到的视频图像序列，所以首先要对图像进行预处理，完成视频运动目标的检测、提取、跟踪、计数，以实现对外包车上乘客的人数统计。主要流程如图5-8所示。

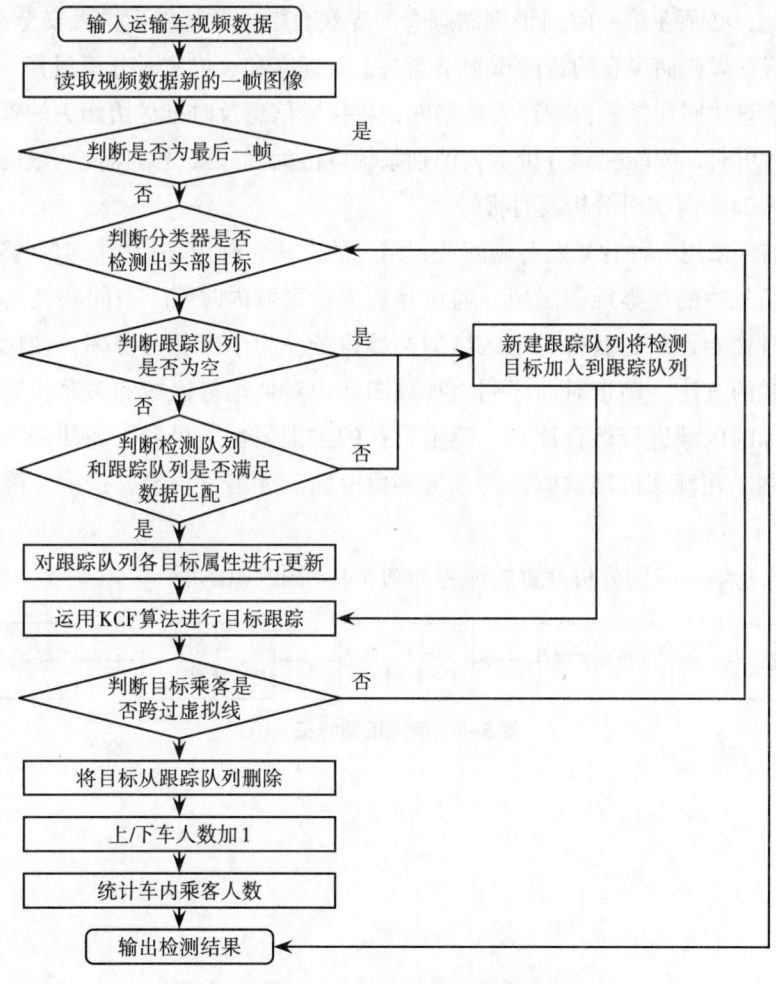

图5-8 露天矿山车辆乘客人数统计流程图

5.2.8 储煤仓烟火识别功能

露天矿山储煤仓大多采用封闭式大储量圆形煤场，其优势主要体现在：占地面积小，单位面积储量大，场地利用率高；因此，在露天矿山中得到越来越多的运用。当然，在圆形煤场的运营管理中，遇到了与条形煤场管理不同的许多新问题，比如：在煤场自燃、设备检修、盘场等。其中，影响最大、引起后果最严重的是煤炭自燃问题。煤炭自燃时会散发出 CO，H_2S 等有害气体，对长期工作在煤场的人员的身体健康产生影响。煤炭自燃时释放出的大量热量，会危及输煤设备的安全运转。煤炭自燃不仅让露天矿的安全生产受到挑战，而且由于大量煤炭热量损失，让露天矿山蒙受巨大的经济损失。

因此，必须在第一时间识别储煤仓的煤炭自燃，防范发生重大安全事故，利用部署在煤矿储煤仓的智能识别摄像头，对烟雾和火焰实时分析报警，同时将报警信息快照和报警视频存入数据库，将报警信息及时推送给相关的管理人员，及时应对。智能视频分析烟火识别系统可协助管理人员对监控区域的火焰做到全天24小时实时分析及时报警。

目前，采用一种背景差与帧间差相结合的方法，确定场景中疑似烟雾的区域。对场景中的烟雾疑似区域，通过计算表达区域内时间、空间特性的一组特征进行初始评判，获得每个区域的初始得分。为了降低虚警率，使用帧间目标关联的方法，确定时间序列上视频图像中疑似烟雾区域的关系，对属于同一目标的区域进行综合评判，确定目标的类别属性。最后，还使用了延时报警机制，在疑似区域被判定为烟雾一段时间后才触发报警，进一步降低虚警率。

储煤仓烟火识别分析处置的流程如图5-9、图5-10所示。

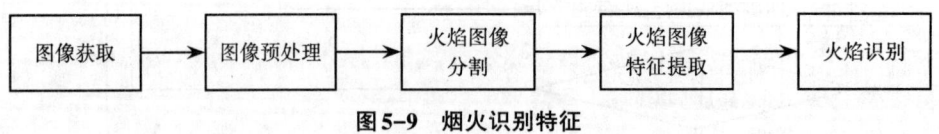

图5-9 烟火识别特征

5 露天矿智能视频平台

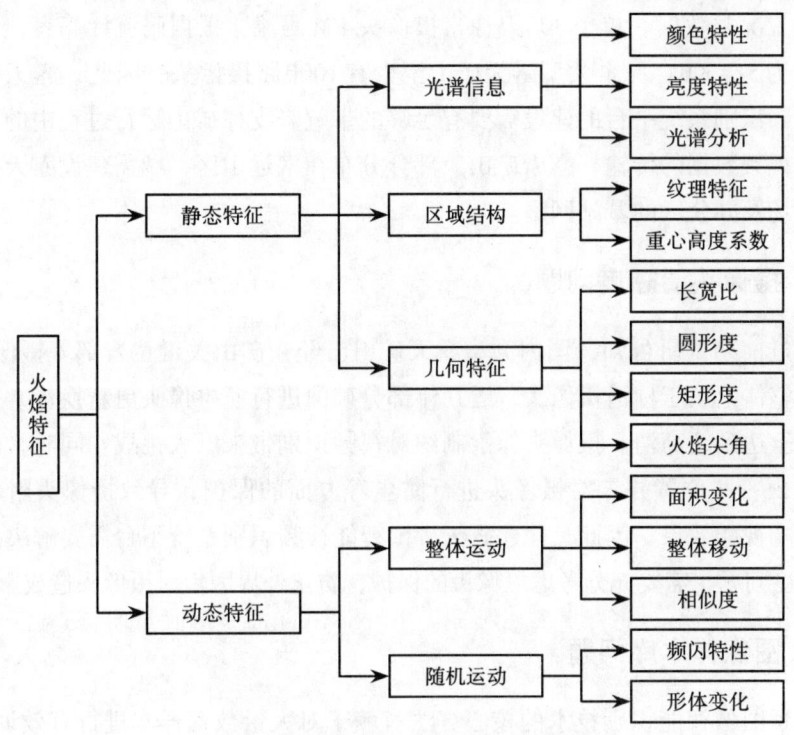

图 5-10　储煤仓烟火识别检测流程图

◆ 5.3　应用研究挑战与问题

为实现露天矿山智能视频识别系统平台的建设，需要解决如下几个关键问题：第一，露天矿山需要在露天矿办公区、露天采场内建设足够带宽的网络环境，保证发生违章时，可第一时间将违章视频片段传输至系统平台；第二，需要对上述违章场景进行样本库积累和数据标注，开发相应深度学习和机器学习算法，保证违章识别算法的准确度；第三，需要露天矿山摄像头的像素及清晰度满足要求。

5.3.1　矿山网络带宽问题

目前，露天矿山已实现办公区的网络建设，但大部分露天矿并未实现露天采场网络全覆盖。通过调研得知，国内露天矿山采场网络大部分上行带宽在 5 M 以内，这部分网络主要用于传输露天矿山生产类数据，例如车辆定位以及车辆的工况类数据。单个300万像素摄像头4 M码流，根据码流计算表，每秒数据量为512 KB。一个大型露天矿山至少有1000路摄像头，因此，露天矿山智能视频识别系统平台的建设需要有足够的带宽来支撑矿山运行过程中的违章图片及视频数据的传输。露天矿山大部分分布在偏远山区，亟需建设露天矿山覆盖采场及办公区的基站网络。

5.3.2 摄像头清晰度问题

通过前期调研可知，国内大型露天矿山已经在矿山关键位置部署摄像头，摄像头整体上属于标清摄像头，近几年部分矿山进行了摄像头更新换代，达到高清甚至达到超高清。摄像头像素制约对视频识别带来巨大挑战。同时，由于露天矿山一些位置并未对摄像头进行防尘等方面的保护，导致摄像头附着灰尘，影响视频效果。因此，构建露天矿山智能视频识别系统平台需要解决摄像头清晰度问题，需要充分考虑摄像头的保护，防止外界因素对摄像头造成影响。

5.3.3 图像样本库问题

视频图像智能识别技术的核心算法有赖于对大量数据样本进行有效训练，如深度卷积神经网络，其算法模型能在特征提取能力方面有所提升，在很大程度上是由有代表性且海量的训练样本决定的，属于数据驱动型的能力提升。由于前期电子化程度不够，露天矿山的各类异常状态行为图像视频样本库有限。有一些场景获取图库相对容易，例如作业人员防尘口罩的佩戴、安全帽的佩戴、绝缘手套佩戴、焊接防护面具佩戴以及接打电话等，从实现上来说，样本的搜集相对容易。而一些异常场景涉及露天矿山生产环节，获取难度较大，例如：破碎站卡块、皮带堆煤、储煤仓着火等场景。与此同时，露天矿山各类异常图像视频数据有一些被定义为保密数据，无法采用公开共享的方式进行大量图像样本数据的训练。因此，露天矿山智能视频识别系统平台的实现，亟需解决各类异常场景小样本的图像库训练问题。

5.3.4 数据标注问题

在进行数据标注之前，首先要对数据进行清洗，得到符合要求的数据。数据的清洗包括去除无效的数据、整理成规整的格式等。因此，在获得大量的露天矿山图像样本库的基础上进行图像、视频数据的标注是提高视频识别准确率的关键。

5.4 智能视频系统架构

5.4.1 系统总体架构

露天矿山智能识别系统平台基于"云边融合"理念为基础的AI云,即通过对图片的学习,加上深度算法,可以实现对图片、视频进行前端与后端相结合的智能视频识别+云端服务器。系统架构以"感、知、用"为主要切入点,提出了"感知边缘计算、数据支撑平台、系统行业应用"新主线,通过边缘节点、数据平台和云中心来实现露天矿山智能识别系统的建设。系统总体架构如图5-11所示。

感知层——边缘节点:实现精准的感知,并完成实时响应,通过对视频、图片的数据结构化及对其他物联数据的精准感知,完成数据采集。

支撑层——支撑平台:通过对业务的局部感知,实现对业务的局部认知,同时完成对域内数据的自治处理和及时响应。

应用层——行业应用:完成跨域数据的统一、整合和处理,通过大数据分析实现全局感知,通过对跨域数据的碰撞和多维数据的分析,进行全局把控和态势分析。

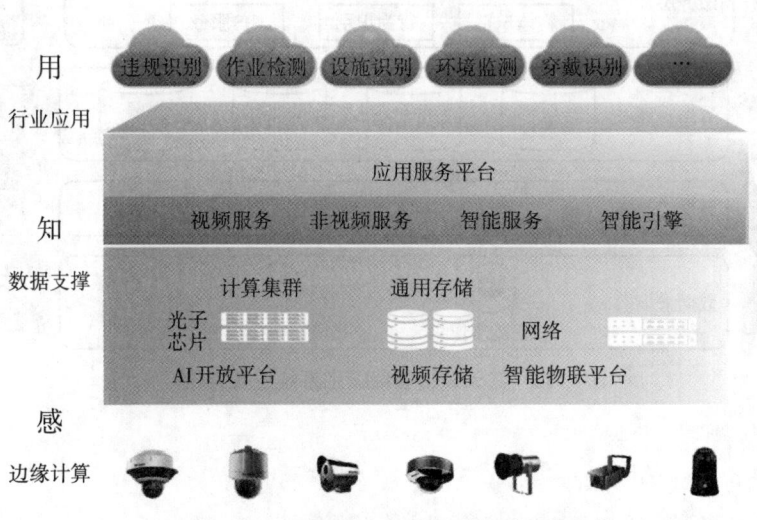

图5-11 露天矿山智能识别系统总体架构

5.4.2 系统业务架构

露天矿智能视频识别系统的业务架构采用5层2体系的架构。5层自下而上依次为数据采集层、数据接入层、数据管理层、服务层和业务应用层；2体系为安全体系和运维体系。

数据采集层：包括AI智能摄像机和高清防爆摄像机；

数据接入层：主要是建设预警分析平台，将露天矿视频流进行集中汇聚采集；

数据管理层：主要包括对采集的实时数据、人员数据、GIS数据等结构化和非结构化数据进行统一存储管理，为服务层提供基础数据支撑；

服务层：主要是应用大数据技术，实现为各类违章行为提供各类算法服务，数据统计等；

业务应用层：主要实现各类违章行为的关联分析和闭环处置，实现对违章行为的智能干预、预警处置闭环。

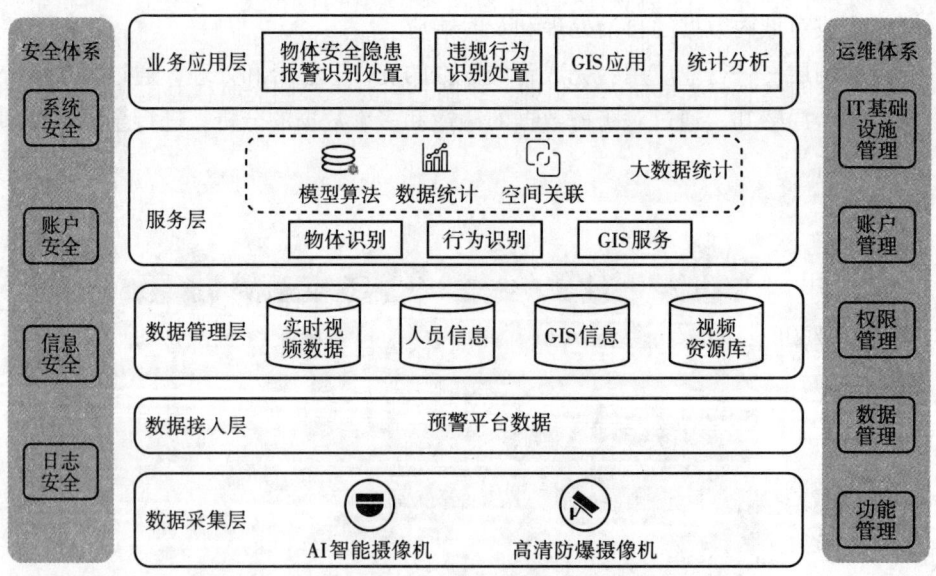

图5-12 露天矿山智能识别系统业务架构

5.5 智能视频识别流程

5.5.1 数据标注

采用专用的数据标注软件对相应的数据进行标注，主要标注目标的检测类别和对应的检测框坐标（见图5-13）。

 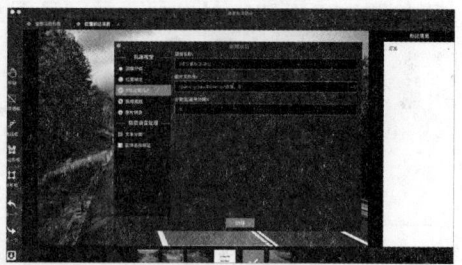

图5-13 数据标注

标记完成后自动生成保存对应图片的包含标记结果的xml文件，得到的标记结果中包括数据的类别信息、位置信息等，其中位置信息通过目标物体的中心点和左上角坐标来定位。

5.5.2 模型选择和训练

根据项目功能建设要求，构建合适的模型。初步选定模型之后，根据需要对标注后的文件进行预处理，然后用预处理后的文件训练模型。在模型训练的过程中，多次对初步得到的模型进行各项指标的测试。根据测试结果，调整模型的相关参数。从而最终得到满足项目需求的模型。

在训练完成之后，在具体的应用场景中，针对多种不同的数据源（远程传输的摄像头数据、文件流数据、本地设备的数据等）实现智能识别，需要采用不同格式的数据编解码算法，以适应不同格式输入数据的要求。同时在多路数据输入的过程中，还需要合适的调度算法实现多路数据源输入的调度，从而高效地完成数据的输入到识别的任务过程。

利用深度学习图像目标检测算法对已经标注的数据进行训练，并根据检测结果不断更新模型参数，进行算法调优，最终得到满足需求的识别模型，整体的训练流程如图5-14所示。

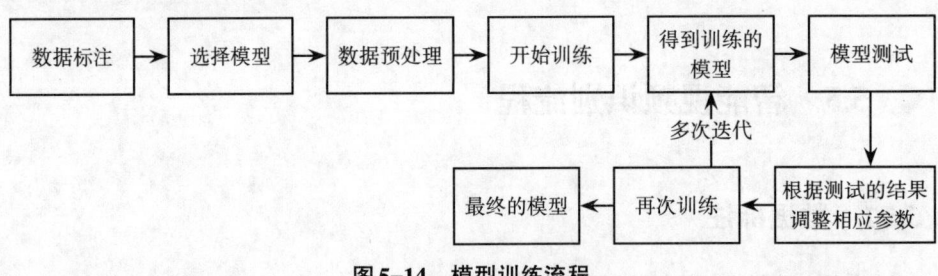

图 5-14 模型训练流程

在训练的过程中,采用了混合精度训练等加速训练的操作,以满足模型对于检测准确率和实时性的要求(见图5-15)。

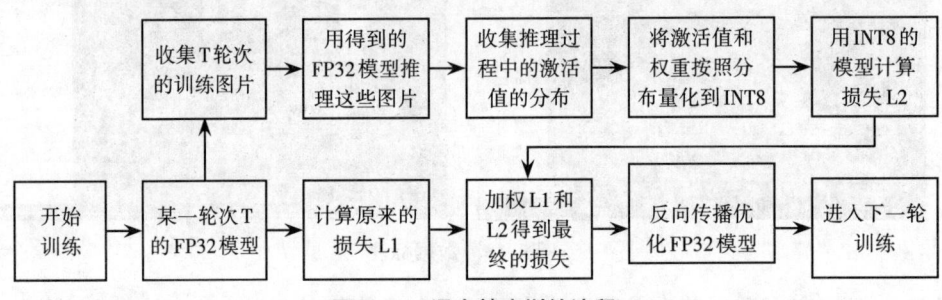

图 5-15 混合精度训练流程

模型算法选择:根据项目相应场景的检测识别需求选择合适的算法模型,对于检测和识别任务,选用目标检测系列模型来处理相关任务。

数据预处理:根据模型和相应的场景需求,在数据输入模型之前,对数据进行一定程度的预处理操作,提升模型最终的效果。

5.5.3 模型推理

对训练好的模型由系统调度实现数据流的输入、模型的部署推理过程,并将模型识别推理结果进行返回输出,同时配合系统其他功能模块进行识别结果的统计、展示、存储等操作(如图5-16所示)。

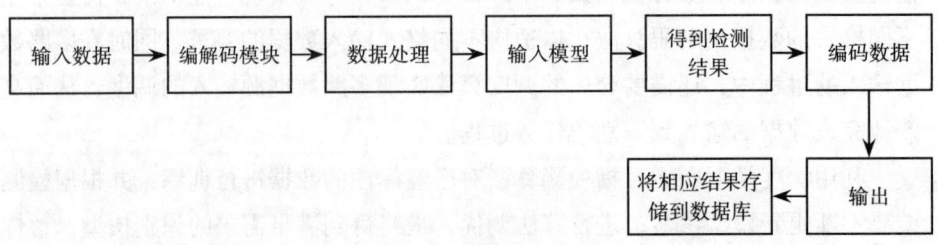

图 5-16 推理流程图

输入数据支持三种格式,对应三种不同的模式——文件流模式、本地接入模式、远程网络数据模式。编解码模块根据不同的数据源,采用对应的编解码算法,将数据根据需要进行编解码,再将数据输入下一个模块。数据处理阶段通过对数据源输入数据进行整合,将不同数据源的多路数据整合成固定尺度(可调)的批次,同时为每张图片提供相应索引,标识其所属的数据源。数据进入模型之后完成对图片的检测和识别,其中推理阶段模型同样支持三种不同的推理方式——FP32,FP16,INT8,分别对应不同的模型数据精度,以适应不同硬件平台下的部署需求。最终将得到的检测结果输出,根据不同的场景需求,对检测结果进行存储,并提供数据索引以供访问。输出同样支持多种方式:文件流输出,将识别结果以视频文件或者相应违规照片的形式保存;远程数据流模式,支持将识别结果传输到远程终端或者服务器进行访问,以及本地实时访问。

◆ 5.6 视频识别关键技术

（1）视频图像预处理技术

视频图像预处理的目的是让图像能够更好地为识别图像服务,以提高最终图像识别的效果。为实现相应功能需要在相应场景下取数据,通过摄像头的录像文件,从中清洗出可用的训练数据,对摄像头的视频流文件进行拆分,得到相应的图片数据,然后利用标注工具对图片数据进行标注。预处理过程中,为了简便分析图像内容,常用方法为对彩色三通道图像进行灰度化处理或二值化处理等；为了降低图像在成像过程中产生的噪声对识别效果的影响,常对图像进行低通滤波、均值滤波、中值滤波和直方图归一化等平滑处理；为了突出图像的细节特征（如图像边缘和轮廓）,需对图像进行高通滤波器处理或利用梯度算子和拉普拉斯算子处理图像等；为了能够自动找到关注部分的图像,常需对图像进行边缘检测、边界检测、区域连接和门限等技术处理。视频图像预处理技术流程如图5-17所示。

（2）图像编码压缩技术

图像编码压缩技术可减少描述图像的数据量（即比特数）,以便节省图像传输、处理时间和减少所占用的存储器容量。压缩可以在不失真的前提下获得,也可以在允许失真的条件下进行。

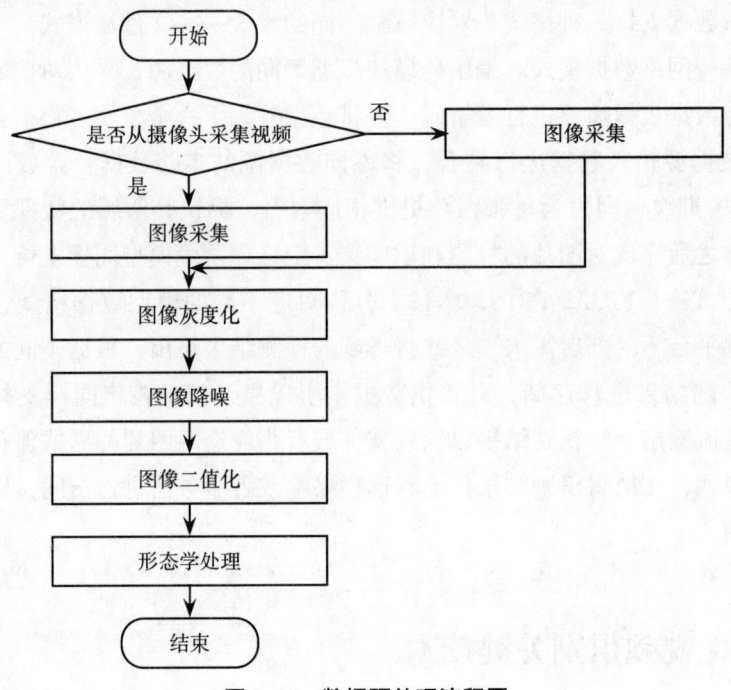

图 5-17 数据预处理流程图

(3) 图像增强和复原技术

图像增强和复原的目的是为了提高图像的质量，去除图像噪声，提高图像的清晰度。图像增强突出图像中所需识别、预警的部分，例如强化图像高频分量，可使图像中物体轮廓更清晰、细节更明显；强化低频分量，可以减少图像中噪声影响。图像复原要求对图像降质的原因有一定的了解，根据降质过程建立"降质模型"，采用某种滤波方法，恢复或重建原来的图像。

(4) 图像特征描述技术

图像特征描述使用相应的特征算法，对图像中的所有物体进行特征描述。在一幅图像中，局部目标的表象和形状能够被梯度或边缘的方向密度分布很好地描述。将图像分成小的连通区域，然后采集连通区域中各像素点的梯度或边缘的方向直方图。

(5) 深度学习网络框架

通过深度学习和迁移学习结合的方法自动进行特征学习，从输入得到的数据经过中间的隐藏层或处理层然后得到一系列输出，根据输出建立相应模型。特征学习过程可利用已成熟的 Faster R-CNN 网络对样本图像进行特征提取，得到样本特征图。在实现目标检测的同时，把目标像素分割出来，并在此算法基础上进行图像增强和形态识别。

(6) 人工智能 AI 模型

通过已有的训练样本、已知数据以及对应的输出，训练并得到一个最优模型，再利用这个模型将所有的输入映射为相应的输出。对输出进行简单判断，从而实现分类的目的，也就具有了对未知数据进行分类的能力。人工智能 AI 模型的构建过程是对训练集打上相应的标签，并让其通过学习网络进行训练，生成相应的模型文件，然后让异常数据通过大数据集群处理中心进行统一的分类与合并，最后将通过训练学习网络所得到相应的数据与模型文件里的数据相比对，并将比对所产生的差异使用欧几里得距离公式、归一化评分函数进行量化。量化的结果用以调整模型参数，最后通过决策树算法做出分类决策。

(7) 图像特征提取方法

从数学角度看，给定的原始图像一般是一个三维矩阵，难以对这个矩阵所表现出来的图像特征进行刻画或解释。图像特征提取的目的是减轻图像在识别过程中的负担：原始图像的数据维数非常高，通过特征提取给数据降维，从而为提高识别效率和识别准确率及节省运算资源和降低分类器的复杂度带来益处。目前，图像特征提取方法可以概括为两类：基于图像专家人工设计的特征提取方法和基于深度学习自动学习的特征提取方法。其中，前者依赖于图像专家对识别目标的图像表象特性进行描述，以抽象出图像表象背后所隐藏的数学特征，可对其物理含义进行释义，然而难以设计出精确又完备的人工特征，易出现特征泛化能力不足的问题。相反，深度学习自动学习特征提取方法可采用独特的学习训练框架，通过直接将图像信息输入，经过黑箱模式即可实现特征的提取，并且相较于其他图像分类算法，一方面不需要人工探索研究图像的表象特性，另一方面也可以较少地进行图像预处理，同时使模型获得更强的泛化能力和较高的识别精度。

(8) 图像特征分类方法

图像特征分类针对各个图像所表征出来的特征向量，把属于不同类别的特征向量区分开来。图像特征分类方法的核心思想是模式识别理论基础，根据图像训练样本是否有标签，大体上可将模式识别方法分为有监督的分类（supervised classification）和无监督的分类（unsupervised classification）两种。常用的有监督的分类方法有贝叶斯算法（bayesian classifier）、k-近邻算法（k-nearest neighbor，KNN）、逻辑回归（logistic regression，LR）、支持向量机（support vector machine，SVM）和人工神经网络（artificial neural networks，ANN）等；

无监督的分类方法主要是聚类算法，包括常见的K-均值算法（K-means）、期望最大化算法（expectation maximization，EM）、主成分分析（principal component analysis，PCA）等。

(9) 模型应用

模型推理时，对不同硬件设备的适配可采用不同的推理格式，例如FP32，FP16，INT8。各种格式的效果相当，但是针对具体的硬件要求不同从而适应不同的机器配置。同时模型推理的部分应该与数据输入部分匹配，在数据部分对输入数据进行整合之后，将数据传入模型，模型推理的过程中同样要记录每一帧图片所属的数据源，以及该帧图片的识别结果。推理模型选取逻辑如图5-18所示。

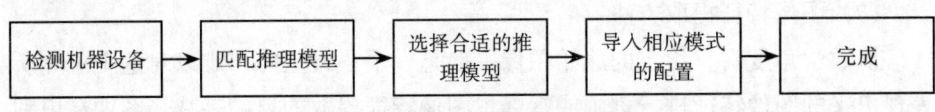

图 5-18　推理模型模式选取逻辑

在推理完成之后，将每一帧的识别结果与该帧图片融合，并根据要求将结果传入数据库存储，再根据输出的要求对输出数据进行编码，从而实现对输出的各种需求。

人体姿态识别如图5-19所示。

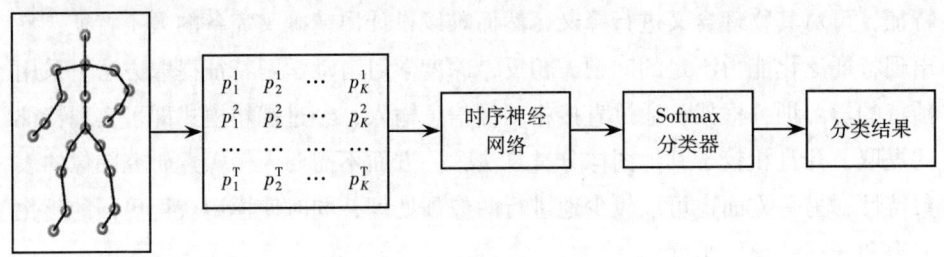

图 5-19　人体姿态识别

5.7　算法模型介绍

深度学习的学习能力比传统机器学习更强，能够更好地从数据集中提取特征。由于其实用性，深度学习极大地推动了自动化任务的边界，改变了产品的开发方式，越来越受到研究者的青睐。在动作识别任务中，深度学习方法的处理流程如图 5-20 所示。

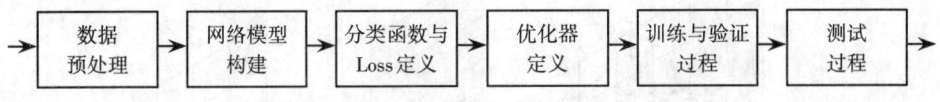

图 5-20 深度学习方法具体流程

5.7.1 卷积神经网络

卷积神经网络（CNN）模型被广泛应用于图像处理问题，由卷积层、全连接层以及池化层等模块组成。其中，卷积层的任务是进行特征提取，全连接层的任务是将提取的特征映射到输出端，池化层的任务是进行特征向量降维。CNN 在训练数据集上通过前向传播，利用损失函数计算模型在特定核数和权重下的性能，借助梯度下降法根据损失值调节可学习参数，其结构如图 5-21 所示。

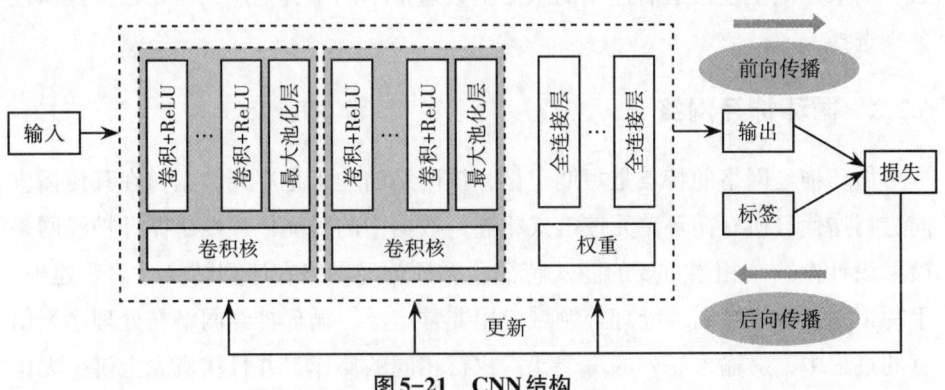

图 5-21 CNN 结构

卷积层是卷积神经网络结构中负责特征提取的组成部分，通常由线性和非线性操作组合而成，即卷积运算和激活函数。卷积核本质是一种特征提取器，通过卷积核的移动来计算输入的每个位置与卷积核的元素积的累加和，从而求出输出张量对应位置的值，即特征映射，如图 5-22 所示。重复应用多个卷积核来形成任意数量的特征映射，每个特征映射代表输入张量的不同特征。卷积运算的两个重要超参数是核的大小和数目，前者一般为 3×3，5×5 或 7×7，后者决定了输出特征映射的深度。激活函数是生物神经元行为的数学表示，目前最常用的是整流线性单元（ReLU）。

池化层的作用是降低特征向量的维数，引入了对小位移和畸变的平移不变性，并减少了后续可学习参数的数量，常用的池化操作主要有全局平均池化和

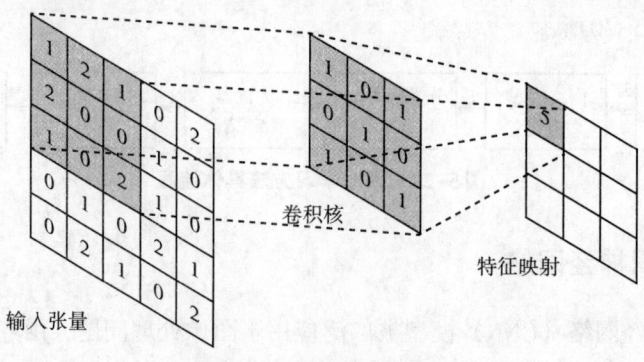

图 5-22 卷积操作过程

最大池化。

卷积神经网络最终的输出是一维向量，通过每个可学习权重连接到一个或多个全连接层，从而映射到输出端，其中各个全连接层后都接有一个非线性函数。而末尾的全连接层后连接的激活函数通常不同于其他层，需要根据具体任务来选择。

5.7.2 循环神经网络

循环神经网络的特点是短期记忆，该网络的输入是序列数据，在其传播方向进行迭代且所有循环单元按链式相连，数据中的时间依赖性是循环神经网络模型设计中一个相当重要的隐式特征。循环神经网络在序列转换、语言建模、手写识别以及视频图像处理等领域应用非常广泛。循环神经网络在处理序列信息的过程中，对输入序列的每个元素执行相同的操作，并且从概念上讲，无论对于何种长度的序列，其都能够进行记忆，循环神经网络单元结构如图 5-23 所示。

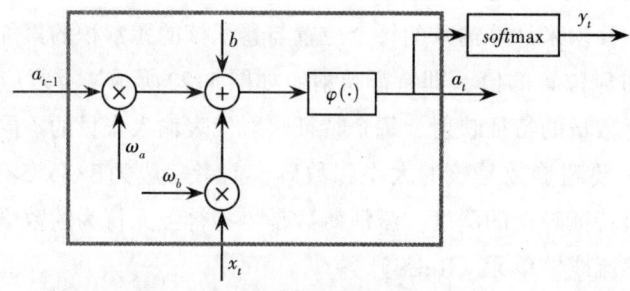

图 5-23 RNN 单元

图中，$\varphi(\cdot)$ 为激活函数，通常设置为 tanh 函数，RNN 神经元当前输出取决于上一时刻的输出和之前的计算,会将前面时刻的信息记忆下来并隐式地编码在隐藏的状态变量中。RNN 单元的输出 y_t 是过去所有时刻输入的函数,如式(5-1)和式(5-2)所示:

$$a_t = \tanh(\omega_x x_t + \omega_a a_{t-1} + b) \tag{5-1}$$

$$y_t = \text{soft max}(a_t + b) \tag{5-2}$$

式中:ω_x,ω_a——RNN 单元两个输入的权重;

b——偏置项;

a_t——隐藏状态;

a_{t-1}——上一时刻的隐藏状态;

y_t——隐藏状态 a_t 经过 soft max 函数得到的神经元输出且只由 a_t 决定。

传统循环神经网络在迭代过程中,当网络层数不断增加时,后向传播无法将损失函数计算的结果传递到浅层网络,导致网络权重无法更新,产生所谓梯度消失现象。为了解决上述问题,长短期记忆网络(LSTM)应运而生,它是传统循环神经网络的一种变体,LSTM 单元结构如图 5-24 所示。

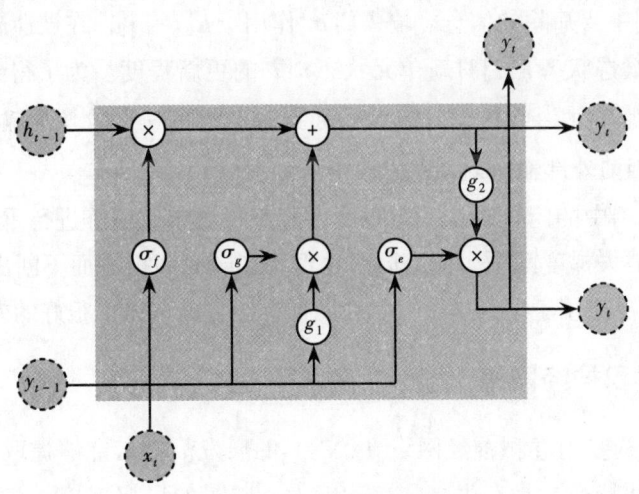

图 5-24　LSTM 单元结构

定义前向传播以更新单元状态和计算输出的差分方程如式(5-3)~式(5-8)所示,分别是遗忘门、候选状态、输入门、单元状态、输出门和输出结果。

$$\sigma_f[t] = \sigma(W_f x[t] + R_f y[t-1] + b_f) \tag{5-3}$$

$$\tilde{h}[t] = g_1\big(W_h x[t] + R_h y[t-1] + b_h\big) \quad (5\text{-}4)$$

$$\sigma_u[t] = \sigma\big(W_u x[t] + R_u y[t-1] + b_u\big) \quad (5\text{-}5)$$

$$h[t] = \sigma_u(t) \odot \tilde{h}[t] + \sigma_f[t] \odot h[t-1] \quad (5\text{-}6)$$

$$\sigma_o[t] = \sigma\big(W_o x[t] + R_o y[t-1] + b_o\big) \quad (5\text{-}7)$$

$$y[t] = \sigma_o(t) \odot g_2(h[t]) \quad (5\text{-}8)$$

式中：$x[t]$——时间 t 的输入向量；

W_f，W_h，W_u，W_o——应用于LSTM单元输入的矩形权重矩阵；

R_f，R_h，R_u，R_o——定义递归连接权重的方阵；

b_f，b_h，b_u，b_o——偏差向量；

$\sigma(\cdot)$——sigmoid 函数；

$\odot$——两个向量的哈达玛积；

$g_1(\cdot)$，$g_2(\cdot)$——点态的双曲切线函数，范围为 $[-1, 1]$。

单元中的每个门都具有特定和独特的功能。遗忘门 σ_f 决定从前一个单元状态 $h[t-1]$ 中要筛除的信息。输入门 σ_u 作用于 $h[t-1]$，在被遗忘门修改后，决定了新的候选状态 $\tilde{h}[t]$ 对新单元状态 $h[t]$ 的更新程度。为了得到输出 $y[t]$，采用 $g_2(\cdot)$ 过滤单元当前状态，输出门 σ_o 选择状态的一部分作为输出返回，每个门取决于当前外部输入 $x[t]$ 和先前单元输出 $y[t-1]$。

LSTM结构中的门机制在一定程度上避免了对单一矩阵进行重复的乘法操作，缓解了消失梯度问题，但是同时也保留了随时间推进而不断出现的误差。LSTM已被广泛应用于序列学习，且在图像标注方面取得了很好的效果。

5.7.3 图卷积神经网络

GNNs结构受由卷积神经网络（CNN）的启发。CNN能够提取和融合多尺度的局部空间特征，具有很高的表达能力。CNN的局部连接、共享权重和多层使用等特点对于解决图域问题也具有重要意义。因为图是最典型的局部连通结构，与传统谱图论相比，共享权值减少了计算量，且多层结构有助于处理层次模式，便于提取不同尺寸的特征。然而，CNN只能对规则的欧几里得数据类型进行处理，如二维图像和一维序列等。显然，在诸如物理系统建模、分子指纹学习、交通网络控制和社交网络中的朋友推荐等复杂应用场景中，需要处理包含元素间丰富关系信息的非欧几里得（non-Euclidean）图形数据，而传统的深度学习模型无法很好地处理这些数据。

图作为机器学习中一种独特的非欧几里得数据结构，在节点分类、链路预测和聚类分析问题中的应用引起了学者们的关注。图常用式（5-9）表示：

$$G = (V, E) \tag{5-9}$$

式中：V——顶点集；

E——边集。

假设边e有两个端点u和v，此时，u和v是相邻的。边e可以是定向的，也可以是无向的，如果所有边都是有向的，则称图为有向图；如果所有边都是无向的，则称图为无向图。设$d(u)$表示V的度，即与V相连的边的数目。

图卷积神经网络将卷积引入到图域，文献[34]通过计算图拉普拉斯算子的特征值分解，在傅里叶域定义卷积运算，即信号x（$x \in \mathbb{R}^N$，每个节点的标量）与θ（$\theta \in \mathbb{R}^N$）参数化的滤波器$g_\theta = \mathrm{diag}(\theta)$的乘积，如式（5-10）所示：

$$g_\theta * x = U g_\theta(\Lambda) U^\mathrm{T} x \tag{5-10}$$

式中：U——归一化的图拉普拉斯算子特征向量矩阵，即特征值为Λ的对角矩阵。

拉普拉斯算子如式（5-11）所示：

$$L = I_N - D^{-\frac{1}{2}} A D^{-\frac{1}{2}} = U \Lambda U^\mathrm{T} \tag{5-11}$$

式中：D——度矩阵；

A——图的邻接矩阵。

文献[35]提出了$g_\theta(\Lambda)$可以由k阶切比雪夫多项式$T_k(x)$的有限展开式近似，则卷积操作可以表示为：

$$g_\theta * x \approx \sum_{k=0}^{k} \theta_k T_k(\tilde{L}) x \tag{5-12}$$

式中：$\tilde{L} = \dfrac{2}{\lambda_{\max}} L - I_N$，$\lambda_{\max}$表示$L$的最大特征值；

$\theta \in \mathbb{R}^k$——当前切比雪夫系数向量。

切比雪夫多项式定义为$T_k(x) = 2x T_{k-1}(x) - T_{k-2}(x)$，且$T_0(x) = 1$，$T_1(x) = x$。可见，该卷积操作是$k$-局部化的，因其是拉普拉斯算子中的$k$阶多项式。

文献［36］针对过拟合问题，将 L 的最大特征值近似为2，以简化卷积操作：

$$g_\theta * x \approx \theta' x + \theta'_1(L - I_N)x = \theta'_0 x - \theta'_1 D^{-\frac{1}{2}} A D^{-\frac{1}{2}} x \tag{5-13}$$

式中：θ'_0，θ'_1——两个自由参数。

用 $\theta = \theta'_0 = -\theta'_1$ 对参数数量进行限制，式（5-13）转化为：

$$g_\theta * x \approx \theta \left(I_N + D^{-\frac{1}{2}} A D^{-\frac{1}{2}} \right) x \tag{5-14}$$

在联合式（5-14）的运算过程中采用了重整化技巧，如式（5-15）所示：

$$I_N + D^{-\frac{1}{2}} A D^{-\frac{1}{2}} \rightarrow \tilde{D}^{-\frac{1}{2}} \tilde{A} \tilde{D}^{-\frac{1}{2}} \tag{5-15}$$

式中：$\tilde{A} = A + I_N$，$\tilde{D}_{ii} = \sum_j \tilde{A}_{ij}$。

令信号 $x \in \mathbb{R}^{N \times C}$ 的特征映射为：

$$Z = \tilde{D}^{-\frac{1}{2}} \tilde{A} \tilde{D}^{-\frac{1}{2}} x \Theta \tag{5-16}$$

式中：$\Theta \in \mathbb{R}^{C \times F}$ 表示滤波器参数矩阵，C 表示输入通道数，F 表示滤波器数，$Z \in \mathbb{R}^{N \times F}$ 表示卷积信号矩阵。

5.7.4　SVM算法介绍

SVM是由Cortes等提出的机器学习分类方法，建立在统计学习的VC维理论和结构风险最小原理基础上。由于其在解决小样本、非线性问题中具有优势，很快成为机器学习中主流的分类算法。

SVM算法基本原理是通过核函数的方法，将样本数据映射到高维空间中，从而使在低维空间中线性不可分的数据，在高维空间中实现线性可分，然后在线性可分的情况下，找到使分类间隔最大的最优超平面，从而使得置信风险最小化。

假设训练样本集 $T = \{(x_1, y_1), (x_2, y_2), (x_3, y_3), ..., (x_n, y_n)\}$ 线性可分，$x_i \in \mathbb{R}^m$ 为 m 维特征向量，$y_i \in \{+1, -1\}$ 为分类标记（用来表示正负样本），则其超平面方程可以表示为：

$$\boldsymbol{\omega}^T \boldsymbol{x} + b = 0 \tag{5-17}$$

式中：ω，b——超平面的参数。

分类标记 y 和 x 的关系如下：

$$y = \begin{cases} 1, & \omega^T x + b > 0 \\ -1, & \omega^T x + b < 0 \end{cases} \tag{5-18}$$

则样本集 T 中特征向量 x 到超平面几何距离 r 为：

$$r = \frac{|\omega^T x + b|}{\omega} = y^* \frac{\omega^T x + b}{\|\omega\|} \tag{5-19}$$

根据SVM原理思想使分类间隔最大化，即：

$$\max \hat{r} \tag{5-20}$$

$$\text{s.t.} \ r_i > \hat{r}, \ i = 1, 2, 3, \cdots, n \tag{5-21}$$

其中 $\hat{r}$ 为支持向量到超平面的几何距离。根据公式（5-19），对上式进一步优化，得到：

$$\max \frac{1}{\|\omega\|} \tag{5-22}$$

$$\text{s.t.} \ y_i(\omega^T x + b) \geq 1, \ i = 1, 2, 3, \cdots, n \tag{5-23}$$

于是，求最大分类间隔超平面的问题转化为最优化问题。公式（5-22）等价于：

$$\min \frac{1}{2} \|\omega\|^2 \tag{5-24}$$

$$\text{s.t.} \ y_i(\omega^T x + b) \geq 1, \ i = 1, 2, 3, \cdots, n \tag{5-25}$$

为避免少数离群数据对超平面的影响造成模型泛化能力变差，可以加入松弛变量 ε 和惩罚系数 C，允许支持向量适当偏离超平面：

$$\min \frac{1}{2} \|\omega\|^2 + C \sum_{i=1}^{n} \varepsilon_i^2 \tag{5-26}$$

$$\text{s.t.} \ y_i(\omega^T x + b) \geq 1 - \varepsilon_i, \ i = 1, 2, 3, \cdots, n \tag{5-27}$$

这样SVM就可以解决样本集线性可分的分类问题。为求解公式（5-26），采用拉格朗日乘子法，将原问题转化为等价的对偶问题求解：

$$\max \sum_{i=1}^{n} \alpha_i - \frac{1}{2} \sum_{i,j=1}^{n} \alpha_i \alpha_j y_i y_j \boldsymbol{x}_i^T \boldsymbol{x}_j \tag{5-28}$$

$$\text{s.t.} \sum_{i=1}^{n} \alpha_i y_i = 0,\ 0 \leq \alpha_i \leq C,\ i=1,2,3,\cdots,n \tag{5-29}$$

假如训练样本集 T 中样本数据线性不可分，需要通过核函数的方法，将样本映射到高维空间，从而实现线性可分，相应的对偶问题转化为：

$$\max \sum_{i=1}^{n} \alpha_i - \frac{1}{2} \sum_{i=1}^{n} \alpha_i \alpha_j y_i y_j k(\boldsymbol{x}_i,\boldsymbol{x}_j) \tag{5-30}$$

$$\text{s.t.} \sum_{i=1}^{n} \alpha_i y_i = 0,\ 0 \leq \alpha_i \leq C,\ i=1,2,3,\cdots,n \tag{5-31}$$

其中 $k(\boldsymbol{x}_i,\boldsymbol{x}_j)$ 为核函数。通过核函数可以直接计算样本在高维空间的内积，避免了维数增高带来的计算困难。通过求解公式（5-30）可得最优解：

$$\boldsymbol{\alpha}^* = (\alpha_1^*,\ \alpha_2^*,\ \alpha_3^*,\ \cdots,\ \alpha_n^*) \tag{5-32}$$

则最终得到的 SVM 分类决策函数为：

$$f(x) = \text{sign}\left(\sum_{i=1}^{n} \alpha_1^* y_i k(\boldsymbol{x}_i,\boldsymbol{x}_j) + b^*\right) \tag{5-33}$$

其中 j 的取值满足条件 $0<\alpha_j^*<C$。

在 SVM 中，常用的核函数有线性核函数、径向基核函数（RBF）等。径向基核函数由于近似高斯分布，也被称作高斯核函数。与其他核函数相比，高斯核函数能够实现非线性映射，同时参数少，模型复杂程度低，而且没有数值上的计算困难，因此通常情况下 SVM 都可以采用高斯核函数。高斯核函数数学表达式为：

$$k(\boldsymbol{x}_i,\boldsymbol{x}_j) = \exp\left(-\frac{\|\boldsymbol{x}_i - \boldsymbol{x}_j\|}{\sigma^2}\right) \tag{5-34}$$

线性核函数即样本数据在原始空间的内积，适用于样本数据线性可分的情况，可以最大程度地简化运算。在其他高斯核函数不适用的场合，如样本特征维数较高，或样本数量太大导致的计算复杂度升高，则选择线性核函数更为合适。线性核函数的数学表达式为：

$$k(\boldsymbol{x}_i,\boldsymbol{x}_j) = \langle \boldsymbol{x}_i,\boldsymbol{x}_j \rangle = \boldsymbol{x}_i^T \boldsymbol{x}_j \tag{5-35}$$

SVM算法的优点是具有统计学习理论支持，可以达到全局最优；通过核函数的方法可以非常方便地处理非线性问题，同时不显著增加计算量；决策函数仅由少量支持向量决定，可以决策复杂度低的同时具有较好的鲁棒性。而SVM的缺点主要有两个：一是处理大规模数据时导致计算复杂度上升，训练时会消耗大量的计算机内存和运算时间；二是经典的SVM算法只适用于处理二分类问题，如果处理多分类问题，需要用多个SVM的组合。

5.7.5 BP神经网络介绍

神经网络算法是机器学习中一类重要算法，神经网络由多个简单的神经元通过互联组成，这种结构可以模拟生物的神经系统，对外界输入做出反应。神经元一般有多个输入和一个输出，神经元之间的连接则有不同的权重，通过调整神经元之间的连接关系和权重，就可以使神经网络处理不同的问题。神经网络节点数量越多，层数越高，结构越复杂，则神经网络的表达能力越强，但同时复杂度上升会导致学习困难。

1986年，Rummelhart等发明了"反向传播"（back propagation）算法，用来训练多层神经网络的参数，而BP神经网络就是采用误差反向传播方法训练的发多层前馈神经网络。在BP神经网络中，信号是向前传递的，而误差是反向传递的。BP算法学习规则采用梯度下降法，通过反向传播不断地更新网络参数，直至误差达到最小。

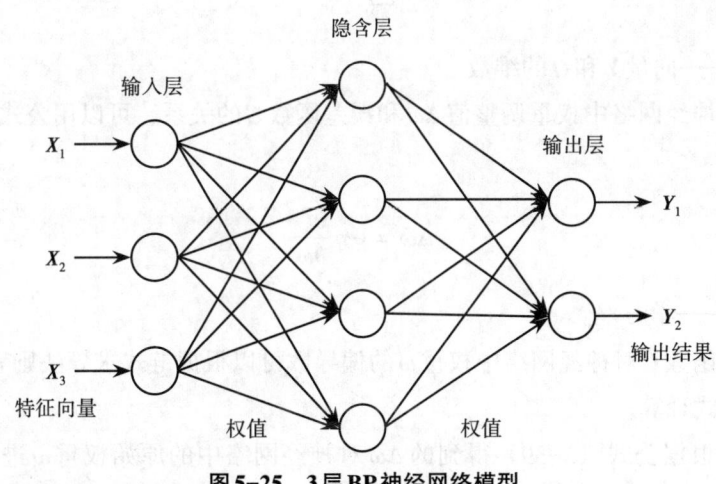

图5-25 3层BP神经网络模型

图5-25所示是一个典型的3层神经网络，该网络由输入层、隐含层和输

出层组成。输入层负责传入数据，并分发数据到隐含层；隐含层负责对输入的数据进行处理并计算；输出层负责对最终结果进行输出。BP神经网络的神经元激活函数为sigmoid函数：

$$f(x) = \frac{1}{1+e^{-x}} \tag{5-36}$$

对于单个神经元来说，输入和输出的关系可以用公式（5-37）表示：

$$y = f\left(\sum_{i=1}^{n} \omega_i x_i\right) \tag{5-37}$$

式中：y——神经元的输出；
　　　$f(\cdot)$——神经元的激活函数；
　　　x_i，ω_i——神经元的输入和对应权重。

从输入层开始，对该层的神经元逐个计算，可以得到整个输入层的输出，以此类推，继续计算隐藏层和输出层的输出，便可以根据神经网络的输入获得最终的输出结果。这是BP神经网络的信息正向传播过程。

根据神经网络输出结果和期望输出值，可以获得神经网络的误差函数，进而根据误差函数对神经网络参数进行调整。假设输入向量 X 后神经网络实际输出为向量 Y，而期望输出值为向量 O，那么误差函数 C 为：

$$C = \frac{1}{2}\sum_{i=1}^{k}(O_i - Y_i)^2 \tag{5-38}$$

式中：k——向量 Y 和 O 的维数。

那么神经网络中权重调整值 $\Delta\omega$ 和误差函数 C 的关系，可以用公式（5-39）表示：

$$\Delta\omega = -\eta \frac{\partial C}{\partial \omega} \tag{5-39}$$

式中：η——学习率。

误差函数 C 对神经网络中权重 ω 的偏导数可以根据链式求导法则和激活函数求导公式计算。

然后根据公式（5-39）得到的 $\Delta\omega$ 对神经网络中的原始权重 ω 进行调整，更新神经网络参数，这就是BP神经网络的误差反向传播过程。

最后将样本数据输入调整之后的神经网络，观察误差是否满足最小误差限，若不满足则继续对上述步骤进行迭代，更新神经网路参数直至达到最大迭代次数或者误差满足要求。

  BP神经网络的优点是具有优秀的非线性映射能力、柔性的网络结构，无须事先确定输入和输出的关系，仅通过自身学习和训练，就能对输入和输出之间的复杂函数关系进行模拟，并根据输入值预测输出。但BP神经网络也存在一些不足，如网络结构的选择没有理论指导，算法迭代容易陷入局部最优，网络收敛速度也较慢。

6 综合决策大数据平台

6.1 概述

随着信息化的不断发展,数据作为国家基础性战略资源的价值得到了一致认可,数据资源中蕴含的巨大商业价值、科学研究价值、社会管理与公共服务价值以及支撑科学决策的价值正在被认知和开发利用。2014年,大数据首次写入《政府工作报告》,标志着大数据上升到国家战略高度。2015年,国务院发布《促进大数据发展行动纲要》,全面制定了我国大数据发展的总体蓝图和顶层设计。2016年,《中共中央关于制定国民经济和社会发展第十三个五年规划的建议》提出"实施国家大数据战略,加快推动数据资源共享开放和开发应用,助力产业转型升级和社会治理创新"。

之所以如此关注大数据,最重要的一点是这些体量巨大的数据里蕴藏着巨大的价值和财富。这些数据不仅能够精确地记载历史和当前正在发生的事件而且还能对事物未来的发展提供预测,这对企业和个人面向未来进行决策有着巨大的参考意义和价值。人们从这些数据里找出它们的关联,可以发现数据的规律并验证假设,最终可以大幅度提升决策的科学性、准确性和可靠性,使企业和个人的决策变得更加科学有效。智慧的决策将给技术进步以新的动力,促进新科学规律的发现,使得企业能够更好地顺应和掌控市场,最终会使社会生活和管理发生革命性的变化,大幅促进人类的进步。

因此,规划建设智能露天矿山综合决策管控大数据分析平台,旨在构建符合我国露天矿山行业一体化大数据信息平台和应用系统。

大数据平台聚焦矿山安全生产、生产经营、灾害预警、财务分析、数据深度挖掘等所有应用场景,具备并行处理海量数据能力,对矿山生产中人员、设备和环境产生的数据进行统计和分析,对海量数据进行挖掘和知识发现,协助企业经营进行精细化管理和科学决策,实现向数据要生产力。在构建数据仓库的基础上,接入露天矿山自动化设备系统、环境安全感知系统、气象数据、设备安全监控系统、视频监控、供电系统、煤矿"三位一体"、采运排系统、边坡监测等系统数据,实现多源数据的采集汇聚,对海量数据进行大数据分析,结合安全管理规范和生产工艺流程,建立矿山行业大数据模型,为企业提供安全生产经营辅助建议。智能露天矿山综合决策管控大数据分析平台的建立,将原先分散在不同系统中的生产信息集中统一处理和分析。经营管理者通过大数据平台能直观地掌握整个矿山生产运作情况,对安全问题、隐患进行及时管控和救援,保障矿山安全生产经营。基于大数据支撑平台,构建业务应用基础支撑子平台,可以快速构建各类露天矿山的业务应用模型。

智能露天矿山大数据采集系统主要采集露天矿山边坡监测数据、环境监测数据、工程设备工况数据、车辆人员定位数据、基础信息数据、视频信息数据、露天矿产量数据、气象数据、水位数据、销售数据、成本数据、售价数据等,各系统数据通过露天矿山的智能采集设备传输至智能露天煤矿数据中心。采集设备支持数据文件、消息队列、数据API接口等方式来实现智能露天矿山巨系统数据的采集传输,支撑露天矿山综合决策管理大数据平台的建设。智能露天矿山大数据包括结构化数据和非结构化数据。

露天矿综合决策大数据平台的搭建,可实现对露天矿经营状况进行分析:矿山生产管理者需要通过对经营数据的分析做出阶段性的重要决策。可实现对露天矿灾害指标监控及预警分析:在露天矿山行业,有大量的指标数据在实时监测边坡等各类灾害信息的变化,一旦出现问题,就会影响到露天矿山生产的接续,造成重大经济损失、带来重大安全事故;综合决策大数据平台通过对各类灾害指标的实时计算监控,针对相同算法的指标,通过维度的配置方式,可以节省指标数量的配置,并设置阈值预警和报警,提高安全系数,提早做好预防工作,避免损失。可实现对露天矿设备故障的预测诊断:设备的核心参数之间不是彼此孤立的,会相互影响,因此基于机器运行机理建立多参数之间的关联分析指标就非常有必要,将核心关键参数根据设备机理形成指标计算公式和特征曲线,借此方法分析判断设备异常情况,同时形成设备故障的知识图谱,更好地分析设备影响因素。

现在经常提到"大数据"和"云计算",到底什么是大数据,什么是云计算呢?

① 大数据:"大数据"概念最早在20世纪80年代由美国人提出。2008年9

月,《科学》杂志发表文章 *Big Data: Science in the Petabyte Eras*,"大数据"这个词开始广泛传播。维基百科的定义:大数据指的是所涉及的资料量规模巨大到无法通过目前主流软件工具,在合理时间内达到撷取、管理、处理并整理成为帮助企业经营决策目的的资讯。

② 云计算:云计算是一种商业计算模型,它是将计算的任务发布在大量的计算机的资源池里,让用户可以根据所需求来获取计算力、存储的空间以及信息上的服务。这种资源池被称为"云"。"云"是可以进行自我维护和管理的虚拟化的计算资源,一般都是大型的服务器集群在一起,包括计算服务器、存储服务和其他的宽带资源。所谓云计算就是将资源池里的数据集中起来,并通过自动管理实现了无人参与,让用户在使用的时候可以自动调用资源,支持各种各样的程序进行运转,可以专心于自己的业务。云计算的核心理念就是在资源池里进行运算。

6.2 边缘数据采集

随着智能露天矿山的建设,各系统的数据采集协议将具有一套统一的标准。由于露天矿山各系统建设时间不同、系统数据协议不统一,造成现阶段的各个系统获取数据的难度增大。为此,需要在露天矿山部署端部前置数据采集网关,实现对露天矿山多源异构系统数据的采集。数据实现边缘处理,统一采集。

矿区各种设备协议繁杂,由于厂商协议不同和矿区信息化程度不同,会出现设备数据无法上传的问题,针对此种问题提供基于边缘端的物联网网关对数据进行转换、解析并提供网络传输能力,实现数据的数字化和网络化能力。

数据标准化的统一接入是基于工业互联网平台的智慧化矿山建设的基石,目的是为了消除所有"烟囱"式的子系统架构,将矿山的业务数据以及安全监控数据进行统一采集,从而支撑"业务数据的应用"、"数据的联合融动"、"大数据分析"以及"人工智能"。

边缘数据采集器的功能如下:

矿区所有监测点时序数据需要满足实时性和完整性,以保证数据连续性。露天矿前置边缘数据采集服务器支持标准物联网接入协议,对数据进行归一处理,实现对所有时序数据的初步清洗,达到数据的半结构化能力。

采集设备通过内存存储和通信协议栈的优化，利用相应机制实现数据的实时传输。并实现数据的快速持久化。提供push/pull两种接口，为其他模块提供数据。数据边缘处理及统一接入可以实现：

① 支持适配工业数据协议：OPC DA，OPC UA，Modbus，OSIsoft PI等。
② 支持应用层\传输协议：HTTP，FTP，AMQP，TCP，UDP等。
③ 数据库支持：所有的关系行数据库以及流行的非关系行数据库。
④ 数据格式的转换：支持csv，json，xml以及自定义格式的转换。
⑤ 支持JavaScript脚本的执行与编辑。
⑥ 支持节点编辑。
⑦ 可以在任意节点查看输出结果。

数据采集器拓扑结构：数据边缘处理及统一接入通过软硬件结合的方式对露天矿区设备进行实时现场采集，通过数据采集服务器上传至集群。

露天矿边缘光子采集服务器采用光子芯片，提高数据的采集速率和算法效率，具有低功耗的特点。

系统拓扑图如图6-1所示。

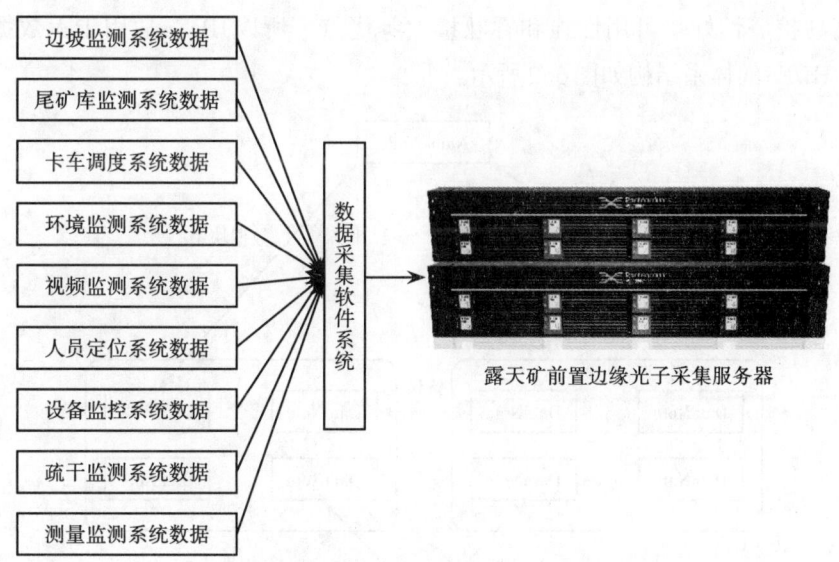

图6-1　露天矿山边缘数据采集服务器拓扑图

6.3 相关理论和技术

6.3.1 HaDoop

HaDoop 一开始设计的目标就定位于高容错性、高可拓展性、高效性和高可靠性，正由于这些设计上与生俱来的优点，HaDoop 在面世后就受到众多大公司的青睐，同时引起了科学界的普遍关注。到目前为止，HaDoop 技术在互联网领域、科研领域都已经得到了广泛的运用。同时基于 HaDoop，也衍生了众多优秀的大数据框架。

6.3.2 HDFS

HDFS 是 Hadoop 分布式文件系统的简称，它是 HaDoop 中的核心存储系统，是分布式计算中数据存储管理的基础。HDFS 在 HaDoop 体系中用于存储大文件，使用流式访问读取数据，具有一次写入多次读取的特性。HDFS 具有容错性高、扩展性好、可用性强和吞吐量大等优点，所以 HDFS 适用于大数据存储。HDFS 的体系结构如图 6-2 所示。

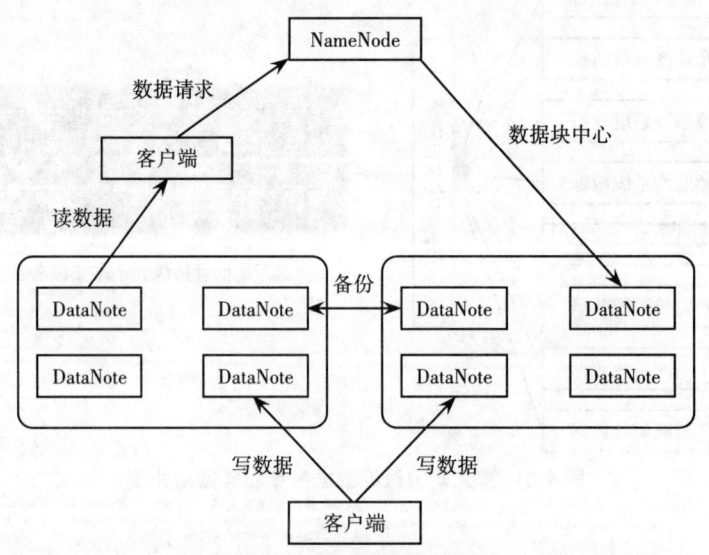

图 6-2　HDFS 的体系结构图

6.3.3 YARN

为了实现一个 HaDoop 集群的集群共享、可伸缩性和可靠性,并消除早期 MapReduce 框架中的 JobTracker 性能瓶颈,开源社区引入了统一的资源管理框架 YARN。

YARN 分层结构的本质是 ResourceManager。这个实体控制整个集群并管理应用程序向基础计算资源的分配。ResourceManager 将各个资源部分(计算、内存、带宽等)精心安排给基础 NodeManager(YARN 的每节点代理)。ResourceManager 还与 ApplicationMaster 一起分配资源,与 NodeManager 一起启动和监视它们的基础应用程序。ApplicationMaster 承担了以前的 TaskTracker 的一些角色,ResourceManager 承担了 JobTracker 的角色。

ApplicationMaster 管理一个在 YARN 内运行的应用程序的每个实例。ApplicationMaster 负责协调来自 ResourceManager 的资源,并通过 NodeManager 监视容器的执行和资源使用(CPU、内存等的资源分配)。请注意,尽管目前的资源更加传统(CPU 核心、内存),但未来会带来基于手头任务的新资源类型(比如图形处理单元或专用处理设备)。从 YARN 角度讲,ApplicationMaster 是用户代码,因此存在潜在的安全问题。YARN 假设 ApplicationMaster 存在错误或者甚至是恶意的,因此将它们当作无特权的代码对待。

NodeManager 管理一个 YARN 集群中的每个节点。NodeManager 提供针对集群中每个节点的服务,从监督对一个容器的终生管理到监视资源和跟踪节点健康。MRv1 通过插槽管理 Map 和 Reduce 任务的执行,而 NodeManager 管理抽象容器,这些容器代表着可供一个特定应用程序使用的针对每个节点的资源。

6.3.4 HBase

数据存储使用 HBase 来承接。HBase 是一个开源的,面向列(column-oriented),适合存储海量非结构化数据或半结构化数据的,具备高可靠性、高性能,可灵活扩展伸缩的,支持实时数据读写的分布式存储系统。

存储在 HBase 中的表的典型特征:

① 大表(Big Table):一个表可以有上亿行,上百万列。
② 面向列:面向列(族)的存储、检索与权限控制。
③ 稀疏:表中为空(null)的列不占用存储空间。

6.3.5 MapReduce

MapReduce 是一种编程模型，用于在大数据中进行数据的并行运算。MapReduce 采用"分而治之"的思想，把对大规模数据集的操作，分发给一个主节点管理下的各个分节点共同完成，然后通过整合各个节点的中间结果，得到最终结果。简单地说，MapReduce 就是任务的分解与结果的汇总。

6.3.6 Hive

Hive 是一个数据仓库基础工具，在 Hadoop 中用来处理结构化数据，用于提供数据查询和分析。Hive 提供了一个类似于 SQL 的接口，将 SQL 转换为 MapReduce 程序访问 Hadoop HDFS 中的数据。传统的 MapReduce 程序需要调用 MapReduce JAVA API 进行查询，而 Hive 可以跳过 API，直接进行 Java 底层查询，提高了查询速度。同时，由于 Hive 通过解析 SQL 实现了查询，大大降低了用户使用的难度，便于用户上手。虽然最初由 Facebook 开发，但 Apache Hive 由 Netflix 和金融业监管局等其他公司使用和开发，在亚马逊 Amazon Web Services 上维护 Amazon Elastic MapReduce 中包含的 Apache Hive 软件分支。Hive 具有以下特点：

① 通过 SQL 轻松访问数据的工具，从而实现数据仓库任务（如提取/转换/加载（ETL），报告和数据分析）。

② 一种对各种数据格式施加结构的机制。

③ 访问直接存储在 Apache HDFS 或其他数据存储系统中的文件。

④ 通过 Apache Tez，Apache Spark 或 MapReduce 执行查询。

⑤ 程序语言与 HPL-SQL。

⑥ 通过 HiveLLAP，Apache YARN 和 Apache Slider 进行亚秒级查询检索。

Hive 没有定义规范的数据格式，用户可以根据自己的需求自由定义数据格式。在创建 Hive 表时，只需要在建表语句里制定好行分隔符和字段分隔符，Hive 就可以读取到 HDFS 中的数据。

Hive 还可以为数据建立索引，建立索引可以提高 Hive 表制定列的查询速度。Hive 的元数据信息保存在 MySQL 中，数据保存在 HDFS 文件系统。Hive 的数据模型包括：桶（Bucket）、分区（Partition）、外部表（External Table）以及表（Table）。

Hive 中的表的概念和一般关系型数据库中表是相似的，每一个表的元数据都保存在MySQL中，包括表对应的文件路径、表名和表字段等。

Hive为了加快查询速度，有了Partition的概念，每一个Partition都对应不同的文件路径。

Bucket通过对制定列进行Hash计算，根据计算后的Hash值将数据切分，每一个Bucket都对应着一个文件，这样可以增加执行时的并行度。

External Table和Table在元数据的存储结构上是相同的，只不过外部表指向一个在HDFS中已经存在的数据，在Hive中也可以对外部表创建Partition。

Hive在创建表和加载表时，会将数据移动到Hive表对应的目录下，同时Hive在删除表时，相应目录下的数据也会被删除。

External Table因为直接指向HDFS的文件系统，不会将原始数据移动到Hive中，且在删除外部表时，只会将表的元数据删除，不会将HDFS中的数据删除。

6.3.7 Loader（Sqoop）

Loader实现大数据组件与关系型数据库、文件系统之间交换"数据""文件"，同时也可以将数据从关系型数据库或者文件服务器导入到HDFS或HBase中，或者反过来从HDFS/HBase导出到关系型数据库或者文件服务器中。

Loader模型主要由Loader Client和Loader Server组成，如图6-3所示。

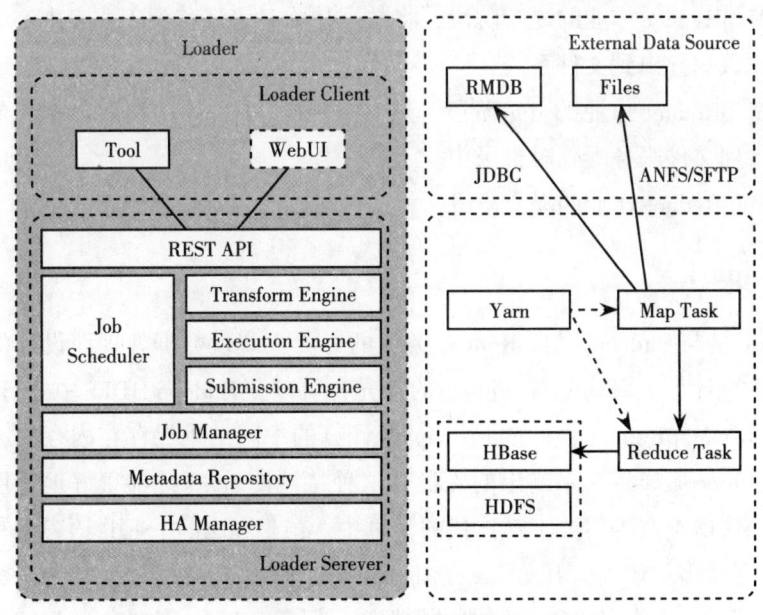

图6-3 Loader模型结构

通过 MapReduce 实现并行执行和容错。

Loader 通过 MapReduce 作业实现并行的导入或者导出作业任务，不同类型的导入导出作业可能只包含 Map 阶段或者同时包含 Map 和 Reduce 阶段。

Loader 同时利用 MapReduce 实现容错，在作业任务执行失败时，可以重新调度。

（1）数据导入到 HBase

在 MapReduce 作业的 Map 阶段中从外部数据源抽取数据。

在 MapReduce 作业的 Reduce 阶段中，按 Region 的个数启动同样个数的 Reduce Task，Reduce Task 从 Map 接收数据，然后按 Region 生成 HFile，存放在 HDFS 临时目录中。

在 MapReduce 作业的提交阶段，将 HFile 从临时目录迁移到 HBase 目录中。

（2）数据导入 HDFS

在 MapReduce 作业的 Map 阶段中从外部数据源抽取数据，并将数据输出到 HDFS 临时目录下（以"输出目录.ldtmp"命名）。

在 MapReduce 作业的提交阶段，将文件从临时目录迁移到输出目录中。

（3）数据导出到关系型数据库

在 MapReduce 作业的 Map 阶段，从 HDFS 或者 HBase 中抽取数据，然后将数据通过 JDBC 接口插入到临时表（Staging Table）中。

在 MapReduce 作业的提交阶段，将数据从临时表迁移到正式表中。

（4）数据导出到文件系统

在 MapReduce 作业的 Map 阶段，从 HDFS 或者 HBase 中抽取数据，然后将数据写入到文件服务器临时目录中。

在 MapReduce 作业的提交阶段，将文件从临时目录迁移到正式目录。

6.3.8 Spark

Spark 是与 Hadoop、MapReduce 类似的专为大规模数据处理而设计的快速通用的并行计算引擎，是对 Hadoop 的补充，可以在 Hadoop HDFS 中并行运行。与 Hadoop、MapReduce 不同的是，Spark 计算的中间结果保存在内存中，不用像 MapReduce 那样将结果输出的磁盘，这种特性使 Spark 能够很好地运用在机器学习和数据挖掘等需要不断迭代的计算中。虽然 Spark 由 Scala 语言编写，但是 Spark 支持多种语言，比如 Java、Python 等。而由于 Scala 语言支持函数式编程，所以在 Spark 中可以很方便地对数据进行计算，Spark 的核心数据结构是弹性分布式数据集（RDD），RDD是Spark的基本数据结构。RDD一旦创建就不可以修改，且可以分区存储在不同的服务器上，RDD中的元素可以并行地进行计算，RDD在经过不同的计算过程之后，会创建多个不同的新的RDD，一旦中间计算发送错误，就可以追溯到最初的RDD进行重新计算，这是由于RDD可以存放在内存中，因此RDD可以在内存中进行迭代式计算。图6-4所示为RDD的计算方式。图6-5所示为RDD结构。

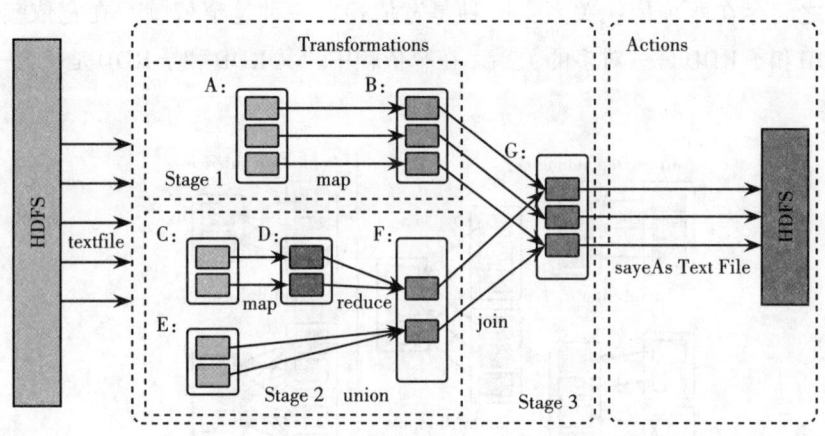

图6-4　RDD的计算方式图

RDD的属性如下：

① 分区，即RDD的基本组成单位。RDD中，每个分区都可以进行独立的运算，在初始化RDD时，用户可以通过参数设定分配的分区个数，如果不对

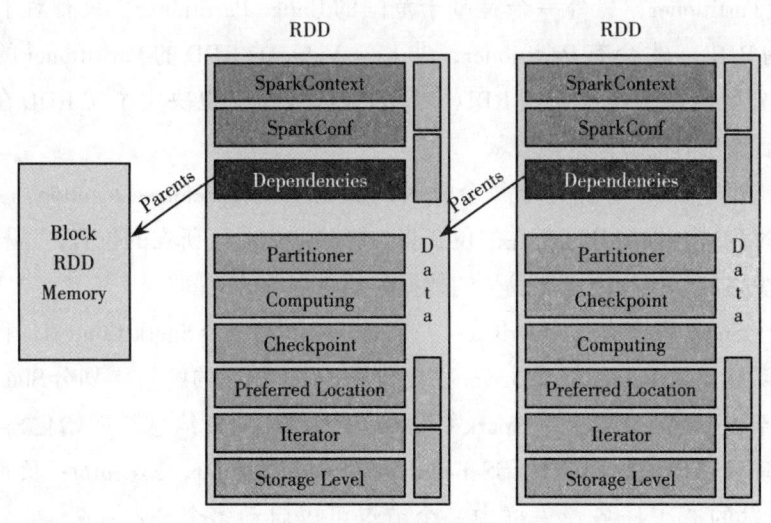

图6-5　RDD结构图

分区个数进行制定，系统就会默认为RDD设置分区数目，默认值是这个程序被分配的CPU Core的数目。

②算子。Spark中对RDD的操作叫作算子，Spark的算子分为两类：一类是Transform，一类是Action。一个RDD经过Transform计算后，会创建新的RDD用于后续计算，一直到遇到Action操作之后才能将结果输出。

③依赖关系。父RDD在经过算子操作之后生成新的子RDD，父RDD和子RDD之间存在两种依赖关系：一种是宽依赖，一种是窄依赖。在宽依赖中，父RDD和子RDD是一对多的关系。在窄依赖中，父RDD和子RDD是一对一的关系。

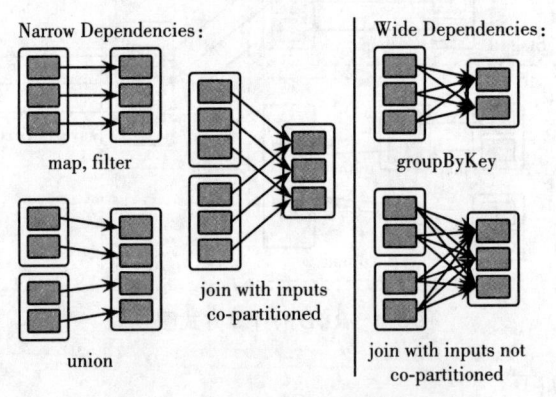

图6-6　RDD宽、窄依赖关系图

④分区函数。当前Spark中实现了两种类型的分片函数，一个是基于哈希的Hash Partitioner，另外一个是基于范围的Range Partitioner。只有对于Key-Value的RDD，才会有Partitioner，非Key-Value的RDD的Parititioner的值是None。分区函数不但决定了RDD本身的分区数量，也决定了父RDD在经过Shuffle后输出时的分区的数量。

⑤分区列表，存储存取每个分区的所在位置（preferred location）。Spark在计算过程中会根据分区所在的位置将计算移动到分区所在的位置，这样可以尽量减少在计算过程中可能发生的数据移动所消耗的时间。

一个Spark程序有一个Driver，一个Driver创建一个Spark Context，程序的main函数运行在Driver中。Driver主要负责Spark程序的解析，划分Stage，调度Task到Executor上执行；Spark Context用于加载配置信息，初始化Spark程序运行环境，创建内部的DAGScheduler和TaskScheduler；Executor：负责执行Drive分发的Task任务，集群中一个节点可以启动多个Executor，每个一个

Executor通过多线程运行多个Task任务；Task是Spark运行的基本单位，一个Task负责处理RDD一个分区的计算逻辑。

6.3.9 Flume

Flume是一个高可用的、高可靠的、分布式的海量日志采集、聚合和传输的系统，Flume支持在日志系统中定制各类数据发送方，用于收集数据；同时，Flume提供对数据进行简单处理，并写到各种数据接受方（可定制）。其中Flume-NG是Flume的一个分支，其明显简单，体积更小，更容易部署。Flume最基本的架构如图6-7所示。

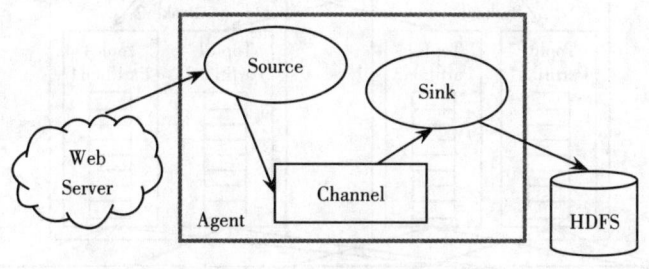

图6-7 Flume架构

Flume-NG由一个个Agent组成，而每个Agent由Source、Channel、Sink三个模块组成，其中Source负责接收数据，Channel负责数据的传输，Sink则负责数据向下一端的发送。

Source：完成对日志数据的收集，分成Transtion和Event打入到Channel之中。

Channel：主要提供一个队列的功能，对Source提供的数据进行简单的缓存。

Sink：取出Channel中的数据，进行相应的存储文件系统，数据库，或者提交到远程服务器。

Flume的可靠性基于Agent间事务的交换，下一个Agent down掉，Channel可以持久化数据，Agent恢复后再传输。可用性则基于内建的Load Balancing和Failover机制。Channel及Agent都可以配多个实体，实体之间可以使用负载分担等策略。

每个Agent为一个JVM进程，同一台服务器可以有多个Agent。收集节点（agent1，agent2，agent3）负责处理日志，汇聚节点（agent4）负责写入HDFS，每个收集节点的Agent可以选择多个汇聚节点，这样可以实现负载均衡。

6.3.10 Kafka

Kafka 是一个分布式的、分区的、多副本的消息发布-订阅系统,它提供了类似于 JMS 的特性,但在设计上完全不同,它具有消息持久化、高吞吐量、分布式、多客户端支持、实时等特性,适用于离线和在线的消息消费,如常规的消息收集、网站活性跟踪、聚合统计系统运营数据(监控数据)、日志收集等大量数据的互联网服务的数据收集场景。Kafka 架构如图 6-8 所示。

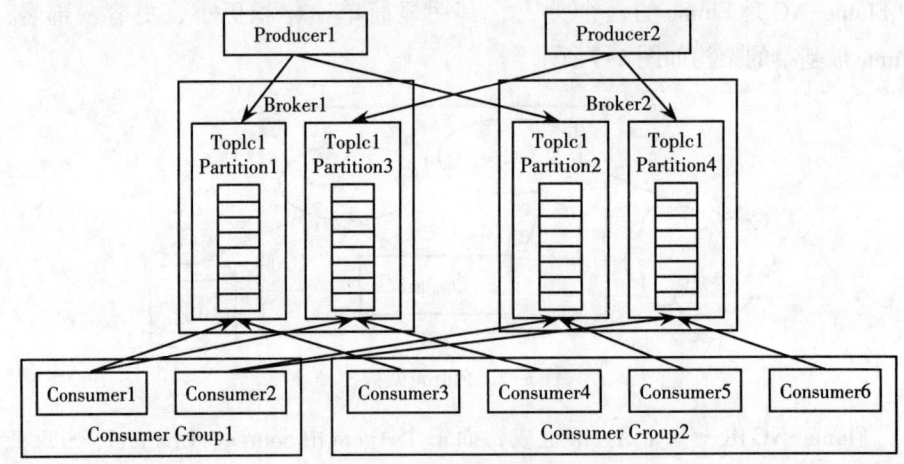

图 6-8 Kafka 架构图

6.3.11 Flink

Apache Flink 是目前流行的分布式流处理框架,其核心是用 Java 和 Scala 编写的分布式流数据流引擎。Flink 以数据并行和流水线方式执行任意流数据程序,Flink 的流水线运行时系统可以执行批处理和流处理程序。此外,Flink 运行时本身也支持迭代算法的执行。Flink 的基本架构如图 6-9 所示。

Flink 整体是由 2 部分组成,即 JobManager 和 TaskManager,是两个 JVM 进程。

JobManager:也称为 Master(对应 Spark 里的 Driver),用于协调分布式执行,它们用来调度 Task、协调检查点、协调失败回复等。Flink 运行时至少存在一个 Master 处理器,如果配置高可用模式则会存在多个 Master,它们其中一个是 Leader,而其他都是 Standby。

TaskManager:也称为 Worker(对应 Spark 里面的 Executor),用于执行一个

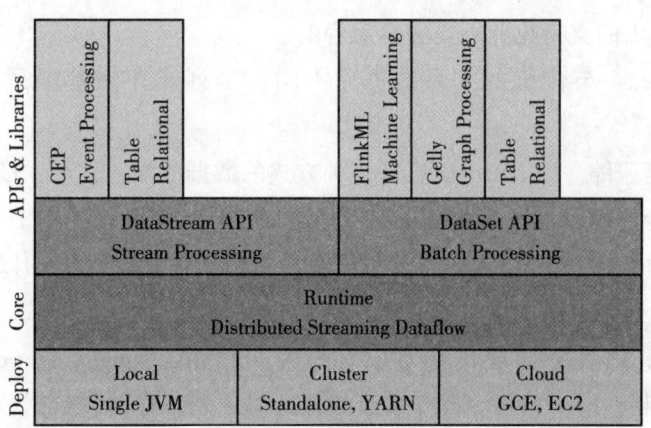

图 6-9　Flink 架构

Dataflow 的 Task、数据缓冲和 Datastream 的交换，Flink 运行时至少会存在一个 Worker 处理器。

Apache Flink 是一个分布式系统，需要计算资源来执行应用程序。Flink 集成了所有常见的集群资源管理器，如 Hadoop YARN，Apache Mesos 和 Kubernetes，但也可以设置为作为独立集群运行。

Flink 被设计成能够很好地工作于前面列出的每个资源管理器。这是通过特定于资源管理器的部署模式实现的，这种部署模式允许 Flink 以其惯用的方式与每个资源管理器交互。

在部署 Flink 应用程序时，Flink 根据应用程序的配置并行性自动识别所需的资源，并从资源管理器请求它们。如果发生故障，Flink 将通过请求新的资源来替换失败的容器。提交或控制应用程序的所有通信都是通过 REST 调用进行的。这简化了 Flink 在许多环境中的集成。

6.3.12　ClickHouse

ClickHouse 是一个面向开源的 DBMS（列式数据库管理系统），用于在线分析处理（OLAP）。ClickHouse 是俄罗斯一家搜索引擎公司 Yandex 在 2006 年开源的一款应用于数据分析的数据库。这个列式存储数据库的跑分超过很多流行的商业 MPP 数据库软件，在大数据背景下，其查询速度远超过 Hive，Spark 等，但同时也存在着一些局限，比如不支持事务操作等。和如今流行的传统大数据框架不一样的是，ClickHouse 不依赖于 Hadoop 生态软件，并且同样支持分布式部署。但由于 ClickHouse 面世时间较短，在实际应用中参考文献较少，其对标准SQL的支持也并不是完全兼容的。

ClickHouse与传统的关系数据库不同,是列式存储管理系统,其特性如下:

① 数据压缩。ClickHouse支持多种方式的数据压缩,比如:LZ4和ZSTD。

② 基于磁盘存储。ClickHouse支持普通磁盘,因此在成本上有较大优势。提供了针对RAID SSD、大内存等的配置,如果有的话,也能加以利用。数据按主键顺序存储,因此可以实现延时极低的查询。

③ 向量化引擎。现代CPU中有一种叫SIMD(single instruction multiple data)的机制,即一条指令操作多个数据。对于列式存储的数据,可以很方便地利用这一机制,更好地发挥CPU的性能。

④ 多核、多服务器并行处理。在ClickHouse中,数据会存储到不同的分片上,查询会在多个分片上并行执行。而在每台服务器上,也会多核并行处理,充分利用单机性能。

⑤ 支持数据实时写入。MergeTree引擎下,新插入数据后,会先形成新的Part,这个时候数据就已经可以被查到,因此从数据写入到可以被查询的延时是很小的。后续不同Part会继续异步进行Merge,以提高存储效率。

⑥ 数据复制。ClickHouse是基于Zookeeper的主复制,写入任何可用的副本后,数据将分发到所有剩余的副本。复制时按块进行,复制失败可以直接重试。系统在不同的副本上保持相同的数据。此外,相对其他列存储数据库,ClickHouse对SQL语法的支持非常好,包括group by、order by、in join等常用SQL语句都支持。

如表6-1所示,ClickHouse的应用场景更适用于互联网的数据分析,且实际数据测试表明,ClickHouse对于单表查询速度明显优于别的数据库。

表6-1 ClickHouse关键功能和应用场景

关键功能	应用场景
深度列存储	电子商务
向量化查询执行	广告服务
数据压缩	电信
并行和分布式查询	信息安全
实时数据注入	网络游戏

表6-1（续）

关键功能	应用场景
跨数据中心的备份	物联网
类SQL支持	⋮
局部和分布式Join	
网站和应用分析	
⋮	

6.3.13 Redis

Redis是一个基于内存的数据存储系统，数据以Key-Value的形式存储，和MemCached类似。但Redis可以支持更多不同类型的数据作为它的Value值，包括String（字符串）、Set（集合）、List（链表）、Zset（有序集合）和Hash（哈希类型）。以上数据类型都可以进行取交集、Add/Remove、Push/Pop、差集、并集等操作。同时，Redis也支持各种不同方式的排序。与MemCached的区别是Redis为了实现Master Slave（主从）同步，可以设置过期时间，周期性地将写入的数据更新至磁盘。

Redis具有高性能的特性，可以支持不同语言且具有高效的数据缓存机制，极大地弥补了MemCached的缺陷。它提供了Java，Python，Perl，Erlang，JavaScript，Ruby，Object-C等多种语言的客户端，非常便于使用。

Redis的数据结构相较于传统的MemCached更为复杂，而且Redis也提供了对这些数据结构的原子性操作，Redis的数据类型在数据结构的基础上对开发者完全透明，开发者可以直接使用，不用再将数据进行抽象成对象进行操作。

Redis中对数据的操作基于内存，但是它可以周期性地写入磁盘，也提供了磁盘持久化，因此在对数据进行操作时，需要权衡内存的大小进行数据操作，以防溢出。和磁盘上的数据结构的复杂性不同，Radis在内存中进行操作，很大程度上会简化操作。

6.3.14 Nginx

Nginx同Apache Tomcat一样都是一种Web服务器。基于Rest架构风格，以统一资源描述符（uniform resources identifier，URI）或者统一资源定位符（uniform resources locator，URL）作为沟通依据，通过 Http 协议提供各种网络服务。然而，这些服务器在设计之初受到当时环境（例如用户规模、网络带宽、产品特点等）局限并且各自的定位和发展都不尽相同。这也使得各个 Web 服务器有着各自鲜明的特点。

Apache Tomcat 的发展时期很长，而且是毫无争议的世界第一大服务器。它有着很多优点：稳定、开源、跨平台等。由于 Apache Tomcat 兴起年代的互联网产业远远比不上现在，因此 Apache Tomcat 是一个非常庞大的重量级服务器，它不支持高并发的服务。在 Apache 上运行数以万计的并发访问，对服务器内存的消耗是无法估计的。同时由于需要不断地对进程和线程状态切换，这些操作所造成的 CPU 的资源耗能也是巨大的，响应时间因此也会变长。这些因素都决定了在大数据发展迅速的今天，Apache Tomcat 作为 Web 服务器是非常不现实的，而 Nginx 的出现解决了这些问题，在互联网的洪流下，Nginx 也得到了广泛的发展。

负载均衡是 Nginx 的很重要的一个特性，其调度算法有如下几种：

① weight 轮询：接收到的请求按照顺序逐一分配到不同的后端服务器，若在使用过程中，某一台后端服务器宕机，Nginx 会自动将该服务器剔除出队列，请求受理情况不会受到任何影响。这种方式下，可以给不同的后端服务器设置一个权重值（weight），用于调整不同服务器上的请求的分配率；权重数据越大，被分配到请求的概率越大；该权重值主要是针对实际工作环境中不同的后端服务器硬件配置进行调整的。

② ip_hash：每个请求按照发起客户端的 IP 的 Hash 结果进行匹配，这样的算法下一个固定 IP 地址的客户端总会访问到同一个后端服务器，这也在一定程度上解决了集群部署环境下 Session 共享的问题。

③ fair：智能调整调度算法，动态地根据后端服务器的请求处理到响应的时间进行均衡分配，响应时间短处理效率高的服务器分配到请求的概率高，响应时间长处理效率低的服务器分配到的请求少；是结合了前两者的优点的一种调度算法。

④ url_hash：按照访问的 URL 的 Hash 结果分配请求，每个请求的 URL 会指向后端固定的某个服务器，可以在 Nginx 作为静态服务器的情况下提高缓存效率。

6.3.15 Oozie

Oozie是一个基于工作流引擎的开源框架，它能够提供对Hadoop作业的任务调度与协调，见图6-10。

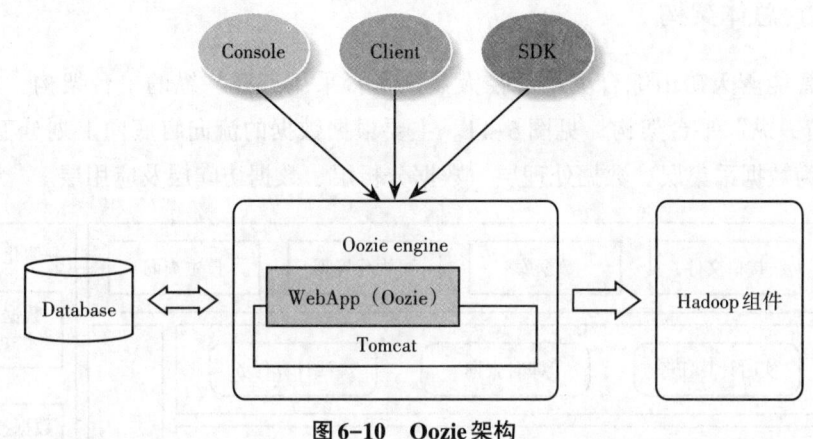

图6-10　Oozie架构

Oozie是一个工作流引擎服务器，用于运行HD MapReduce任务工作流。同时Oozie还是一个Java Web程序，运行在Tomcat容器中。

Oozie工作流通过HPDL（一种通过XML自定义处理的语言，类似于JBOSS JBPM的JPDL）来构造。包含Control Node（可控制的工作流节点）、Action Node。

Control Node用于控制工作流的编排，如start/开始、end/关闭、error/异常、decision/选择、fork/并行、join/合并等。

Oozie工作流中拥有多个Action Node，如MapReuce，Java等。

所有的Action Node以有向无环图（direct acyclic graph，DAG）的模式部署运行。所以在Action Node的运行步骤上是有方向的，当上一个Action Node运行完成后才能运行下一个Action Node。一旦当前Action Node完成，远程服务器将回调Oozie的接口，这时Oozie又会以同样的方式执行工作流中的下一个Action Node，直到工作流中所有Action Node都完成（完成包括失败）。

Oozie工作流提供各种类型的Action Node用于支持不同的业务需要，如MapReduce，HDFS，SSH，Java以及Oozie子流程。

6.4 系统平台架构

6.4.1 总体架构

智能露天矿山综合决策管控大数据平台采用五横一纵的平台架构，简称"五横一纵"平台架构，见图6-11。主要根据数据的流向自底向上划分五层，分别为数据采集层、数据处理层、数据分析层、数据访问层及应用层。

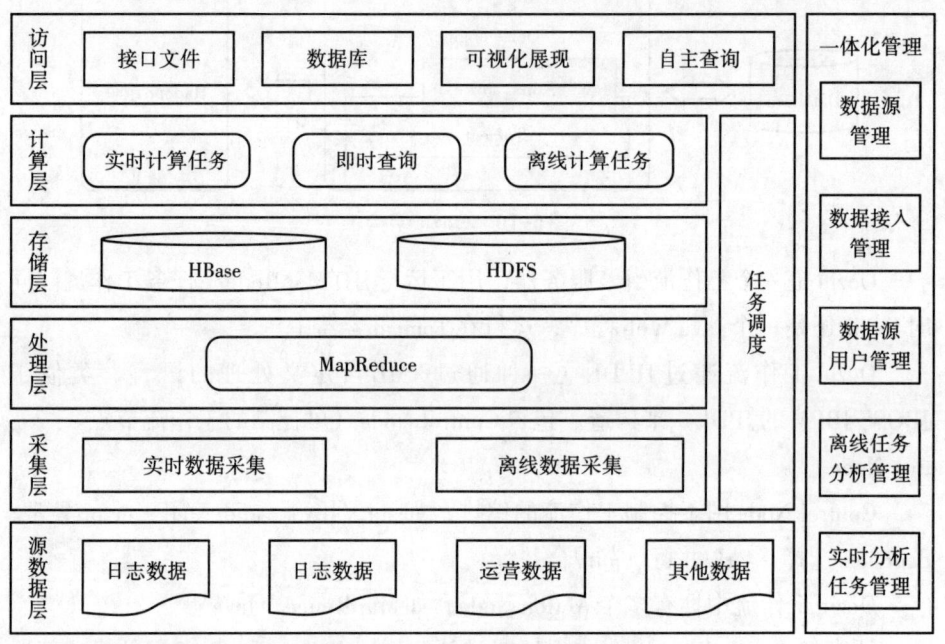

图6-11 智能露天矿山综合决策管控大数据平台总体架构

数据采集层：既包括传统的ETL离线采集，也有实时采集、互联网爬虫解析等。

数据处理层：根据数据处理场景要求不同，可以划分为Hadoop、MPP、流处理等。

数据分析层：主要包含了分析引擎，比如数据挖掘、机器学习、深度学习等。

数据访问层及应用层：主要是实现读写分离，将偏向应用的查询等能力与计算能力剥离，包括实时查询、多维查询、常规查询等应用场景；根据智能露天矿山的特点不同划分不同类别的应用，例如露天矿山综合灾害风险分析、智慧化卡车无人驾驶智能调度等。

一体化数据管理层：主要是实现数据的管理和运维，它横跨多层，实现统一管理。

6.4.2 决策架构

智能露天矿山综合决策管控大数据平台决策架构（见图6-12），主要由业务数据层、分析服务层、分析业务层、分析展现层以及数据分析标准体系和元数据及代码规范标准体系构成。通过分析露天矿山多维属性的数据，实现对露天矿山的决策支持，涵盖矿山生产规划、成本利润控制、征地信息预警、矿产储量核查等内容，为智能露天矿山领导者提供精准决策支持。

图6-12 智能露天矿山综合决策管控大数据平台决策架构

6.4.3 大数据中心架构

智能露天矿山大数据中心架构如图6-13所示。

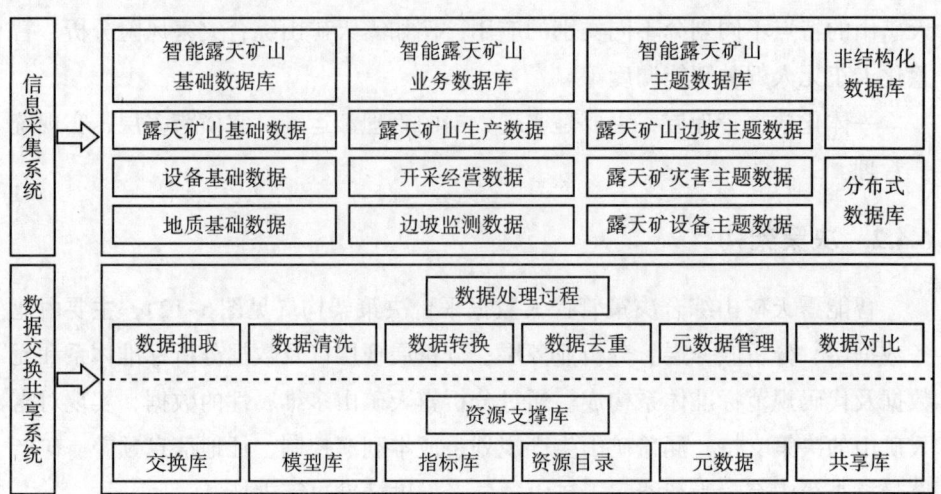

图6-13 智能露天矿山大数据中心架构图

在智能露天矿山综合决策管控大数据平台的基础上，构建智能露天矿山大数据分析系统。智能露天矿山大数据分析系统自下而上依次为：源数据层、数据处理层、决策层以及传输展示层。智能露天矿山大数据分析系统架构如图6-14所示。

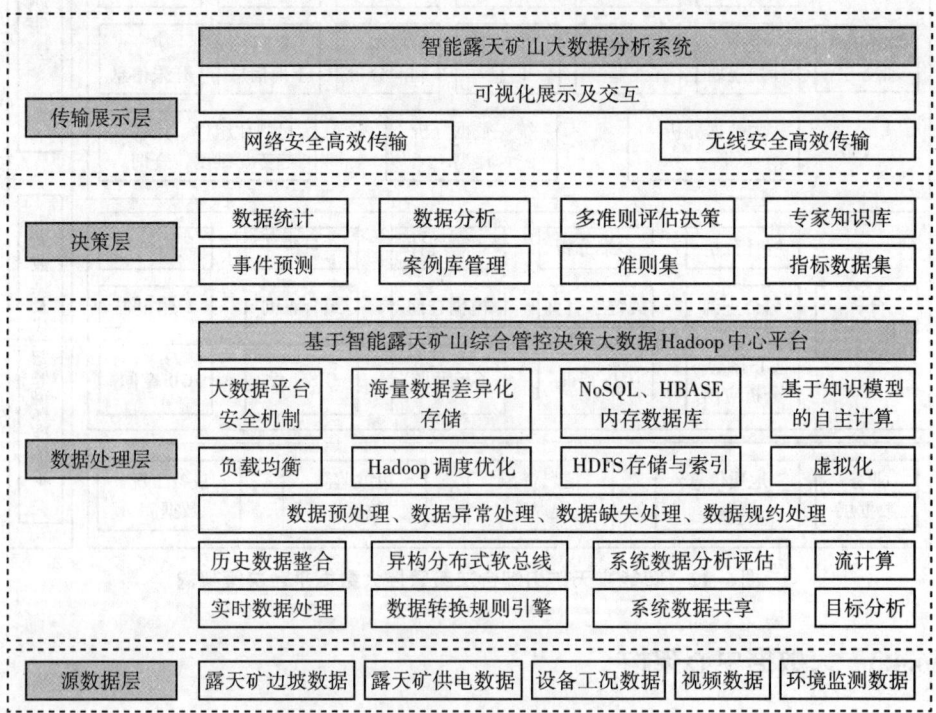

图6-14 智能露天矿山大数据分析系统

全生命周期数据治理及其平台如图6-15所示。

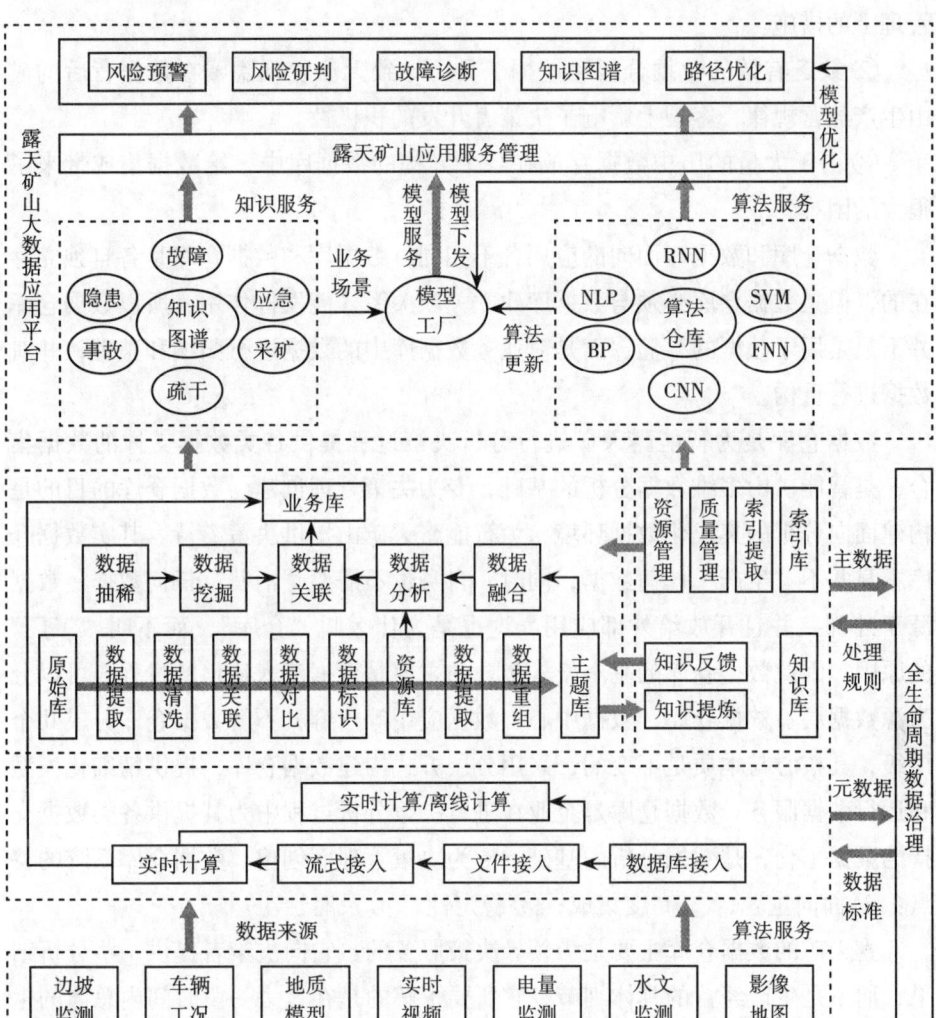

图6-15　全生命周期数据治理及其平台

6.5　数据仓库设计

随着信息技术的发展，我国许多露天矿山企业均建有较为广泛的关系信息系统，各部门利用数据库技术解决各自的业务问题，但露天矿数据库的建设还有很多不完善的地方，存在的主要问题如下：

① 对数据仓库技术的效益和必要性没有足够的认识，缺乏必要的组织与管理上的措施。

② 缺乏有效的数据分析和挖掘工具，导致无法发现隐藏在数据背后的矿山生产经营规律，客观上影响了决策者开发的积极性。

③ 由于大量的历史数据存放在各个异构的数据库中，给数据集成带来了很大的困难。

数据仓库和数据库面向的应用各不相同，数据库和数据仓库是各自独立存在的，但是数据仓库必须与数据库建立关联关系才能发挥作用，所以数据仓库并不只是用于数据的存储，而是对业务数据库中的数据进行归纳和整理，并对数据进行重构。

数据仓库是为智能露天矿进行分析决策过程提供各类数据支撑的数据集合，是智能矿山多维数据分析的基础，专为决策管理创建。数据仓库的目的是构建面向分析的集成化数据环境，为智能露天矿山提供决策支持。其实数据仓库本身并不"生产"任何数据，同时，自身也不需要"消费"任何数据，数据源于外部，并且开放给外部应用，这也是为什么叫"仓库"，而不叫"工厂"的原因。因此数据仓库的基本架构包含的主要是数据流入流出的过程，可以分为源数据层、数据仓库、数据中心、数据应用等内容，不管数据仓库分成几个层级，其核心与本质是不变的，采用分层方式构建数据仓库，提供精细化模型和运行数据服务。数据仓库是企业在进行决策分析过程中为其提供各类数据支持的数据集合，是数据分析的基础，专为决策管理而创建。数据仓库系统的特点：① 面向主题；② 高度集成；③ 稳定性；④ 及时性。

露天矿的数据仓库主要是为领导决策服务的，它向决策者提供一些分析结果，而不是生产经营的具体细节，它所要了解的是在过去一段时间内总体的生产状况，例如每台电铲每个班的产量、每辆卡车每个班的油耗、每个轮胎的消耗等。数据仓库存储的信息与生产业务系统不同，它所存储的数据是经过提炼的，这些数据需要保存较长时间，因此，业务数据必须经过加工和精炼，转移到数据仓库中，对已经建好的数据仓库需要核实的前端访问工具来表现数据仓库的数据。

6.5.1 数据分层设计

智能矿山涉及海量的感知数据存储、实时处理、实时分析和可视化，单一的数据库结构或单层级的数据分层无法满足智能露天矿山建设的需求。因此，在上文提到了数据仓库的分层建设的方式。数据分层的必要性主要体现在如下三个方面：第一，数据分层可以清晰数据结构，使得每一个数据分层都有它的作用域，在使用数据表时能更方便地定位和理解。第二，数据分层可以减少重复开发，通过规范数据分层和通用的中间层数据开发，能够减少业务系统的重复计算。第三，数据分层有利于复杂问题简单化。将一个复杂的任务分解成多个步骤来完成，每一层只处理单一的步骤，比较简单和容易理解。而且便于维护数据的准确性，当数据出现问题之后，可以不用修复所有的数据，只需要从有问题的步骤开始修复。

基于智能露天矿山整体业务需求的不同，采用原数据层、数据资源层和业务分析层三层的方式构建数据仓库，对外提供精细化模型和运行数据服务。数据源包含模型数据、运行数据、外部环境数据及非结构化数据。大数据平台生成指标、标签及分析结果数据，按需沉淀至资源层。

通过平台提供的ETL工具衔接各层数据，实现各层之间数据的清洗、融合、转换，将数据从原始层逐步流转到数据资源层、业务分析层，完成数据仓库中的数据流转。每层数据的分层原则如下：

（1）原始数据层

通过主动采集、被动接收等方式获取到的数据未经加工、清洗，存入数据库中，这些数据形成的数据层成为原始层。原始层与源系统数据结构基本保持一致。对原始层数据对象进行元数据建模，在元数据上定义数据质量校验规则，做数据质量校验。原始层发现数据错误后，需明确是源系统数据错误还是采集错误，如是源系统数据错误，需从源系统重新发送。

（2）数据资源层

数据资源层是对数据做统一的清洗处理（包括去重、去噪、字典翻译、空值转化、日期格式化等操作）后形成的数据层，同时进行一些表之间的关联整合后，产生业务所需要的多维度完整主题数据。资源层数据由原始层数据对象二次加工而来，数据加工的方式包括：扩展维度、维度聚合汇总、特殊值提取等，数据生成的频度包括实时计算、分钟级、小时级等。使用统一的维度表，包括时间维度、区域维度、字典数据等。元数据、基础数据、时间维度、区域维度、字典数据使用唯一编码，在数据分析的全生命周期内具有不变性，数据作废时，不能删除，需设置失效状态和失效时间。字典数据在维度表中维护，避免在事实表中存储庞大的描述字段。量测、事件关联到实际设备对象，如管道的测点数据从管道端采集，关联到管道。应用分析生成的指标、标签及模型运算结果反馈至资源层管理。允许数据冗余，依据应用需求，按照不同表结构存储于不同的存储组件。新增应用扩展数据源时，若与原数据仓库字段重复，仅保留唯一字段。维护标签维度表和事实表，包括各对象数据标签和各应用精细化模型标签。

（3）业务分析层

业务分析层是结合实际需求，由资源层基于某些维度的深度加工统计汇总等操作转化而来，涉及多个主题数据之间的关联的结果。在分析层中，为每个应用建立一个分析主题库。分析层采用宽表存储，不建议数据关联。分析层数据一般通过批处理任务生成，实时性差，数据时间维度一般基于"日"级别。

智能露天矿数据仓库架构如图6-16所示。

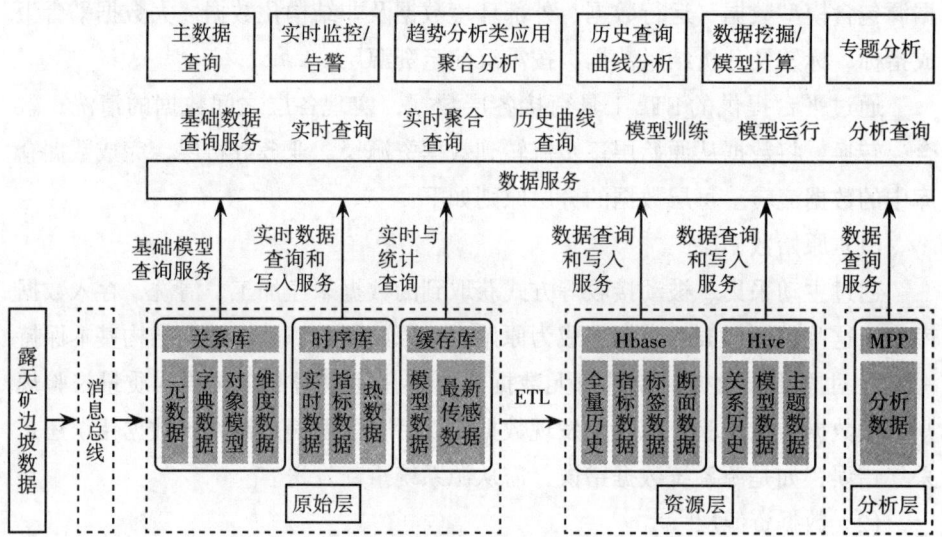

图6-16 智能露天矿数据仓库架构

6.5.2 感知数据库设计

为支撑露天矿山综合决策大数据平台的建设，需建立露天矿山感知数据库系统，此系统为露天矿山综合决策分析提供数据支撑。智能露天矿山感知数据库系统具有以下功能：

（1）元数据管理

元数据是描述数据的数据，主要维护露天矿山相关业务内部分析模型（如滑坡灾害分析、车辆故障诊断、设备实时预警），包括表名、字段名、字段值、字段长度、字段类型、字段数据来源、数据校验方式等内容。

（2）主题数据管理

支持将元数据管理中定义的主题数据进行管理，包括数据分类查询、数据数量统计等。

（3）数据交换

从时序数据库和关系型数据库抽取主题数据，具体过程包括：作业示例、作业模板、作业配置、调度频率、调度顺序、调度监控等事项。

（4）数据质量

数据质量支持数据校验（包括完整性校验、合理性校验、规范性校验、合规性校验和冗余性校验五种类型），具体功能分为：数据校验规则、数据校验结果、数据校验配置和数据质量检查报告等模块。

（5）数据监控管理

数据服务调用监控，全程跟踪数据交换过程情况，如交换过程出现异常则进行提醒，保障数据交换过程的正常进行。

6.5.2.1 原始库建设

原始库由关系数据库和时序数据库组成，主要存储露天矿山环境监控系统、边坡监测系统、视频监控系统、车辆人员监测系统、水文地质监测系统、重大工程设备监控系统的原始数据。原始库主要包括业务系统公共数据、单系统基础数据、单系统业务数据等，存储煤矿各类数据。

原始库数据入库：从煤矿采集的感知基础数据、感知实时数据，传输到智能露天矿山大数据中心平台的Kafka消息队列集群，经Flink实时计算处理后，按照数据热度、类型等，分别存储到内存数据库集群、时序数据库集群和关系库集群。最新测点数据存入内存数据库集群、基础数据存入关系库集群、时序数据存入时序数据库。

原始库主要包括：

① 业务系统公共数据表：煤矿基础信息表。

② 环境监控系统，包括感知基础数据表和实时数据表。基础数据表：测点基本信息表、分站基本信息表。实时数据表：测点实时数据表、测点统计数据表、测点报警信息表。

③ 车辆人员位置监测系统，包括感知基础数据表和实时数据表。基础数据表：人员基本信息表、区域基本信息表、基站基本信息表。实时数据表：露天矿作业人员实时数据表、驾驶人员求救表、驾驶室超员报警表、驾驶员超时

报警表、进入限制区域报警表、驾驶超速表。

④ 工业视频监控系统，包括基础数据表和实时数据表。基础数据表：煤矿摄像头基本信息表。实时数据表：摄像头在线状态表。

⑤ 露天矿疏干水监测系统，包括基础数据表和实时数据表。基础数据表：地表水监测基本信息表、水文钻孔监测基本信息表、排水量监测基本信息表等。实时数据表：地表水监测实时数据表、水文钻孔监测实时数据表、排水量实时数据表等。

⑥ 露天矿重大工程设备监测系统，包括基础数据表和实时数据表，如卡车运行状态监控、电铲运行监控、推土机运行监控、皮带运行监控、破碎站运行监控等基本信息表和实时数据表等。

表6-2~表6-7所示为原始库表结构。

表6-2 煤矿基本信息表

字段编码	字段名称	字段类型	说明
id	主键	int（11）	
mine_code	煤矿编码	varchar（20）	
mine_name	煤矿名称	varchar（100）	
aqjk_system_model	环境监控系统型号	varchar（10）	
aqjk_system_name	环境监控系统名称	varchar（100）	
aqjk_manufacturer_name	环境监控系统开发厂商名称	varchar（100）	
aqjk_term_validity	环境监控系统安标有效期	date	
camera_sys_ip	视频系统ip地址	varchar（20）	
camera_sys_port	视频系统端口	varchar（6）	
is_sync	是否同步	varchar（1）	
create_time	数据创建时间	datettime	这条数据入库的系统时间
data_flag	有效标志	varchar（1）	该条数据是否有效，1表示有效，0表示无效

表6-3 环境监控实时数据表

字段编码	字段名称	说明
mineCode	煤矿编码	必填项

表6-3（续）

字段编码	字段名称	说明
pointCode	测点编码	必填项
sensorTypeName	传感器类型名称	必填项
pointLocation	测点安装位置	必填项
pointValue	测点值	必填项
valueUnit	测点数值单位	必填项
pointStatus	测点状态	必填项
dataTime	数据产生时间	必填项
uploadTime	系统上传时间	必填项
createTime	入库时间	必填项
mineName	煤矿编码对应名称	必填项
pointStatusName	测点状态名称	必填项
sensorType	传感器类型	必填项
stationCode	分站编码	必填项
pointValueType	测点数值类型	必填项
installTime	传感器定义时间	必填项
highRange	高量程	必填项
lowRange	低量程	必填项
upperLimit	上限报警门限	必填项
upperLimitRelease	上限解报门限	必填项
lowerLimit	下限报警门限	必填项
lowerLimitRelease	下限解报门限	必填项
upperLimitPoweroff	上限断电门限	必填项
upperLimitPoweron	上限复电门限	必填项
lowerLimitPoweroff	下限断电门限	必填项
lowerLimitPoweron	下限复电门限	必填项
pointMonitorLocation	设备监测位置	必填项

表 6-4　工程设备监控实时数据表

字段编码	字段名称	说明
mineCode	煤矿编码	必填项
pointCode	测点编码	必填项
sensorTypeName	传感器类型名称	必填项
pointLocation	测点安装位置	必填项
pointValue	测点值	必填项
valueUnit	测点数值单位	必填项
pointStatus	测点状态	必填项
dataTime	数据产生时间	必填项
createTime	入库时间	必填项
mineName	煤矿编码对应名称	必填项
pointStatusName	测点状态名称	必填项
sensorType	传感器类型	必填项

表 6-5　边坡锚杆（索）应力监测基本信息表

字段编码	字段名称	字段类型	说明
mine_code	煤矿编码	varchar（28）	必填项
point_code	测点编码	varchar（28）	必填项
monitor_area_name	监测区名称	Varchar（100）	必填项
monitor_system_name	监测系统名称	varchar（50）	必填项
monitor_system_model	监测系统型号	varchar（20）	必填项
sensor_type	传感器类型	varchar（4）	必填项
sensor_position	传感器位置	varchar（100）	必填项
installation_time	安装时间	datatime	必填项
sensor_position_x	传感器位置 X	decimal（10，2）	必填项
sensor_position_y	传感器位置 Y	decimal（10，2）	必填项
sensor_position_z	传感器位置 Z	decimal（10，2）	必填项

表6-5（续）

字段编码	字段名称	字段类型	说明
abnormal_state_desc	异常状态描述	varchar（255）	必填项
data_time	数据时间	datetime	必填项
upload_time	上传时间	datetime	必填项
create_time	入库时间	datetime	必填项

表6-6　边坡表面位移监测基本信息表

字段编码	字段名称	字段类型	说明
mine_code	煤矿编码	varchar（28）	必填项
point_code	测点编码	varchar（28）	必填项
monitor_area_name	监测区名称	varchar（100）	必填项
monitor_system_name	监测系统名称	varchar（50）	必填项
monitor_system_model	监测系统型号	varchar（20）	必填项
sensor_type	传感器类型	varchar（4）	必填项
sensor_position	传感器位置	varchar（100）	必填项
installation_time	安装时间	datetime	必填项
sensor_position_x	传感器位置X	decimal（10，2）	必填项
sensor_position_y	传感器位置Y	decimal（10，2）	必填项
sensor_position_z	传感器位置Z	decimal（10，2）	必填项
abnormal_state_desc	异常状态描述	varchar（255）	必填项
data_time	数据时间	datetime	必填项
upload_time	上传时间	datetime	必填项
create_time	入库时间	datetime	必填项

表6-7　露天矿工程机械设备监测基本信息表

字段编码	字段名称	字段类型	说明
mine_code	煤矿编码	varchar（28）	必填项
point_code	测点编码	varchar（28）	必填项

表6-7（续）

字段编码	字段名称	字段类型	说明
sensor_type_code	传感器类型编码	varchar（5）	必填项
sensor_type_name	传感器类型名称	varchar（64）	必填项
point_location	测点位置	varchar（100）	必填项
point_value_unit	测量值单位	varchar（32）	必填项
upper_range	量程上限	decima（10，2）	必填项
lower_range	量程下限	decima（10，2）	必填项
upper_limit	报警上限	decima（12，2）	必填项
lower_limit	报警下限	decima（12，2）	必填项
sensor_associated	传感器关联关系	varchar（12）	必填项
data_time	数据时间	datetime	必填项，yyyy-MM-dd HH：mm：ss
upload_time	上传时间	datetime	必填项，yyyy-MM-dd HH：mm：ss
create_time	创建时间	datetime	必填项，yyyy-MM-dd HH：mm：ss

6.5.2.2 主题库建设

主题库主要由关系数据库和分析型数据库构成，主要对存储在资源库中环境监控系统、车辆人员位置监测系统、视频监控系统、水文地质监测系统、露天矿重大设备监控系统的资源数据通过数据管控子系统进行ETL，形成主题库，供应用系统的统计分析功能使用。

主题库数据入库：主题库的数据资源主要来自资源库，通过对资源库中的数据资源进行ETL操作，抽取面向主题分析的数据资源。

主题库表结构如表6-8、表6-9所示。

表6-8 煤矿各类数据最新接入情况明细表

字段编码	字段名称	字段类型	说明
mine_code	煤矿编码	varchar（28）	必填项
system_code	系统编码	varchar（20）	必填项
system_name	系统名称	varchar（50）	必填项

表6-8（续）

字段编码	字段名称	字段类型	说明
message_code	消息编码	varchar（50）	必填项
message_name	消息名称	varchar（100）	必填项
upload_total	上传数据条数	int（11）	
upload_time	数据最新上传时间	datetime	格式为yyyy-MM-dd hh：mm：ss
upload_state	最新上传状态	int（1）	0：未上传；1：已上传；2：断开
create_time	入库时间	datetime	必填项，格式为yyyy-MM-dd hh：mm：ss

表6-9 地表水监测日统计表

字段编码	字段名称	字段类型	说明
mine_code	煤矿编码	varchar（28）	必填项
point_code	测点编码	varchar（28）	必填项
sensor_type	传感器类型	varchar（5）	必填项
sensor_location	传感器安装位置	varchar（100）	必填项
data_date	数据日期	date	必填项，格式为yyyy-MM-dd
max_value	最大值	decimal（10，2）	必填项
max_value_time	最大值时刻	datetime	格式为yyyy-MM-dd hh：mm：ss
min_value	最小值	decimal（10，2）	必填项
min_value_time	最小值时刻	datetime	格式为yyyy-MM-dd hh：mm：ss
avg_value	平均值	decimal（10，2）	必填项
point_value_unit	单位	varchar（20）	必填项
create_time	入库时间	datetime	格式为yyyy-MM-dd hh：mm：ss

6.5.2.3 时序库建设

时间序列数据库（time series database）简称时序数据库，是用于存储时间序列数据的专业化分布式数据库。区别于传统的关系型数据库，时序数据库针对时间序列数据的存储、查询和展现进行了专门的优化，从而获得极高的数据压缩能力、极优的查询性能，特别适用于工业互联网应用场景。

时序库具有高并发写入能力、低延迟查询，高效压缩，降低存储成本，支持强大的数据横向扩展能力，优化长期存储，降低成本，支持数据复杂的聚合计算、降精度等特点。

时间序列数据库主要面向电力、煤炭、石油、钢铁和化工行业等各类型实时监测、检查与分析设备所采集、产生的数据场景，这些工业数据的典型特点是：产生频率快（每一个监测点1秒钟内可产生多条数据）、严重依赖于采集时间（每一条数据均要求对应唯一的时间）、测点多、信息量大（常规的实时监测系统均有成千上万的监测点，监测点每秒钟都产生数据，每天可产生TB级的数据量）。

时序数据中相关术语：

metric：相关联的数据集合，类似于关系型数据库中的table。

point：一个时序数据点，类似于关系型数据库中的row。

timestamp：时间戳，表征时序数据产生的时间点。

tag：维度列，用于描述设备/系统的属性，表明是哪个设备/模块产生的，一般不随着时间变化。

field：指标列，用于描述设备/系统状态的变化，随时间平滑波动。

聚合函数（aggregator）：可以对一段时间的数据点做聚合，如每10分钟的和值、平均值、最大值、最小值等。

时序数据库子系统主要包括数据采集及计算、数据存储、接口服务、系统管理和运维监控等功能。

时序数据库支持分布式部署和横向扩展：支持分布式部署，实现数据高可用；支持动态横向扩容，扩容操作不影响集群使用。吞吐量不低于50万条/秒的高并发访问；时间精度：数据存储精确到毫秒级；平均压缩比10∶1，压缩算法支持有损压缩、无损压缩及两者结合的混合压缩；支持在线备份与恢复，支持动态按天删除；底层基于HDFS存储，支持多副本存储，实现数据实时备份与恢复功能。支持Flink、Spark在线实时计算和MapReduce离线计算两种方式。时序库具有高性能、高可靠、易使用、低成本、易兼容等特点。

支持批量写入、高并发查询，以及强大的分析聚合能力，提供近30多种聚合方式；通过横向扩展，线性提升系统性能；根据metric对应的time series个数、时间区间、datapoint个数不同，读取效率也不一样。time series个数较少的情况下，一天数据可以毫秒级返回；海量的查询秒级返回等。采用分布式部署，可横向扩展；支持多副本存储，支持自动分配主从副本；支持硬件物理机部署和虚拟机部署。提供丰富的数据类型，REST 接口，数据写入查询可使用 json 格式；支持列存储，高压缩比，降低存储成本；支持数据预降精度：降低存储成本的同时，提高查询性能；副本数可按需调整。兼容 Kafka/Grafana/Flume/Flink 等组件，方便数据采集及可视化分析；支持从 MySQL、Kafka 等开源生态同步数据，方便迁移；支持与 Hadoop、Hive、Spark 和 Flink 无缝集成。智能露天矿山时序库表结构如表6-10～表6-18所示。

表6-10 测点实时历史数据表

metric	key	值	约束
数据类型	type	aqjk_rt_sensormonitor	无
tag	key	值	约束
煤矿编码	coalmine_code	12位煤矿编码	字符型
传感器类型编码	sensor_type	4位编码	字符型
测点编码	point_code	最多28位编码	字符型
测点状态	point_status	最多3位编码	数值描述
timestamp	约束	value	约束
数据时间	时间类型	数值	数值型

表6-11 车辆人员历史轨迹数据表

metric	key	值	约束
数据类型	type	jxry_rt_stafflocation	无
tag	key	值	约束
煤矿编码	coalmine_code	12位煤矿编码	字符型
人员卡编码	staff_code	最多17位编码	字符型
车辆编码	car_code	最多17位编码	字符型
基站编码	locstation_code	最多22位编码	字符型
人员工作状态	work_state	最多1位编码	数值描述
timestamp	约束	value	约束
数据时间	时间类型	进入当前基站时刻	时间类型

表6-12 边坡位移监测数据表

metric	key	值	约束
数据类型	type	zjzl_rt_sensormonitor	无
tag	key	值	约束
煤矿编码	coalmine_code	12位煤矿编码	字符型
传感器类型编码	sensor_type	4位编码	字符型
测点编码	point_code	最多28位编码	字符型
测点状态	point_status	最多3位编码	数值描述
timestamp	约束	value	约束
数据时间	时间类型	数值	数值型

表6-13 锚索应力监测数据表

metric	key	值	约束
数据类型	type	zkyl_rt_sensormonitor	无
tag	key	值	约束
煤矿编码	coalmine_code	12位煤矿编码	字符型
传感器类型编码	sensor_type	4位编码	字符型
测点编码	point_code	最多28位编码	字符型
测点状态	point_status	最多3位编码	数值描述
timestamp	约束	value	约束
数据时间	时间类型	数值	数值型

表6-14 水文钻孔监测数据表

metric	key	值	约束
数据类型	type	swzk_rt_sensormonitor	无
tag	key	值	约束
煤矿编码	coalmine_code	12位煤矿编码	字符型
传感器类型编码	sensor_type	4位编码	字符型

表6-14（续）

metric	key	值	约束
测点编码	point_code	最多28位编码	字符型
测点状态	point_status	最多3位编码	数值描述
timestamp	约束	value	约束
数据时间	时间类型	数值	数值型

表6-15 卡车监控测点实时历史数据表

metric	key	值	约束
数据类型	type	tfjk_rt_sensormonitor	无
tag	key	值	约束
煤矿编码	coalmine_code	12位煤矿编码	字符型
传感器类型编码	sensor_type	5位编码	字符型
测点编码	point_code	最多28位测编码	字符型
测点状态	point_status	最多3位编码	数值描述
timestamp	约束	value	约束
数据时间	时间类型	数值	数值型

表6-16 挖掘机监控测点实时历史数据表

metric	key	值	约束
数据类型	type	psjk_rt_sensormonitor	无
tag	key	值	约束
煤矿编码	coalmine_code	12位煤矿编码	字符型
传感器类型编码	sensor_type	5位编码	字符型
测点编码	point_code	最多28位测编码	字符型
测点状态	point_status	最多3位编码	数值描述
timestamp	约束	value	约束
数据时间	时间类型	数值	数值型

表6-17 钻机监控测点实时历史数据表

metric	key	值	约束
数据类型	type	ljjk_rt_sensormonitor	无
tag	key	值	约束
煤矿编码	coalmine_code	12位煤矿编码	字符型
传感器类型编码	sensor_type	5位编码	字符型
测点编码	point_code	最多28位测编码	字符型
测点状态	point_status	最多3位编码	数值描述
timestamp	约束	value	约束
数据时间	时间类型	数值	数值型

表6-18 推土机监控测点实时历史数据表

metric	key	值	约束
数据类型	type	xjjk_rt_sensormonitor	无
tag	key	值	约束
煤矿编码	coalmine_code	12位煤矿编码	字符型
传感器类型编码	sensor_type	5位编码	字符型
测点编码	point_code	最多28位测编码	字符型
测点状态	point_status	最多3位编码	数值描述
timestamp	约束	value	约束
数据时间	时间类型	数值	数值型

6.5.3 数据存储层设计

智能露矿山大数据源于露天矿山各类生产感知系统，各类生产感知系统数据经过数据治理后，通过Kafka消息的方式进行数据传输，该部分数据包括结构化数据和非结构化数据，感知流式数据通过Storm流式计算，存储到HBase当中，进行后续的业务数据的相应分析。一部分数据通过ETL抽取的方式，进入到关系型数据库中，在关系库中，进行数据的存储和处理后，为数据挖掘提供基础支撑。所有分析结果数据都将在BI展示系统中进行展示。上述数据流转流程，都依托于智能露天矿山综合决策管控大数据平台提供的资源管理、数据质量、流式计算等方面的服务来完成。举个露天矿山数据存储数据应用案例：智能露天矿山大数据平台的数据存储按使用频率和实时性要求，将实时展示的煤矿关键指标数据，例如煤矿的接入状态、环境监控的测点状态、人员、重大设备运行实时情况等，保存至内存数据库中；将最新实时数据、基础数据、报警数据和日志数据等保存在关系型数据库中；将煤矿环境监控、水文地质监测系统和矿用重大设备监控数据的全量感知数据保存在由云提供的HBase大数据平台上，为大数据分析的批处理任务提供数据资源。图6-17所示为智能露天矿山综合决策管控大数据平台数据体系流程图。

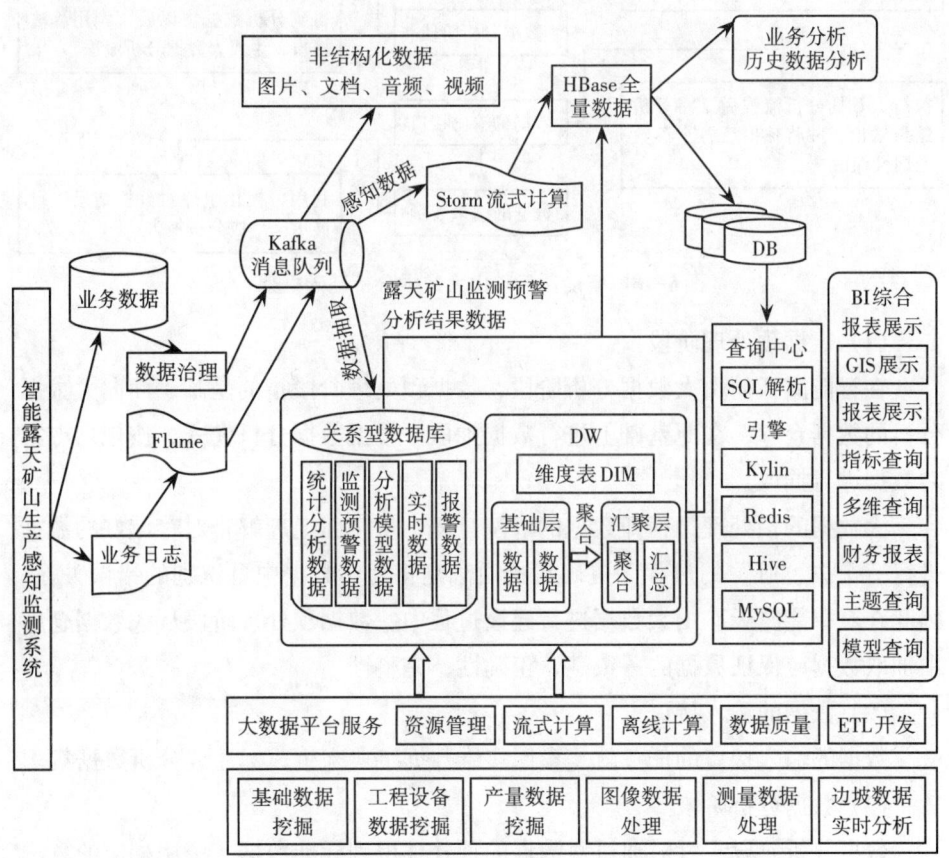

图6-17 智能露天矿山综合决策管控大数据平台数据体系流程图

6.5.4 数据分析层设计

数据分析层主要依托煤矿基础数据、多源感知监控系统数据、过程管理数据等进行数据挖掘与知识发现,结合数值计算和模拟仿真等功能。

智能露天矿山综合决策管控大数据平台分析基础架构包括:数据预处理阶段、数据的输入接口、数据分析阶段、数据的输出接口以及数据的结果展示五部分内容,见图6-18。五部分内容相辅相成。

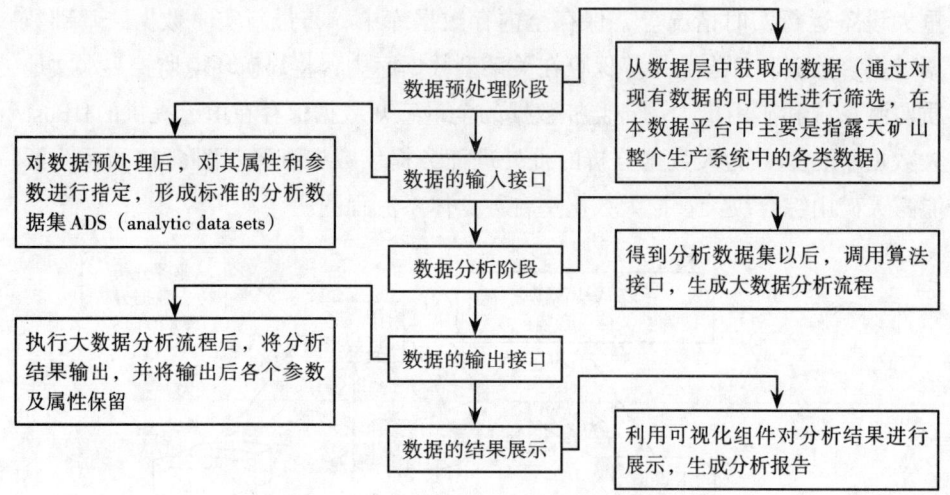

图6-18 智能露天矿山大数据分析基础框架

（1）数据预处理阶段

在智能露天矿山大数据分析阶段,数据预处理阶段指的是基于面向大数据分析的数据仓库,在此基础上进行数据抽取。根据数据分析模式,按规划方案对数据进行抽取。

大数据的预处理过程即数据的清洗过程,从字面上理解是对存储好的数据进行一个去"脏"的过程。更确切的说法是将存储数据中可识别的错误去除。因此在对智能露天矿山大数据进行建设过程中,数据预处理阶段从大数据仓库中抽取数据应保证数据的一致性、正确性、完整性。

（2）数据的输入接口

数据的输入接口的任务就是参照多维数据字典来生成标注成分析数据集。

（3）数据分析阶段

数据分析阶段,针对通过对数据的预处理得到标准数据,调用相应的算法模型,通过挖掘算法找到解决数据挖掘问题的最合适数据挖掘模型。分析算法库包括但不限于回归算法、决策树、支持向量机（SVM）、聚类算法、贝叶斯算法、时间序列、卷积神经网络（CNN）、递归神经网络（RNN）等主流算法。对数据进行分析,通过执行分析流程,实现数据分析。分析完成后,将分析结果及参数以及分析流程根据多维数据字典的规范和分析流程规范，传递给数据的输出接口。

（4）数据的输出接口

在此阶段，需要对结果输出，结果输出不仅仅是为本次而服务，分析结果不一定具有意义，但一个好的分析模型有多次复用的可能，因此需要对其模型、参数及分析流程进行保存。

（5）数据的结果展示

在大数据的结果展示中，采用数据可视化技术将更加高效形象地展示大数据的价值和鲜明的对比，利用可视化的工具对分析结果进行展示，并生成分析报告。分析报告能使大数据分析后的结果更加形象、直观地展示出来。

6.5.5 地理信息数据库

地理信息数据主要指与应急资源有关的基础地理信息，分为基础地理信息数据、专业地理信息数据和综合地名数据等三类。具体包括：自然地理信息中的地貌、水系、植被以及社会地理信息中的居住地及设施、交通、境界与政区、管线、工矿及其设施、特殊地物、地名等。

（1）基础地理信息数据

基础地理信息数据主要包括：数字线划图（DLG）数据，数字高程模型（DEM）、数字正射影像（DOM）数据、卫星遥感影像数据等。

（2）专业地理信息数据

专业地理信息数据指与空间位置相关的专业数据，主要包括突发事件专题图和专业地理专题图等信息。

（3）综合地名数据

综合地名数据是指与地名相关的数据，主要包括地名、门牌、地址等数据和应急活动关注的兴趣点数据。

6.6 指标模型平台

指标管理平台是一款基于大数据的指标在线计算平台，可以清晰地描绘指标数据产生→处理→计算→存储→应用的全过程。

指标管理平台支持多种类型的数据源，除了传统关系型数据库外，还支持

Hive、Elasticsearch、Kylin 和 REST API 等大数据平台数据源。支持多种调度计算频率，支持秒、分、日、月、年等不同周期的调度频率，系统根据指标层级，进行匹配。指标平台支持多维度配置、多算法函数，可以通过页面配置指标，利用试算功能测试算法、结果精度等是否符合业务需求，在线调试和修改。支持对计算结果的预警、报警，通过设置指标结果的阈值来触发预警、报警功能，通过发送系统消息、邮件、短信等方式通知管理者及时做出相应的对策。

6.6.1 功能列表

主要包括：资源目录管理、数据资源管理、数据集管理、维度管理、参数管理、规则管理、指标管理、指标结果重算、指标结果查询、调度管理、调度监控、指标告警监控、后台管理。

（1）资源目录管理

建立资源目录，树形管理，统一管理数据源、数据集、主题等业务目录。

（2）数据资源管理

数据源管理用于定义数据来源，支持目前主流的关系型数据库，如 Oracle，SQLServer，DB2，MYSQL，PostgreSQL 等，以及常用的国产数据库，如达梦、人大金仓、GBase 等；大数据架构下的数据库支持 Hive，ElasticSearch，Kylin 等。另外，系统还实现对文件导入数据、RESTAPI 读取到的数据进行分析、展示，同时可通过扩展的方式添加新的数据源到系统中。

（3）数据集管理

数据集是采用 OLAP 分析的 Cube（数据立方体），可以提前定义查询、聚合表达式、动态时间漏斗。在用户数据模型比较稳定的前提下，可以减少相同数据集下不同报表设计时重复的填写查询脚本、新建聚合表达式等工作。定义数据集的时候，一般建议通过别名的方式设置字段，增强可读性。

（4）维度管理

维度描述的是一个事物所具备的特征或属性，往往是一些分类、时间等方面的字段。定义维度时，建议把一些公共的维度提取出来作为公共维度使用，例如时间、省市县等。

（5）参数管理

参数和软件后台方法中的参数类似，此处更为复杂，这里为参数定义了很多基础属性，如参数编码 param_code（唯一标识）、参数数据类型

param_data_type（参数值类型）等。在规则添加参数的时候通过参数编码作为唯一标识添加参数。参数管理中包括了全部的参数项，为规则配置提供参数来源。

（6）规则管理

规则是指标计算的基础，是程序计算的算法，而参数则是算法所需要的变量。在规则配置时指定参数并给定默认值便可进行试算，返回一个结果或结果集。产品内置了一些常用规则，例如最大、平均值等。如需要可根据业务规则进行自定义开发。

（7）指标管理

指标管理包含指标的新增、修改和删除功能，指标定义需指定规则和所需参数，平台中缺省内置多种业务规则，并支持根据指标计算结果添加阈值，支持消息提醒设置，包括提醒方式、提醒人员及提醒内容。指标分为简单指标和复杂指标两种类型，复杂指标一般由简单指标进行二次计算实现。

（8）指标结果重算

指标结果重算主要针对历史指标进行重新计算，可以将指定时间段的指标按照配置的计算规则进行重新计算。

（9）指标结果查询

指标结果查询是针对已经计算完毕的指标进行结果查看，点击左侧指标树按层级进行查看。指标结果查询时，可根据时间范围、维度对指标结果进行过滤。维度为多级维度时，维度之间是级联的。

（10）调度管理

调度管理是对调度任务的统一管理。根据业务需求配置定时任务，实现指标的定时计算以及消息提醒等。其中执行时间以及执行规则可以按月、周、天、时、分、秒等进行配置。

（11）调度监控

调度监控的目的是监控调度任务的执行情况、执行时间以及是否执行。

（12）指标告警监控

指标监控是对指标定时计算的监控，可以看到指标的计算是否成功、计算条数等，还可以查看指标告警情况。

（13）后台管理

后台管理主要是对功能菜单、人员组织机构、字典等进行管理。

6.6.2 指标模型

（1）基础概念

参数：指标运算过程中使用的变量。

规则：指标的算法，通常一个规则包含多个参数。

调度：指标运算周期的控制。分为年、月、日、时、分、秒。

维度：指从不同的角度对指标数据进行的分类。分为时间维度、独立维度、多级维度、字典维度四种。

（2）指标分类

指标包括简单指标、复合指标，从指标数据获取的角度来说，有感知动态实时采集指标和需要系统用户手动填报的指标。

简单指标指从数据集直接获取通过算法计算的指标，一般情况下，一个简单指标都会指定一个数据集和一个算法。算法配置方式有四种，分为数据集SQL、自定义SQL、计算公式、自定义规则。

复合指标是指在简单指标基础上，使用简单指标计算结果进行二次计算的指标。在高精度时间计算（分、秒）中，为了满足计算时间的需求，会将复合指标还原为多个简单指标的计算规则的组合。

填报指标是指由线下或无法通过数据集获取的数据人为手工填报的指标，可以用做后续的复合指标计算。

（3）指标配置过程

图6-19所示为指标数据配置查询。

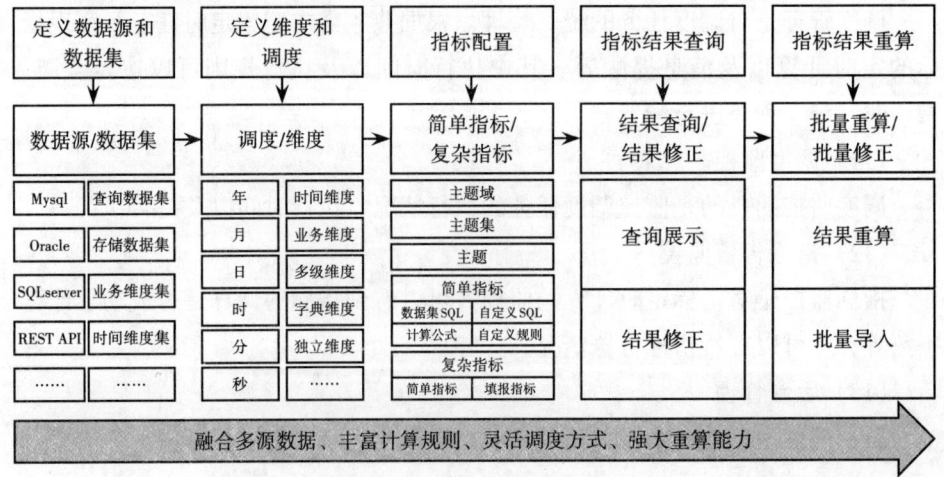

图6-19　指标数据配置查询

(4) 创建指标主题

指标主题分为主题域、主题集、主题三个层级。

① 主题域相当于指标的分类目录，不同的类型指标可以通过主题域分别建立，包含多个主题集。

② 主题集会确定当前主题集下所有指标的查询数据源和存储数据源，包含多个主题。

③ 主题会确定当前主题下所有指标的存储维度，并且会根据所选择的维度创建结果表，包含多个指标。

(5) 创建简单指标

简单指标是绑定数据集的指标，一般直接取数据集来计算，可以使用数据集SQL、自定义SQL、计算公式API（Groovy）、自定义规则四种计算方式。

(6) 告警阈值设置

告警阈值设置可以设置多个针对指标结果的条件判断，分别定义提示内容及人员等，见图6-20。

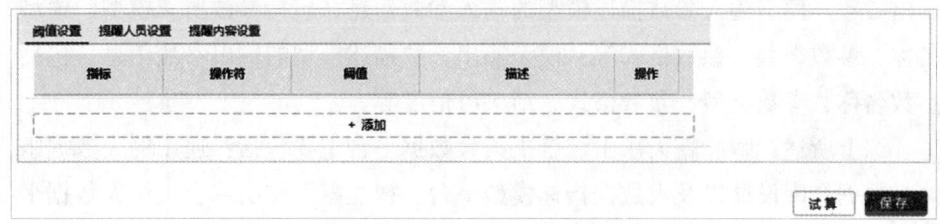

图6-20 指标设置阈值示意图

(7) 创建调度

根据业务需求和指标计算频率设置调度周期，指标计算中可以设置计算周期，计算周期分为准实时计算和周期性计算两种。调度执行规则为循环执行。

准实时计算：包括秒级、分级和时级三种，准实时计算的特点是计算时效性高，计算速度快，在分布式环境下支持多节点分布式计算。在计算时复合指标会还原为最基础的简单指标工时，一次性计算出结果。

周期性计算：包括日、周、月、季和年，特点是指标计算时分层级循序完成，即先计算简单指标，再计算一级复合指标，然后是二级复合指标，逐级计算。下一级指标计算时直接从上一级指标计算结果处取值。存在手工填报指标场景，同时指标计算完成后有指标修改场景，修改后在修改值的基础上重新计算指标。

(8) 指标结果查询

指标结果查询支持基本的时间筛选和指标定义的维度筛选，能够更清晰地查询出对应数据，并且可以针对单个值进行修正。

(9) 指标结果重算

重算时需要选择重算的指标和重算的时间范围，执行中系统会将原本的指标结果数据清除，插入最新的计算结果。

(10) 模型链

模型链记录了组合模型中同一级子节点的关系，包括星型、串型、混合型、隐蔽型。如果是星型，则所有子节点之间是并列关系，没有先后关系；如果是串型，则所有子节点之间存在一定顺序；如果是混合型，则同时存在以上两种类型；隐蔽型则表示各节点关联关系是隐蔽的，需要进行特殊处理，如编写特定的连接处理程序。

(11) 模型参数

模型参数是对模型的数据模式结构进行的描述，包括模型输入参数和模型输出参数。模型输入参数描述模型的输入参数信息，包括参数所属模型、模型名称、参数类型、参数格式等；模型输出参数描述模型的输出参数信息，包括参数名称、参数类型、参数格式、结果可信度等。

综上所述，智能露天矿山综合决策大数据平台主要包括：通用的大数据组件、数据仓库设计以及大数据指标模型平台。智能露天矿山综合决策大数据平台的建设需紧紧依托露天矿山业务生产系统，根据露天矿山多源数据特点，构建具有露天矿山特色的原始库、主题库、时序库；根据露天矿山的业务应用场景，构建对应场景下的分析指标和模型，实现对露天矿山海量数据的实时分析，为露天矿山管理者提供辅助决策。

6.7 数据治理服务

数据治理的总目标是做到数据"能用、真用、必须用"，实现数据"全过程留痕、全链条闭环"。露天矿山数据治理（data govemance）是组织中设计数据使用的一整套管理行为，是关于如何制定和实施针对整个企业内部数据的技术管理流程。露天矿山领域的数据治理就是具备数据采集、整合、处理、治理能力，同时统一标准和口径，给实时性要求较高的业务应用提供数据支撑，并能实现安全防护、运维保障等一系列能力的数据平台，也就是所谓数据中台。数据治理的解决思路如图6-21所示。

数据应用和数据治理应该是相互融合、密不可分的。从数据应用入手，在应用中明确需求，在数据ETL的过程中，逐步形成业务可使用的数据；同时形成数据模型、指标体系和对应的质量标准。

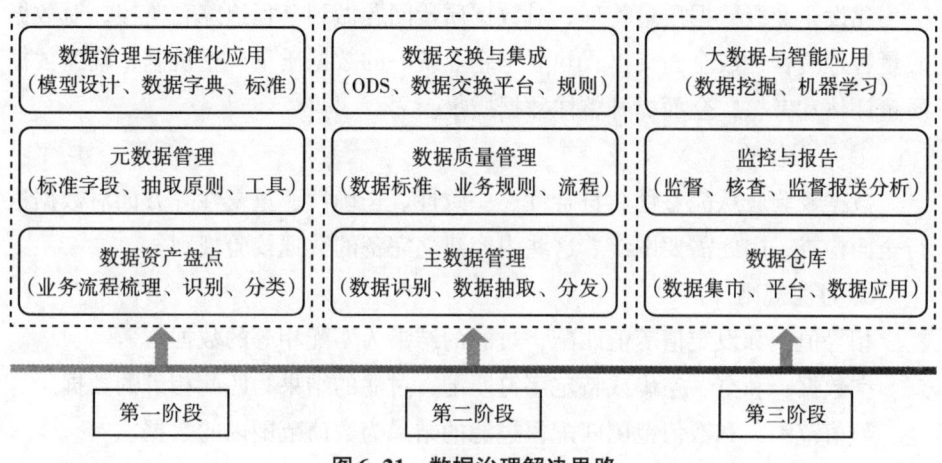

图6-21 数据治理解决思路

露天矿数据治理内容主要包括建立数据模型、数据质量管控体系、数据异常处理、数据缺失处理、数据规约处理、元数据管理、主数据管理、数据安全治理、数据标准管理、数据生命周期以及数据共享交换等11个方面。

（1）建立数据模型

涵盖整个露天矿山的业务范围，建立全域统一的模型，满足非冗余、稳定、一致、易用等特征，为将来不同的应用分析需求打下基础，并形成统一的数据模型扩充规范，保障结构具有足够的灵活性和扩展性，打破信息孤岛，实现数据有效互联互通。

（2）数据质量管控体系

数据质量支持数据校验，主要包括完整性校验、合理性校验、规范性校验等，在设置校验规则时选择校验类型、对象类型、校验日期等信息。具体功能包括：数据校验规则、数据校验结果、数据校验配置、数据质量检查报告等模块。按照一定的规则，进行各煤矿上传数据的质量检查工作，包括数据质量规则管理、数据质量监控、数据质量分析等。

煤矿产生的数据由于传感器故障、人为误操作、系统误差、多异构数据源、网络传输乱序等因素极易出现噪声、缺失值、数据不一致的情况，直接用于数据分析会对模型的精度和可靠性产生严重的负面影响。在数据分析建模前，需要采用一定数据预处理技术，对数据进行预处理，来消除数据中的噪声，纠正数据的不一致，识别和删除离群数据，来提高模型鲁棒性，防止模型过拟合。在实际煤矿数据分析工作中涉及数据预处理技术主要有数据的异常值处理、数据的缺失值处理、数据的规约处理等。

建设企业级数据质量管理，对数据质量问题做到全程追踪和监控，对数据质量管理流程达成全面支撑；建立全企业统一的数据质量检查机制，辅助数据质量评估和考核，全面提升整体数据质量。

① 数据校验。

数据校验应从完整性、符合性、一致性、正确性、重复性等方面对数据进行全面检查，因此需要围绕着这些内容建立完备的数据校验规则。

② 过滤规则。

相等值：和设定值等值匹配，过滤的结果为匹配相等的数据。

空数据：和空、空串或特定字符匹配，过滤的结果为匹配相等的数据。

数值范围：和数值范围匹配，过滤的结果为数值范围内的数据。

枚举范围：和枚举范围匹配，过滤的结果为枚举范围内的数据。

字符串匹配：用正则表达式匹配字符串，过滤的结果为匹配正则表达式的数据。

字符串长度：根据字符串的长度范围匹配，过滤的结果为长度在设定范围内的数据。

重复数据：根据设定字段判断重复数据，如果设定字段的数据或数据组合出现一次以上认为是重复数据，过滤的结果为重复的数据。

③ 规则管理。

对数据质量检查规则进行管理。可以根据系统类型、数据类型、检查类型等对检查规则进行查询，并提供导出Excel功能。

④ 质量查询。

根据矿井状况、系统类型、数据类型、检查类型、问题描述、煤矿名称、检查日期等查询条件，查询数据质量检查结果明细。

查询结果包括了省份、煤矿名称、矿井状况、系统名称、数据类型、检查类型、问题描述、问题详情、数据上传时间、检查时间等信息。可以根据结果快速定位有问题的数据文件。

还提供了将查询结果导出Excel功能。

⑤ 分析规则。

空数据分析：分析为空、空串或特定字符数据的数据量。

空格分析：分析数据有前空格、后空格以及没有前后空格的数据量。

数值分析：分析设定列的最大值、最小值、平均值、空值等。

枚举范围分析：设定枚举数据范围，分析每一个枚举值的数据量。

字符串长度分析：分析每个长度数据的数据量。

字符串匹配分析：给定几个正则表达式，分析每个匹配成功对应的数据量。

日期分析：分析设定的日期类型列的数据情况，如最大值、最小值等。

重复数据分析：根据设定的字段，分析重复的数据。

值分布分析：分析指定列所有值分配情况。

⑥ 治理规则。

日期转换：将字符串或整数值类型数据转换为日期类型数据。

空值填充：将值为空、空串或特定字符的数据替换成设定的值。

空格处理：去掉前后空格。

枚举值替换：将不标准的枚举值替换成标准的枚举值。

数据类型转换：将数据从一种数据类型转换成另一种数据类型，前提是可以转换。

（3）数据异常处理

异常数据点对象被称作离群点。异常检测也称偏差检测和例外挖掘。孤立点是一个明显偏离于其他数据点的对象，它就像是由一个完全不同的机制生成的数据点一样。不同的环境，异常值也可以有不同的类型，有点异常值、背景异常值或集体离群值。点异常值是与分布的其余部分相距甚远的单个数据点，语境异常值可以是数据中的噪声，集体异常值可以是指示发现新现象的信号的数据的新颖性子集。异常数据的处理方法有基于统计学的方法、基于多元高斯的方法、基于相似度的方法、基于密度的方法、基于聚类技术的方法、基于模型的方法等。

（4）数据缺失处理

现实世界的数据都是不完整的，实际的煤矿大数据更是如此。但是有部分数据缺失不意味着数据错误。造成数据缺失的原因是多种多样的，如传感器故障、空值条件的设置、异常数据的删除、网络传输丢失与乱序等，都会造成一定程度的数据缺失。处理数据缺失的方法很多，根据数据的基础情况、数据的缺失情况来综合选择。如果数据量足够大，缺失数据比例小，则缺失数据可以直接删除；如果数据连续缺失，则可以利用平滑方法填补；等等。数据的插值方法主要有利用纵向关系进行插值，如线性插值法、拉格朗日插值法、牛顿插值法、三次样条函数插值法等；利用横向关系进行插值，如多元插值法等；内插值法，如sinc内插值法等。

（5）数据规约处理

露天矿山数据具有数据量极大但价值密度低的特点，容易导致数据分析过程变得复杂、计算耗时过长。数据规约技术可以在保持原有数据完整性的前提下得到数据的规约表示，使得原始数据压缩到一个合适的量级同时又不损失数据的关键信息。数据规约的主要策略有数据降维、数量规约、数据压缩。数据降维的基本原理是将样本点从输入空间通过线性或非线性变换映射到一个低维空间，从而获得一个关于原数据集紧致的低维表示。数据降维的方法有很多，如主成分分析、T-SNE方法、流形学习降维等。数量规约是用较小的数据集来替换原有的数据集，方法主要有参数方法和非参数方法。参数方法就是利用模型进行数据估计，非参数方法则是利用聚类、数据立方体等技术进行规约表示。数据压缩是使用数据变换的方式对原始数据进行压缩表示，使得压缩数据能够实现原始的数据重构又不损失数据中有价值信息。

（6）元数据管理

对企业各业务域的数据资产进行盘点，实现企业数据资源的统一梳理和盘查，按照科学、有效的机制对元数据进行管理，并面向开发人员、最终用户提供元数据服务，以满足用户的业务需求，对露天矿山业务系统和数据分析平台的开发、维护过程提供支持。

（7）数据安全治理

明确数据分级分类的标准，敏感数据资产的分布，构建一套以"让数据使用更安全"为目的的安全体系，完成对企业数据访问的安全策略的分级分类，完成企业对数据的合规安全访问政策和措施。

（8）数据标准管理

数据标准体系内容应涵盖：元数据标准、主数据标准、参照数据标准、数据指标标准等。建立数据标准体系及其管理机制，支撑数据的标准化建设，提升管控能力，保障数据在应用过程中的一致性。建立标准管控更新机制，不断补充完善、更新优化和积累数据标准，以便更好地支撑业务的开发和系统的集成。

① 元数据标准。采集全生命周期的元数据，针对全域元数据，按照建设需求和实际情况，进行长度、唯一性、重复性、非空性、最大/小值、数据结构的标准核查，并生成数据表之间的元数据地图，对元数据质量和走向进行集中管理。

② 数据编码标准。对现有的国家、地方、行业等标准，结合省、市等地方标准以及实际建设需求，进行标准编码，形成数据编码字典，确保数据编码标准的统一。

③ 数据质量标准。针对不同数据，配置相应的SQL规则、值域规则、正则规则等数据质量稽查规则，对数据的重复性、唯一性、准确性、时效性等指标进行数据稽查，生成质量评分。对于可用技术手段修复的数据，借助数据清洗规则和ETL工具等技术方法进行数据修复；对于不可用技术手段修复的数据，通过数据工单形式进行数据溯源的人工修复。

（9）数据共享交换

基于统一的规则和元数据、统一架构、统一工具，提供数据服务，实现数据交换、数据整合、数据复制、数据共享等功能，满足客户不同项目的数据交换和数据管理需要。并深入推进"互联网+露天矿山业务"，统筹规划露天矿山数据管理，积极探索区块链等新技术应用，确保数据安全，规范有序共享数据。

（10）主数据管理

实现对多个业务中整合最核心的、最需要共享的数据（主数据），集中进行数据的清洗和丰富，在分散的系统间保证主数据的一致性，为决策支持和数据仓库系统提供准确的数据源。

（11）数据生命周期

数据生命周期管理贯穿于数据生成及传输、数据存储、数据处理及应用、数据销毁等各个环节，建立健全数据管理体制，满足监管要求，提升数据管理能力，充分发挥数据价值，为经营决策提供有力支持。

7 数字孪生与导航开采

◆ 7.1 概述

数字化转型是我国经济社会未来发展的必由之路。数字经济已成为全球经济发展的热点，发达国家纷纷提出数字经济战略。数字孪生等新技术与国民经济各产业融合不断深化，有力推动着各产业数字化、网络化、智能化发展进程，成为我国经济社会发展变革的强大动力。未来，所有的企业都将成为数字化的公司，通过数字化手段改变整个产品的设计、开发、制造和服务过程，并通过数字化的手段连接企业的内部和外部环境。虽然我国"新基建"的建设模式起步较晚，在新基建大的背景下应运而生的"智能矿山"其爆发速度却是前所未有的。2020年11月25日，由国家能源局和原国家煤矿安全监察局（现国家矿山安全监察局）联合发布了国家首批智能化示范煤矿建设名单，共计71处。其中露天矿山5处（新疆天池能源有限责任公司南露天煤矿、神华准能集团有限责任公司黑岱沟露天煤矿、中国中煤能源股份有限公司平朔东露天煤矿、华能伊敏煤电有限责任公司伊敏露天煤矿、陕西神延煤炭有限责任公司西湾露天煤矿）。智能露天矿山的建设进程中，数字孪生与导航开采是实现智能露天矿山的一个重要组成部分。目前，大家对数字孪生的研究主要集中在智能制造等方面，数字孪生技术如何与露天矿山进行深度融合仍处在探索阶段。

可以构想一个数字孪生的露天矿山应用场景：当露天矿山需要满足某一地区的矿产资源的供应时，由于矿山生产技术者没有足够的时间和空间进行生产进度计划的排产、设备组织实施以及各类安全生产经验，任务重、时间紧、生产环境复杂，如果没有数字孪生，矿山生产者只能硬着头皮去完成未知的矿山开采和生产组织协调调度工作，遇到相应环节的生产问题再进行解决，无法进行各类生产系统之间的运行模拟，不能百分之百保证任务的圆满完成。而有了数字孪生技术的露天矿山，生产技术人员可以不慌不忙地将需要的保供应的地区需要的产量、周期输入数字孪生平台，输入有地质模型、矿山设备、供电系统、矿山生产环境、运输道路等参数，模拟出一个与现实生产现状一致的数字虚拟环境，以最快的速度对其进行模拟推演，找到一个最佳的生产方式，优化现有设备的生产调度，提早规避可能遇到的问题及风险。将优化后的方案进行模拟评估后，就可以应用于矿山生产，系统自动给出生产进度计划、设备调度方案、生产系统薄弱环节以及相应边坡、道路、地质矿床等灾害风险，将以最优的方式完成任务。图7-1～图7-3所示为物理世界与数字世界的露天矿山应用场景。

数字孪生到底是什么？它可以实现哪些功能，又可以给企业带来什么样的效益？如何创建数字孪生？本章将对露天矿山的数字孪生技术进行详细介绍。

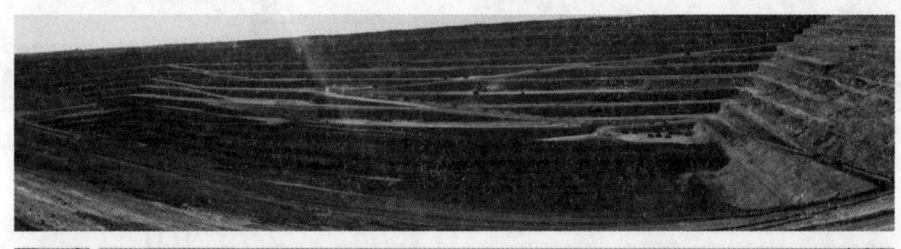

图7-1　物理世界露天矿图与数字世界露天矿图

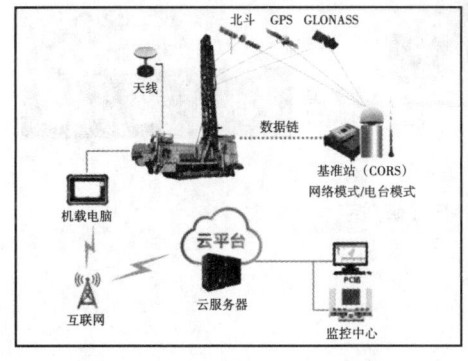

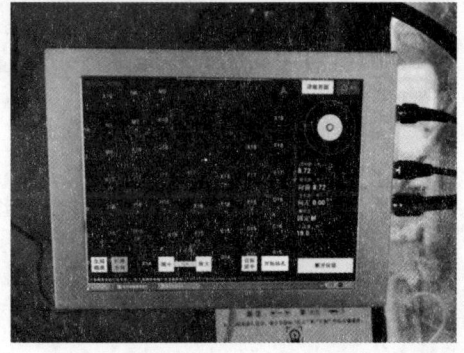

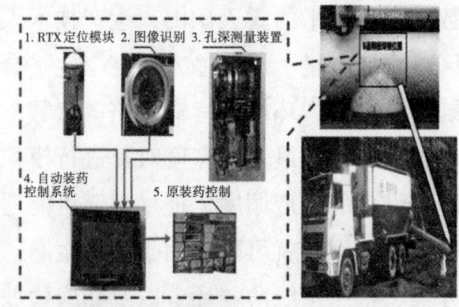

（a）爆破物理世界

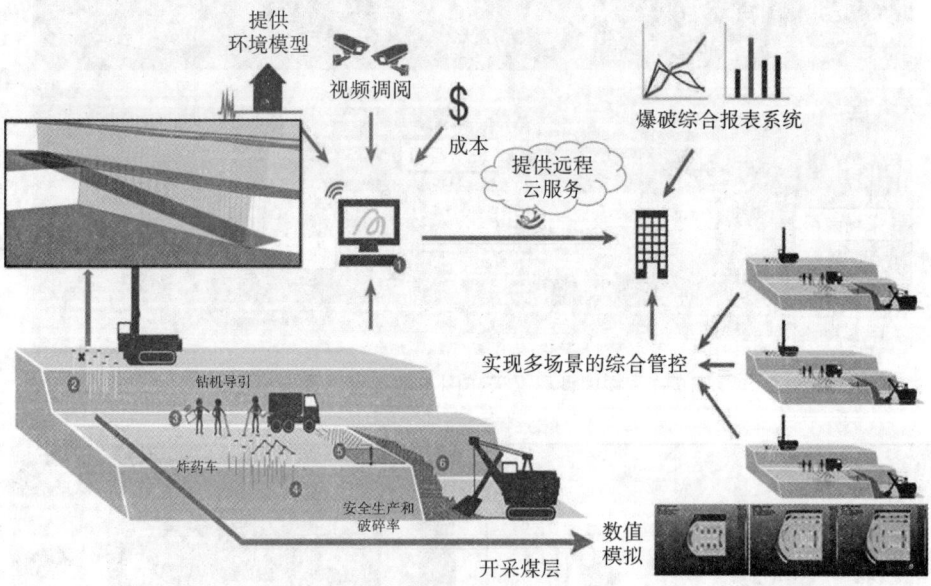

（b）爆破数字世界

图 7-2　爆破物理世界与爆破数字世界

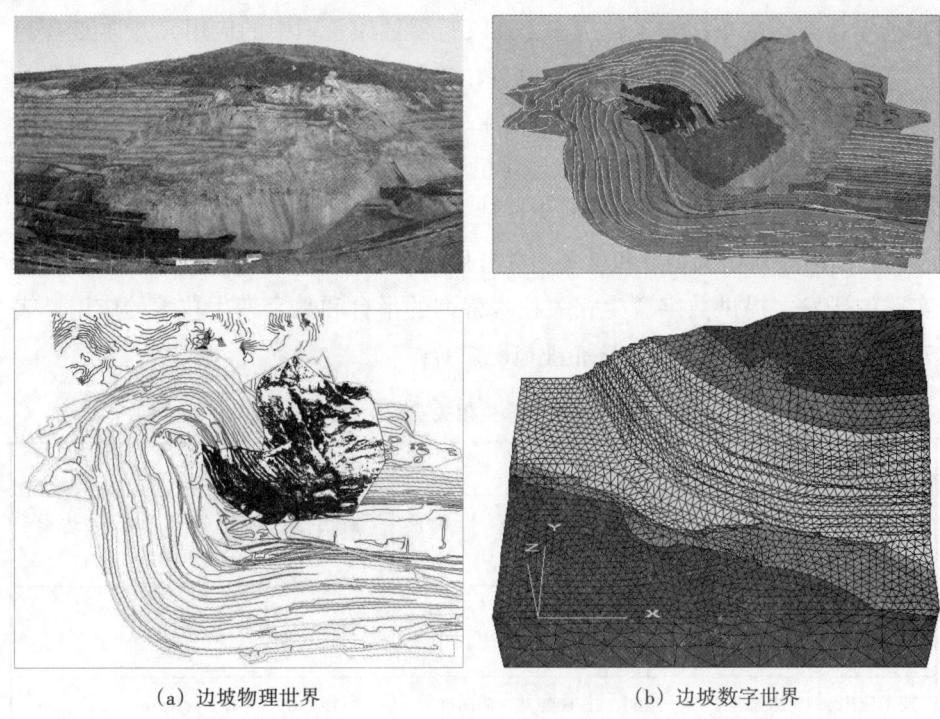

(a) 边坡物理世界　　　　　　　　(b) 边坡数字世界

图 7-3　边坡物理世界与边坡数字世界

7.1.1　数字孪生背景

现在物联网领域流行这样一个新的术语：数字孪生（digital twin）。这一术语已经被美国知名咨询机构 Gartner 添加到 2019 年十大战略性趋势中。"孪生"的概念最先被应用于美国国家航空航天局的"阿波罗计划"，即构建两个相同的航天飞行器，其中一个发射到太空执行任务，另一个留在地球上用于反映太空中航天器在任务期间的工作状态，从而辅助工程师分析处理太空中出现的紧急事件。当然，这里的两个航天器都是真实存在的物理实体。2003 年前后，关于数字孪生的设想首次出现于 Grieves 教授在美国密歇根大学的产品全生命周期管理课程上。但是，当时"digital twin"一词还没有被正式提出，Grieves 将这一设想称为 "conceptual ideal for PLM（product lifecycle management）"。尽管如此，在该设想中数字孪生的基本思想已经有所体现，即在虚拟空间构建的数字模型与物理实体交互映射，忠实地描述物理实体全生命周期的运行轨迹。直到 2010 年，"digital twin"一词在 NASA 的技术报告中被正式提出，并被定义为"集成了多物理量、多尺度、多概率的系统或飞行器仿真过程"。

2011年，美国空军探索了数字孪生在飞行器健康管理中的应用，并详细探讨了实施数字孪生的技术挑战。2012年，美国国家航空航天局与美国空军联合发表了关于数字孪生的论文，指出数字孪生是驱动未来飞行器发展的关键技术之一。在接下来的几年中，越来越多的研究将数字孪生应用于航空航天领域，包括机身设计与维修、飞行器能力评估、飞行器故障预测等。

目前国内外相关企业积极关注并开展数字孪生实践，将数字孪生技术付诸实践的研发，提供数字孪生相关技术咨询的平台和数字孪生技术的应用。表7-1所示为数字孪生相关实践企业概况。

表7-1 数字孪生相关实践企业概况

企业类型	国内	国际
技术研发	航天云网、卡奥斯、树根互联、上海优也等	西门子、通用电气（GE）、达索、ABB、Daimle、AG、PTC等
技术咨询	E-works数字化企业网、安世亚太、上海优也等	德勤、埃森哲
技术应用	比亚迪、三一集团、中船重工、特斯联等	空客、DNV GL、Volvo等

下面先了解一些关于数字孪生的概念。

（1）数字孪生（digital twin）

数字孪生是具有数据连接的特定物理实体或过程的数字化表达，该数据连接可以保证物理状态和虚拟状态之间的同速率收敛，并提供物理实体或流程过程的整个生命周期的集成视图，有助于优化整体性能。

（2）数字孪生体

"体"在中文中的含义包括事物本身（物体、实体）或事物的格局或规矩（体制、体系）。加上"体"字后，数字孪生体就是一个名词。因此，数字孪生体中的"体"不仅指与物理实体或过程相对的数字化模型的实例，也指数字孪生背后的技术体系或学科，还指数字孪生在系统级和体系级场景下的应用。

（3）实体对象

存在、曾经存在或可能存在的一切具体或抽象的东西，包括这些事物之间的关联。示例：人员、对象、事件、想法、过程等。

（4）物理实体

物理环境现实物理世界中离散的、可识别和可观察的事物。示例：城市、工厂、农场、建筑物、电网中的电流、制造工艺等。

(5) 知识图谱

知识图谱（knowledge graph）在图书情报界称为知识域可视化或知识领域映射地图，是显示知识发展进程与结构关系的一系列各种不同的图形，用可视化技术描述知识资源及其载体，挖掘、分析、构建、绘制和显示知识及它们之间的相互联系。通过将应用数学、图形学、信息可视化技术、信息科学等学科的理论和方法与计量学引文分析、共现分析等方法结合，并利用可视化的图谱形象地展示学科的核心结构、发展历史、前沿领域以及整体知识架构，达到多学科融合目的的现代理论。知识图谱的构建流程主要包括6个环节：知识建模、知识存储、知识抽取、知识融合、知识计算以及知识应用。

(6) 知识库

知识库是知识工程中结构化、易操作、易利用、全面有组织的知识集群，是针对某一（或某些）领域问题求解的需要，采用某种（或若干）知识表示方式在计算机存储器中存储、组织、管理和使用的互相联系的知识片集合。这些知识片包括与领域相关的理论知识、事实数据、由专家经验得到的启发式知识，如某领域内有关的定义、定理和运算法则以及常识性知识等。

(7) 数字孪生露天矿

数字孪生露天矿是数字孪生技术在露天矿山层面的广泛应用，通过构建露天矿山物理世界及网络虚拟空间一一对应、相互映射、协同交互的复杂系统，在网络空间再造一个与之匹配、对应的孪生露天矿，实现露天矿山全要素数字化和虚拟化、露天矿山状态实时化和可视化、露天矿山管理决策协同化和智能化，形成物理维度上的实体世界和信息维度上的虚拟世界同生共存、虚实交融的露天矿山发展新格局。数字孪生露天矿既可以理解为实体露天矿在虚拟空间的映射状态，也可以视为支撑新型智能露天矿建设的复杂综合技术体系，它支撑并推进露天矿规划、建设、管理，确保露天矿安全、有序运行。

7.1.2 数字孪生挑战

数字孪生的核心是模型和数据，建立完善的数字模型是第一步，而加入多维数据才是关键，要想充分发挥数字孪生技术的潜能，数据存储、数据的准确性、数据一致性和数据传输的稳定性也需取得更大的进步，同时，将数字孪生应用于工业互联网平台时，还面临数据分享的挑战。

(1) 多维度、多尺度数据采集的一致性较难实现

数据采集的尺度或计量单位的一致性，涉及物理数据、几何数据、时间数

据等。如构建实物的三维模型的坐标与计量单位不一致，会导致不同模型之间无法融合，需要增加数据接口与编写数据翻译器；如工厂内的生产计划数据采集过程中，不同时间单位的生产计划数据会导致数字孪生模型出现数据读取错误。

数据采集参数及格式的一致性。针对同一对象，多维虚拟模型采集的数据格式不一致、参数类型和数量不对等，同样会出现不同模型在数据融合时出现问题，不能进行交互。

(2) 数据传输的稳定性不足

无论数据采集还是下达指令，数据的实时传输过程都存在丢失数据的问题。特别是在工业生产车间，对数据传输的稳定性、可靠性具有极高的要求。传统无线通信网络数据传输的稳定性和可靠性水平难以满足数字孪生实时交互的建设需求。

(3) 数据的准确性不能保障

数字孪生系统的输入数据存在不同来源渠道，如不同信息系统、不同社会主体、不同统计路径等，受数据录入方式、数据来源渠道、数据统计方式以及信息系统数据维护错误等因素影响，数据的准确性难以保障。

(4) 海量数据的存储与处理能力欠缺

部分数字孪生应用场景不强调数据的及时处理，但需要进行海量数据的存储与加工，如复杂产品的故障诊断和预防性维修，需要对不同数据源的海量数据存储及大数据分析，对数据的存储能力和计算能力提出了较大挑战。

(5) 通信接口协议及相关数据标准不统一

在构建数字孪生模型的过程中，以及不同维度模型的集成过程中，需要在不同系统和设备之间进行不同类型数据传输和交互，因此要建立通信接口协议，并形成数据标准，统一数据语义及代码，相关技术及工作是建立完善的多维数字孪生平台的基础。现有不同系统和设备通信接口协议和数据标准不统一，是构建数字孪生系统的较大挑战。

(6) 数据的分享与开放机制不完善

将数字孪生应用于工业互联网平台或数字孪生模型的建立基于第三方云服务平台时，将面临数据分享和开放的挑战。目前数字相关的分享机制和服务体系建设还不够完善，不同主体之间的数据分享存在较大的安全隐患和利益冲突，难以满足数字孪生对于数据开发共享的相关需求。

(7) 多源异构数据难融合

数字孪生需要将物理空间所有数据和信息进行数字化表达，形成统一的数据载体，并实现数据挖掘分析和决策。这些数据涉及空间模型、互联网信息、物联网实时感知、专业知识、音频、视频、文本等，如何将这些多源异构多模数据集成、融合和统一管理，是数字孪生首先要解决的问题之一。

7.1.3 数字孪生意义

数字孪生露天矿通过将物理世界的人、物、事件等所有要素数字化，在网络空间再造一个与之对应的"虚拟世界"，形成物理维度上的实体世界和信息维度上的数字世界同生共存、虚实交融的格局。物理世界的动态，通过传感器精准、实时地反馈到数字世界。数字化、网络化实现由实入虚，网络化智能化实现由虚入实，通过虚实互动，持续迭代，实现物理世界的最佳有序运行。数字孪生露天矿将推动新型智能露天矿建设，在信息空间上构建的露天矿虚拟映像叠加在露天矿物理空间上，形成虚实结合、孪生互动的露天矿发展新形态；借助更泛在、普惠的感知，更快速的网络，更智能的计算，一种更加智慧化的新型露天矿将得以创建。

（1）模拟仿真：在数字世界推演露天矿运行态势

在数字露天矿中进行仿真，在真实物理露天矿山中执行，使露天矿山建设和发展少走弯路，是数字孪生露天矿价值的真正体现。在数字孪生露天矿中，运用模拟仿真技术，可进行露天矿生产规划的仿真、物理力学规律的仿真、自然灾害的仿真等，为露天矿开采设计规划、安全生产管理、应急救援等制定科学决策，促进露天矿山资源公平和快速调配，支撑建立更加高效智能的露天矿现代化治理体系。

（2）深度学习：推动露天矿自我学习智能成长

数字孪生露天矿对人工智能领域深度学习、自我优化技术的应用，可使露天矿从以往各生产系统之间各自为战、治标不治本、被动迟缓的基层治理模式，转变为全域协同治理、问题智能响应、需求提前预判的模式，构建起高效智慧的露天矿运行规则。在数字孪生露天矿中，对深度学习技术的应用主要集中在海量数据处理、系统运行优化等方面。

提升露天矿山规划质量和水平：数字孪生露天矿执行快速的"假设"分析和虚拟规划，可迅速摸清露天矿"家底"，把握露天矿运行脉搏。

（3）远程设备故障诊断：实现设备智能分析管控

通过5G等传输技术，远程设备故障诊断也将能够更为普及。通过接入设备的感知实时数据，对实现优质维修诊断资源下沉、实现自动诊疗有着重要意义。对于露天矿管理而言，掌握了采运排等关键环节的数字孪生，有助于合理规划和分配资源，可更好地进行设备管理与采购。

（4）管理运营：实现对露天矿全过程的管理运营

借助数字孪生技术，构建数字孪生露天矿运行场景，实现对动态优化配置全矿公共资源影响评估，并建设数字驾驶舱，以数字化方式展现现代露天矿运营态势，实现露天矿管理决策协同化和智能化，实现"态势有洞察""决策有支撑""处置有闭环"，确保露天矿安全、有序运行。

7.2 数字孪生体系结构

数字孪生露天矿主要包括基础设施层、平台中枢层、应用服务层、协同统一的标准规范体系和安全标准体系。

（1）基础设施层

数字孪生露天矿基础设施包括全域感知设施，如露天矿山各个生产环节的感知传感设备、网络连接传输的5G设施和智能计算设施。数字孪生露天矿的基础设施还包括激光扫描、无人机摄影等新型测绘设施，旨在采集和更新露天矿的地理信息和实景三维数据，确保两个世界的实时镜像和同步运行。

（2）平台中枢层

平台中枢层是数字孪生露天矿的能力中枢，由四个核心平台承载：一是泛在网络与计算资源调度平台，主要是基于未来软件定义网络（SDN）、云边协同计算等技术，满足数字孪生露天矿高效调度使用云网资源。二是露天矿大数据平台，汇聚全域全量露天矿多源异构的全量数据，与露天矿信息模型平台整合，展现露天矿全貌和运行状态，成为数据驱动治理模式的强大基础。三是露天矿信息模型平台，与露天矿大数据平台融合，成为露天矿的数字底座，是数字孪生露天矿精准映射虚实互动的核心。四是共性技术赋能与应用支撑平台，汇聚人工智能、大数据、AR/VR等新技术基础服务能力，以及数字孪生露天矿特有的场景服务、数据服务、仿真服务等能力，为上层应用提供技术赋能与统一开发服务支撑。

（3）应用服务层

应用服务层面向矿山集团、矿山企业提供业务支撑和智能应用，基于数字孪生露天矿的应用服务包含露天矿大数据画像、设备大数据画像、导航开采规划仿真模拟、知识图谱、辅助决策、经济测算、生态环保治理等专题应用，充分利用露天矿山的多维感知数据，提升矿山的安全度、绿色度、智能度以及经济度。

（4）协同统一的标准规范体系

制定基础标准、支撑技术标准、建设管理标准、信息安全标准、数据标准、应用标准等一系列标准，形成统一的标准规范体系，规范系统数据报送格式、数据交换共享要求、系统建设和运行管理流程，使智能露天矿山系统形成有机的整体。

（5）安全标准体系

实现物理安全、网络安全和主机安全，采用数据加密控制、数据脱敏、国产密码算法、密码资源池和零信任安全架构等保证数据安全和应用安全。

数字孪生露天矿体系结构如图7-4所示。

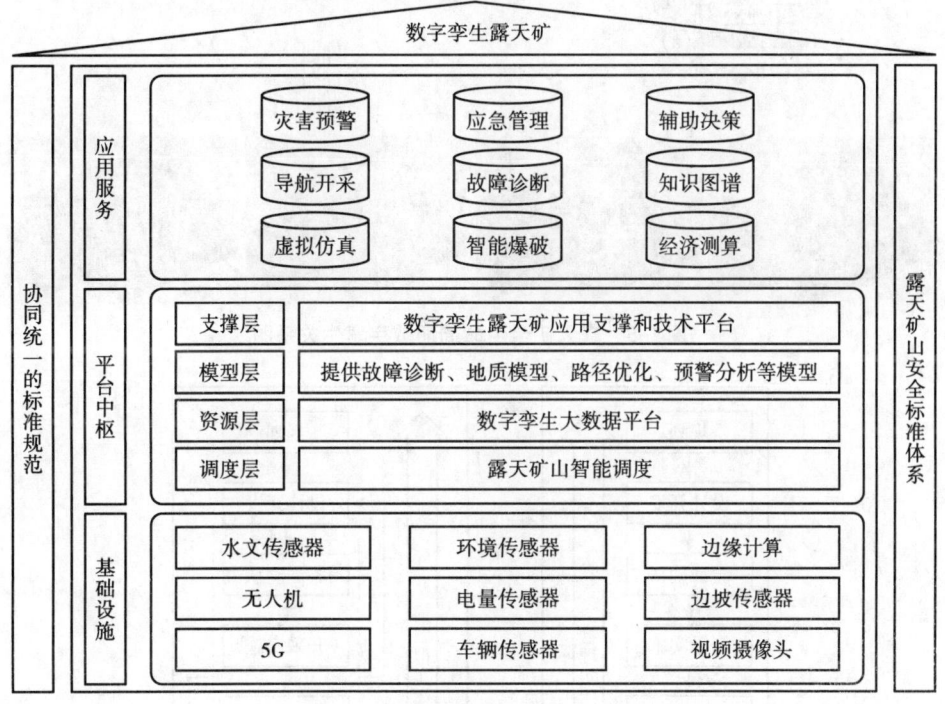

图7-4　数字孪生露天矿体系结构

◆ 7.3　数字导航开采规划

数字孪生中虚拟实体的生命周期包括起始、设计和开发、验证与确认、部署、操作与监控、重新评估和退役，物理实体的生命周期包括验证与确认、部署、操作与监控、重新评估和回收利用。值得指出的：一是虚拟实体在全生命周期过程中与物理实体的相互作用是持续的，在虚拟实体与物理实体共存的阶段，两者应保持相互关联并相互作用。二是虚拟实体区别于物理实体的生命周期过程中，存在迭代的过程。虚拟实体在验证与确认、部署、操作与监控、重新评估等环节发生的变化，可以迭代反馈至设计和开发环节，如图7-5和图7-6所示。

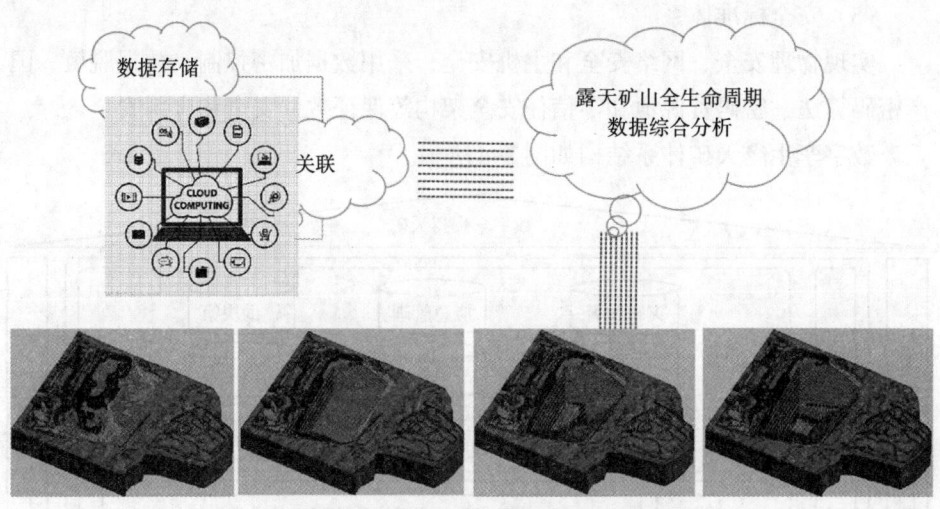

图7-5 露天矿全生命周期数字孪生关系图

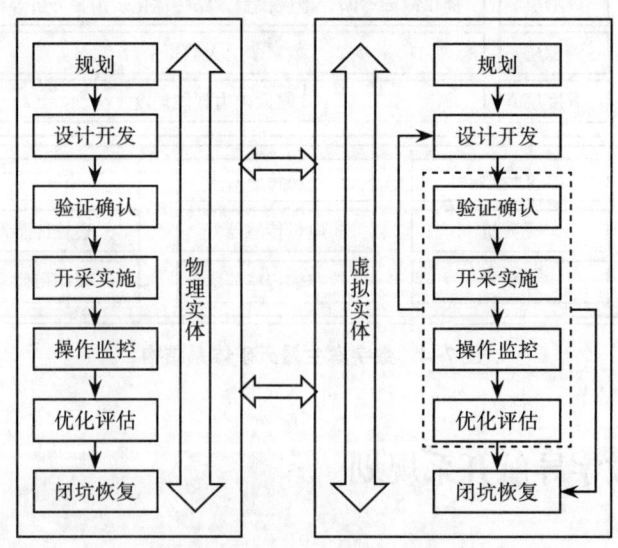

图7-6 数字孪生生命周期流程

露天矿山开采过程中，需要根据矿山总体规划，确定露天矿山总体规划境界以及露天矿山的开采境界和排土场境界。露天矿山开采境界包括露天矿的地表境界和深部境界以及采区划分的分区境界。露天矿山深部境界的确定根据不同的矿床赋存情况不同，具有不同的确定方法。以煤层层状矿体为例：受我国露天矿煤层赋存条件限制以及我国矿山建设发展设计、开发、运营模式的特点约束，露天矿山设计过程中，将露天矿田分区设计开采划分成多个采区，如大唐胜利东二号露天煤矿、宝日希勒露天矿、黑岱沟露天矿、神华新疆准东等，如图7-6所示。

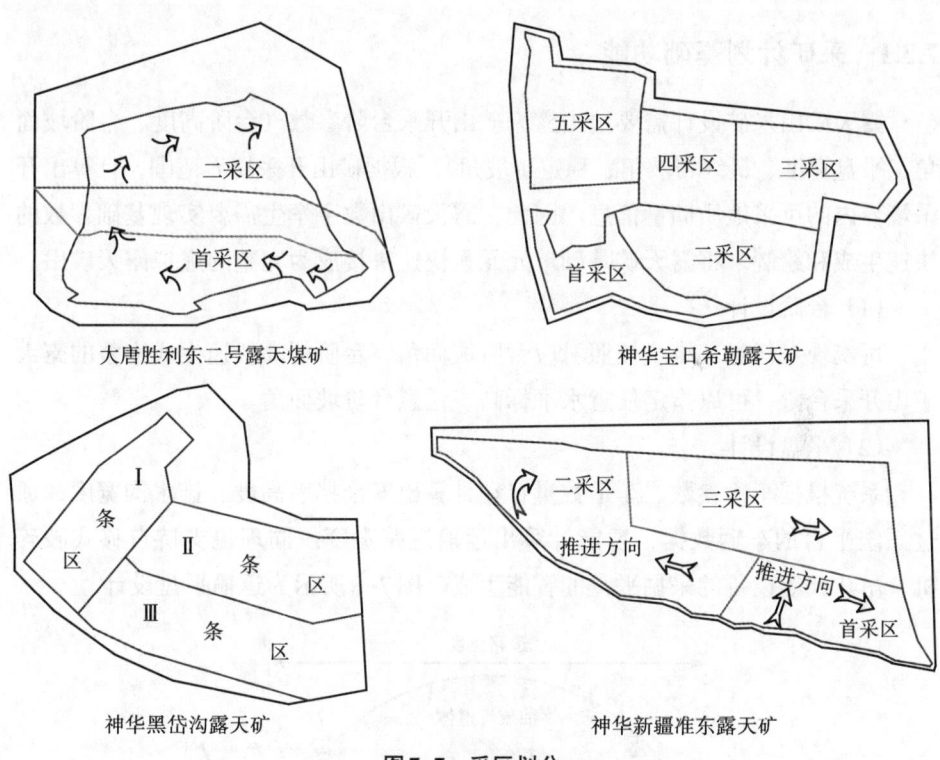

图7-7 采区划分

露天矿山开采按照采区开发顺序进行开采，是导航开采的一个典型模式。露天矿导航开采规划，会涉及当前采区的推进强度与工作线形态，同时还有相邻采区转向。不同的导航路径涉及包括矿山生产能力接续、边坡稳定性研究、运输系统布设、物料流规划、运输功优化、内排空间利用、外排土地征用、矿山土地开采扰动以及环境综合治理等一系列问题，可以说露天矿数字导航开采规划是露天矿山全生命周期内的过程和流程管理。因此，研究露天矿导航开采，对露天矿山总体规划和外包队伍租赁、矿山精准开采、经济效益和成本分

243

析等方面，具有重要的意义。

本节从露天矿生产计划编制、导航开采路径优化、排土空间优化、模拟开采、工程回溯、系统仿真几个方面进行研究。究其根本，数字导航开采的核心是矿山开采方法，需要对露天矿山开采进行优化，从而得到优化方案。

露天矿生产计划编制采矿设计系统包括：露天矿境界设计、开采参数设计、短期和长期生产计划编制等内容。本节主要介绍露天矿的生产计划编制与数字孪生之间的关系。只有充分了解露天矿生产计划编制的内涵，才能更好地进行数字孪生的生产计划编制。

7.3.1 采矿计划基础功能

露天矿山采矿设计需要给出露天矿山开采台阶参数（台阶高度、台阶坡面角、平盘宽度、最终帮坡角、稳定帮坡角），根据矿山开采境界范围，计算出开采境界内的可采地质储量信息。因此，露天矿山数字孪生需要实现基础参数的快速生成和绘制。将露天矿基础单元元素快速拼接成为完整的虚拟露天矿山。

（1）台阶设计

可实现对任意三维线按照对应台阶坡面角、台阶标高快速生成完整的露天矿山开采台阶。可以指定任意水平标高、任意台阶坡面角。

（2）平盘设计

系统根据车辆参数、车道数量自动计算出安全挡墙高度、排水沟宽度，通过系统平台的车辆数据，智能计算出运输道路宽度。同理也支持自移式破碎机、吊斗铲等设备的采掘平盘的智能生成。图7-8所示为运输平盘设计。

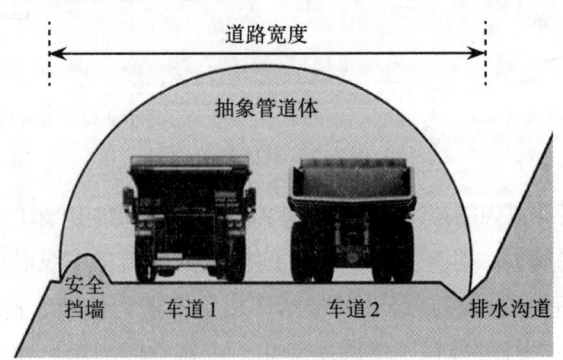

图7-8 运输平盘设计

（3）坡道设计

根据露天矿台阶高度和坡度，自动生成三维运输坡道，同时根据露天矿开采参数，可自动生成运输道路三维坡道模型，用于与生产现状图进行布尔运算，快速计算出坡道修复的填挖方工程量。通过关联作业设备信息，自动给出设备作业进度计划。三维坡道设计流程见图7-9。

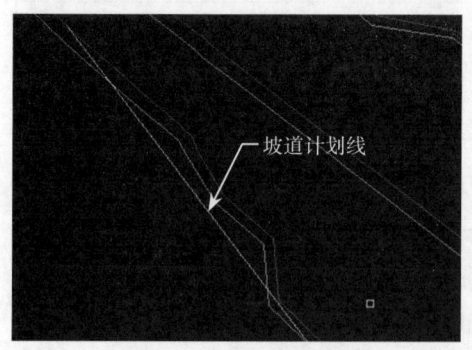
（a）坡底至坡顶计划坡道

（b）坡道计划三维线框图

（c）坡道计划三维渲染图

图7-9 三维坡道设计流程图

（4）帮坡角设计

可选定计算范围，在任意位置生成剖面，添加计算区域边坡煤岩、弱层岩石力学属性信息（黏聚力：C/kPa；摩擦角：φ/(°)；重度：γ/(kN/m^3)），输入边坡稳定的 F_s 参数（见表7-2），人员进行边坡稳定性计算，确定稳定边坡角。稳定系数 F_s 根据露天矿设计规范确定。

表7-2 边坡稳定系数 F_s

边坡类型	服务年限	稳定系数 K
边坡上有特别重要建筑物或边坡滑落造成生命财产重大损失者	>20	>1.5
采掘场最终边坡	>20	1.3～1.5
非工作帮边坡	<10 10～20 >20	1.1～1.2 1.2～1.3 1.3～1.5

表7-2（续）

边坡类型	服务年限	稳定系数 K
工作帮边坡	临时	1.05～1.2
外排土场边坡	>20	1.2～1.5
排土场边坡内	<10 ≥10	1.2 1.3

(5) 境界设计

初期境界绘制时，先总体考虑一个经济剥采比（按照成本和售价初步预估），根据露天矿的地表境界、露天矿稳定边坡角、台阶高度、安全保安平盘宽度、运输平盘宽度、最下一层煤煤层底板等高线等数据，快速生成露天矿境界。生成后的露天矿境界如图7-10所示。

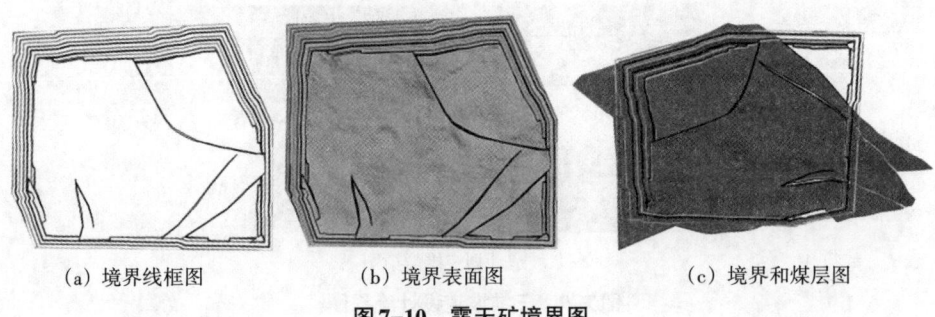

(a) 境界线框图　　　(b) 境界表面图　　　(c) 境界和煤层图

图7-10　露天矿境界图

(6) 模拟开采

构建开采境界内的煤、岩实体模型之后，就要制作能反映矿山工程发展状态及几何约束关系的开采模型。露天开采过程中，台阶可按水平分层或倾斜分层划分，而台阶是组成开采模型的基本单位，所以开采模型也应划分成水平分层模型和倾斜分层模型，见图7-11。开采模型可先根据台阶高度、平盘宽度、台阶坡面角和工作线长度等参数构建出三维线框模型，再对其利用D-TIN生长算法生成DEM模型。模板制作流程如图7-12所示。

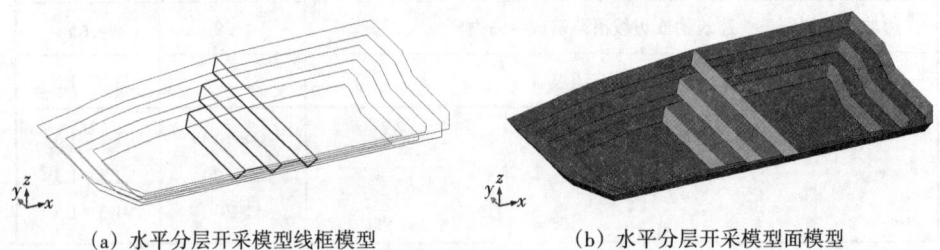

(a) 水平分层开采模型线框模型　　　(b) 水平分层开采模型面模型

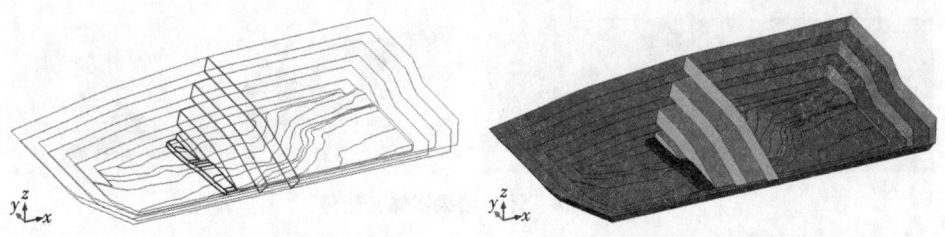

（c）倾斜分层开采模型线框模型　　（d）倾斜分层开采模型面模型

图 7-11　开采模板

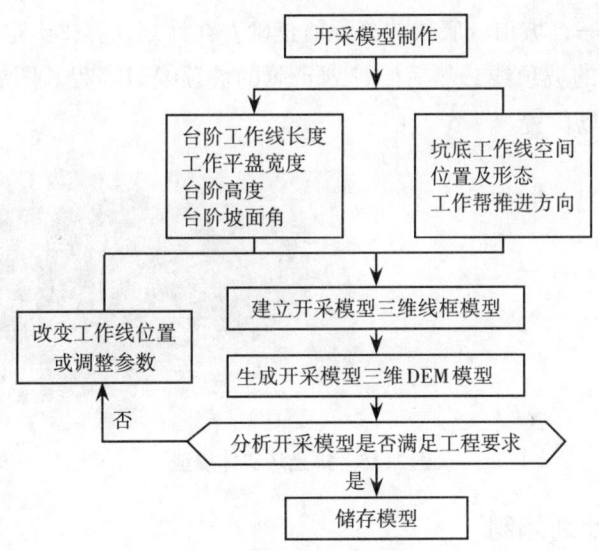

图 7-12　模型制作流程图

（7）封闭区域算量

通过确定封闭区域的边界，系统根据露天矿现状，自动计算封闭区域内的煤岩体量。例如：选择现状台阶线、计划台阶线，即可自动算出，见图 7-13 和图 7-14。

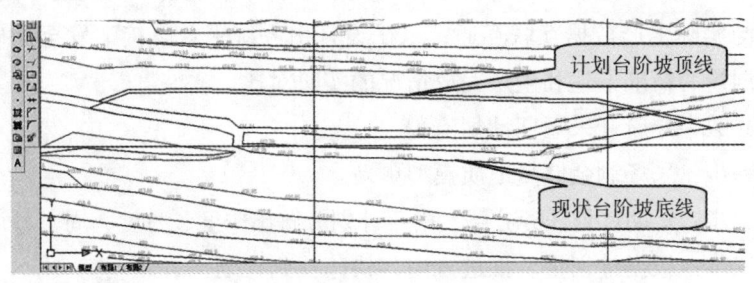

图 7-13　选择封闭区域线

247

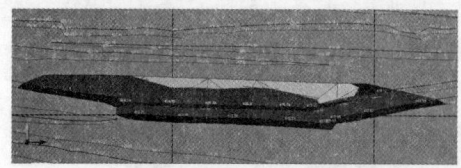 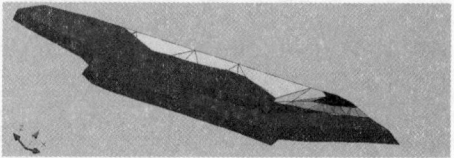

图7-14 计算结果实体台阶量

(8) 快速排土

在内排土场范围内某指定区域计算该区域的排土空间,其中,台阶坡顶、底线连续且唯一,坡顶、底线的高程值正确。在计划计算排土空间的位置画出计划排土台阶的坡顶线,然后给计划台阶的坡顶线赋高程。图7-15所示为某处计划内排土场位置。

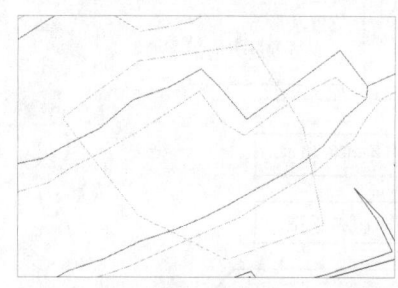 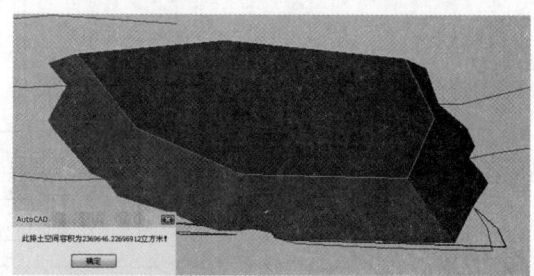

图7-15 排土场实体模型

7.3.2 短期计划编制

露天矿短期计划是根据年计划结合露天矿山采运排设备运行情况,所制定的露天矿的季度、月度和周计划。短期计划更多关注采动平盘范围、设备运行状态以及采矿生产环节的接续运转情况。目前露天矿山短期计划由生产技术部门进行计划编制,编制生产计划后,由生产技术部门将计划下发至现场生产部门,生产部门根据短期计划进行生产。数字导航开采规划中的短期计划强调采矿设计与实际生产数据互联互通,采矿设计由系统平台直接下发至采矿终端,完成计划量的精准下达和生产完成情况的实时对比。

(1) 数字导航开采短期计划流程

第一步:采场剩余储量地质模型更新。

第二步:短期计划任务分解,由年计划分解出季度、月度、周、日计划量。

第三步:根据计划量及推进方向,快速找到计划位置。

第四步:根据计划量、车铲生产能力、车辆检修计划,绘出车铲甘特图。

第五步:短期计划报表生成。

第六步：短期计划出图。

第七步：短期计划效能分析。

第八步：短期计划工程反演。

短期计划甘特图如图7-16所示。

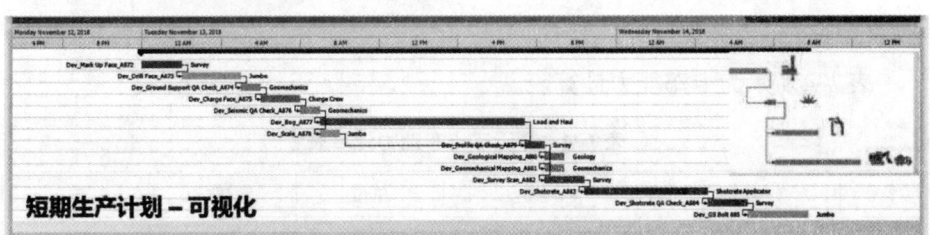

图7-16　短期计划甘特图

（2）采矿设备生产能力

① 电铲能力计算。

表7-3所示为电铲能力计算表。

表7-3　露天矿电铲能力计算表

项目	单位	煤	剥离	备注
年剥采量	万 m^3			
挖掘机斗容	m^3			松方
挖掘机循环周期	s			
卡车载重	t			
每斗满斗率				
物料松散系数				
物料容重	t/m^3			实方
每斗实际装载量	m^3			实方
每斗质量	t			
设计装载总量	斗			
实际装载总量	斗			
纯装车时间	s			
工作面等调时间	s			
每台车装车时间合计	s			
小时装车数量	车			
挖掘机小时作业能力	m^3			实方

表7-3（续）

项目	单位	煤	剥离	备注
挖掘机年作业时间	h			
挖掘机年作业能力	$10^4 \ m^3$			实方

② 卡车能力计算

表7-4所示为卡车能力计算表。

表7-4 露天矿卡车能力计算表

序号	项目	单位	煤	岩
1	年运量	$10^4 \ m^3$		
2	运距	km		
3	单斗挖掘机斗容	m^3		
4	满斗系数	通过历史数据和实时数据进行计算		
5	勺斗内松散系数			
6	每勺循环时间	s		
7	物料实方容重	t/m^3		
8	卡车载重	t		
9	卡车内松散系数			
10	卡车年有效工作时间	h		
11	卡车装载体积（车斗容积）	m^3		
12	挖掘机单勺装载质量	t		
13	装车勺量	勺		
14	实际取值	勺		
15	实际每车装载质量	t		
16	卡车载重利用系数	通过历史数据和实时数据进行计算		
17	装车时间	min		
18	运行速度	km/h		
19	往返运行时间	min		
20	等调时间	min		
21	卸车时间	min		
22	循环时间	min		
23	台年运行次数	次		
24	台年运输能力	$10^4 \ m^3/a$		

③ 推土机能力计算

表7-5所示为推土机能力计算表。

表7-5　露天矿推土机能力计算表

推土机一次推土量/m³	推土板宽/m	推土板高/m	推土板系数
推土机循环时间/min	推土距离/m	前进速度/(km·h⁻¹)	后退速度/(km·h⁻¹)
推土机小时能力/(m³·h⁻¹)	土方换算系数	松散系数	作业效率
推土机台班能力/(m³·台班⁻¹)	班时间利用系数	推土机计算台数	
推土机台年能力/(万m³·a⁻¹)	推土机年台班数	推土机年推弃量/(万m³·a⁻¹)	

④ 钻机生产能力计算。

表7-6所示为矿钻生产能力计算表。

表7-6　露天矿钻机能力计算表

项目	单位	煤 参数	岩 参数
年爆破量	Mm³		
班能力	m		
台年钻进米数	m		
台年有效钻进米数	m		
每米爆破率	m³/m		
废孔率	%		
计算台年生产能力	Mm³		

⑤设备作业时间估算。

表7-7所示为设备作业时间估算表。

表7-7 电铲设备作业时间估算表

项 目		电铲设备	备注
日历时间			365 d
固定因素	法定假日		10 d
	交接班		330 d,每天1.5 h
	班中餐		330 d,每天1.5 h
计划因素	设备行走		
	周检修		
	月检修		
	年检修		
	大修理		
	等备件		
	电铲临时调动		
	临时停电		
	地质变化		
	暴雨		
	暴雪		
	大风		
	低温		
	合计		
计划作业时间			
不定因素	故障因素		
计算作业时间			
设计作业时间			

(3) 日计划关联关系

根据各类设备的运行状态,以日计划为例,进行日计划采掘、运输、排土环节的计划量日频率下达,以日计划量为采掘单元,下达至采掘运输排土终端设备,用于设备实时生产。短期计划关联分析图如图7-17所示。

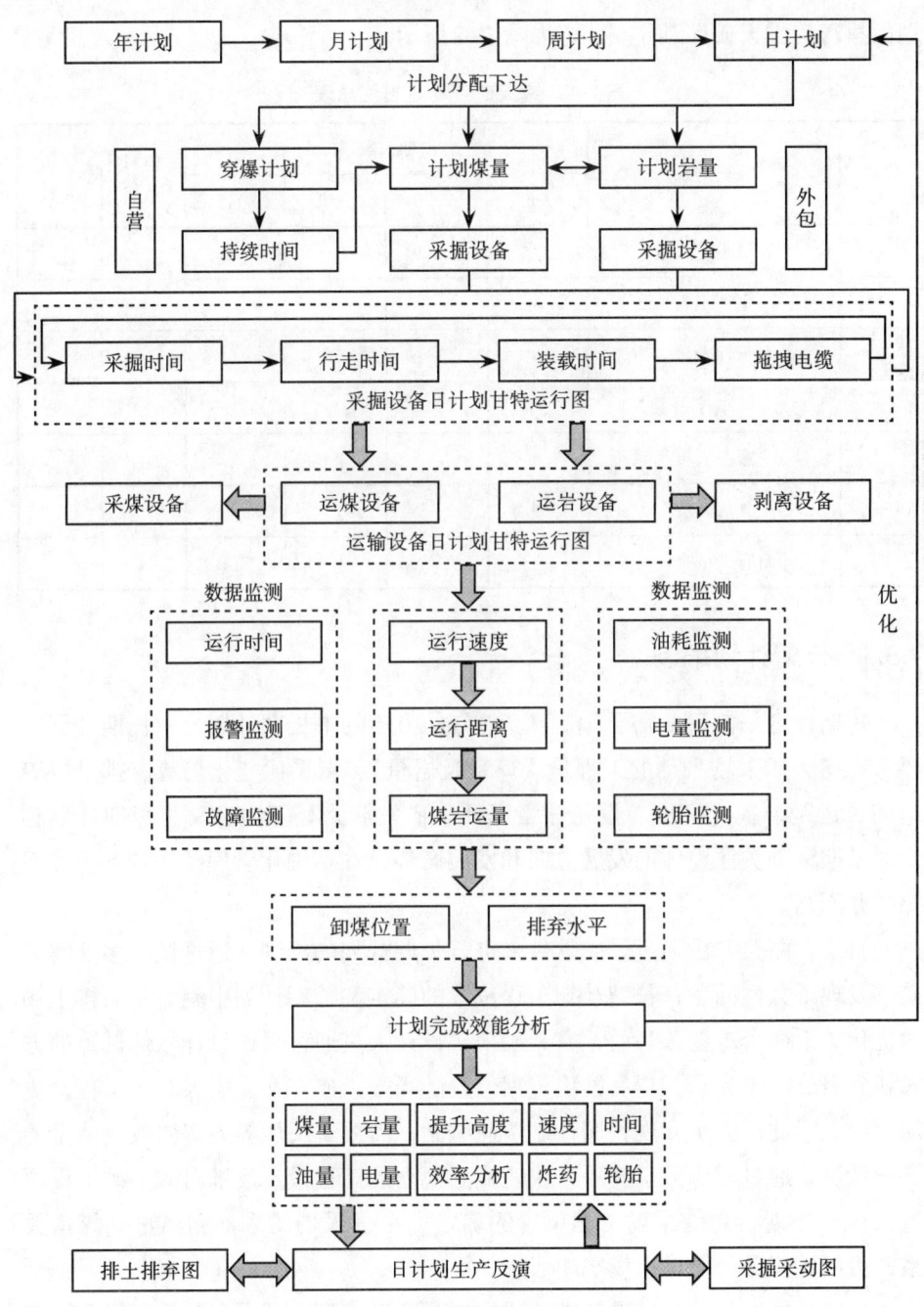

图7-17 短期计划关联分析图

(4) 日计划人员配备

日计划编排结束后,需要制定当天各班的出勤人数,以满足露天矿生产计划的执行。露天矿劳动定员汇总如表7-8所示。

表7-8 露天矿劳动定员汇总表

序号	人员类别	出勤人数/人				在籍系数	在籍人数
		一班	二班	三班	合计		
一	原煤生产人员						
1	生产工人						
2	管理人员						
	小计						
二	服务人员						
三	其他人员						
四	自有人员合计						

7.3.3 长期计划编制

短期计划编制后，需要编制露天矿3~20年的中长期计划。中长期计划主要考虑露天矿采场采动的工程量（煤量及岩量）、剥采比变化趋势、排土位置空间、运距、提升高度、设备数量以及采矿发展路径等内容。与短期计划相比，长期计划关注整体的发展方向和发展态势，在精细化管理及任务下达方面要求并不高。

目前，露天矿山通过采矿软件来进行长期计划的绘制。通过调研多处露天矿，发现了共性问题：长期计划工程位置的确定和长期计划中剥离量与排土场的优化关系两个难题。当前，露天矿采矿设计人员通过采矿设计软件试算的方式找到需要的工程量，再反推出工程位置。当露天矿存在多层煤时，工程量更加复杂。因此，为了实现长期计划快速编制，需要解决境界内实体或块体量的快速计算，通过相应数学算法，快速找到规划的工程量，反推出露天矿工程位置，提升长期计划的采场工程位置的确定。有了采场的采动剥离量和煤量关系，可以优化露天矿排土场空间形态。

长期计划编制的基础是三维地质模型、地形模型、开采参数信息以及设备等内容。利用辽宁工程技术大学白润才教授、刘光伟教授开发的SMCAD软件系统编制国内某矿的长期计划如图7-18至图7-25所示。

图7-18 2009年末剥采工程位置实体模型

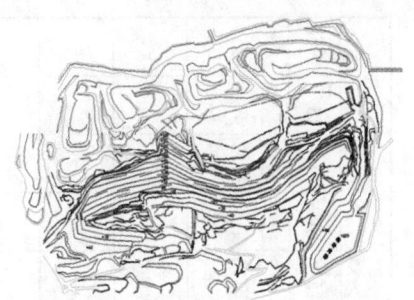
图7-19 2009年末工程位置平面图

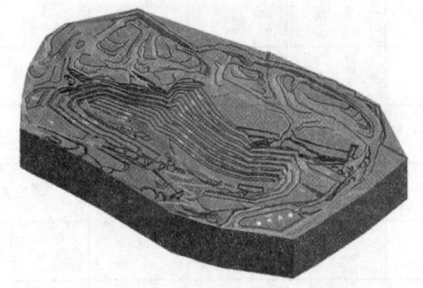
图7-20 2010年末剥采工程位置实体模型

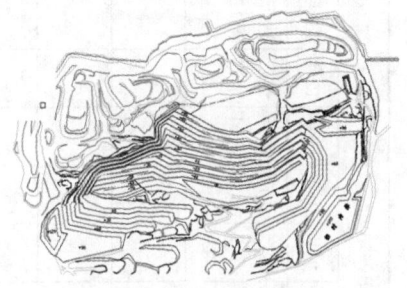
图7-21 2010年末工程位置平面图

图7-22 2011年6月末剥采工程位置实体模型

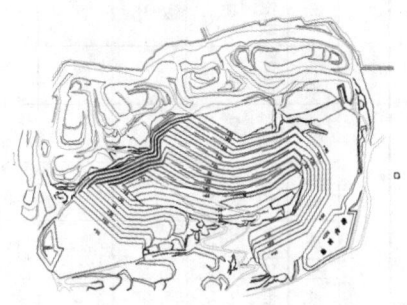
图7-23 2011年6月末工程位置平面图

图7-24 2012年末剥采工程位置实体模型

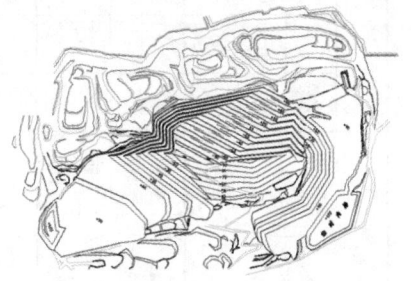
图7-25 2012年末工程位置平面图

最终得到各年剥、采、排计划工程量如表7-9所示。

表7-9 生产进度计划

项目			0年 基建	a年 过渡期	1年 达产第1年	2年 达产第2年	3年 达产第3年	4年 达产第4年	5年 达产第5年	6年 达产第6年	7年 达产第7年	8年 达产第8年	9年 达产第9年	10年 达产第10年	11年 达产第11年	12年 达产第12年	13年 达产第13年	14年 达产第14年	15年 达产第15年	16年 达产第16年	17年 达产第17年	18年 达产第18年	19年 达产第19年
采煤(自营/外包)	单斗-卡车工艺	运量/Mt																					
		运距/km																					
	原煤累计量/Mt																						
剥离(自营/外包)	表土 单斗-卡车工艺/半连续工艺	运量/Mm³																					
		运距/km																					
	岩石 单斗-卡车工艺/半连续工艺/连续工艺	运量/Mm³																					
		运距/km																					

表7-9（续）

项目	0年 基建	a年 过渡期	1年 达产第1年	2年 达产第2年	3年 达产第3年	4年 达产第4年	5年 达产第5年	6年 达产第6年	7年 达产第7年	8年 达产第8年	9年 达产第9年	10年 达产第10年	11年 达产第11年	12年 达产第12年	13年 达产第13年	14年 达产第14年	15年 达产第15年	16年 达产第16年	17年 达产第17年	18年 达产第18年	19年 达产第19年
年度剥离量合计/Mm³																					
剥离量累计/Mm³																					
生产剥采比/(m³·t⁻¹)																					
提升高度																					
电铲数量																					
卡车数量																					
推土机数量																					
钻机数量																					
前装机数量																					
破碎站数量																					
皮带长度																					
辅助设备																					

生产年度

表7-9（续）

项目	生产年度																				
	0年 基建	a年 过渡期	1年 达产第1年	2年 达产第2年	3年 达产第3年	4年 达产第4年	5年 达产第5年	6年 达产第6年	7年 达产第7年	8年 达产第8年	9年 达产第9年	10年 达产第10年	11年 达产第11年	12年 达产第12年	13年 达产第13年	14年 达产第14年	15年 达产第15年	16年 达产第16年	17年 达产第17年	18年 达产第18年	19年 达产第19年
油量																					
炸药量																					
电量																					
人员数量																					
劳动生产率																					
直接成本																					
外排土场（土）																					
外排土场（岩）																					
内排土场（土）																					
内排土场（岩）																					

7.3.4 爆破设计编制

数字孪生露天矿爆破设计需要从规划、设计、执行三个方面来实现。规划方面要以爆破对象为基础，构建爆破的三维模型，涵盖岩性等属性信息。通过对爆破区域进行钻爆规划，设计爆破参数信息，将爆破设计、装药结构、参数下发至钻机设备、现场设备进行爆破操作，根据设计起爆顺序进行连线装药，系统平台监测爆破效果。整个爆破流程如图7-26所示。

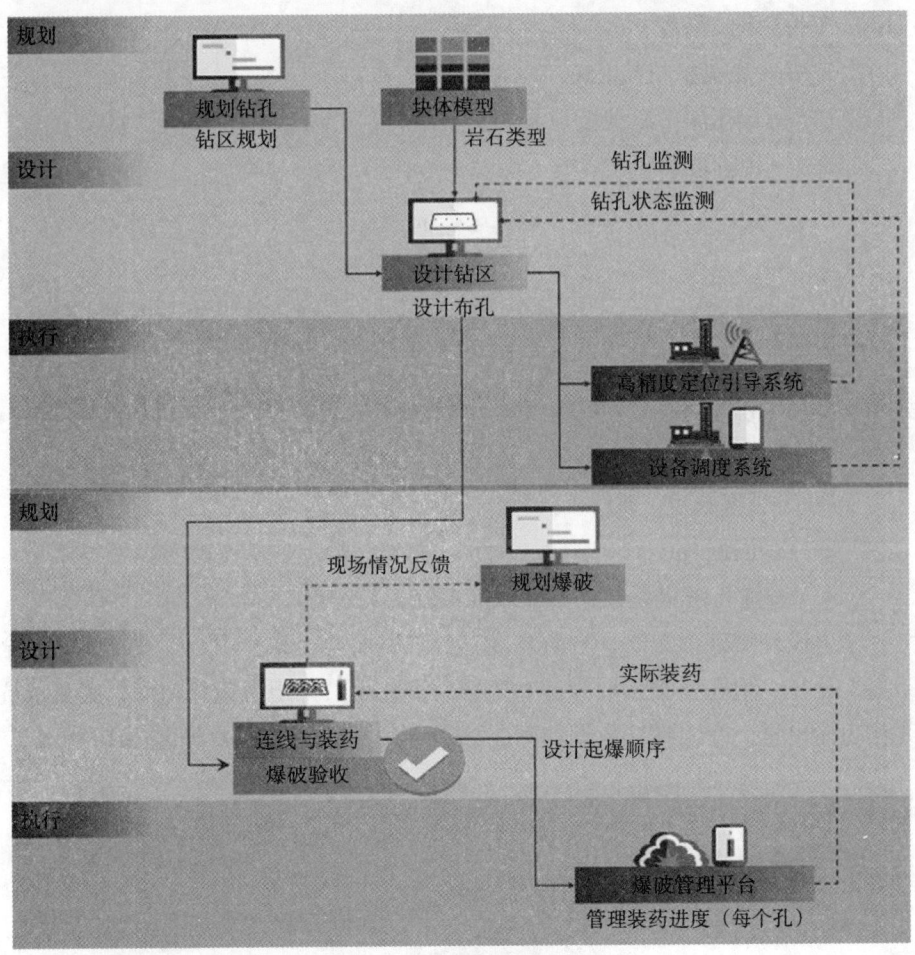

图7-26 露天矿爆破流程

7.3.4.1 设计爆破参数

露天矿山的深孔台阶爆破参数主要包括：孔径、孔深、超深、底盘抵抗线、孔距排距、填塞长度等。

$$L = H + h \tag{7-1}$$

$$h = (0.15 \sim 0.35)W_d \tag{7-2}$$

$$W_d = H \times \tan\alpha + B \tag{7-3}$$

式中：L——孔深，m；

h——超深，m；

H——台阶高度，m；

W_d——底盘抵抗线，m；

B——从孔深中心到坡顶线的安全距离，$B > 2.5$ m；

α——台阶坡面角，(°)。

$$a = mW_d \tag{7-4}$$

$$b = W_d \tag{7-5}$$

$$l_t = (20 \sim 30)d \tag{7-6}$$

式中：a——孔距，m；

b——排距，m；

l_t——填塞长度，m；

d——孔径，m；

m——炮孔密集系数，一般取 $m = 1.0 \sim 1.5$。

孪生设计爆破参数时，台阶高度、台阶坡面角、钻孔中心到坡顶线的安全距离、孔径、炮孔密集系数为已知变量，将孔距、排距、炮孔超深、底盘抵抗线作为输出量。孪生钻孔数据如图7-27所示，钻孔孔位信息如表7-10所示。

图7-27 孪生爆破参数示意图

表7-10 钻孔孔位信息表

孔号	坐标			孔深	超深	倾角
	X	Y	Z			
1						
2						
⋮						
n						

7.3.4.2 药量、结构设计

（1）装药结构选择

装药结构主要包括：连续装药、分段装药、间隔装药、孔底间隔装药。

（2）单孔药量设计

传统的单孔炸药单耗不能够做到单孔的定量装药，而在钻机钻进过程中已经分析得到钻孔垂直方向上岩石种类分布的情况下，使单孔炸药单耗的调整得到了最基本的数据支持。通过分析钻孔垂直方向上岩石种类分布的情况，以每种岩石的炸药单耗和体积为依据，实现每个炮孔装药量有依据的调整。

$$Q = qabH = q_1abH_1 + q_2abH_2 + \cdots + q_nabH_n \tag{7-7}$$

式中：Q——单孔装药量；

$q_1, q_2, \cdots, q_n$——从孔口表面至底部不同种类岩石对应的炸药单耗；

$H_1, H_2, \cdots, H_n$——从孔口表面至底部不同种类岩石的厚度。

当采用分段装药结构设计时，单孔药量的划分主要依据以下原则：

① 当炮孔上部、下部为较软岩石，中部为较硬岩石时分两段装药：底部装药和中部装药。较硬岩石部分装药量大于底部装药。中部装药是底部装药量的1.2~1.5倍。

② 当炮孔底部存在较硬岩石，其余部分均为较软岩石时，钻机自动加大超深，在单孔药量不变的情况下炮孔底部药量增加，炮孔中部药量减少。底部药量是中部装药量的1.2~1.5倍。

③ 当炮孔上部至孔口部位即在炮孔填充部分存在硬岩时，炮孔只在底部进行装药，但应在炮孔四周补小孔径浅孔4个，在单孔药量不变情况下每个浅孔装药量依据硬岩体积装药，4个钻孔总药量是底部装药量的1.2~1.5倍。

④ 当炮孔的垂直方向上岩石种类分布密集时存在以下几种情况：第一，硬岩存在于炮孔底部上方0.5~1 m时，进行底部空气间隔，在硬岩部位装药，此种情况存在于以上三种情况时，炮孔中部和底部空气间隔上方的装药量根据各自部位硬岩厚度按比例确定；第二，当炮孔中部存在多层（2~3层）硬岩，且硬岩厚度均小于0.5 m，但硬岩中间夹杂软岩厚度均小于1 m时，此部分按硬岩装药量进行处理即单孔药量不变的情况下，中部药量是底部药量1.2~1.5倍。

爆破区域内总药量：

$$Q_{总} = Q_1 + Q_2 + \cdots + Q_N \tag{7-8}$$

式中：$Q_{总}$——爆破区域内所有炮孔装药；
　　　N——孔数。

爆破区域内单孔装药量及装药结构设计好后，将信息传输至现场爆破作业人员手持终端或者炸药混装车装药系统上，然后严格按照设计进行装药作业。孪生爆破药量计算如图7-28所示。

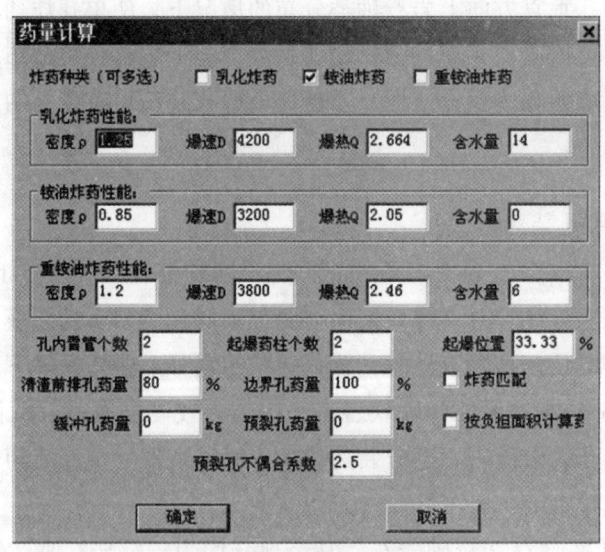

图7-28　孪生爆破药量计算

7.3.4.3　起爆顺序

露天矿爆破起爆顺序主要有以下几种，如图7-29所示。根据不同的岩性特点，制定不同的起爆顺序。

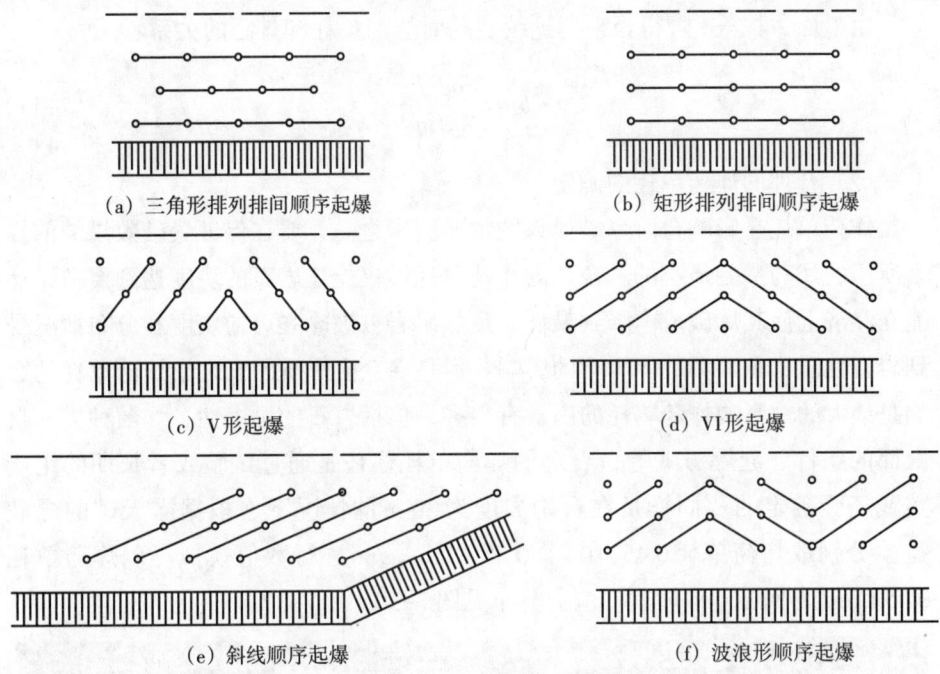

图 7-29 起爆顺序示意图

7.3.4.4 炸药单耗和排距的确定

（1）合理的排距的确定

当台阶高度、炮孔堵塞充填长度、孔距和孔径都确定后，孔距与炸药单耗的关系就可以根据下面式（7-9）、式（7-10）确定：

$$Q = \frac{1}{4}\pi\rho d^2 L_c \tag{7-9}$$

式中：Q——装药量，kg；
d——炮孔直径，mm；
L_c——装药长度，m；
ρ——孔内装药密度，kg/m³。

$$Q = qHba \tag{7-10}$$

式中：q——炸药单耗，kg/m³；
H——台阶高度，m；
b——排距，m；
a——孔距，m。

由上面2个公式可得当采用连续装药时炸药单耗和排距的关系：

$$b = \frac{\pi \rho d^2 L_c}{4aHq} \qquad (7-11)$$

(2) 合理的炸药单耗的确定

炸药单耗是影响台阶爆破效果的主要因素之一，要在保证爆破效果的前提下所用的炸药量是最小的。合理的炸药单耗不仅能让岩石的块度达到要求，还能在经济上使其爆破成本降到最低。虽然矿岩被破碎之后的块度和分布情况受到岩石性质、孔网参数等因素的影响，但是在众多影响因素之中炸药单耗的影响是最大的。影响炸药单耗的因素有很多，包括岩石的可爆性、炸药种类、自由面的条件、起爆方式等，合理的炸药单耗往往是通过试验或者长期的生产实践经验确定的。同样是在台阶高度为30 m的情况下，根据露天矿的爆破经验分别取炸药单耗0.45，0.5，0.55，0.6 kg/m³进行数值模拟。以炸药单耗0.45 kg/m³为例，不同时刻的应力分布见图7-30～图7-37。

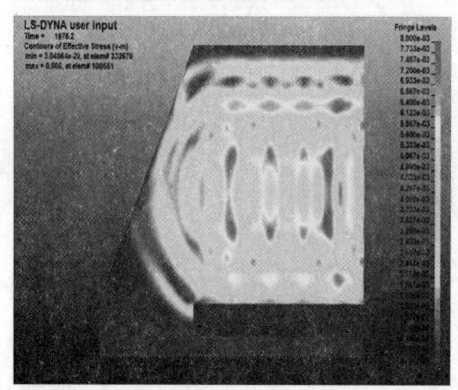

图7-30 爆炸后99.897 μs时刻应力分布图

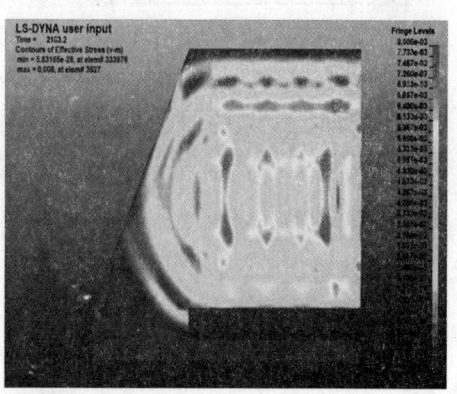

图7-31 爆炸后197.79 μs时刻应力分布图

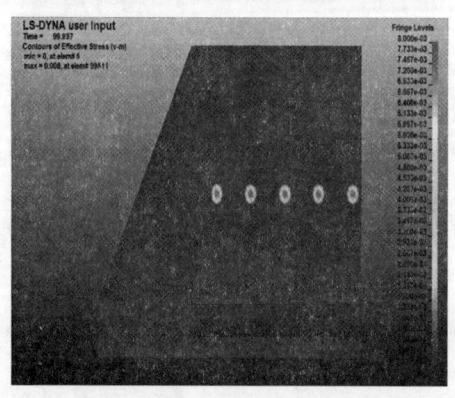

图7-32 爆炸后336.93 μs时刻应力分布图

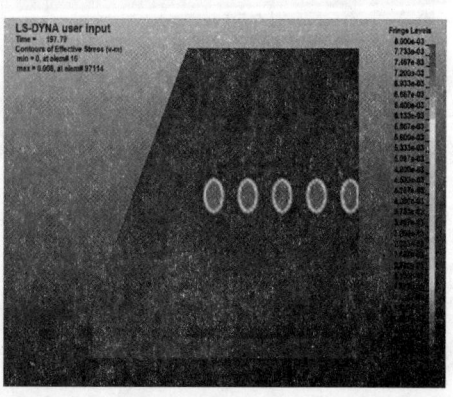

图7-33 爆炸后1081.1 μs时刻应力分布图

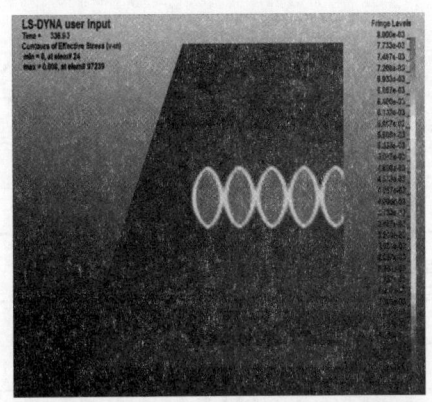

图7-34 爆炸后1432 μs时刻应力分布图

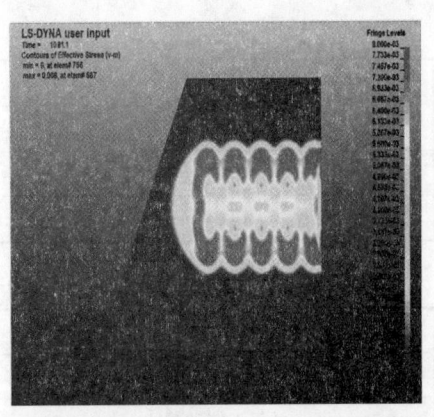

图7-35 爆炸后1698.3 μs时刻应力分布图

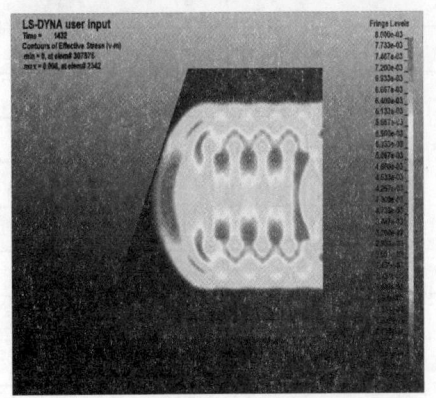

图7-36 爆炸后1876.2 μs时刻分布图

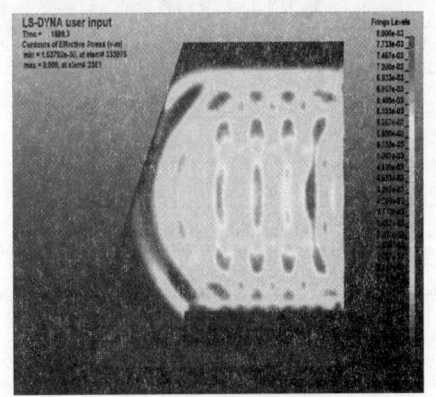

图7-37 爆炸后2103.2 μs时刻分布图

根据模拟结果，优化得到合理爆破参数、装药结构和爆破量。

7.3.4.5 爆破成本计算

有了爆破设计方案，需要对该次爆破成本进行核算，根据爆破所需要的器材数，进行成本核算。爆破成本核算如表7-11~表7-13所示。成本计算见图7-38。

表7-11 爆破量计算

项目	单耗			年爆量/(10^4 m³)			所需爆破器材量		
	单位	煤	岩	煤	岩		煤	岩	合计
多孔粒状铵油炸药	kg/m³								
乳化炸药	kg/m³								
2号岩石炸药	kg/m³								
导爆管	m/m³								

表7-11（续）

项目	单耗			年爆量/($10^4 m^3$)		所需爆破器材量		
	单位	煤	岩	煤	岩	煤	岩	合计
毫秒雷管	个/m^3							
瞬发雷管	个/m^3							

表7-12 雷管及导爆管的计算

项目	煤	岩
露天矿年爆破量/万 m^3		
年工作天数/d		
露天矿每天需剥离量/m^3		
爆破一次可挖掘天数/d		
一次需爆破量/m^3		
一次爆破瞬发雷管数		
每立方米瞬发雷管数		
采掘带宽度/m		
台阶高度/m		
孔深/m		
一次需爆破工作线长度/m		
孔距/m		
行距/m		
排数		
钻孔爆破量/m^3		
每立方米毫秒雷管数		
每立方米导爆管数		

表7-13 孔网参数计算

孔网参数计算	煤	岩
孔径 D_z/mm		
台阶高度/m		
台阶坡面角/(°)		
采掘带宽度/m		
底盘抵抗线（主要方法）		
底盘抵抗线（第二方法）		

表7-13（续）

孔网参数计算	煤	岩
底盘抵抗线（安全验证）		
底盘抵抗线 W（最终）		
孔距（计算）/m		
孔距 a（取值）/m		
行距（计算）/m		
行距 b（取值）/m		
行数（计算）		
行数（取值）		
超钻		
炸药单耗/(kg·m^{-3})		
钻孔装药量/kg		
钻孔装药量/kg		
钻孔装药量/kg		
药柱高度/m		
充填高度（计算）/m		
充填高度（检验1）/m		
充填高度（检验2）/m		
爆破间隔时间/ms		

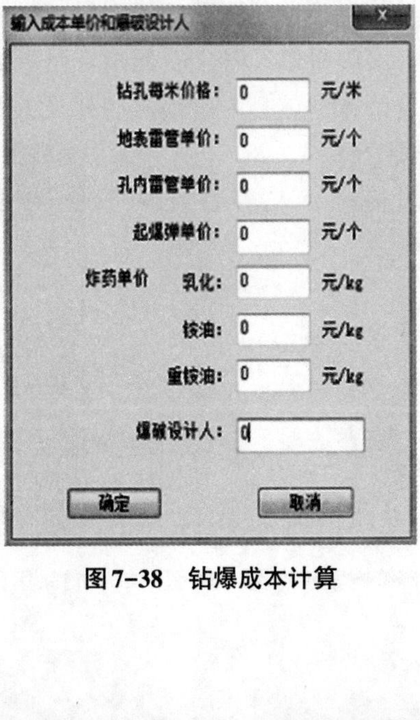

图7-38 钻爆成本计算

7.3.5 开采路径及位置追溯

7.3.5.1 导航开采路径

规划导航路径,总体上来说,开采境界和开采工艺确定的前提下,是露天矿采区接续推进方向,包括:工作线与推进方向的夹角、推进强度与剥采比的关系,规划导航路径可以给出不同的目标方案,如剥采比变动最小的导航路径、煤质变动最小的导航路径、组合台阶条件下的导航路径,以及每一导航路径条件下的成本报表。露天矿山生产过程中,要根据开采工艺来制定相应的开采路径。充分结合矿山开采设计、矿床赋存状态、采区接续、环境开采扰动等多方面因素来规划矿山开采路径。不同的矿山开采路径会对应不同的生产剥采比、产量状态、矿量信息、运距、提升高度以及不同的经济效益。导航开采可以理解成采区转向方式(如图7-39、图7-40所示),但在论证采区转向方式时,其计算颗粒度和发展路径又不如导航开采路径细致。

导航开采路径最终在露天矿采剥平面图上形成一条矿山开采路线图,该路线图可以是点、线、面、体。如果呈现方式为点,则该点为不同开采工程位置条件下第一个完整台阶的最内边界点、中点和最外边界点,将所有点绘制出来,即为开采路径的点轨迹。按照此种方式将对应位置的所有点在推进方向进行连线,则形成导航开采的一组(三条导航开采路线)路径线。三个连线点按照开采参数形成工作面,即为导航开采面。每一个工程位置按照煤岩实体的方式切割成实体,则形成导航开采实体。不论导航开采路径是以何种方式进行展现,其所携带的矿山属性信息当前位置时的煤岩量、剥采比、自营外包量、自营外包运距、提升高度、爆破量以及各项费用指标是一致的。

综上所述,一个导航位置点就是一个最优的开采方案。

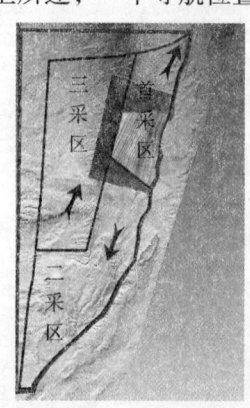 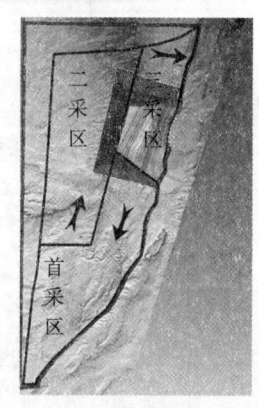

图7-39 首采区向北转向接续方案示意图　　图7-40 首采区向南转向接续方案示意图

7.3.5.2 开采工程追溯

有了导航开采路径后，针对露天矿优化、规划以及各种限制因素，通过反演露天矿开采工程，优化运输路径，绘制运输通道，计算设备数量、分析采剥状态。通过开采工程追溯，可真实掌握露天矿不同时期的生产状态、设备数量、经济环境以及开采动态变化过程。同时，为露天矿今后生产规划提供主要依据。图7-41所示为露天矿工程追溯图。

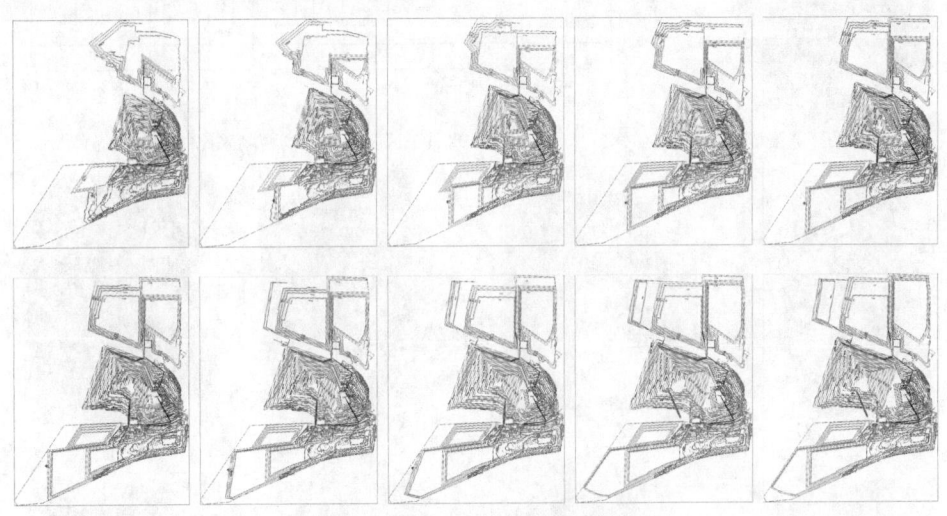

图7-41　露天矿工程追溯图

7.3.5.3 导航开采实例分析

导航开采模拟通过输入当前位置和目的地，实现对路线的规划。露天矿山根据该设计思路，结合露天矿山生产实际业务需求，设计导航开采模拟模板。以露天矿地质数据为基础依托，通过输入相应参数，模拟工程位置开采，规划开采路径，即优化开采方案。开采路径的实际上是对开采方案的一个简称。开采路径包括：工作线长度、推进速度、推进方向角度等。通过系统输入不同参数，进行导航模拟开采，得出相应开采结果。开采结果包括：煤岩量、运距、提升高度、内外排量、经济运行成本等数据。以国内某露天矿为例，该矿由纵采转横采过程中，需要进行转向过渡，过渡后，为保证生产能力和剥采比的最优化，需要通过设置不同开采参数对露天矿进行智能化导航开采。根据生产实际，将该矿生产工作线宽度设置为0.9，1.0，1.1，1.2 km。通过研究不同导航开采方案下的数据,给出不同条件下的关键因子,如剥采比变化、运距、提升高度、经济成本等数据,用于辅助矿山生产决策。

(1) 反演时空工程模拟

图7-42~图7-45为导航开采结果。

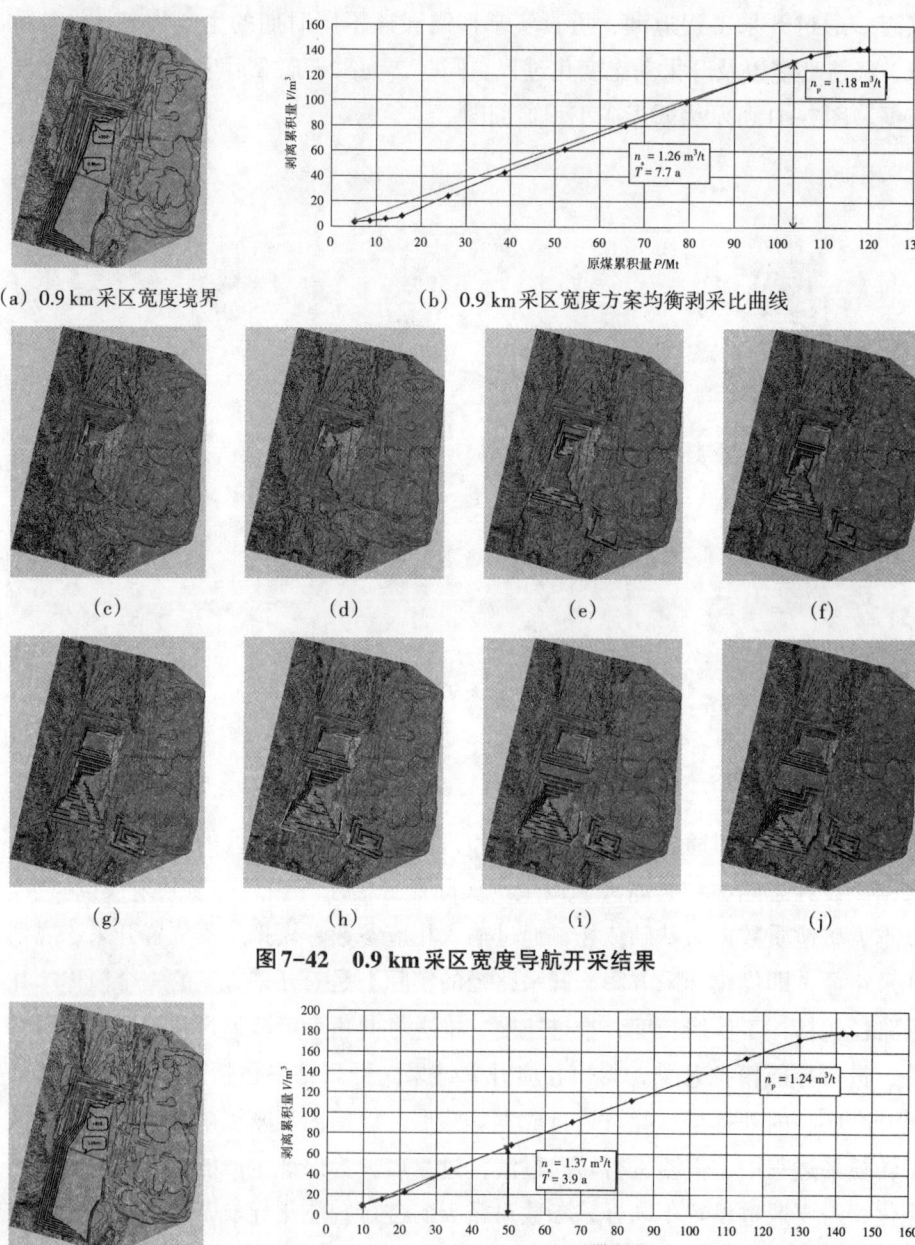

(a) 0.9 km采区宽度境界   (b) 0.9 km采区宽度方案均衡剥采比曲线

(c)　　(d)　　(e)　　(f)

(g)　　(h)　　(i)　　(j)

图7-42　0.9 km采区宽度导航开采结果

(a) 1.0 km采区宽度境界   (b) 1.0 km采区宽度方案均衡剥采比曲线

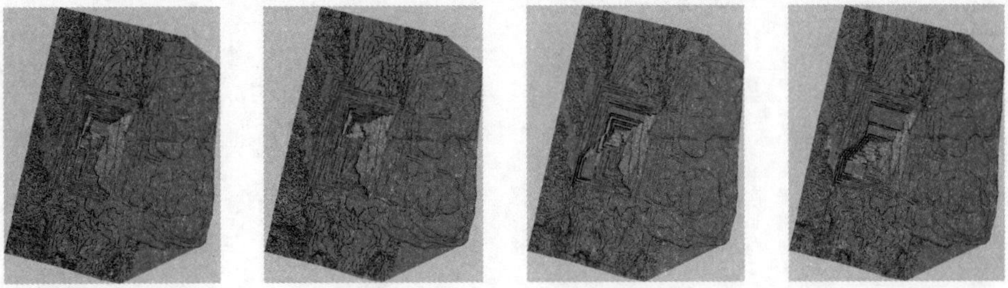

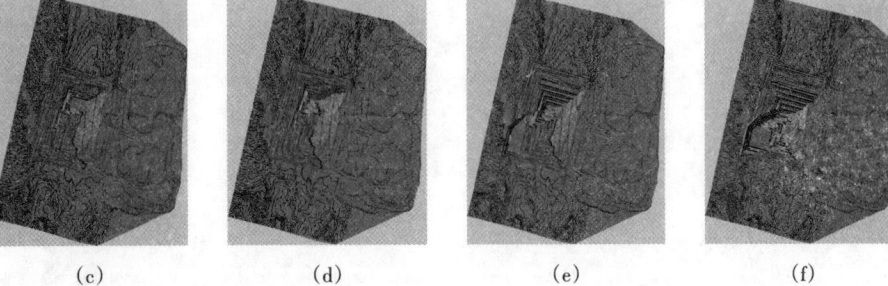

(c)　　　　　　　(d)　　　　　　　(e)　　　　　　　(f)

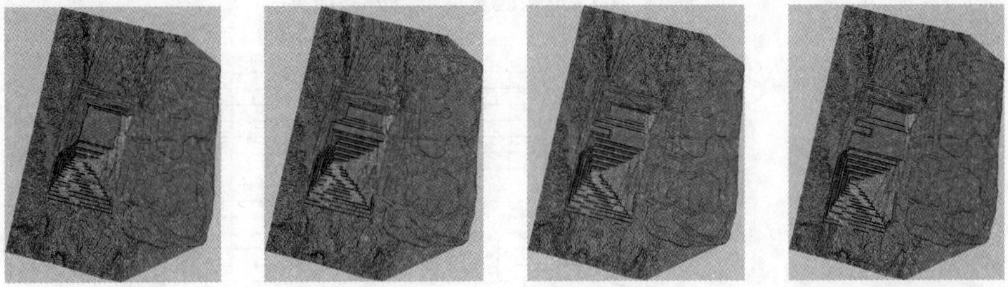

(g)　　　　　　　(h)　　　　　　　(i)　　　　　　　(j)

图7-43　1.0 km采区宽度导航开采结果

(a) 1.1 km采区宽度境界 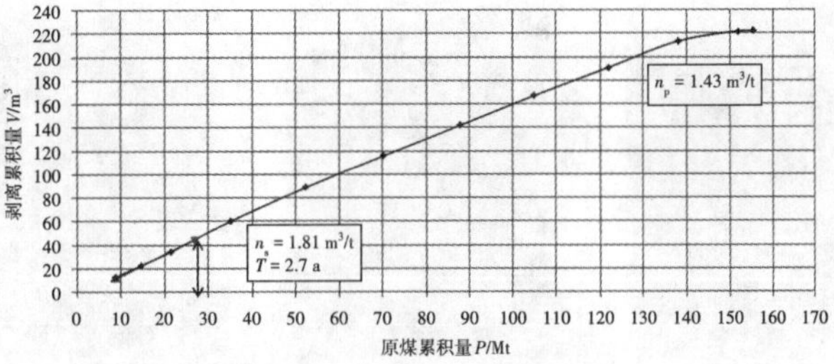　　　　(b) 1.1 km采区宽度方案均衡剥采比曲线

(c)　　　　　　　(d)　　　　　　　(e)　　　　　　　(f)

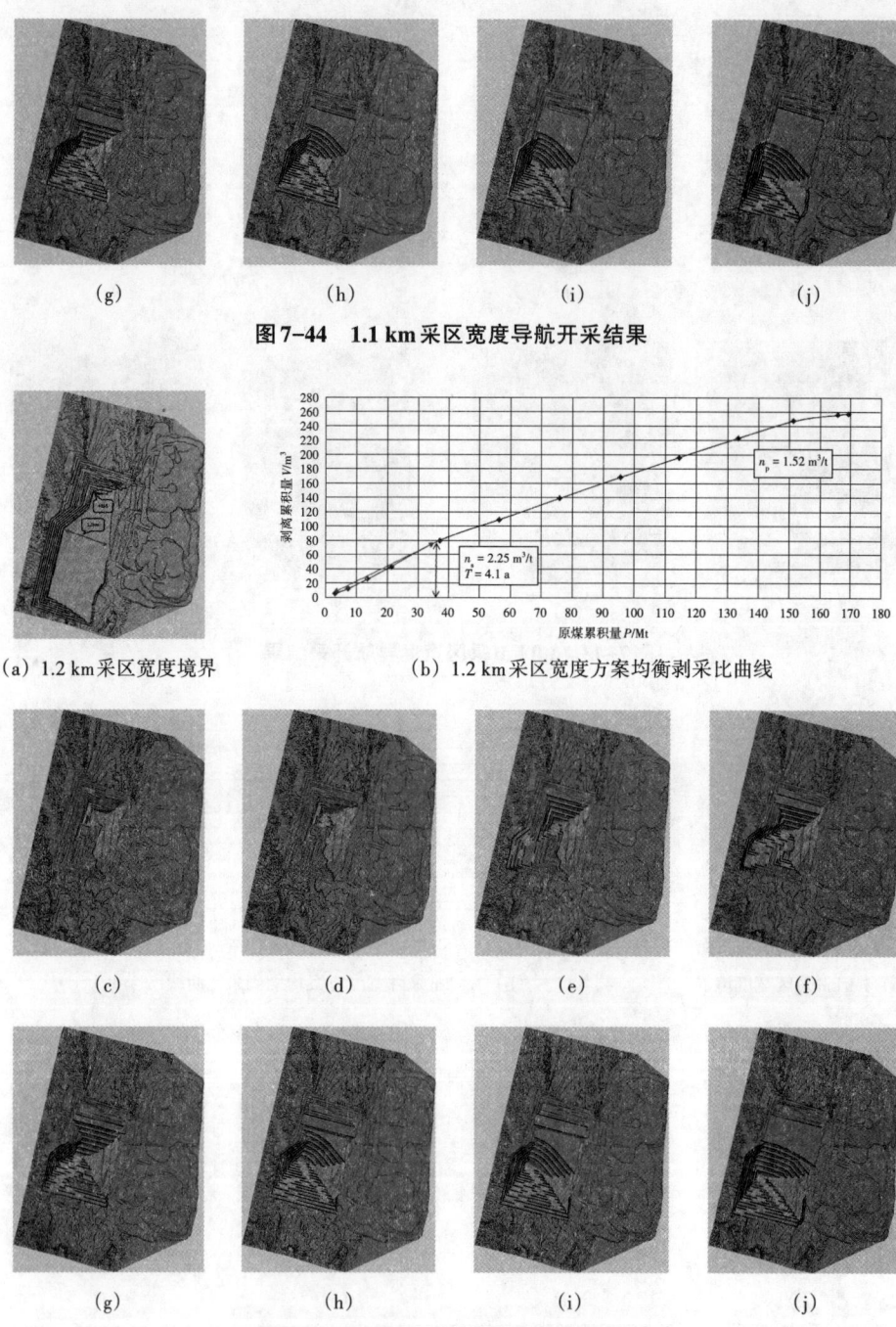

(g)　　　　　(h)　　　　　(i)　　　　　(j)

图 7-44　1.1 km 采区宽度导航开采结果

(a) 1.2 km 采区宽度境界　　　　(b) 1.2 km 采区宽度方案均衡剥采比曲线

(c)　　　　　(d)　　　　　(e)　　　　　(f)

(g)　　　　　(h)　　　　　(i)　　　　　(j)

图 7-45　1.2 km 采区宽度导航开采结果

(2) 关键参数数据分析

表7-14～表7-22所示为关键参数。

表7-14 各工程位置剥采比变化表 单位：m³/t

项目	位置1	位置2	位置3	位置4	位置5	位置6	平均
方案一（1.2 km）	2.25	2.29	2.22	2.03	1.69	1.56	2.01
方案二（1.1 km）	1.81	1.83	1.76	1.65	1.62	1.54	1.70
方案三（1.0 km）	1.37	1.37	1.37	1.36	1.43	1.32	1.37
方案四（0.9 km）	1.23	1.26	1.26	1.25	1.27	1.25	1.25

表7-15 各工程位置剥离运距变化表 单位：km

项目	位置1	位置2	位置3	位置4	位置5	位置6	平均
方案一（1.2 km）	2.71	1.91	2.96	2.55	2.75	2.71	2.60
方案二（1.1 km）	2.88	1.53	2.43	2.83	2.92	3.11	2.62
方案三（1.0 km）	2.38	1.42	2.39	2.51	2.2	2.23	2.19
方案四（0.9 km）	2.26	2.48	2.43	2.38	2.21	2.13	2.32

表7-16 各工程位置采煤运距变化表 单位：km

项目	位置1	位置2	位置3	位置4	位置5	位置6	平均
方案一（1.2 km）	1.94	2.01	2.52	1.89	2.24	2.11	2.13
方案二（1.1 km）	1.94	2.03	2.43	1.66	2.14	2.23	2.09
方案三（1.0 km）	1.94	2.05	1.65	1.33	1.52	1.44	1.67
方案四（0.9 km）	1.94	1.67	1.43	1.14	1.41	1.79	1.54

表7-17 各工程位置剥离提升高度变化表 单位：m

项目	位置1	位置2	位置3	位置4	位置5	位置6	平均
方案一（1.2 km）	-57.26	9.25	35.33	-2.81	-25.41	10.18	-5.12
方案二（1.1 km）	-59.46	10.50	-4.67	-17.9	-27.5	-31.25	-21.71
方案三（1.0 km）	-61.34	-7.13	-63.2	3.99	-18.9	-30.58	-29.53
方案四（0.9 km）	-69.3	-74	-46.16	-33.83	-18.32	-25.97	-44.51
方案五（临时内排）	12.67	-4.93	-19.82	-19.98	-13.16	-18.49	-10.62

表7-18 各工程位置剥离物下行量（比例）变化表　　　单位：m

项目	位置1	位置2	位置3	位置4	位置5	位置6	平均
方案一（1.2 km）	1129.32（0.97）	98.87（0.05）	69.7（0.03）	866.09（0.34）	2413（0.95）	832.57（0.26）	0.43
方案二（1.1 km）	868.77（0.93）	203.7（0.142）	892.5（0.48）	1701.4（0.8）	2421.9（0.98）	3169（0.99）	0.72
方案三（1.0 km）	686.5（0.97）	463（0.45）	1262.6（0.92）	682.4（0.4）	1657.2（0.77）	2603（0.98）	0.75
方案四（0.9 km）	307（0.5）	875.1（0.88）	1105.3（0.88）	1571（1）	1907.4（0.98）	2442.35（0.95）	0.87

表7-19 各工程位置平均吨煤成本对比表　　　单位：元

项目	位置1	位置2	位置3	位置4	位置5	位置6	平均
方案一（1.2 km）	128.7	104.5	97.2	87.8	79.1	72.3	94.93
方案二（1.1 km）	114.9	97.4	86.1	80.9	76.7	71.3	87.88
方案三（1.0 km）	104.9	90.0	83.2	77.1	74.1	68.1	82.90
方案四（0.9 km）	102.3	88.8	81.2	75.4	71.4	66.5	80.93

表7-20 各工程位置推进度变化表　　　单位：m

项目	位置1	位置2	位置3	位置4	位置5	位置6	平均
方案一（1.2 km）	127.29	198.16	310	184	157	204	196.74
方案二（1.1 km）	127.29	190	374.66	169.42	180	240	213.56
方案三（1.0 km）	127.29	293.6	315.55	166.01	183.3	240.96	221.12
方案四（0.9 km）	141.17	363.8	252.74	245	240	340	263.79

表7-21 四方案逐年总利润对比表　　　单位：万元

吨煤售价71 t/元							
项目	位置1	位置2	位置3	位置4	位置5	位置6	平均
方案一（1.2 km）	-20625	-14740	-12282	-3682	8722	25270	-2889.50
方案二（1.1 km）	-15027	-9288	-1314	5191	13361	30141	3844.00
方案三（1.0 km）	-10528	-3824	1709	9761	16112	33669	7816.50
方案四（0.9 km）	-9220	-3098	3463	11888	20451	37593	10179.50

表 7-21（续）

吨煤售价 75 t/元							
方案一（1.2 km）	-18843	-11903	-8499	1046	14396	32835	1505.33
方案二（1.1 km）	-13131	-6478	2745	10071	19505	38501	8535.50
方案三（1.0 km）	-8580	-987	5515	14481	21763	41235	12237.83
方案四（0.9 km）	-7222	-136	7216	16613	26197	45306	14662.33
吨煤售价 80 t/元							
方案一（1.2 km）	-16616	-8356	-3770	6957	21489	42292	6999.33
方案二（1.1 km）	-10762	-2964	7819	16171	27184	48951	14399.83
方案三（1.0 km）	-6145	2560	10272	20383	28827	50692	17764.83
方案四（0.9 km）	-4725	3566	11907	22519	33380	54947	20265.67
吨煤售价 85 t/元							
方案一（1.2 km）	-14389	-4810	958	12867	28582	51749	12492.83
方案二（1.1 km）	-8393	549	12893	22271	34863	59401	20264.00
方案三（1.0 km）	-3710	6106	15029	26284	35892	60149	23291.67
方案四（0.9 km）	-2229	7268	17312	28425	40562	64589	25987.83

表 7-22　四方案综合对比表

序号	比较项目	方案一（1.2 km）	方案二（1.1 km）	方案三（1 km）	方案四（0.9 km）
1	平均剥采比/($m^3 \cdot t^{-1}$)	2.01	1.70	1.37	1.25
2	剥离综合运距/km	2.60	2.62	2.19	2.32
3	采煤综合运距/km	2.13	2.09	1.67	1.54
4	剥离物下行量比例	0.43	0.72	0.75	0.87
5	剥离物提升高度/m	-5.12	-21.71	-29.53	-44.51
6	初始内排时间	***年***月	***年***月	***年***月	***年***月
7	平均年推进度/m	196.74	213.56	221.12	263.79
8	吨煤平均成本/元	94.93	87.88	82.90	80.93

表7-22（续）

序号	比较项目		方案一 (1.2 km)	方案二 (1.1 km)	方案三 (1 km)	方案四 (0.9 km)
9	平均利润（万元）	71元/t	-2889.50	3844.00	7816.50	10179.50
		75元/t	1505.33	8535.50	12237.83	14662.33
		80元/t	6999.33	14399.83	17764.83	20265.67
		85元/t	12492.83	20264.00	23291.67	25987.83

（3）导航开采辅助决策

通过对0.9，1，1.1，1.2 km采宽4个方案的关键技术经济指标进行综合比较，0.9 km采宽方案平均剥采比相对最小，为1.25 m^3/t，采煤综合运距相对最小，为1.54 km，虽然重车下行比例相对较高，但平均吨煤成本最小，为80.93元/t，平均利润最高，同时平均年推进度在合理范围内，因此，推荐0.9 km采宽方案为某露天矿向南转向过渡方案。

7.3.6 露天矿仿真系统

7.3.6.1 仿真系统介绍

仿真不是单纯的数值计算，而是采用计算机仿真手段来解决实际存在的问题，首先要从系统问题分析出发，通过建立仿真模型、模型检验等一系列步骤，最终建立仿真模型，输出仿真结果。当仿真结果出现偏差时，还要对系统模型进行必要的调整和修正，在仿真建模过程中，各环节之间有些内容可能会出现迭代、交叉。计算机仿真的基本步骤一般包括系统分析、模型构造、模型运行、输出结果四个步骤，计算机仿真基本建模步骤如图7-46所示。

（1）系统分析

在建立系统模型前，首先要了解系统内部运行机制。把系统的内部运行情况描述清楚，确定模型的目标函数和可控变量，寻找出系统内的实体、属性和活动，设置系统需完成的目标及完整的研究计划。

（2）模型构造

首先要对实测的原始数据进行整理分析，寻找出系统的运行规律及状态分布函数。其次是根据系统内各环节之间的逻辑关系，通过模拟系统在实际生产中的运行状态，编写程序构造系统仿真模型。

7 数字孪生与导航开采

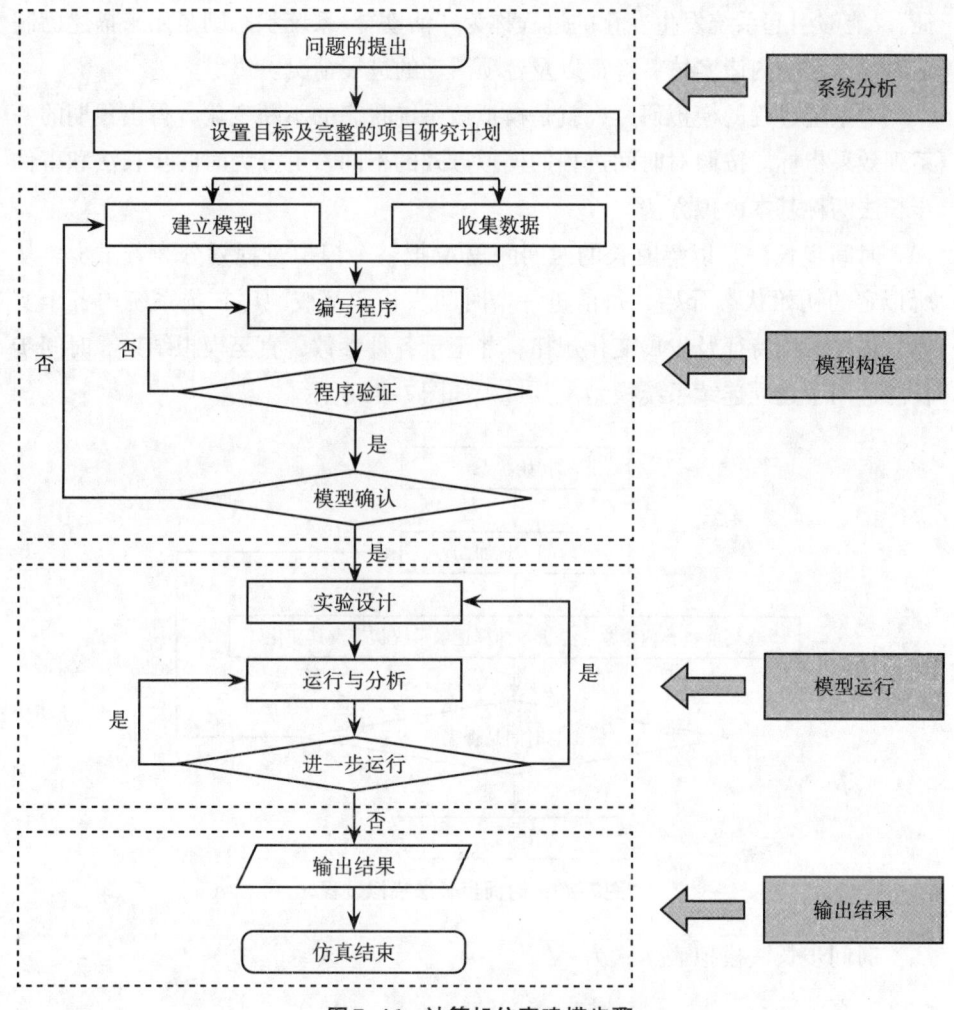

图 7-46 计算机仿真建模步骤

（3）模型运行

在模型正式运行前，要先对模型进行测试，测试逻辑是否正确、变量设置是否合理等。将仿真结果与实际情况进行比较，进一步分析和改进模型。通过反复运行测试，在模型可靠的基础上再对实际情况进行分析。

（4）输出结果

在输出结果中，展示系统内各设备的运行状况，便于了解整个仿真过程，有利于设计人员对实际生产做出决策。

对于一个系统可做如下概括描述：系统是由若干个相互联系、相互制约的基本元素所组成，这些元素又可以称为"实体"。实体各具特性，称为"特征"。能够引起系统发生变化的过程称为"活动"。系统状态则是用来描述已制定时刻该系统内诸实体、特征以及各项活动的进展情况。

对系统过程的模拟研究，就是模拟该系统状态的不断变化，得出预期的一系列效果指标。按照对时间进程的模拟方式的不同，可分为时间步长法和事件步长法两种基本模拟方法。

时间步长法是以等时长的时间间隔 Δt 把整个模拟过程划分为若干步。从所拟定的初始状态开始，每前进一个时间步长，都按顺序扫描系统内各个实体，描述各项特征及发展变化规律，并记录各种参数，直至模拟结束。时间步长法适用于建立连续系统模型。其过程如图7-47所示。

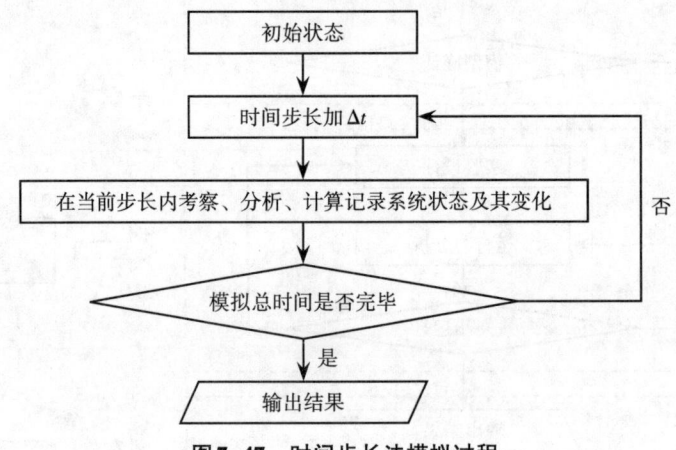

图7-47 时间步长法模拟过程

时间步长法模拟表达式为

$$\left. \begin{array}{l} \Delta t_i = \cos t \quad i = 1, 2, \cdots, N \\ k = j \left| T_j = T \right| \quad \forall j \in M \end{array} \right\} \quad (7\text{-}12)$$

式中：Δt_i——第 i 步模拟时间间隔；

N——模拟总步数；

T_j——事件 j 发生时刻；

T——模拟时钟当前时刻；

k——当前应处理的事件号；

M——系统中带发生事件的集合，其中的元素以事件号表示。

事件是指系统中某项活动的开始或结束。时间步长法是根据系统中依次发生的事件来模拟推进时钟的，即从所有事件中优先选取最近事件进行处理。用这种方法模拟时，模拟时间间隔不是恒定的，而是取决于两个相邻事件的时间差。

构建模型时，应对有关的元素设置一个计时变量，以记录该元素的事件发生时刻，另外再设置一个状态变量，以表示该元素当前所处的状态，在模拟过程中的任意时刻，考察所有元素的下一事件发生时刻，选其中最小者作为下一步模拟时刻，然后改变元素的状态，并在计时变量上加上相应时间增量，形成一个新的事件发生时刻。时间步长法适用于建立离散系统模型。模拟流程图如图7-48所示。

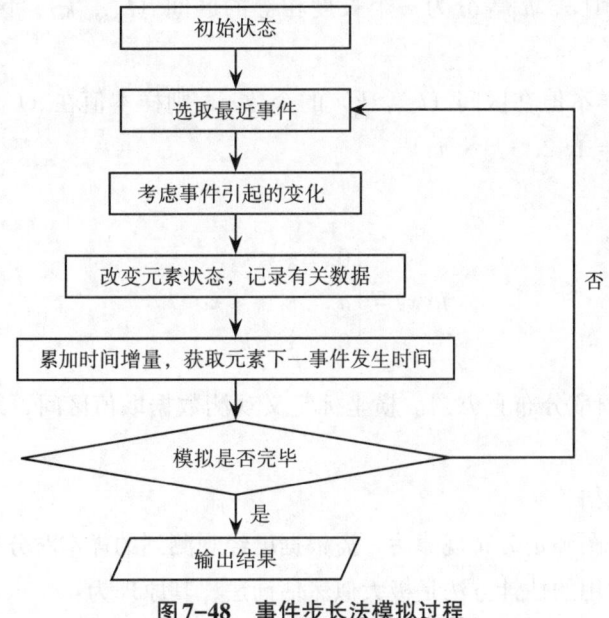

图7-48　事件步长法模拟过程

时间步长法的特点是按最近事件推进模拟时钟，其表达式为

$$\left.\begin{array}{ll}\Delta t_i \neq \cos t & i = 1, 2, \cdots, N \\ k = j \left| \min\{T_j\} \right| & \forall j \in M\end{array}\right\} \quad (7-13)$$

7.3.6.2　半连续仿真参数预处理技术

在半连续开采工艺仿真系统中需要输入切合实际的反映系统各种设备工作性能和生产指标的参数，这些参数大部分是符合某种统计规律的随机变量，如设备的完好时间、故障时间、卡车的装卸时间、运行速度以及破碎机单位时间排弃量等。对具有随机变量的系统进行仿真时，首先必须确定仿真对象随机变量的概率分布，以便在仿真模型中对这些分布取得所需要的随机变量。为了确

定矿山生产中某一随机事件的分布规律,要依次进行数据辨识、参数估计、拟合优度检验三项工作。

(1) 数据辨识

采用频率分布直方图方法对数据进行辨识。用观测到的样本数值建立频率分布直方图,将得到的频率分布直方图与理论分布的概率密度函数曲线图形作对比,从图形上直观地判断被观测随机变量是否满足某种理论分布。具体方法如下:

① 取样本值中的最大值 x_{max} 和最小值 x_{min},取 $a < x_{min}$,$b > x_{max}$。

② 将区间 $[a, b]$ 等分为 m 个长度相等的区间 (k_{j-1}, k_j),区间宽度 $\Delta k_j = k_j - k_{j-1}$。

③ 计算样本值在区间 (k_{j-1}, k_j) 的个数 a_j,则样本值在 (k_{j-1}, k_j) 的频率为 $f_j = a_j/n$ ($n = 1, 2, 3, \cdots, m$)。

定义函数

$$f(x) = \begin{cases} 0, & x \leq k_0 \\ a_j, & k_{j-1} \leq x \leq k_j \\ 0, & x \geq k_m \end{cases} \quad (7-14)$$

④ 绘制频率分布直方图。横坐标定义观测数据取值区间,纵坐标定义频率函数。

(2) 参数估计

当用直方图确定分布规律后,需根据已经观测到的样本对分布函数进行参数估计。最常用的估计方法是极大似然估计法,其原理为:

设总体 X 是离散型随机变量,其概率函数为 $p(x, \theta)$,其中 θ 为未知参数。设 $X_1, X_2, \cdots, X_n$ 为总体 X 的样本,它的联合概率密度为:

$$f(x_1, x_2, \cdots, x_n, \theta) = \prod_{i=1}^{n} f(x_1, \theta) \quad (7-15)$$

它是 θ 的函数,称为似然函数,记作

$$L(\theta) = L(x_1, x_2, \cdots, x_n, \theta) = \prod_{i=1}^{n} f(x_1, \theta) \quad (7-16)$$

根据极大似然估计法,固定 $X_1, X_2, \cdots, X_n$;使概率 $L(x_1, x_2, \cdots, x_n, \theta)$ 达到最大的参数 $\hat{\theta}$,作为 θ 的估计值,即得:

$$L(\theta) = L(x_1, x_2, \cdots, x_n, \hat{\theta}) = \max L(x_1, x_2, \cdots, x_n, \theta) \quad (7-17)$$

其中 $\hat{\theta}$ 是 θ 的极大似然估计值。一般情况下，$f(x,\theta)$ 关于 θ 可微，故 θ 可由下式求得：

$$\frac{dL(\theta)}{d\theta} = 0 \qquad (7-18)$$

又因 $L(\theta)$ 与 $\ln L(\theta)$ 在同一 θ 处取到极值，因此 θ 的极大似然估计 θ 也可从式（7-18）解得：

$$\frac{d}{d\theta}\ln L(\theta) = 0 \qquad (7-19)$$

（3）拟合优度检验

得到了估计的理论分布及其参数之后，需要判断样本的实测频数（observed frequency）与理论频数（expected frequency）接近程度，即确定估计的理论分布的拟合优度。目前最常用的拟合优度检验方法有 χ^2 检验法（卡方检验法）和 Kolmogorov-Smirnov 检验（简称 K-S 检验）。

使用卡方检验法对参数估计值进行检验时，首先提出原假设：H_0：总体 X 的分布函数为 $F(x)$。随后根据假设的理论分布和样本的经验分布之间的吻合程度来决定原假设的准确程度。χ^2 检验法的基本原理和求解过程如下：

① 将总体 X 的取值范围分成 m 个互不重叠的小区间，记作 $X_1, X_2, \cdots, X_k$。

② 把落入第 j 个小区间 X_i 的样本值的个数记作 f_i，称为实测频数。所有实测频数之和 $f_1 + f_2 + f_3 + \cdots + f_k$ 等于样本容量 n。

③ 根据所假设的理论分布，可以算出总体 X 的值落入每个 X_i 的概率 p_i，np_i 即为样本值的理论频数。

$f_i - np_i$ 标志经验分布与理论分布之间的差异的大小。χ^2 是度量实际观测次数与理论次数偏离程度的一个度量。计算 χ^2 的统计量：

$$\chi^2 = \sum_{i=1}^{k} \frac{(f_i - np_i)^2}{np_i} \qquad (7-20)$$

式中：f_i——在第 i 个区间的观测频数；

np_i——理论频数。

χ^2 数值越小，表明实际观测次数与理论观测次数越接近，$\chi^2 = 0$ 时，表明两者完全吻合，χ^2 越大，表明两者相差越大。

K-S 检验的基本原理是将观测到的累计频数分布与理论分布下的累计频数

分布进行对比，需找出两个频数分布的最大差异点，并参照抽样分布，确定出差异点是否是偶然出现。在 K-S 检验中，用 $F_n(x)$ 代表样本量为 n 的随机样本观察值的累计分布函数，且 $F_n(x) = i/n$（i 是等于或小于 x 的所有观察结果的数目，$i = 1, 2, \cdots, n$）。$F(x)$ 表示理论分布的累计概率分布函数。K-S 样本检验通过样本的累计分布函数 $F_n(x)$ 与理论分布函数 $F(x)$ 的比较作为拟合优度检验最大偏差值 D_n：

$$D_n = \max\left\{\left|F(x) - F_n(x)\right|\right\} \quad (7-21)$$

当计算出最大偏差值后，用样本容量 n 和显著水平 a 在检验表中查出临界值 D_n^a，通过 D_n 与 D_n^a 的比较做出判断，若 $D_n < D_n^a$，则认为拟合满意。

通过对比分析两种检验方式，卡方检验与 K-S 检验都是采用实际频数与期望频数对比进行检验，它们之间最大的区别在于卡方检验主要用于类别数据，而 K-S 检验主要用于有单位的数量数据，卡方检验是将数据进行分组从而得到实际数据的观测频率，而 K-S 检验可以不用分组对原始数据直接进行检验，对数据的应用更为完整。因此采用 K-S 检验法作为拟合优度检验的最终方法。

7.3.6.3 随机数发生器建立

半连续开采工艺系统是具有较多随机要素的系统，如设备完好时间、故障时间、卡车装卸时间、破碎机的单位时间排料量等，都是服从一定分布规律的随机变量。随机变量对仿真的结果影响很大，仿真成功与否的关键就在于随机变量是否能够正确地反映出数据的随机特征。为了能够产生这些随机变量来准确地描述设备的运行规律，在系统仿真时要建立随机数发生器。

均匀随机数是指服从均匀分布的随机变量。当模拟实际问题时，首先要解决随机数的产生问题。目前，产生随机数的方法大致可分为三大类：

(1) 随机数表法

把已有的随机数表输入计算机调用称为随机数表法。在计算机产生之前，随机模拟方法需要大量的随机数，当时使用随机数表的方法来进行统计模拟。由于该种方法占用较大内存空间，制约了人们对它的使用，现已基本被淘汰。

(2) 物理方法

物理方法是指将物理随机发生器安装在数字计算机上，把具有随机性质的物理过程变为随机数。此方法得到的是真正的随机数，但此方法需要购置专门设备且使用不方便。

（3）数学方法

数学方法是目前使用最为广泛、发展最快的一种方法。由于数学方法只能表示有限个不同的数，只是采用离散分布的随机数来代替，因此又称为伪随机数（pseudo random number）。但绝大多数情况下，伪随机数并不影响结果精度，且产生速度快，占用内存小，有较好的概率统计性质，所以应用最为广泛。

产生伪随机数的数学方法有很多种，最常用的随机数产生方法为线性同余法。

线性同余法是利用数论中的同余运算产生随机数，递推公式如下：

$$\left. \begin{array}{l} x_n = (ax_{n-1} + c)(\mathrm{mod}M) \\ U = \dfrac{x_n}{M}, n = 1, 2, \cdots \end{array} \right\} \quad (7-22)$$

式中：a——乘子，正整数；

x_0——初值，正整数；

c——增量，非负整数；

M——模量，$M > x_0$，$M > a$，$M > c$；

U——单位区间（0，1）内产生的伪随机数。

在此基础上，建立了本次模拟所涉及的随机分布的随机变量生成函数如下：

① 指数分布随机数发生器：

$$X = -\beta \ln U \quad (7-23)$$

② 正态分布随机数发生器：

$$X = \sigma \sqrt{-2\ln U_1} \cos(2\pi U_2) + \mu \quad (7-24)$$

③ 对数正态分布随机数发生器：

$$\mu_1 = \ln\left(\mu^2 / \sqrt{\sigma^2 + \mu^2}\right) \quad (7-25)$$

$$\sigma_1 = \sqrt{\ln\left[(\sigma^2 + \mu^2)/\mu^2\right]} \quad (7-26)$$

$$X = \exp\left[\sigma_1 \sqrt{-2\ln U_1} \cos(2\pi U_2) + \mu_1\right] \quad (7-27)$$

式中：σ，β——方差；

μ——均值；

U，U_1，U_2——$U(0, 1)$。

7.3.6.4　半连续开采工艺仿真系统模型构建

计算机仿真系统是对系统中设备的作业过程及系统的工艺流程的逻辑描述，用能够反映系统中设备的作业特性、动态规律和系统各环节的逻辑关系框图表示。典型露天矿半连续开采工艺系统一般由两种类型的工艺方式组成，即单斗-卡车工艺组成的间断开采工艺和破碎站、胶带机、排土机组成的连续开采工艺。针对露天矿工艺系统所出现的环节，建立下列各生产过程（电铲装车、卡车运输及卸载、破碎机作业、胶带机输送以及缓冲仓的排料、受料和排土机排料等）各个环节子模型，并在子模型的基础上编制了各个环节模拟子程序，利用这一系列子程序，可实现系统的整体模拟分析，可随意地变换系统结构，以便进行系统选优分析，各组成子模型如下：

（1）电铲装载模拟模型

电铲的工作状态设置为装车、空闲、故障三种状态。作业过程为：电铲在完好的状态下，有车装车，无车空闲；故障状态下，将不能向该铲配车，已在该铲前面排队等装的卡车要及时调走。电铲的属性参数有：编号、电铲型号、作业位置、作业性质（剥离或采煤）。模拟周期内需要记录的数据主要有：电铲完好时间、故障时间、作业时间、空闲时间、等装时间及电铲产量等。电铲模拟运行框图如图7-49所示。

（2）卡车运行与卸载模拟模型

卡车运行模型主要描述卡车在空、重运状态下的活动及特征。卡车具体作业分为7种状态：故障、等装、等卸、空运、重运、装车、卸载。记录卡车在装载、待装、卸载及待卸载状态下的活动数据，分别在装载子模型和卸载子模型中进行处理。当卡车的运行去向和路径确定后，卡车就会随着时间的推移不断改变位置，直到到达目的地进行排队待装或待卸。在运行模拟过程中主要记录和统计的数据有：装载、卸载时间，等待时间，空、重运时间及空、重运距离等。

卡车在卸载点卸载过程与卡车在电铲旁的装载过程基本相似，所以对卸载点的考察方法同于对装车点的考察方法。卡车在破碎站会出现两种工作状态：一是卸载状态，另一种是待卸状态。卡车的卸载时间也是一个随机变量，统计资料表明，它服从负指数分布。卡车运行模拟模型如图7-50所示。

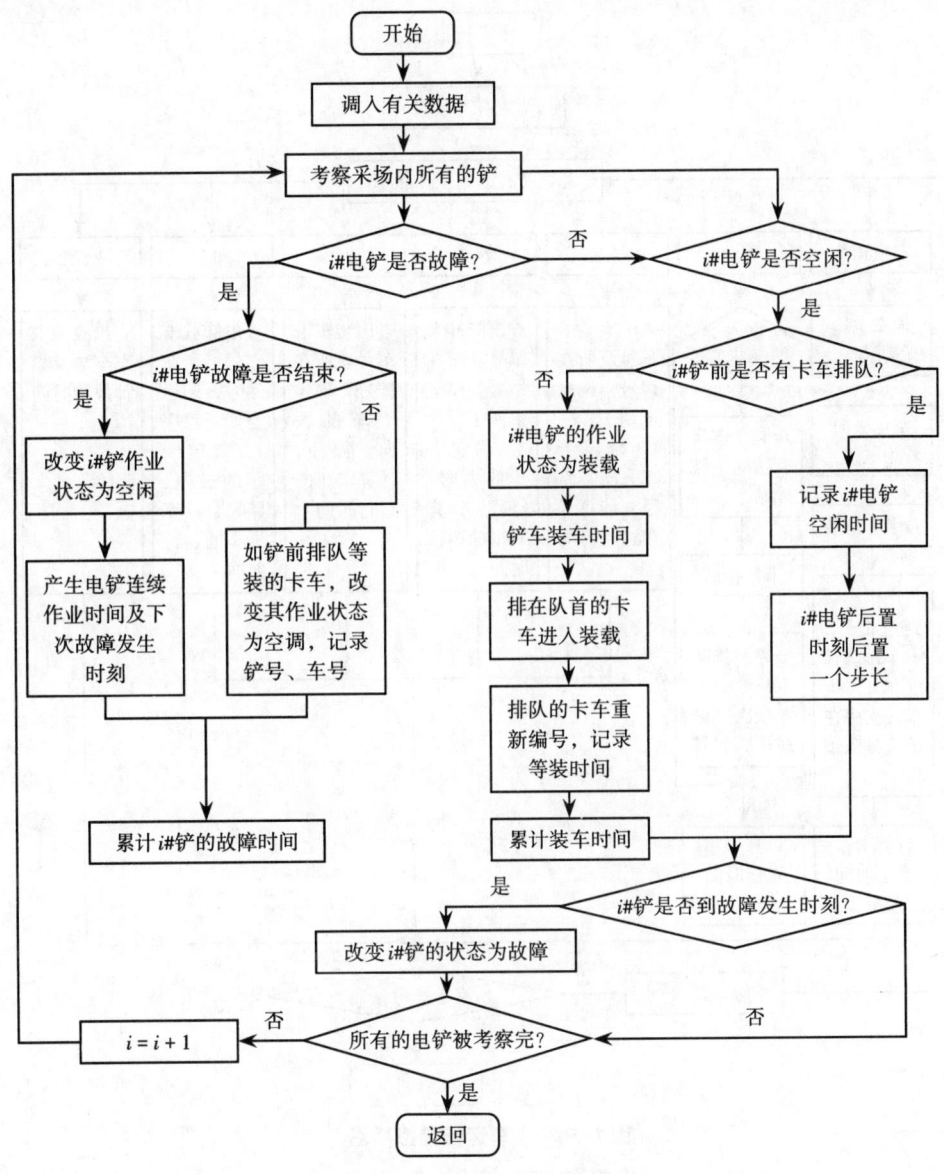

图7-49 电铲运行模拟框图

另外，当卸载点是破碎站时，是间断工艺环节的结束，连续系统的开始，是连接两大系统的关键环节，也起到间断-连续两大系统的缓冲作用。那么，受料仓的工作状况、料位的满溢程度必将影响到卡车的状态及整个卸载作业的进行。所以，卡车卸载模拟涉及到卡车受料仓，受料仓按设计设置了一定的逻辑开关和一个反映整个破碎系统工作状态的逻辑开关。通过以上分析，所建的模型基本能够全面描述卸载点的活动过程以及其他环节所涉及的有关因素。

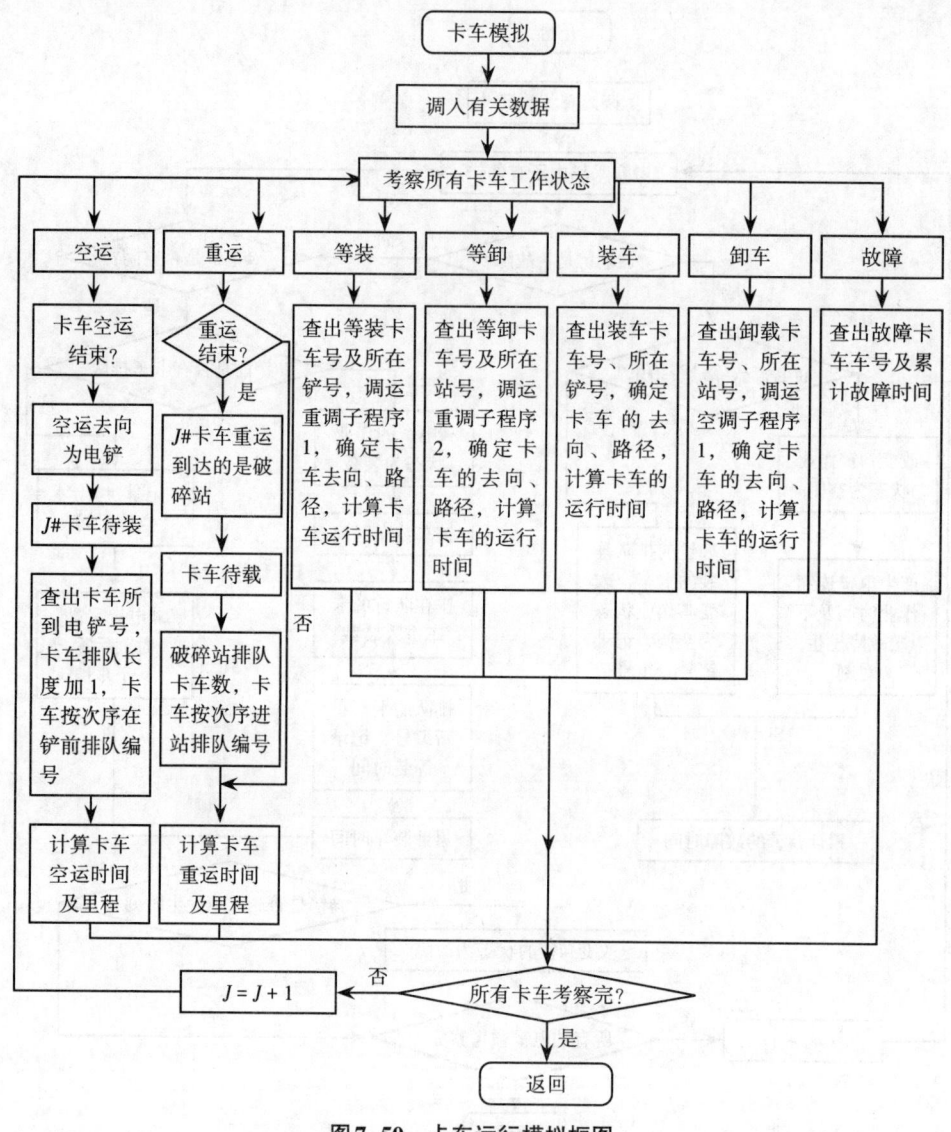

图 7-50 卡车运行模拟框图

7.3.6.5 破碎机模拟模型

破碎机是连续系统的关键环节，它的运转情况好坏直接影响着系统设备效率的发挥。它的作业状态是由破碎机本身以及其上部、下部环节的作业状态及供料量决定的。所以，这里所说的破碎机模拟模型，实质上包括给矿机、破碎机本身以及下部的缓冲仓等三个环节在内。在系统完好、受料仓有料的情况下，破碎环节的工艺过程是：在每一个步长内，随着破碎机的运转，给矿机按一定速度将物料供给破碎机，同时破碎机以一定的速度将物料传送给下级设备，使受料仓的料位不断下降，并且这种过程随着时间的推移，循环往复地进行。破碎机的单位时间排料量受入料的块度和硬度及供料量等因素的影响，一般是不均匀的，有波动性，据露天矿区统计分析，其波动规律服从正态分布。将破碎机工作状况设置为三种状态：故障、运转、停车。模拟时钟每前进一步都要考察设备当前状态，处理该状态下所要进行的活动并记录有关数据。其模拟框图如图7-51所示。

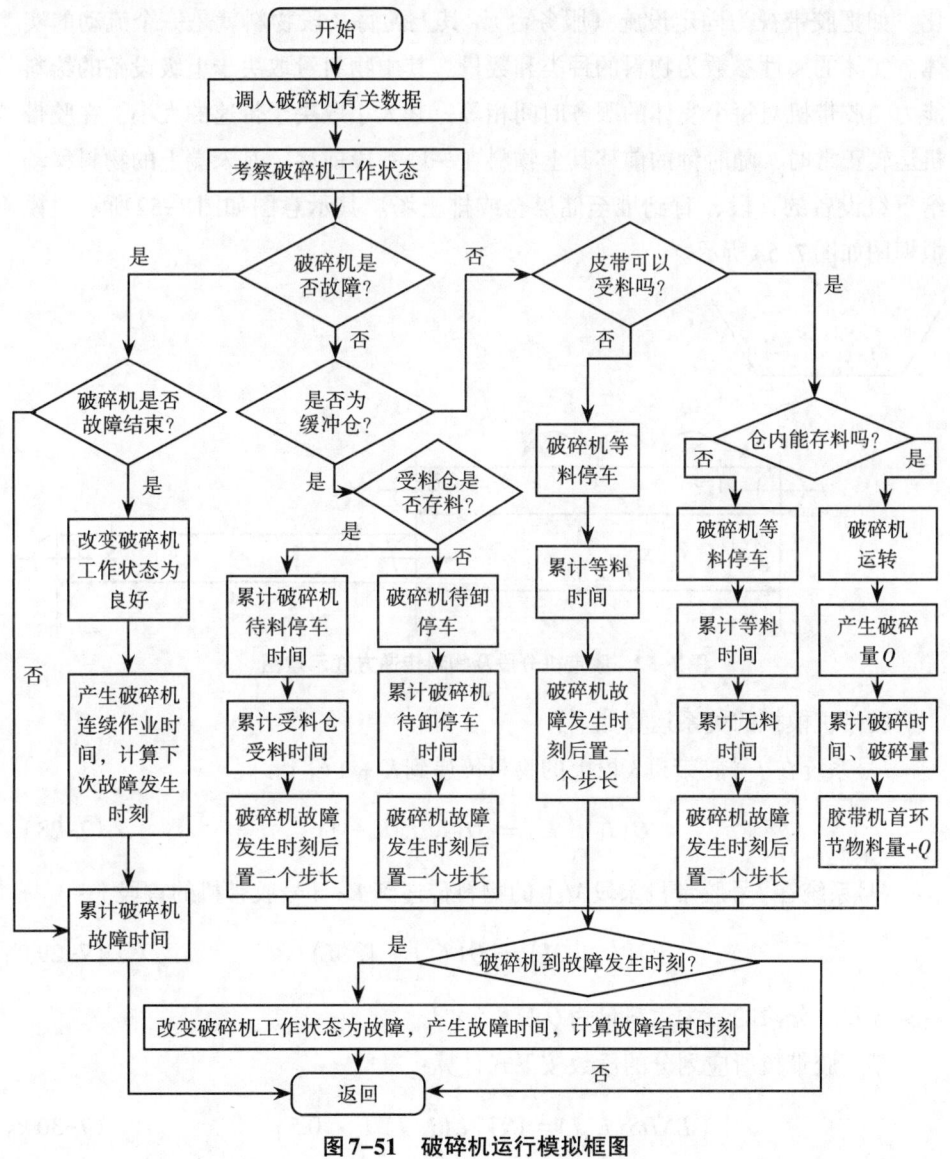

图7-51　破碎机运行模拟框图

7.3.6.6 胶带机模拟模型

胶带机的工作状态除了与自身状况有关外,还取决于其前后生产环节的作业状况。胶带机的状态设置分为:故障、运转(重运和空运)、停机(等料停机、等卸停机),在系统完好的情况下作业过程应是:以匀速将物料流转运给下级设备。因破碎机能力是随机变量,所以物料流与时间不是确定的函数关系,也是一个随机变量。将胶带按步长移动长度分段,即把物料流等步长离散化。如把胶带视为固定设施(服务台),其上的每一段物料就是一个流动的实体。实体的属性参数为物料的种类和数量。其中物料量取决于上级设备的给料能力。胶带机对每个实体的服务时间相等,其大小取决于带速的大小。在胶带机运转正常时,随时钟的前移其上物料在一段一段前移,其末端上的物料移动给下级设备的首段,直到堆至储煤仓或排土场。其示意图如图 7-52 所示,模拟框图如图 7-53 所示。

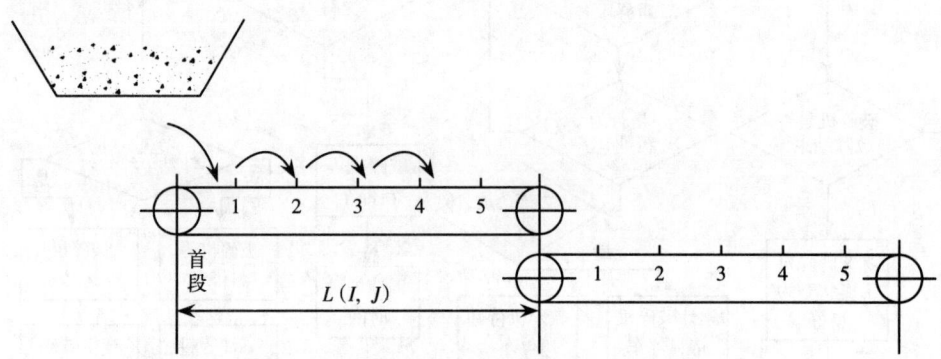

图 7-52　胶带机分段及物料传递方式示意图

胶带机模拟的关系运算如下:

I 号系统在 J 号胶带机 K 段上的物料传递到 $K+1$ 段上:

$$Q(I, J, K) \Rightarrow Q(I, J, K+1) \tag{7-28}$$

I 号系统在 J 号胶带机末段 M 上的物料传递到 $J+1$ 号胶带机的首段上:

$$Q(I, J, M) \Rightarrow Q(I, J+1, M) \tag{7-29}$$

在每一分段的最大运料量为 $Q_{max} \leq S \times L_j$。

某一胶带机所应划分的段数按下式计算:

$$LNDS(I, J) = \text{INT}\left[L(I, J)/L_j + 0.5\right] \tag{7-30}$$

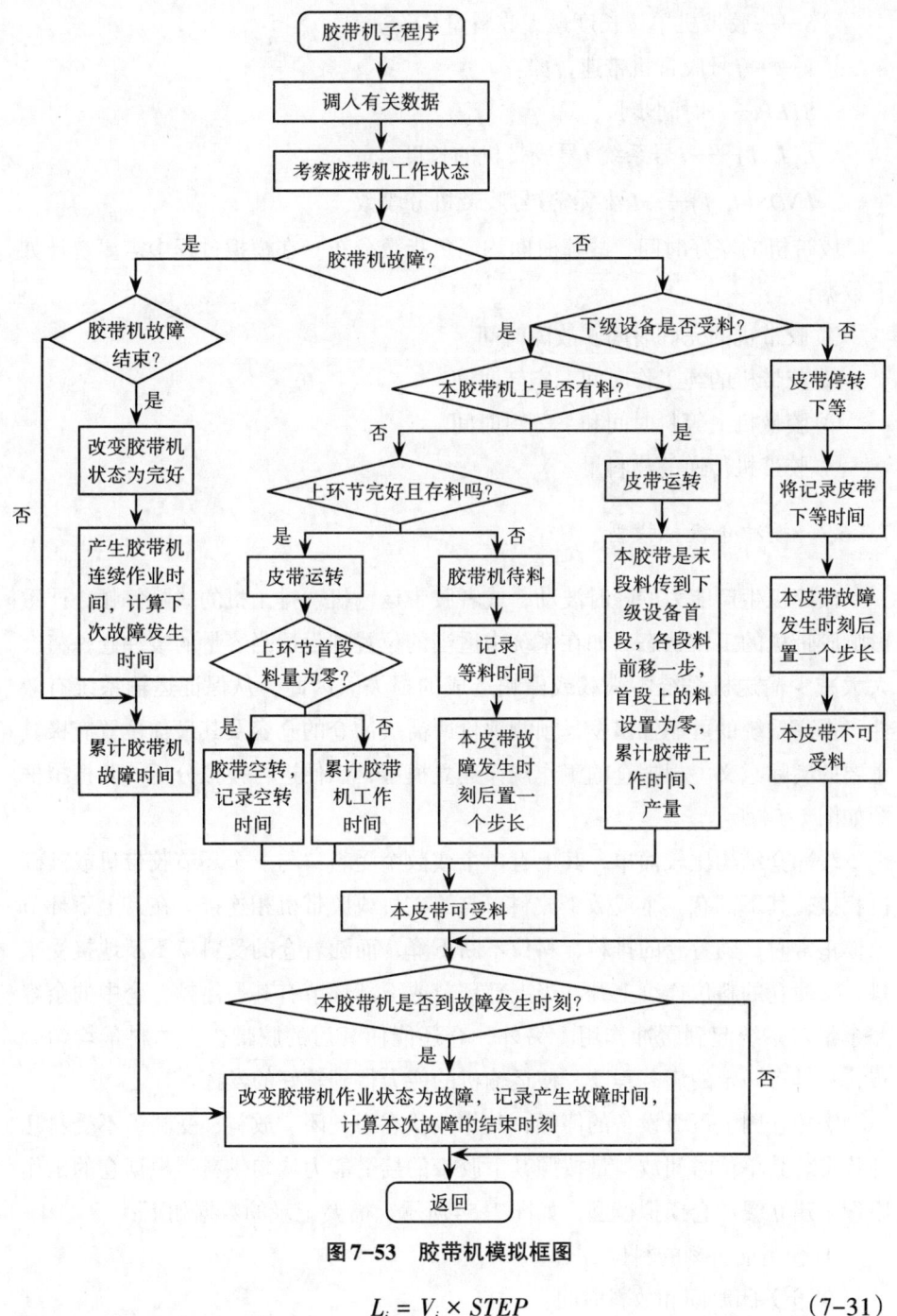

图 7-53 胶带机模拟框图

$$L_j = V_j \times STEP \tag{7-31}$$

式中：L_j——J 号胶带机分段长度，m；

S——胶带机单位长度最大收料量，m^3/m；

V_j——J号胶带机带速，m/s；

$STEP$——时间步长，s；

$L(I, J)$——I号系统J号胶带机的长度，m；

$LNDS(I, J)$——I号系统J号胶带机分段数。

胶带机的完好时间、故障时间均属负指数分布。在模拟过程中需要统计如下数据：

① 胶带机的完好时间、故障时间。

② 胶带机的纯工作时间、空转时间。

③ 胶带机上等料时间和下等料时间。

④ 胶带机传递的物料量。

7.3.6.7 缓冲仓模拟模型

破碎机生产能力的随时波动，或者胶带运输机、排土机的故障停顿，严重影响胶带机的工作状态。如在系统中适当的位置加设适当容量的缓冲仓，将会大大减少输送机系统不满载或停顿造成的损失。因此，从保证运输系统有效性、提高系统的可靠性出发，预测评价所需缓冲仓的仓容及其最佳位置有极其重要的实际意义。根据仓的工作规律建立模型，以便进行模拟分析。其模拟框图如图7-54所示。

缓冲仓结构比较简单，其上有一个或数个受料口与上个环节胶带机或破碎机相接；其下部有一个或数个放料口与给矿机或胶带机相连接。在其上下环节工作正常时，随着仓的排料，料位不断下降，而随着仓的受料口不断地接受来料，又使仓的料位连续上升。当上部环节或下部环节有其一停顿，仓中的余容和余量对系统起到缓冲作用。另外，仓还能使其后的胶带机上的料量均匀分布，且具有一定的满载程度，使运输机的能力得到较好的发挥。

缓冲仓因上下级设备的停顿，其作业状态为关闭、放料、受料、不受料几种状态。其单位时间放料量按照其下胶带的接受能力均匀供料。根据仓的工作原理，建立缓冲仓模拟模型，如图7-54所示，需要记录的数据如下：

① 仓当前时刻的料位。

② 仓关闭时间和放料时间。

③ 仓的无料时间。

④ 上部环节故障时，仓的下缓冲时间。

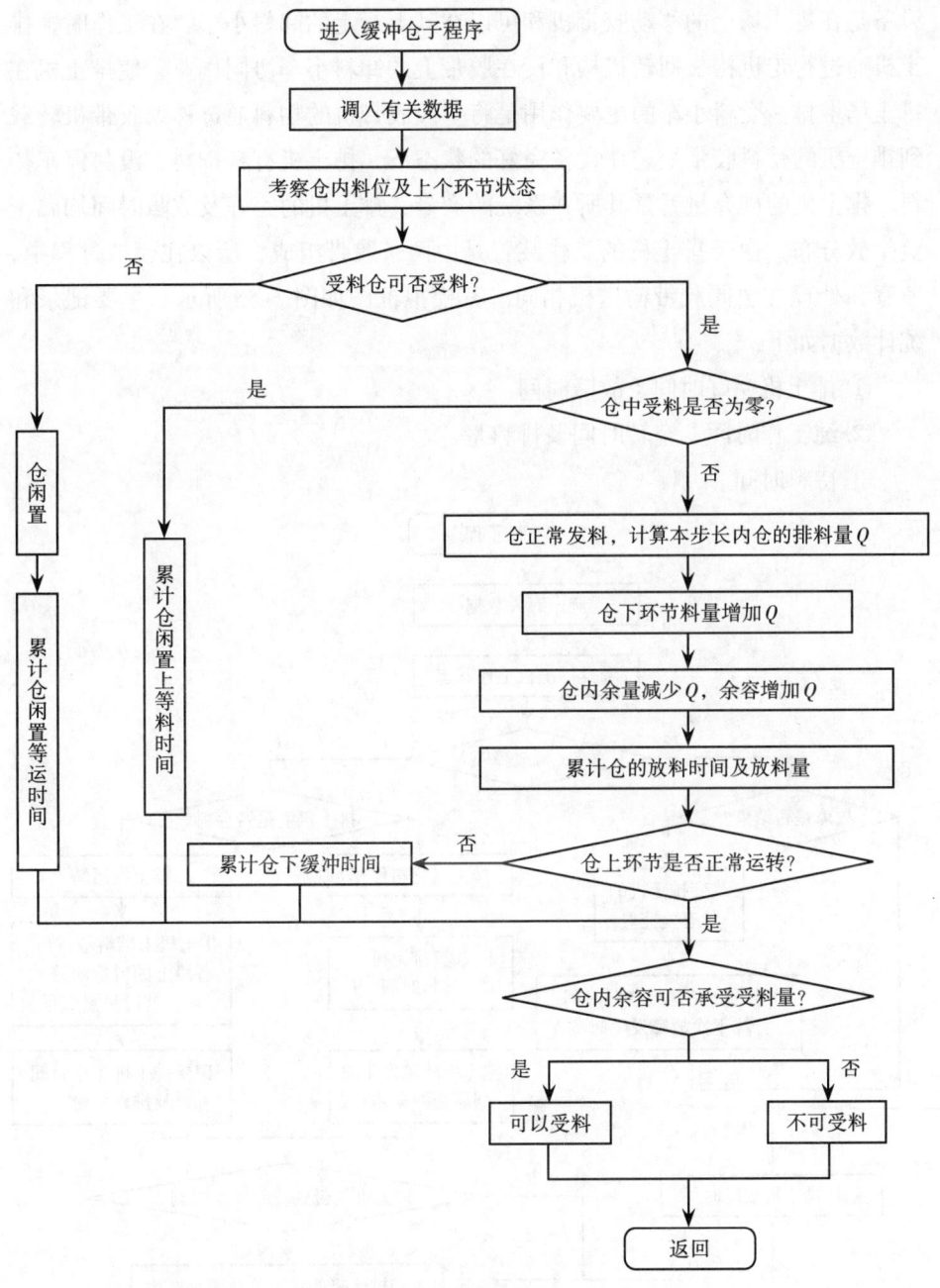

图 7-54 缓冲仓模拟框图

7.3.6.8 排土机模拟模型

排土机实质上是由一条受料胶带和一条排料胶带组成,配合排土机工作的设备是在排土场上的移动胶带机和可以在其上行走的卸料小车。在工作时，排土机通过行走机构、回转机构和设在胶带上的卸料小车协同作业，使排土机在排土场堆排。受料小车的主要作用是将干线胶带机的物料通过移动胶带机转载到排土机的受料胶带上。在设备完好的状态下，排土机有料排料，没料停车待料。排土机的排弃量就是其所在系统的产量，排土机的完好及故障时间均属于负指数分布。由于排土机的工作装置是由两条胶带组成，所以在模拟过程中，考察和处理方法同胶带输送机相同。其模拟框图如图7-55所示。主要记录和统计数据如下：

① 排土机完好时间、故障时间。
② 纯工作时间、空转时间及排料量。
③ 待料时间。

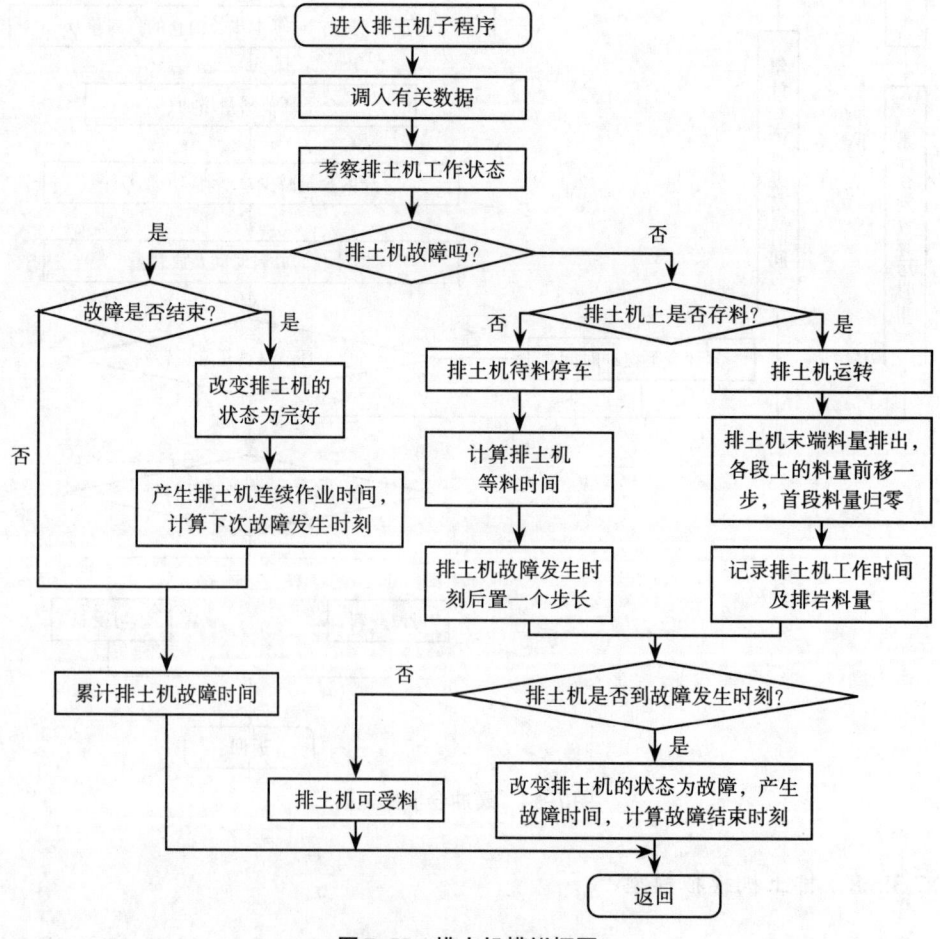

图 7-55 排土机模拟框图

到此，对半连续工艺系统各环节的动态描述的模拟子模型已经全部建立完毕，各环节模拟子程序列表说明如表7-23所示。

表7-23 半连续工艺模拟子系统

子程序名	功能
DCZY	电铲工作过程模拟
ATZY	卡车工作过程模拟
XZZY	破碎机作业过程模拟
LDD1	缓冲仓作业过程模拟
LDD2	胶带机作业过程模拟
LDD3	排土机作业过程模拟

露天矿半连续开采工艺仿真系统是模拟卡车将电铲采出的矿岩运送到破碎站，经破碎机破碎后由胶带机输送到储煤仓储存或排土场排弃的过程。其仿真目的是模拟露天矿开采过程，统计出半连续开采工艺系统各环节设备工作效率，并对系统可靠性做出分析，确定露天矿主要设备的数量。根据仿真模拟的结果，实现对系统未来发展趋势的预测及系统的可靠性和经济效果做出判断。

半连续开采工艺仿真系统采用的是时间步长驱动机制。其原理是在系统仿真过程中，把整个过程分成许多相等的时间间隔，程序按照事先规定的步长时间等步长前移，每前进一个步长，都要顺序扫描系统内各种设备，记录工作参数，判断和改变各种设备的工作状态。其具体步骤是：① 采用统计分析的方法估计各主要设备不同状态持续时间的概率分布及参数。② 确定系统各环节设备初始运行状态：系统及设备处于完好状态，卡车的状态为在电铲前排队等装，破碎站及胶带的状态为等料。③ 设置初始时刻系统时间为 $T_{sys} = 0$，然后采用轮询的方式，逐一询问设备目前所处状态及状态持续时间，选出状态持续时间最短的设备或设备组 $\{E_i, \cdots, E_j\}$ 及状态持续时间最短值 T_{min}，将系统时间更新为该时刻 $T_{sys} = T_{sys} + T_{min}$，同时更新系统内所有设备状态及状态持续时间，更新原则为：对于状态持续时间最短值的设备 $\{E_i, \cdots, E_j\}$，改变其状态，并生成新的状态持续时间，对于其他设备，保留其原状态，并将其状态持续时间

减去系统增加时间 T_{min}，如此进行下去直至系统时间超过仿真规定时间 $T_{sys} > T_{def}$。

半持续开采工艺仿真系统模型建立流程图如图 7-56 所示。

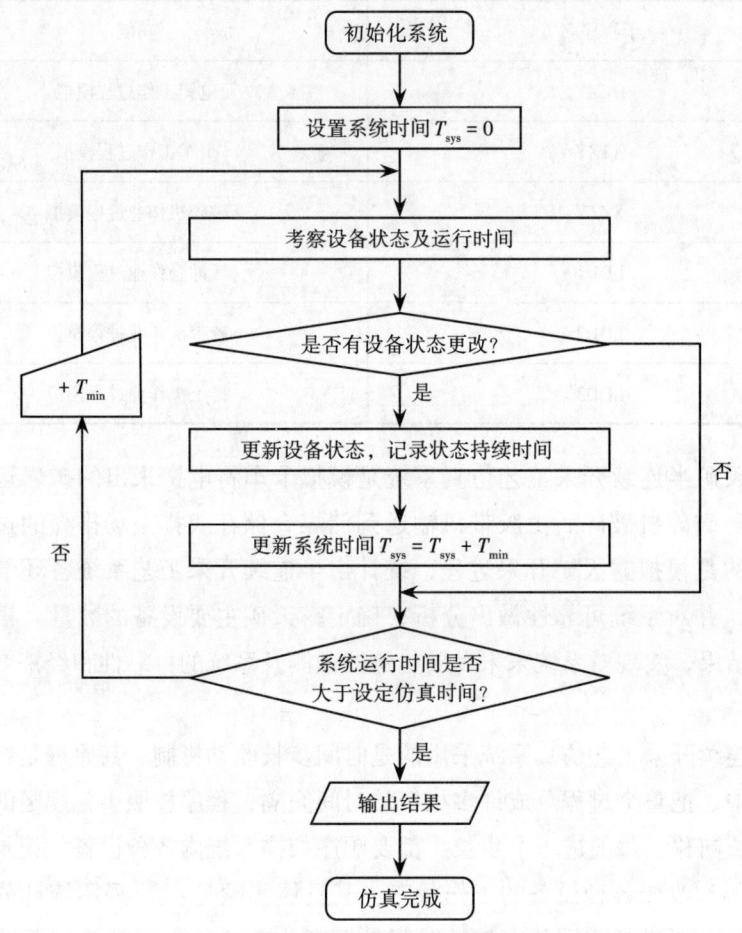

图 7-56 半连续开采工艺仿真系统模型建立流程图

7.3.6.9 仿真系统功能模块

为了实现露天矿从煤、岩采出到煤运至储煤仓和岩运至排土场的整个工艺过程的模拟，根据露天矿生产系统的工艺流程，建立了反映系统整个运行特征规律的仿真程序，仿真模块包括四个方面的内容：① 数据输入，模拟初态的设置；② 间断工艺系统模拟；③ 连续工艺系统模拟；④ 结果输出。以电铲、卡车为例，仿真参数输入界面如图 7-57 所示。

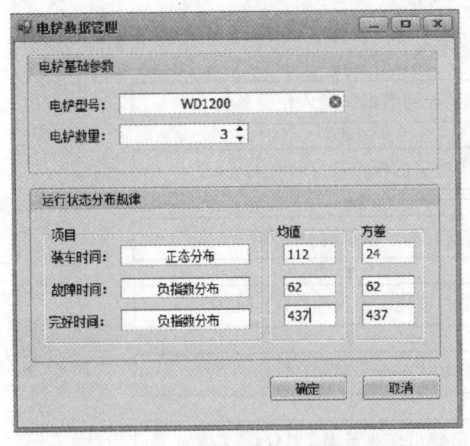

(a)

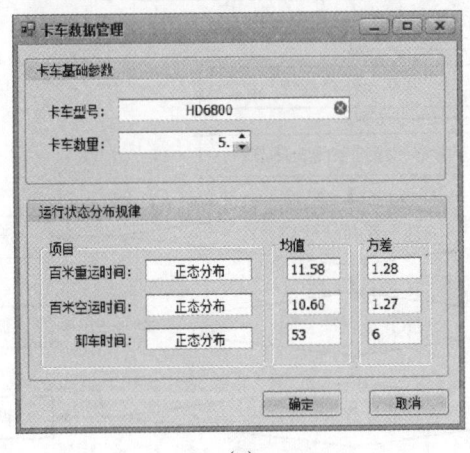

(a)

图 7-57 设备参数输入界面

仿真模块是根据所模拟系统的结构和逻辑关系，通过控制变量对各子模型实现组装调用建立的。只需要输入系统号、系统结构，环节设备类型、规格、数量以及工作性能参数等指标，就可以实现系统的模拟。模拟时钟每前进一步，根据系统中各环节各设备作业的逻辑关系，逐环节、逐设备考察系统的动态情况，判断和改变各种设备的工作内容和工作状态及位置，记录系统及有关设备的作业指标（作业时间、故障时间、等待时间、产量等）。直至模拟结束，对所有记录的数据进行统计处理后，按规定格式输出模拟结果。仿真模块模拟框图如图 7-58 所示。

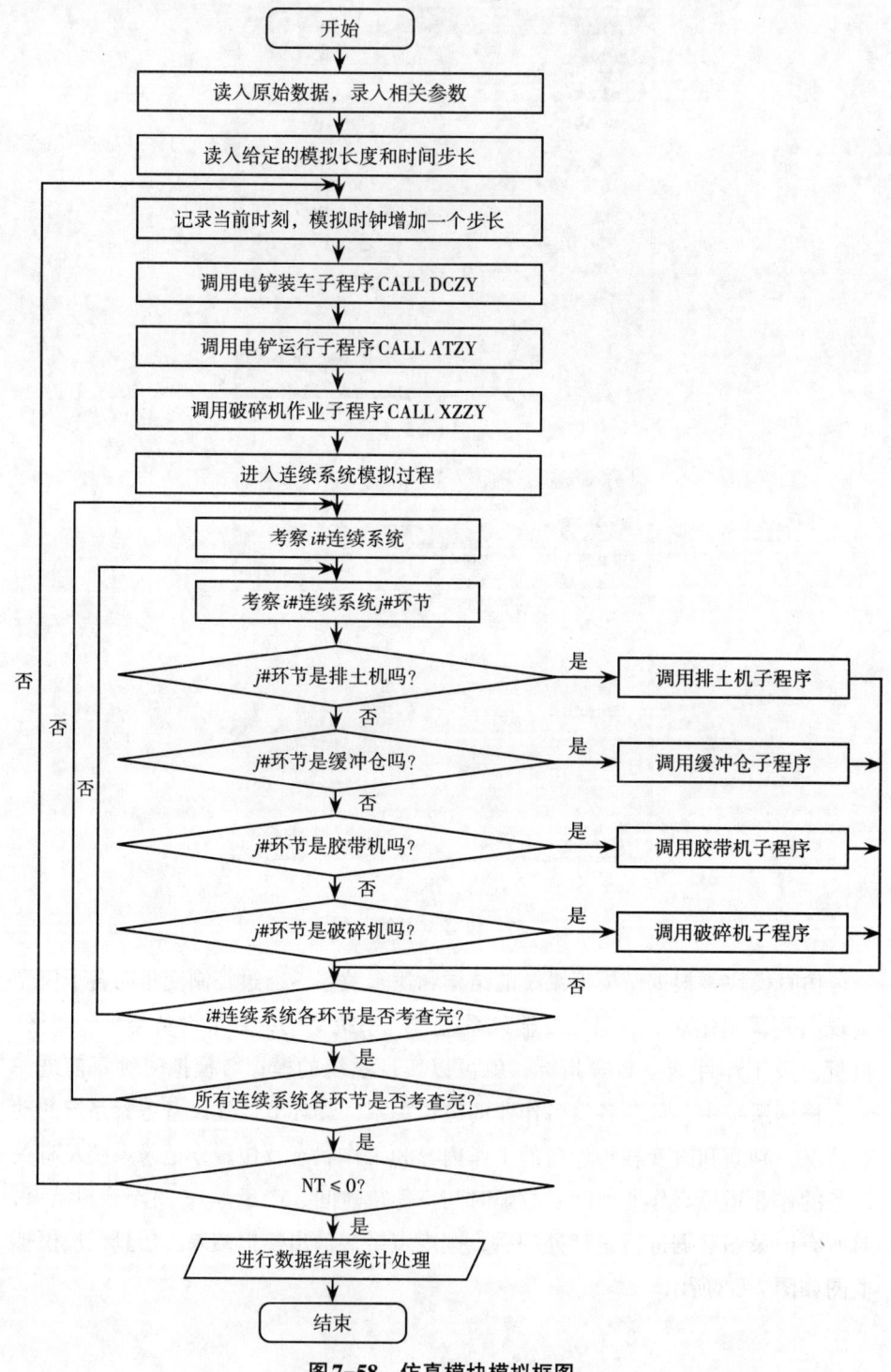

图7-58 仿真模块模拟框图

7.4 设备故障知识图谱

知识图谱本质上是一个知识库。针对客观世界实体与实体之间的复杂关系，与传统关系型数据库不同，它采用图结构的形式进行表示，实体包括概念、人或事物。虽然知识图谱的研究和应用已取得丰硕的成果，但在露天矿山领域的研究处于起步阶段。露天矿为什么要建知识库和知识图谱？知识谱图的建设对露天矿山有哪些应用场景？提升了哪些方面的能力？下面介绍露天矿山设备故障知识图谱。

7.4.1 设备故障辅助决策图谱架构

知识图谱本质上是揭示实体之间相互逻辑关联关系的语义网络，实现对各类事物之间的相互关系进行描述。通常采用以三元组为基础的较为简单实用的知识表示方法，三元组是知识图谱的一种通用表示方式。其基本组成单位是"实体-关系-实体""实体-关系-属性""实体-属性-属性值"三元组，实体间通过关系相互联结，形成网状知识结构。露天矿山工程设备故障处理知识图谱是一个典型的行业知识图谱，应用目标基于具体业务逻辑需求、设备维修流程等内容，实体、关系与属性的描述精准，目标明确。

露天矿山设备故障处理知识图谱框架如图7-59所示，分为五个层次，设备数据层、图谱实现层、数据分析层、推理决策层和综合展示层。其中设备数据层主要包含露天矿山所有与爆破、采掘、运输、排土等工艺环节相关的设备故障处理所涉及的各类结构及非结构化数据，作为图谱构建的基础信息数据，数据包括：感知实时数据、基础数据、操作手册等；图谱实现层从基础信息数据中提取相关知识，凝练形成结构化的知识网络；数据分析层是对露天矿工程设备运行过程中接收到的实时设备工况数据进行解析和结构化表示，并从知识图谱的图数据库中匹配、检索或抽取相关数据和知识；推理决策层基于长期积累的各类矿山设备运行、维修经验和维修规则，采用知识推理方法对形成的结构化故障信息进行查询、分析和处理；综合展示层基于知识图谱构建结果，系统界面综合展示可被从业人员理解的结构化知识，从而进行关键及隐含信息展示、提醒及历史经验总结、凝练回顾等。露天矿山工程设备故障处理的知识图谱构建需要有机融合矿山设备结构化数据、非结构化数据以及设备机理模型、物理模型以及设备车联网终端控制系统，上述数据的有机结合才能共同构成全面的露天矿山设备故障智能分析与辅助决策引擎。

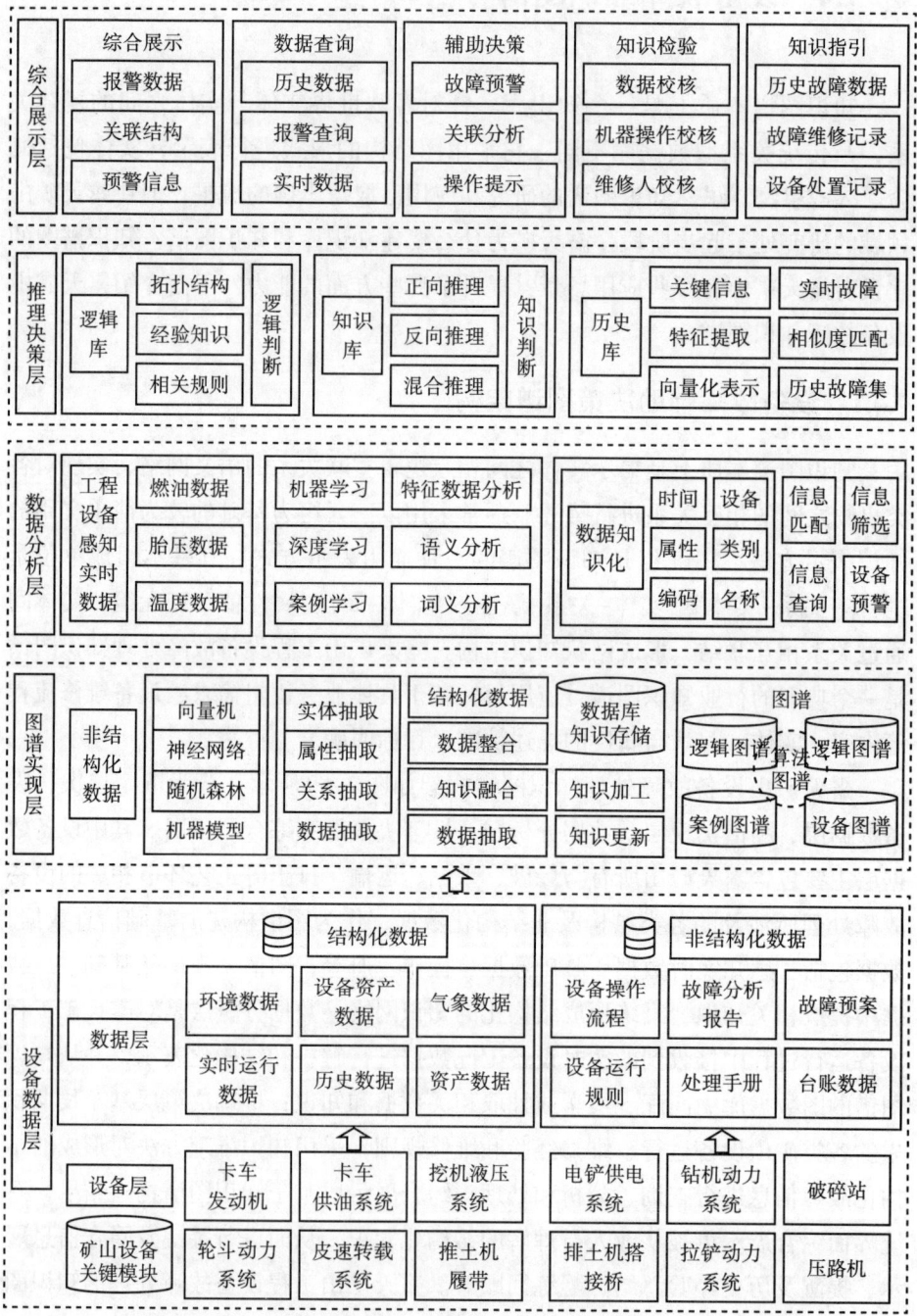

图7-59 面向智能露天矿山工程设备故障处理的知识图谱架构

7.4.2 设备故障知识图谱构建流程

（1）设备知识图谱构成

在露天矿山的工程设备故障处理过程中，结构化数据主要有：工程设备拓扑结构，如发电机进气线管、进气凸轴轮、进气门、高压点火线、火花塞、排气门、排气歧管、活塞、曲轴、飞轮等元气设备之间的连接关系、层次关系；工程设备实时运行数据，如轮胎胎压、温度等以及设备历史运行数据等。

基于上述数据基础及业务需求，本书构建的知识图谱类型包含设备实体图谱、概念图谱、业务逻辑图谱、案例图谱以及模型推理图谱。针对智能露天矿山构建工程设备故障处理知识图谱，主要包含露天矿山设备故障事件、概念模型任务事件、业务逻辑事件、故障案例事件以及模型方法事件五类核心要素的露天矿山设备故障处理的综合本体。

定义的五类要素之间的语义关系可以表示为：Equipment failure Ontology={Open-pit mine equipment failure events, Conceptual model events, Business logic events, Failure case events, Model method events, Relation}。

其中：Open-pit mine equipment failure events 表示露天矿山设备故障事件；Conceptual model events 表示概念模型任务；Business logic events 表示业务逻辑事件；Failure case events 表示故障案例事件；Model method events 表示模型方法事件；Relation 表示露天矿山设备故障事件、概念模型事件、业务逻辑事件、故障案例事件以及模型方法事件之间的语义关联关系。

（2）设备故障事件

设备故障事件，主要包含露天矿山设备中各零部件实体、各实体之间的连接关系、层次关系以及各实体的属性，同时设备的电压、功率、频率、胎压、温度、转速等属性和连接关系可根据露天矿山设备实时运行数据进行更新。

将一个设备故障事件本体表示为：Openpit mine equipment failure events={Failure concept, Failure device name, Failure time, Failure location, Event relation}。

其中，Failure concept：故障概念；Failure device name：故障设备名称；Failure time：故障时间；Failure location：故障地点；Event relation：故障事件之间语义关联关系的定义，如故障设备引发、故障设备并发等。

（3）概念模型任务

概念也称为本体，是对实体图谱的抽象，概念图谱更符合人类的思维方式，用以规范和提炼数据层的一系列事实表达，构建的规则、逻辑及案例判断需先在概念层进行操作,再映射至相应的实体图谱进行具体信息匹配;概念数据本体是有关设备数据概念层次关系、属性关系以及关联关系的统一描述。

将一个设备概念模型本体表示为:Conceptual model events= {Data concept, Data property, Data relation}。

其中,Data concept 表示所有设备数据概念的集合,包含了设备数据概念的定义以及概念层次分类;Data property 表示设备数据本身属性的定义,如设备数据名称、数据类型、数据频率、数据获取时间、数据覆盖范围、数据描述对象、数据来源等;Data relation 表示设备数据之间语义关联关系的定义,如数据时空重合度等。露天矿设备数据具有体量大、种类多等基本特征,目前多源异构的设备大数据相互孤立,设备数据的组织管理较少顾及语义特征、缺乏有效的关联机制。数据之间的语义关系主要分为时空语义关系、数据之间的关联度。时空语义关系是从时间、空间层面对数据之间的重合度进行计算;数据关联度是利用基于统计的数据关联规则挖掘,发现数据之间共现率较高的频繁项集,有利于自动发现潜在的相似数据、相关数据。

(4)业务逻辑事件

业务逻辑图谱是从设备故障处置预案、设备操作细则、故障处置手册等文本中抽取得到的知识,包含通用的操作原则、原因分析、处置要点等信息,当故障发生时,可在图谱网络的知识路径中进行相关信息查询与推理。

业务逻辑事件本体表示为:Business logic events={Operating principles, Cause analysis, Disposal points}。

其中:Operating principles 表示所有设备的操作原则集合,包含设备操作手册、设备维修操作流程、操作注意事项等;Cause analysis 表示原因分析,包含设备故障原因分析,故障发生时间、地点,设备故障状态等;Disposal points 表示处置要点,包含处理步骤、处理流程、故障修复情况以及修复后设备运行状态等内容。

(5)故障案例事件

故障案例事件是对每次设备故障信息进行记录和保存,并形成结构化的案例库,当新的事故发生后,可将案例在概念层进行特征提取并计算相似度,从而推送相似案例的处置历史及操作建议。

故障案例事件本体表示为:Failure case events={Failure name,Failure handling process, Handling points, Failure repair results}。

其中:Failure name 表示故障案例库中故障事件名称;Failure handling process表示整个设备故障整体处置流程，包括处理人、处理时间、结束时间、检查故障原因等；Handling points表示故障处置要点，包含维修关键配件重难点分析、更换配件拆装流程；Failure repair results表示故障修复结果，包含故障之前状态描述、维修后设备运转状态等内容。

（6）模型方法事件

模型方法事件，从设备维修操作规程与历史经验中人工或半自动化地构建逻辑运算库、规则库、算法库，针对设备的不同单元体，构建相应的算法模型图谱，实现对露天矿山设备故障诊断和处置进行推理决策。模型方法本体是有关模型方法概念层次关系、属性关系以及关联关系的统一描述。

将一个模型方法本体表示为：Model method event= {Method concept, Method property, Method relation, Method restriction, Method instance}。

其中，Method concept表示模型方法概念的集合，包含了模型方法概念的定义以及概念层次分类；Method property表示模型方法本身属性的定义，如模型方法名称、功能、描述等；Method relation表示模型方法之间语义关联关系的定义，如方法间的相似度；Method restriction表示公理，描述方法与方法之间的约束关系；Method instance表示模型方法的具体实例，如设备故障情景分析法。

根据已有露天矿设备故障评估模型与方法体系专家先验知识，对模型方法的概念类别层次进行划分，分为统计分析、模型模拟、故障诊断三大类，每个大类后可细分小类。模型方法的基本属性包含方法名称、所属类别、方法功能、方法具体描述、应用效果、适用设备型号、适用矿区等，语义关系主要分为方法之间的关联度、方法名称相似度、方法功能相似度。方法关联度的计算与设备数据本体当中的数据关联度相似，利用关联分析算法进行文本相似度计算。

7.4.3 设备知识图谱构建技术

（1）知识抽取

结构化数据抽取：对于露天矿山工程设备中的结构化数据，通过安装在车辆仪表的车载终端设备对车辆所有静态和动态数据进行采集，通过关系型数据库中抽取，将这部分感知数据转化为图数据库，从而构建露天矿山设备实体图谱。

非结构化数据抽取：故障处理的属性抽取任务主要指从预案、操作说明书、处置手册中提取相关状态量阈值、开关分合状态等内容。露天矿山建设设备安全隐患管理系统主要是维修工人在对设备检修过程中发现的问题进行描述的隐患全流程管理信息系统。设备安全管理系统对每一条隐患的检查计划、隐患处置人、隐患处理流程、隐患销号、隐患升级等以及设备的使用说明书、操作手册等文档实行全流程管理。通过知识抽取技术，可从故障处置相关的半结构化、非结构化数据中提取出实体、关系、属性等知识要素。借助自然语言智能处理技术，实现知识抽取、知识融合、知识加工、事件抽取与知识更新等方法，这类非结构化数据抽取结果主要面向业务逻辑图谱和案例图谱。

（2）知识融合

露天矿设备故障知识图谱有相当一部分数据源为中文文本数据，由于中文描述的多样性，对于同一内容可能有多种表述方式，导致了知识抽取过程中存在数据冗余。对于抽取阶段得到的孤立的实体、属性和关系，需要进行数据融合操作，其目的就是对其进行清理和整合，从而确保知识的质量，主要内容为实体连接和知识合并。露天矿山设备实体在系统的数据库中已有明确定义和命名，通过计算机技术手段，将已有数据库转换成资源描述框架的三元组形式，将其他形式抽取的知识要素与其进行知识融合。

（3）知识加工

知识加工是对抽取的信息进一步整合和提炼，形成较为完整的知识体系，主要内容包括本体构建、知识发现和质量评估。本体构建的主要流程包括实体相似度计算、实体关系抽取以及本体的生成，例如对露天矿山运输车辆本体构架。知识发现从知识库中实体关系数据出发，通过机器学习挖掘新的实体或建立实体之间的新关联的过程，从而实现拓展和丰富矿山设备之间的图谱知识网络。质量评估是新增的矿山设备知识在入知识库之前的可信度量化总体评价的过程，其目的是为了消除设备维修领域的知识错误或相互概念等方面的冲突。

（4）事件抽取

露天矿山设备故障处理业务中，事件抽取任务以设备实体、关系与属性抽取为基础，重点对历史故障报告和数据中的信息进行有效抽取，从而形成结构化案例图谱。通过构建一个多分类问题，将训练样本通过特征向量进行表示，基于机器学习的方式，采用相应的数学方法训练事件抽取相关的分类模型，再从未标注文本中抽取事件实例，配合规则和模板提高抽取准确度。图7-60所示为知识抽取流程。

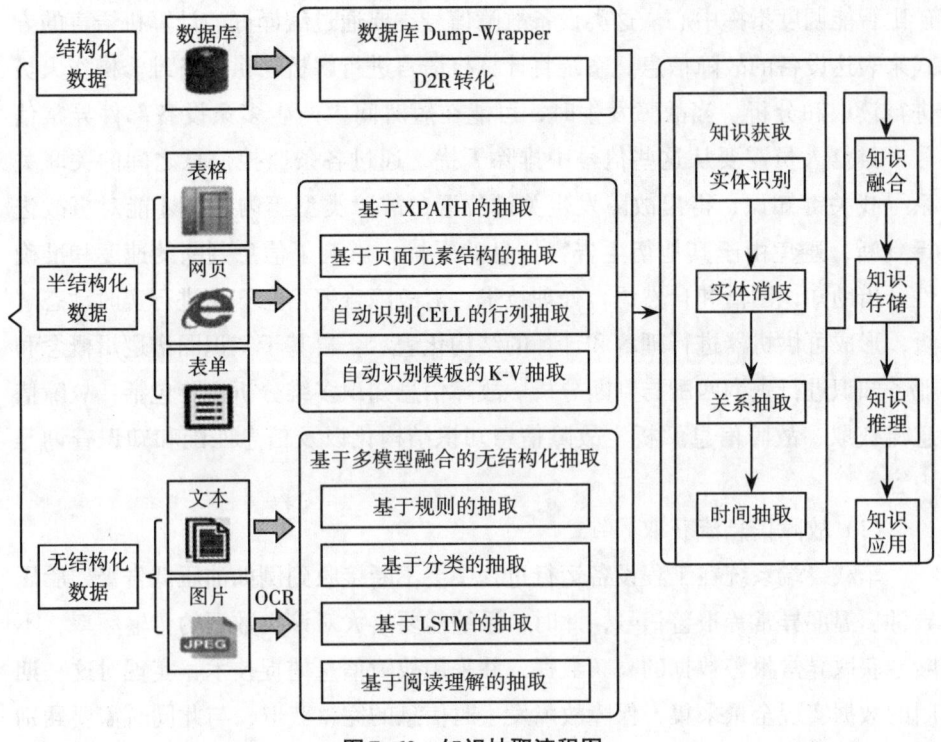

图 7-60 知识抽取流程图

(5) 知识更新

随着露天矿山设备更换、备品备件的更新、设备组件结构的变化，各类相关对应的设备操作原则、设备维护处置预案等知识也会进行不断更新。实体层的更新主要是更新设备实体图谱中的关键实体知识节点，如露天矿山设备的新增或相应传感设备限值的变化、设备部件变化等。

(6) 知识存储

通过以上处理流程，将不同结构的源数据转化为结构化的三元组数据。对于结露天矿山设备中的实体、属性明确的设备数据而言，图数据库的存储方式具有明显优势，可以实现从概念、属性、实例等多个维度对露天矿山设备故障知识图谱进行综合展示。将实体-关系-实体、实体-属性-属性值三元组当中的首尾部分存储为相应的节点，属性关系、语义关系存储为边，从而实现结构化知识三元组到图中节点和边的映射。

7.4.4 故障信息知识多维分析

当露天矿山设备发生故障时，露天矿前置机系统会将告警信息传输至露天矿山智能调度指挥中心。这类设备故障信号主要通过编译好的计算机语言的方式来表达设备的故障信息，系统将计算机语言进行解析，供设备维修操作人员进行读取和分析。当故障发生时，可能在短时间内产生多条设备部件异常信号，维修人员需要从这些信号中排除干扰，通过各条监控信息之间的关联关系寻找关键知识，得出故障发生关键位置、故障类型等内容，才能对事故进行判断，避免由于其他衍生告警信息的干扰，影响了信息判断的速度和准确性。借助知识图谱和自然语言处理技术，对故障告警信息知识进行实时动态解析，形成可供机器进行理解和计算的结构化表示，再基于知识图谱逻辑概念和业务知识进行查询匹配与判断分析。故障信息知识多维分析主要包括：故障信息流获取、故障信息解析、故障信息知识结构化以及信息匹配和知识查询等内容。

（1）故障信息流获取

车载终端系统在工程设备运行过程中会不断接收到例如油压低告警、胎压异常、温度异常等报警信号，此时，系统需要增大对该类数据的传输频率，不断地获取异常报警数据的高频数据，并采用故障信息捕捉技术，实现对这一期间的数据实现全量采集，保障故障发生时信息的完整获取，与此同时需要甄别并排除与本次设备异常事故无关的异常告警信号。

（2）故障信息解析

车载终端传输信号使用文件、消息队列等方式上传，数据格式采用分隔符。通过应用露天矿山建立的4G或者5G网络，将文件或者消息推送至露天矿数据采集前置机系统，通过信息抽取技术对露天矿山设备故障信息逐条解析，获取故障诊断所需要的逻辑变量。采用基于机器学习技术，配合露天矿山设备故障处理领域的专有词典，自动对故障信号进行分词、语义标注、句法依存分析、实体识别等操作。

（3）故障信息知识结构化

露天矿山设备故障信息结构表示为多元组形式，包括时间、设备、属性、状态、优先度等内容。属性指对本条信息的属性描述，如事故、车辆熄火、异常信号、漏油等；状态指该信息表征事件的发生情况；优先度即通过维修人员的先验知识设定的信息重要程度，可根据预设的模板进行打分，也可在一定的标注语料中进行监督机器学习模型训练，从而实现自动评分。

（4）信息匹配与知识查询

针对露天矿车载终端采集的结构化解析后的故障告警信息，快速与露天矿山的设备实体图谱进行匹配。通过查询设备运行规程、设备操作细则及应急预案的相关知识，进行动作逻辑分析和故障诊断。知识图谱的图数据结构具有较高的查询效率，能够满足故障诊断的速度需求。

7.4.5 故障知识推理技术

露天矿山设备故障知识推理是进行辅助的逻辑或决策判断，即基于露天矿山设备实体与概念图谱、业务逻辑图谱、历史案例图谱，根据露天矿山设备故障解析后的关键信息，利用设备运行状态及关键技术参数与控制逻辑、规则和经验知识，对露天矿山设备故障处理操作方式提供精准的辅助决策。知识推理主要方法包括逻辑推理、规则推理与案例推理等。逻辑推理采用逻辑表达式或逻辑方程组对知识判断进行公式化表示，通过与、或、非等逻辑符号进行运算来得出结论。在故障处置过程中，通过知识库中存储的设备、电机、开关、保护的控制与动作逻辑及关联关系，建立故障信息的逻辑解析模型。规则推理属于演绎推理，是一种较为准确、解释性很强的推理方式，故障处理中的操作规程、处置预案中的部分内容会以类似于产生式规则的方式进行编写。案例推理将本次设备事故与历史案例库进行相似度计算，通过历史处理经验，给出本次事件的操作原则或建议，这种经验的总结和类比方法与人类的思维方式较为相似，属于归纳推理。维修人员遇到的设备事故往往具有特征相似性，匹配出相似案例后，可以进行历史故障判断与处理的展示和重现，维修人员基于此再进行分析与处置；也可以从概念层面对案例进行推理，给出具有相似逻辑的操作方式，进而映射至设备实体图谱，给出具体处置建议。

7.4.6 数据综合展示

随着基于知识图谱的信息检索、语音交互、语义理解与辅助决策技术的进步，人机交互数据综合展示方式在信息自动化提示与推送、查询意图理解、自然语言交互、操作评价等方向会得到更大的发展。数据综合展示包括：信息提示、检索与交互；辅助决策；风险评价以及知识传承积累等内容。

（1）信息提示、检索与交互

知识图谱技术能够从露天矿山设备故障发生、故障分析到故障处置的各个环节对维修人员进行关键信息提示，滤除冗余或干扰信息，同时将知识网络中的相关知识节点与本次故障的设备、概念、业务实体相连接，及时显示相关操作的原则、注意事项、风险提示等内容，从而提升维修人员故障处置的分析效率和决策可靠性。基于丰富的语义网络关系，结合露天矿山设备的运行状态显示深层次隐含信息，充分地理解维修人员查询意图，提供结构化的关键信息摘要，再通过知识卡片、语音交互、信息播报等多种形式与设备维修人员进行信息互动，从而提供智能信息搜索与交互服务。

（2）辅助决策

辅助决策是知识图谱在设备故障处理中的核心技术内容，即基于对露天矿山设备故障海量信息的推理分析，在故障发生、发展、控制与恢复处置的全过程中向设备维修人员提供全流程的调度决策依据、设备维修处置建议与提示。知识图谱中存储了大量的露天矿山设备运行与控制知识，通过对故障信息的解析、分析、筛选、修正及知识推理，实现知识驱动型的故障处理辅助决策，且随着露天矿山设备故障案例和经验知识的逐步积累，可实现机器决策精度的逐步提升。

（3）风险评价

随着露天矿山设备的多样化，矿山设备故障分析处置的日益复杂化，仅凭设备维修人员的经验进行决策可能存在一定风险，而知识图谱中存储了大量的设备维修操作历史和经验，对于人员的维修处置操作具有一定的借鉴意义。维修人员可以根据机器的操作提示进行机器维修决策的在线评分，用以帮助机器进行知识更新，不断提升机器分析决策能力；另外，机器也可以根据知识库中存储的经验，对维修人员的设备操作给出评价与风险提示，实现人机之间的双向校验与互评。

（4）知识传承积累

知识图谱的重要功能之一在于实现故障处理的知识积累和传承指引，通过结构化的语义网络，记录每次露天矿设备故障的关键信息流及处置操作，丰富机器学习样本。知识图谱通过丰富的语义内容进行知识的结构化展示，矿山设备维修管理人员可随时查询历史故障案例，以便进行历史回顾和经验总结。对于新入职机电设备维修人员而言，通过对历史故障全过程的访问学习，能够快速提升设备检修维护经验，经验丰富的维修人员可以将经验变成知识库，更好地指导机器和人员的精准判断。图7-61所示为可视化平台。

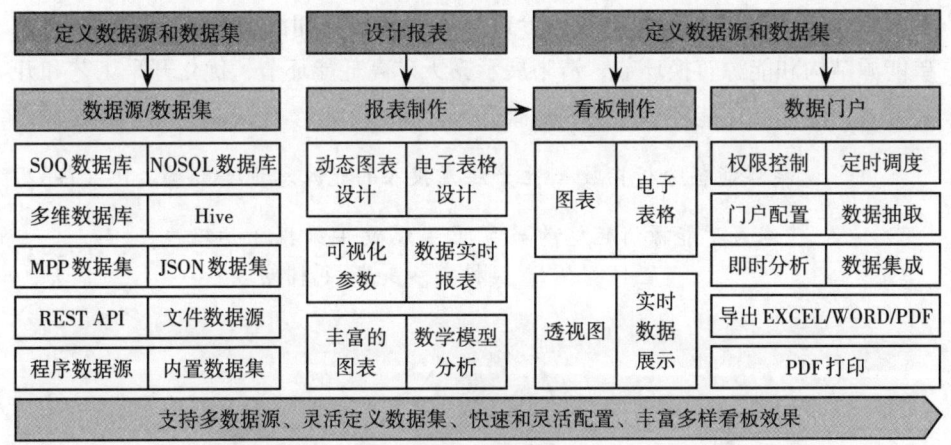

图 7-61 可视化平台

7.4.7 故障处理流程

按照本书构建的知识图谱框架及关键技术，形成知识驱动的设备故障处理流程。当故障发生时，知识推理引擎首先寻找、分析业务逻辑图谱中相匹配的知识路径，然后向下级查询与故障密切相关的概念与设备实体。得到相关知识后，通过故障信息解析模块、故障判断分析模块与故障处置模块，进行信息判断与分析，给出故障类型和处置方式建议。在处置过程中，机器需要对维修人员提示筛选后的主要信息、隐含知识、操作原则与特殊要求等内容。对于关键环节的判断和操作，还需要进行人工确认，以确保机器决策的安全性。故障处置流程结束后，机器可自动化提取故障期间相关的结构化知识，形成案例知识图谱，用于案例记录、查阅和推理。

7.5 构建智能化耗能监测预警体系

为实现露天矿山全息生态系统的能源流向及耗能环节的能源监测，建立露天矿山智能化耗能预警体系和监测系统。露天矿全息生产系统能源环节及耗能终端设备和能源种类如图7-62所示。通过能源在线监测系统，以时间切片的方式对全矿能源消耗和能源流向进行分析，生成能源消耗分析图，如图7-63所示。通过建立吨煤介质能耗评价方式，如公式（7-32）所示。同时根据露天矿山全息能源流向消耗体系，建立露天矿山生产全过程能源消耗模型,如公式(7-33)所示。通过分析上述能源消耗和流向模型,可掌握露天矿能源结构和能源转换环节,清晰展示露天矿高耗能环节,优化开采工艺和开采方式,降低高耗能环节,实现低碳开采。

$$吨煤能耗分析指数 = 生产煤炭投入的能源总量/总煤量 \quad (7-32)$$

$$露天矿能源消耗总量 = 穿孔 + 爆破 + 采掘 + 运输 \\ + 排土 + 地面 + 辅助 + \cdots\cdots \quad (7-33)$$

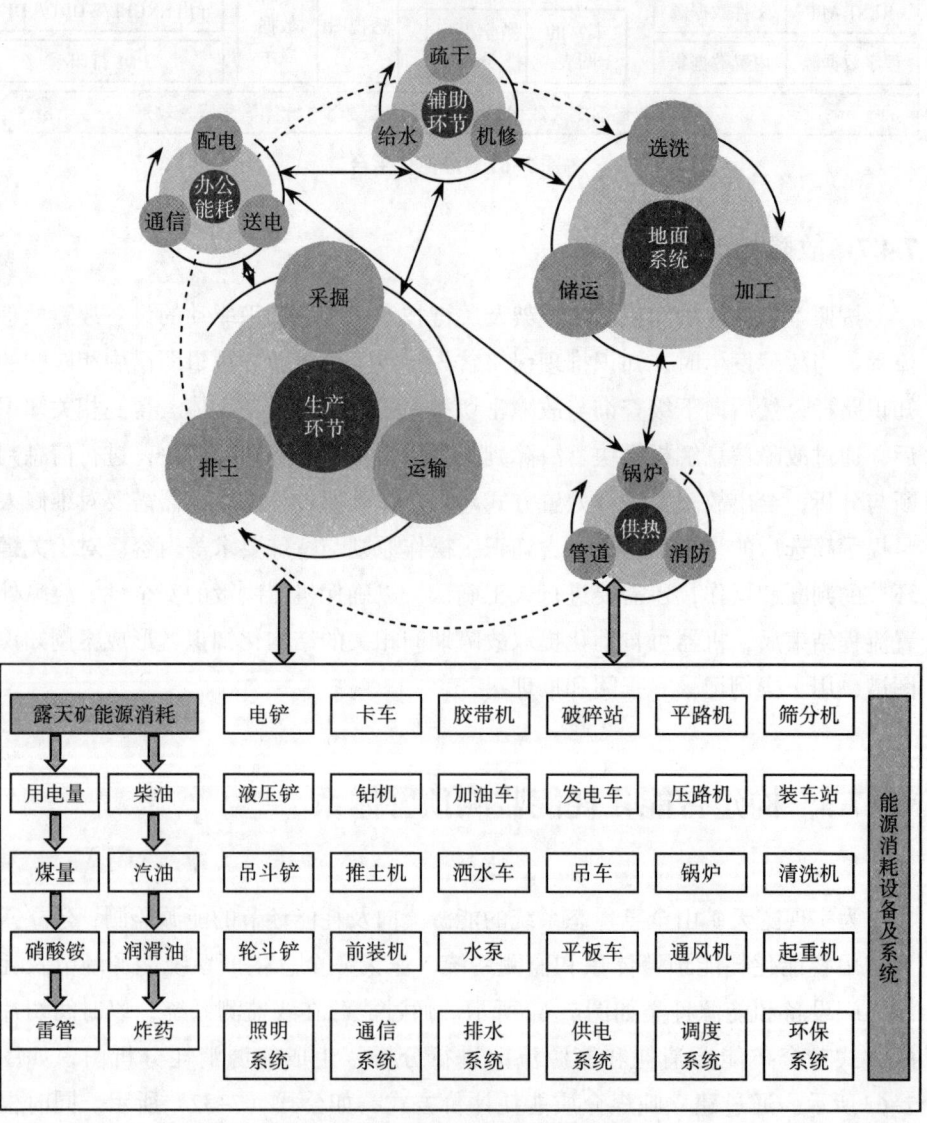

图7-62 露天矿能源消耗终端及系统

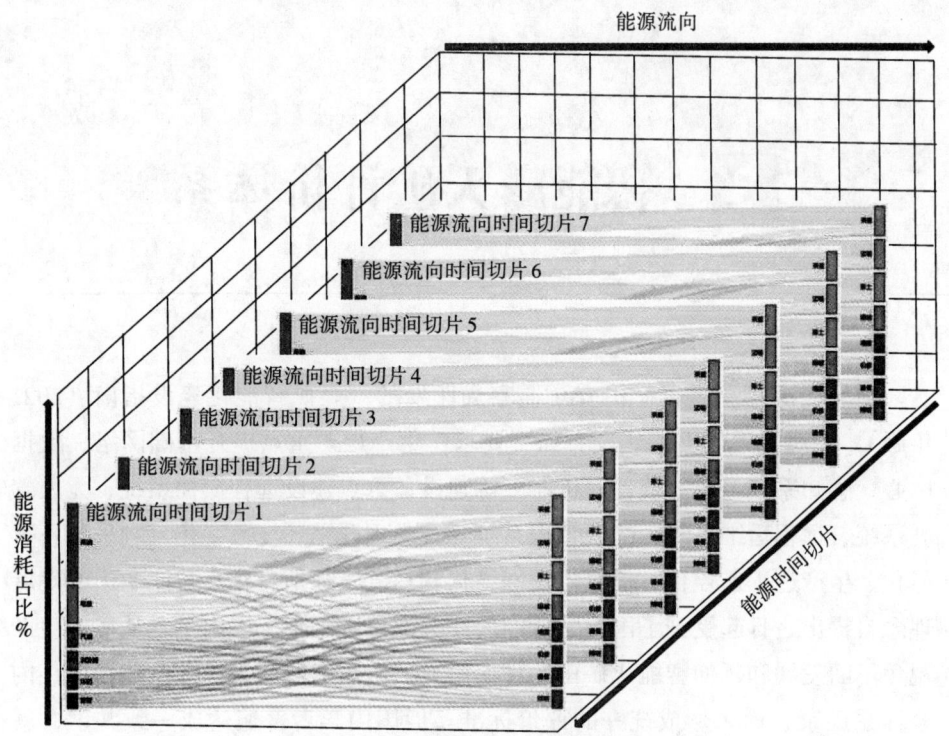

图7-63 能源消耗和能源流向分析图

8 智能露天矿评价体系

国家能源局和国家矿山安全监察局印发的《煤矿智能化建设指南（2021年版）》中对露天矿山的建设有如下要求：生产煤矿重点提升基础网络、数据中心、感知系统、智能装备、机器人等建设，重点建设远程操控系统、无人驾驶系统、远程运维系统、综合管控系统等，实现开采环境数字化、剥采装备智能化、生产过程遥控化、信息传输网络化和经营管理信息化。智能矿山的发展理念自提出之日起受到了国内学者的广泛关注。近年来，国内学者从矿山生产视角不断发展和延伸智能化矿山的理论研究。由于智能露天矿涉及范围广、内容体系庞杂，尚未形成统一的评价标准。但国内学者普遍达成一致共识，就是：智能矿山建设不是一蹴而就的，不同时期、不同建设阶段，智能矿山的评价指标体系也不同。

对于露天矿山而言，并不是所有露天矿山都适合构建智能露天矿山，智能露天矿山评价指标体系的确定为智能矿山的建设明确了方向，明确了哪类露天矿山适合建设智能矿山，哪类矿山可以达到智能矿山的标准。因此，应从构建智能露天煤矿的顶层设计出发，形成智能露天矿山评价指标体系，明确智能露天矿山的评价标准，分阶段逐步形成我国特色的智能露天矿山新生态。2020年自然资源部下发建设绿色矿山评价指标，分别从矿区环境、资源开发方式、资源综合利用、节能减排、科技创新与智能矿山、企业管理与企业形象6个方面对绿色矿山建设水平进行评分，共涵盖105个指标，总分1000分。

借鉴绿色矿山的评价指标体系来分阶段地构建智能露天矿山评价指标体系。智能露天矿山评价指标体系要重视效果，淡化过程；要注重整体，兼顾软硬件投入，操作简单，评价客观，根据露天矿山各个评价指标的结果，根据露天矿建设的智能化程度，将露天矿山划分为不同等级。

我国智能露天矿山建设，经过数字化、智能化，最终向着智能化建设发展。2020年3月20日，为推动智能化技术与煤炭产业融合发展，提升煤矿智能化水平，促进我国煤炭工业高质量发展，由国家发展改革委、能源局、应急部、煤监局、工信部、财政部、科技部、教育部八部委联合印发了《关于加快煤矿智能化发展的指导意见》（以下简称《指导意见》）。根据我国智能矿山建设发展的思路和建设步伐，规划我国智能露天矿山发展涵盖两个阶段，即现阶段、远期愿景阶段。从《指导意见》下发年至2025年，定义这5年为第一阶段，即现阶段智能矿山发展阶段。2026年至2035年为第二阶段的智能露天矿山发展阶段，即远期愿景阶段，基本实现露天矿山的无人驾驶普及、采运排设备自动化控制。第一阶段的智能露天煤矿评价指标体系主要侧重于智能矿山基础信息平台、网络传输、设备管控等内容和系统的建设，其本质是搭建智能矿山的主要支撑基础信息平台，该阶段的评价体系是实现构建智能矿山的关键主控指标。第二阶段的智能露天矿山建设应逐步实现各个系统的智能化、自动化，基本实现无人化。

智能露天矿山指标体系方面，需充分考虑如下因素：

① 需结合矿山建设规模，不强制所有露天矿山都按照智能矿山标准来建设，因此需要考虑露天矿山开采设计方面的指标，包括露天矿山规模及服务年限、采矿工艺、洗选工艺、采区布置、装备选型、运输设计、动力供应、排水设计等。

② 智能露天矿山对基础设施建设有严格要求，需严格考虑基础设施标准化方面的指标，包括剥采台阶参数标准、挖掘机作业安全距离、安全挡墙标准、运输道路参数、卸载安全距离、排土参数、钻机穿孔作业参数以及生产辅助作业相应安全技术要求等。

③ 智能矿山要实现主动感知、自动分析、协同控制，需要考虑生产过程和环境安全方面的指标，包括"剥、采、排、人、机、环"等系统及相关设备的完备性、可靠性、智能化程度、协同控制、效率提升等。

④ 智能矿山是一个全矿山的统一协同运行体，在提高智能化和生产效率的同时，还要实现精细化管理、经营管理数据的共享，因此需要考虑经营管理信息化系统建设方面的指标，包括"人、财、物、产、供、销"等方面的系统建设及其数据完整性、接口开放性、业务支撑等。

⑤ 绿色开采是对煤矿开采的一项重要要求，要求将开采对生态环境造成的破坏降到最低，因此绿色开采也是智能矿山的一项重要评价指标，包括资源开采、综合利用、环境保护、土地复垦、节能减排、矿区和谐、企业文化建设等。

⑥智能矿山具有自我分析和决策的能力，保证矿山的"人、机、环、管"处在高度协调的统一体中运行，因此需要考虑数据融合、自我学习和知识库方面的指标，包括结构化和非结构化数据采集、传输、存储、融合、开放、分析等方面的规范化指标，安全、生产、经营、紧急救援等管理决策支持方面的指标，相关系统自我学习功能的智慧化程度及知识库形成程度方面的指标。

综上所述，智能露天矿山建设过程中，主要涵盖矿山开采储量信息、矿山开采工艺信息、矿山信息化业务系统信息、矿山网络传输信息、矿山应急管理信息、矿山职业健康、排土复垦等综合信息。作者认为，构建的智能露天矿山的规模应当为大型特大型露天矿山。作者将评价指标体系贯穿于教材的编写全过程，同时，认为智能露天矿山的评价指标体系是一个动态体系，提出构建智能露天矿山评价指标体系的目的是凝聚露天矿山产业与各方力量，指导智能矿山完善评价体系，并协调组织各方进行标准体系完善建设和制定，从而推动我国智能露天矿山评价体系从模糊走向落地。

8.1 第一阶段智能露天矿评价体系

根据我国智能矿山建设发展的思路和建设步伐，规划我国智能露天矿山涵盖两个阶段，即现阶段、远期愿景两个阶段。从《指导意见》2020年至2025年，定义这5年为第一阶段，即现阶段智能矿山发展阶段。第一阶段的智能露天煤矿评价指标体系主要侧重于智能矿山基础信息平台、网络传输、设备管控等内容和系统的建设，其本质是搭建智能矿山的主要支撑基础信息平台，该阶段的评价体系是实现构建智能矿山的关键主控指标。

智能露天矿山评价指标体系如表8-1所示。智能露天矿山评价指标体系总体框架示意图如图8-1所示。

表8-1 智能露天矿山评价指标体系

一级指标	二级指标	三级指标	评价说明
1 露天矿山地质基础指标	1.1 储量工艺体系	1.1.1 地质储量	满足现有生产能力条件下的储量最低要求
		1.1.2 服务年限	服务年限参考矿山开采服务年限
		1.1.3 生产能力	满足露天矿山建设规模及服务年限、回采率表
		1.1.4 回采率	满足露天矿山建设规模及服务年限、回采率表

表8-1（续）

一级指标	二级指标	三级指标	评价说明
2 露天矿山信息基础指标		1.1.5 水文地质条件	简单、中等、复杂、极复杂，参见《防治水细则》
		1.1.6 自然发火周期	针对自然发火矿体
		1.1.7 开采工艺	连续工艺、半连续工艺、间断工艺
	1.2 开采参数体系	1.2.1 开采深度	评价现状
		1.2.2 矿体倾角	评价现状
		1.2.3 采场稳定帮坡角	工作帮、端帮帮坡角，满足设计规范
		1.2.4 排土场稳定帮坡角	包括外排土场、内排土场，满足设计规范
		1.2.5 挡墙高度	需满足规范、设备要求
		1.2.6 台阶高度	需满足设备要求
		1.2.7 道路宽度	需满足设备要求
		1.2.8 道路坡度	需满足设备要求
	2.1 数据通信体系	2.1.1 4G、5G网络部署	网络现状评估
		2.1.2 网络上行带宽	网络现状评估
		2.1.3 露天矿山环网带宽	网络现状评估
	2.2 信息安全体系	2.2.1 内外网隔离	网络现状评估
		2.2.2 出口路由设置	网络现状评估
		2.2.3 防火墙	网络现状评估
		2.2.4 防病毒软件	网络现状评估
		2.2.5 入侵检测系统	网络现状评估
		2.2.6 准入控制系统	网络现状评估
	2.3 数据中心体系	2.3.1 数据定义规范	网络现状评估
		2.3.2 数据接口规范	网络现状评估
		2.3.3 数据标准规范体系	网络现状评估
		2.3.4 数据资源管理	网络现状评估
		2.3.5 信息交换共享系统	网络现状评估
		2.3.6 机房物理环境	网络现状评估

表8-1（续）

一级指标	二级指标	三级指标	评价说明
3 露天矿山绿色开采指标	3.1 绿色环保体系	3.1.1 生产区标牌设置	①生产区按要求设置操作提示牌、说明牌、线路示意图牌等各类标牌；②标牌的尺寸、形状、颜色设置应符合规定
		3.1.2 矿区绿化覆盖	矿区可绿化区域应实现绿化全覆盖，且无较大面积表土裸露
		3.1.3 环境监测设备	矿区内设置对噪声、大气污染物的自动监测及电子显示设备
		3.1.4 生活垃圾处置与利用	①矿区（包含矿井）生活垃圾在固定地点收集；②对生活垃圾进行分类，合理确定垃圾分类范围、品种、要求、收运方式等；③生活垃圾自行无害化处理或委托第三方处理
		3.1.5 土处置与利用	剥离表土以及煤层上覆岩石，用于土地复垦、生态修复
		3.1.6 生产废水的处置与综合利用	①建立选矿废水等生产废水的循环处理系统；②生产废水实现循环利用
		3.1.7 露天矿复垦比率	开采扰动面积与复垦面积比值
		3.1.8 采矿道路洒水	洒水次数
	3.2 效率指数体系	3.2.1 采掘设备数量	结合生产能力，给出设备计算指数
		3.2.2 运输设备数量	结合生产能力，给出设备计算指数
		3.2.3 排土设备数量	结合生产能力，给出设备计算指数
		3.2.4 采掘设备 35 m^3 级数量占比	结合生产能力，给出设备计算指数
		3.2.5 运输设备 108 t 级及以上数量占比	结合生产能力，给出设备计算指数
		3.2.6 露天矿人工效率	人工效率
4 露天矿山智能系统指标	4.1 协同开采系统评价指标	4.1.1 矿山测量方法	人工、无人机
		4.1.2 矿山测量软件	根据系统功能评价
		4.1.3 地测采协同软件系统	具有矿山三维地质软件，有三算量软件，构建露天矿山三维地质模型，构建矿山各类数据库，实现露天矿山三维绘图

表8-1（续）

一级指标	二级指标	三级指标	评价说明
		4.2.1 车辆防碰撞系统	根据系统功能评价
		4.2.2 自卸车安全防护系统	根据系统功能评价
		4.2.3 卡车调度系统	根据系统功能评价
		4.2.4 钻机自动布孔与精准导航系统	设备实时定位系统、设备轨迹回放系统
		4.2.5 露天矿燃油管控系统	根据系统功能评价
		4.2.6 露天矿卡车视角盲区影像系统	根据系统功能评价
	4.2 露天矿设备调度评价指标	4.2.7 露天矿轮胎管理系统	根据系统功能评价
		4.2.8 设备生命体征监测系统	根据系统功能评价
		4.2.9 产量称重系统	根据系统功能评价
		4.2.10 皮带远程控制系统	根据系统功能评价
		4.2.11 智能视频识别系统	根据系统功能评价
		4.2.12 矿山自动化集中管控平台	根据系统功能评价
		4.2.13 自动装车系统	根据系统功能评价
		4.2.14 智能视频系统	根据系统功能评价
		4.2.15 调度中心平台	构建矿山自动化集中管控平台，能够将自动控制系统、远程监控系统、储量管理系统、各种监测系统等集中统一显示
	4.3 灾害预警评价指标	4.3.1 边坡稳定性动态监测预警系统	根据系统功能评价

表8-1（续）

一级指标	二级指标	三级指标	评价说明
		4.3.2 疏干防排水远程控制系统	根据系统功能评价
		4.3.3 露天矿环境监测系统	根据系统功能评价
		4.3.4 设备故障诊断系统	根据系统功能评价
	4.4 应急管理指标	4.4.1 具有应急管理系统	具备应急资源、应急专家、应急物资等数据的调阅、可查阅应急预案信息

图8-1　智能露天矿山评价指标体系总体架构

智能露天矿山评价应满足下述5个必要条件，缺一不可。

① 营业执照、采矿许可证、安全许可证齐全。

② 近三年内未受到自然资源和生态环境等部门行政处罚，或处罚已整改到位（相关管理部门出具证明），且未发生过重大安全、环保事故。

③ 矿业权人应进行矿业权人勘查开采信息公示，且未被列入矿业权人勘查开采信息公示系统异常名录。

④ 矿山正常运营，且剩余储量可采年限（按储量年度报告）不少于30年。

⑤ 矿区范围未涉及各类自然保护地。

设计开采地段内探明的、控制的资源量应符合下列规定：

① 露天矿田详查阶段控制的资源量宜占总资源量的20%~30%。
② 露天矿田勘探阶段，先期开采地段探明的和控制的资源储量应达到表8-2规定的百分比。

表8-2 地质条件分类及资源量占比　　　　　　　　　　单位：%

地质开采条件					
简单		中等		复杂	
特大型及大型矿	中型矿	特大型及大型矿	中型矿	中型矿	
90	80	80	70	无具体规定	

露天矿山开采储量信息：主要包括矿山开采境界内剩余储量信息，矿山开采服务年限信息、矿山生产能力信息。矿山服务年限是决定建设智能矿山的首要关键因素，智能矿山的建设需要投入一系列软件系统、硬件设备、传感设备、网络通道等设施，从经济的角度来说，需要投入一定的资金来支撑智能矿山的建设。矿山服务年限应大于30年，以支撑智能矿山的建设和经济回报率。

露天矿山开采业务系统方面的建设，考量露天矿实现智能化的基础指标，该阶段的评价体系主要侧重于露天矿山网络建设、露天矿山业务系统建设、露天矿山服务生命周期。

构建的智能露天矿山的规模应当为大型露天矿山，其设计生产能力应满足我国露天矿山相应设计规范的要求。相应大型矿山生产能力如表8-3所示。

在2021—2025年，通过构建智能露天矿山的各个基础智能化环节，搭建相应的基础支撑智能化系统，作为评价该阶段的智能露天矿山评价指标体系。该阶段的评价指标体系侧重于基础支撑系统的建立，为第二阶段的智能化提供系统数据的融合分析。第一阶段的评价指标体系是实现第二阶段智能化的基础，第二阶段更加侧重于系统的融合，评价难度更高，对各个系统的多维融合度要求更高。

表8-3 露天矿山建设规模及服务年限、回采率表

矿种类别	矿山生产建设规模级别				大型（特大型）新建矿服务年限	大型（特大型）改扩建服务年限
	设计单位	大型（特大型）	中型	小型		
露天煤矿	万t	≥400	400~100	<100	>40年	>35年

表8-3（续）

矿种类别	矿山生产建设规模级别				大型（特大型）新建矿服务年限	大型（特大型）改扩建矿服务年限
	设计单位	大型（特大型）	中型	小型		
铜、铅、锌、钨、锡、锑、钼、镍矿	矿石万t	≥100	100~30	<30	>20年	>20年
钴、镁、铋、汞矿山	矿石万t	≥100	100~30	<30	>20年	>20年
稀土、稀有金属矿山	矿石万t	≥100	100~30	<30	>20年	>20年
铝土矿	矿石万t	≥100	100~30	<30	>20年	>20年
金（砂金机采）矿	矿石万m³	≥210	210~60	<60	>20年	>20年
银矿山	矿石万t	≥30	30~20	<20	>20年	>20年

◆ 8.2 第二阶段智能露天矿评价体系

智能化露天矿山建设过程中，作者根据对智能化露天矿山的理解，凝练智能化露天矿山准则层指标主要包括：基础设施体系、地质体系、测量体系、穿爆体系、采运排及维修体系、边坡监测体系、安全辅助体系、绿色环境体系、应急管理体系等。智能化露天矿山评价指标体系关联结构如图8-2所示。

（1）基础设施体系

智能露天矿基础设施体系是实现智能露天矿山的基础底座，主要包括：① 基础设施：应综合规划建设监控网、工业物联网以及其他高速工业网络，支持数据采集、信息管理、视频监控、安全监测等信息化应用，保障数据安全可靠传输。② 调度控制中心：提供网络传输、视频、通信、数据实时监测、设备远程控制、远程操作、大屏幕展示等基础设施，为设备集中操控、信息集中展现、生产统一指挥提供基础环境及硬件支撑。③ 数据采集与数据服务：具备生产运营数据的在线、自动采集，数据主要包括：环境、资源、生产、设备、能源、质量、安全、运营管理等领域。数据应具备编码、时间、空间、关联、隶属等统一规范，便于数据共享与信息融合。应统一建立数据服务系统，支持实时数据、关系数据以及非结构化数据的集中存储、管理和存取服务，并

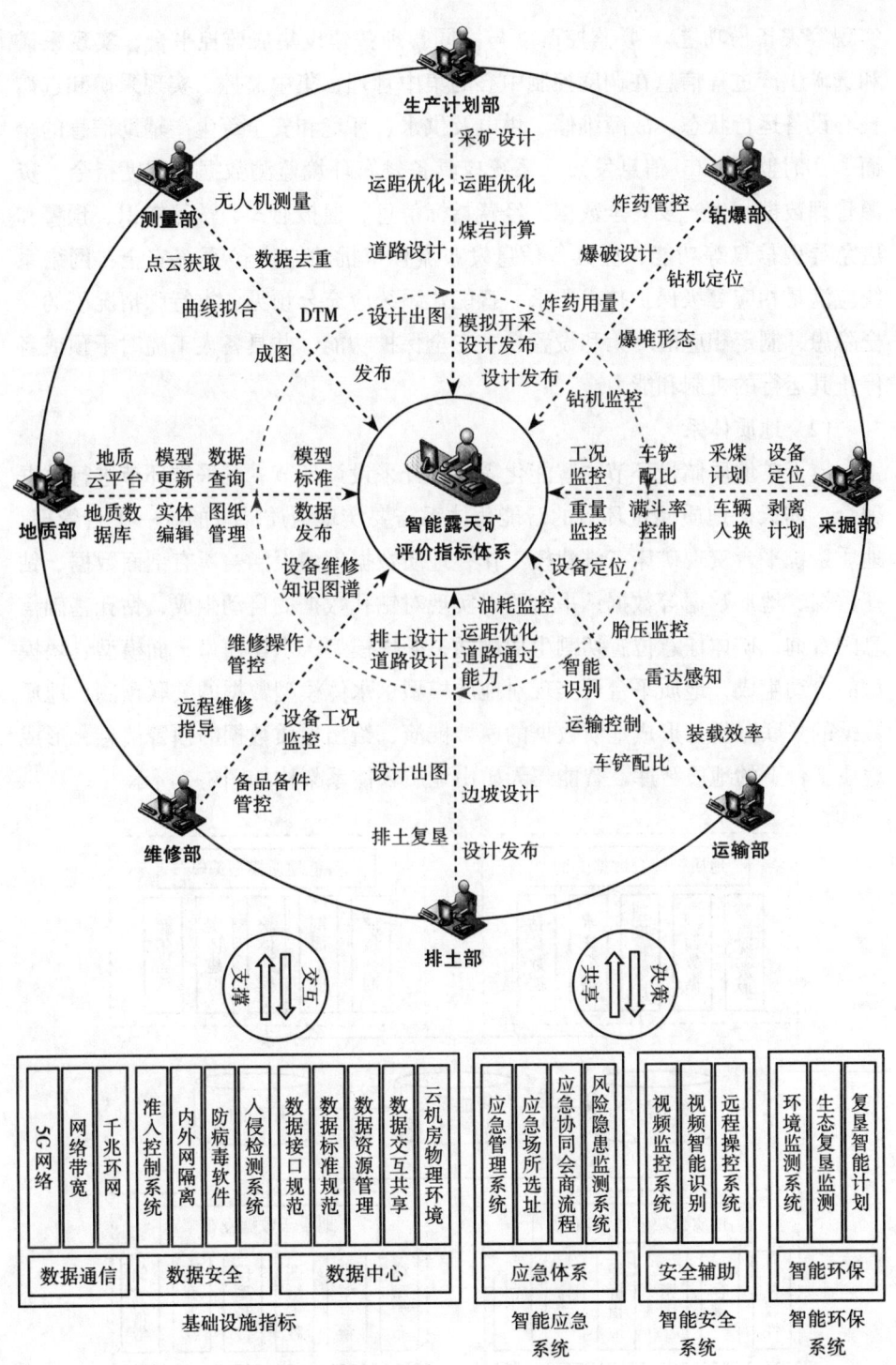

图8-2 智能露天矿山评价指标体系关联结构

实现容灾备份功能。④监控调度与协同管理：建设集成监控平台，实现采矿和选矿生产过程信息在调度控制中心的集中管理、集中监控。实现采矿和选矿核心设备运行状态、故障维修、供电及供水、环境和安全等生产辅助信息的全面、实时监控。⑤信息发布：系统应具备发布环境监测数据、调度指令、资源管理数据、生产及安全数据、经营指标信息、通报通知、学习知识、预警和应急导引信息等功能，应具备信息发布流程审批功能。⑥系统安全：网络系统应满足相应等级保护技术要求。智能化系统应充分预见各类特殊情况下的安全隐患，制定相应的对策和设置自主安全保护功能，并具备人工随时干预或者停止其运行的机制和能力。

(2) 地质体系

露天矿地质储量环节的智能化需要与开采设计环节、剥采排环节进行数据融合。露天矿地质储量环节的智能化体系需要实现地质储量的统一平台管理，地质系统平台实现矿床三维建模工作；地质数据库建设涵盖所有剖面数据、钻孔数据、地形数据等数据；平台可以实现对钻孔数据的自动生成，钻孔基础信息的查询，矿体任意位置切割生成剖面，矿体模型、水体模型、面模型、块模型的自动生成，地质平台可实现对地质模型、水体模型数据的关联预测、地质数据的关联分析，形成地质数据的模拟推演，给出地质数据的预警信息，形成地质平台下的地质智库。智能露天矿山地质云体系架构如图8-3所示。

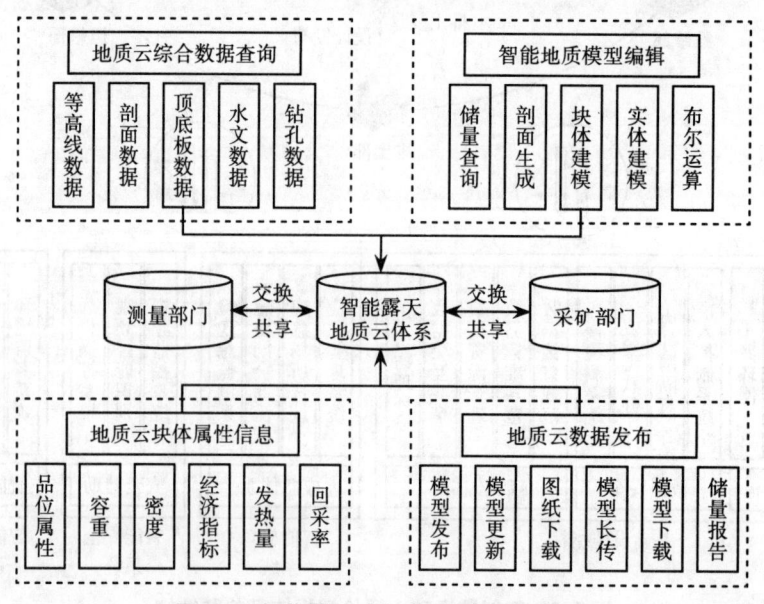

图8-3 智能露天矿山地质云体系架构图

（3）测量体系

实现智能露天矿山测量，需采用无人机测量的方式，实现对露天矿山不同时间维度数据模型的生成与发布。智能露天矿山测量系统通过无人机+三维激光扫描仪的方式，实现矿山不同时间切片条件下的测量数据的采集，实现露天矿山的无人化测量。

矿山无人机+三维激光扫描仪测量数据流程的环节主要包括：点云数据获取—噪声数据去除—点云数据过滤和平滑—数据压缩—点云特征提取和分割—曲线拟合—表面重建。智能测量的最终目标是实现矿山外业测量的无人化。智能露天矿山测量体系架构如图8-4所示。

图8-4 智能露天矿山测量体系架构图

（4）钻爆体系

智能露天矿山钻爆体系应实现炸药入库、出库；钻孔爆破设计、装药结构优化设计、钻机精准定位、爆堆形态预测、钻机煤岩精准识别、设备工况数据的全流程实时管理。智能露天钻孔爆破设计优化后，通过统一的露天矿山协同开采设计平台进行统一的开采设计发布，供采矿部门、地质部门、测量部门、穿爆部门、安环部门等多部门协同。智能露天矿山穿爆实现钻孔、爆破等环节的爆破设计，钻机实时定位，动态跟踪和故障诊断以及炸药入库、出库，实现各环节的实时动态管理，同时实现与露天矿采运排系统的协同作业。其最终目标是实现钻爆整个环节的无人化，实现自动钻孔、煤岩智能识别、自动装药设计、自动装药、自动封孔、智能起爆。智能露天矿山穿爆体系架构如图8-4所示。

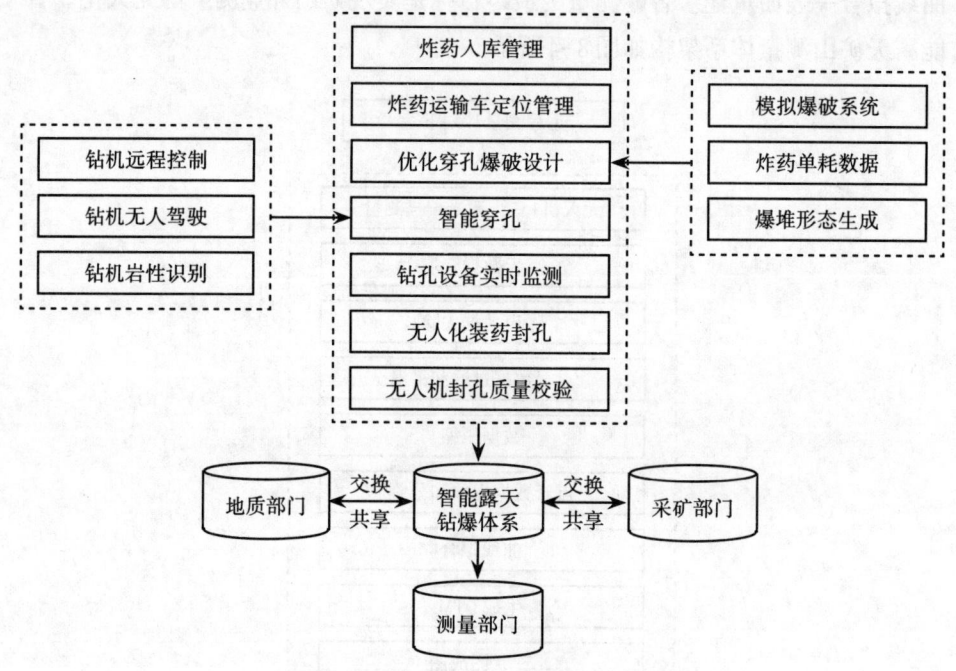

图8-5　智能露天矿山钻爆体系架构图

（5）采运排及维修体系

露天矿山采运排体系是一个复杂的生产系统，涉及的生产部门多、业务交叉大。露天矿山采运排体系的主要数据包括：矿山地质数据，露天矿山采剥计划数据，剥离设备、采矿设备生产数据，提供设备运转的供电系统数据。当地质数据发布后，采矿生产计划部门根据测量部门提供的露天矿山采场、排土场点云数据，根据矿山生产进度计划实现露天矿山剥离、采矿，智能采运排体系需要实现矿山各类设备的无人驾驶和协同运转。智能露天矿山采运排体系架构如图8-6所示。

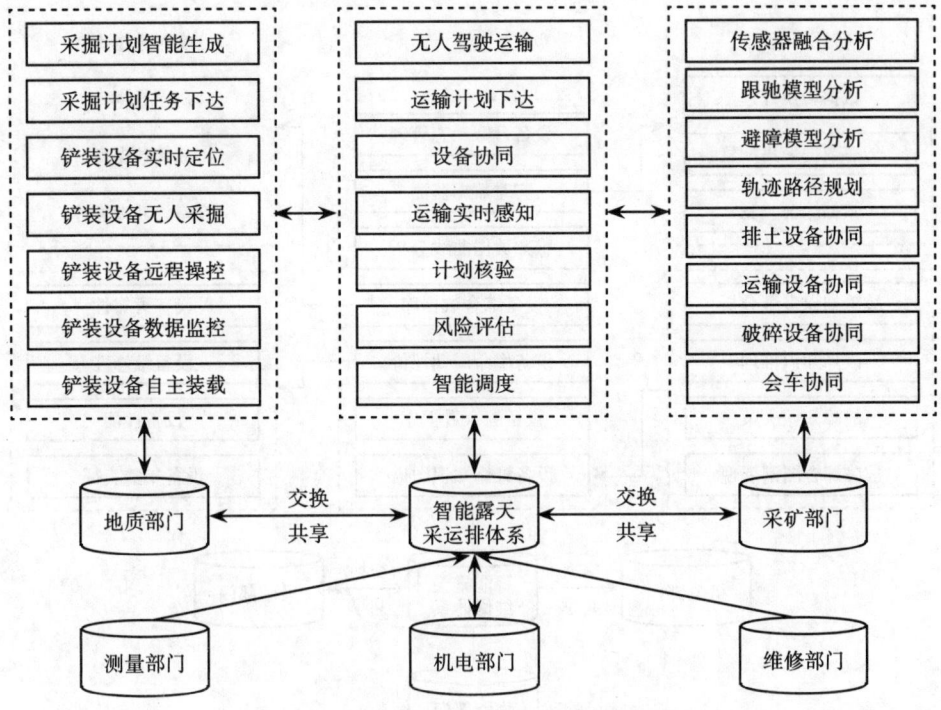

图 8-6 智能露天矿山采运排体系架构图

智能露天矿山设备维修体系主要实现对矿山所有工程设备工况信息联网，通过感知设备工况数据，实现对设备故障风险的预警预判。同时，通过机器学习的方式，实现对维修手册、维修技术关键点、操作流程的智能化。当设备发生预警后，设备从生产状态转为维修状态，进入维修车间。设备维修联网系统给出设备故障信息，同时实现对故障维修的建议和相应的操作流程。最终实现露天矿山设备维修的智能化预警、智能化维修指导。智能露天矿山设备维修体系架构图如图 8-7 所示。

（6）边坡监测体系

智能露天矿山边坡监测体系主要通过布设监测点或者通过雷达扫描方式实现对边坡监测区域的实时动态监测，监测指标包括：表面位移、深部位移、水位、压力等参数指标。同时，智能露天矿山边坡监测系统需要实现与采矿进度计划的融合，根据采矿计划出图，边坡监测系统可自动根据岩性和开采进度计划自动规划监测点位置及数量，同时智能边坡监测系统可根据三维地质系统提供的岩性等相关参数，自动模拟边坡临滑状态，自动计算出稳定帮坡角，反作用于露天矿山开采计划。

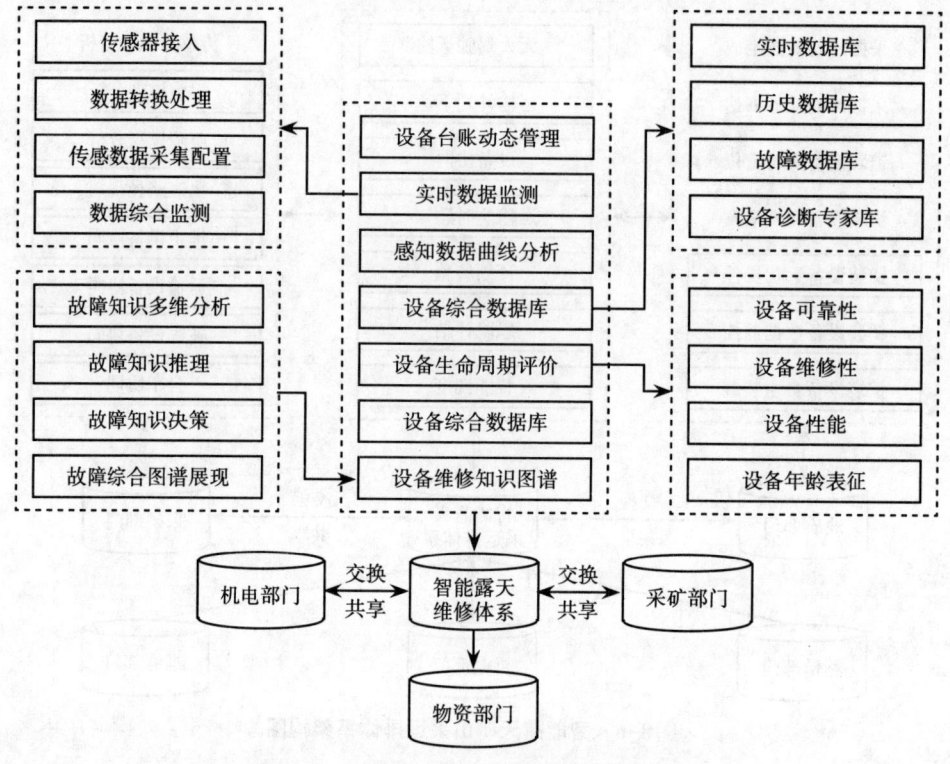

图8-7 智能露天矿山设备维修体系架构图

(7) 安全辅助体系

智能露天矿山安全辅助体系主要通过智能化等手段实现对露天矿山的安全管控,安全辅助体系可通过机器学习和深度学习等方式,实现对露天矿山多种违章行为的智能识别。同时可实现对各类违章行为的闭环处置,充分结合智能露天矿山的网络建设情况,实现各类系统的远程操控,减少一线生产人员和安全检查人员数量,以机器辅助人、机器代替人的思想为指导思想,主动对矿山各生产环节进行智能安全隐患排查,降低生产安全事故发生。

(8) 绿色环境体系

智能露天矿山绿色环境体系的构建需要从露天矿山全生命周期的角度出发,可实现露天矿山从开发规划、设计、生产、闭坑全生命周期的环境污染控制。绿色环境体系需要构建监测预警系统,具备排弃计划、复垦计划以及相应污染物的处置方式及建议。融合不同时期的生产计划,辅助决策矿山绿色生产。绿色矿山是智能矿山的基础底色。

（9）应急管理体系

智能露天矿山应急管理体系的构建，需实现对露天矿山灾害应急预案、区域应急队伍、应急物资、应急专家、应急处置流程等智能管控。当发生异常事件后，系统可第一时间通过广播、电话、短信等多种方式自动通知相应责任人，进行相应的应急处置。

通过对40余座露天矿进行实地调研、问卷调查、网络调研，搜集相关露天矿智能化建设信息。进行上述调研后，对评价体系指标进行归纳和筛选，遵循评价指标设计的科学性、全面性和可操作性原则，从露天矿的智能技术应用、智能安全治理、智能环境体系、智能基础设施以及智能应急5个维度，设立10个二级指标和30个三级指标的评价体系，见表8-4。根据对智能化露天矿山的理解，凝练智能化露天矿山准则层指标，主要包括：基础设施指标、地质系统、钻爆系统、测量系统、采运排系统、边坡监测系统、安全辅助系统、应急管理系统、环境保护系统。

表8-4 露天矿山智能评价指标体系

一级指标	二级指标	三级指标	
		指标名称	指标描述
智能技术应用	钻爆系统智能指数（若有）	智能钻机设备占比	智能钻机数与钻机总数之比。智能钻机：实现钻机实时定位、自主钻进、无人驾驶、主动降尘
		建设穿孔爆破系统	可实现三维爆破设计，可实现装药设计，可实现爆破模拟结果分析，可与采矿设计数据接口对接
		穿爆设备岩性识别	钻机实现钻进过程中的岩性识别，实现对钻头速度、压力的监测，实现岩性强度及岩性预测
	测量系统智能指数	采用无人机测量	采用无人机测量的方式，进行测量
		建设测量算量系统平台	支持多种格式的数据导入，支持点云数据的去噪，支持数据过滤，支持点特征提取，支持曲线拟合，支持DTM面生成，具有模型数据发布功能，可实现与采矿设计数据接口对接，可自动生成露天矿坡顶坡底线
	采运排系统智能指数	建设采运排设备感知系统平台	其中：设备安装360°感知系统、设备安装违章行为智能识别系统、设备实时定位、防碰撞系统。实现设备无人驾驶及远程操控。（针对间断工艺、连续工艺、半连续工艺以及倒堆工艺）

表8-4（续）

一级指标	二级指标	三级指标	
		指标名称	指标描述
		建设设备综合管理平台	具有故障诊断系统、设备基础数据调阅、安标检测检验数据调阅、故障记录、维修信息，建立设备故障知识图谱。（针对间断工艺、连续工艺、半连续工艺以及倒堆工艺）
		建设采运排设备调度系统	系统可实现运输路径优化。系统实现采运排设备自主调度，不需要人工干预，车铲设备自动匹配。（针对间断工艺和半连续工艺）
	边坡监测智能指数	建设边坡监测系统	具有水位、深部位移、浸润线、速度、加速度、表面位移、含水率、温度、土压力、裂缝等参数查询。具有实时预警等功能，可生成测点实时数据和历史曲线
		三维稳定性分析	支持边坡三维稳定性分析，可实现对边坡稳定性的三维展现
	地质智能指数	构建地质平台	具有三维地质软件，可实现对矿体的三维可视化，支持三维编辑，数据查询、剖面切割，支持矿山三维开采设计，具备模拟开采和虚拟排土功能。具有矿山图件统一管理功能，支持下载、上传；可根据图件要求生成不同比例尺图件；具有模型数据的发布功能；平台可实现与其他系统的数据接口开放；具有储量报表的导出功能，可自定义报表样式，下载后支持编辑；支持二三维数据的转换功能；支持采矿、测量、地质专业的协同制图
	智能决策及辅助设计平台	智能报表系统	系统支持自动生成露天矿财务评价报表、资产负债、现金流量表等财务报表。同时支持对下一年度成本进行预测
		设备效率及故障预测系统	系统可实时计算及预测当前矿山设备运行及今后故障状态，及时对设备配件数量及设备折旧状态进行实时动态分析
		三维仿真辅助设计平台	具备三维仿真模拟开采功能；可实现采场排土场物料流智能规划；可实现生产计划智能排产，支持日生产计划、周生产计划、月生产计划、年生产计划的自动生成，具备露天矿采场储量、地质赋存状态的实时预警
智能应急体系	应急智能系统指数	建设露天矿应急管理系统平台	具有预案查询、物资管控、应急事件发布等功能

表8-4（续）

一级指标	二级指标	三级指标	
		指标名称	指标描述
		建设露天矿山风险隐患管理系统	具有风险隐患闭环管理功能，实现系统智能巡检和RFID、二维码等智能方式
		数据互联互通	实现应急管理数据与政府系统平台数据的互联互通，可实时查阅应急装备、专家队伍等信息
		应急广播系统	建立应急广播系统
		预案模拟系统	建立事故应急预案模拟演练系统
智能环境体系	绿色环境智能指数	建立环境系统监测平台	废弃物在线监测，粉尘、烟尘、矸石山有毒气体监测
		具有生态复垦监测功能	包括征地计划、复垦计划、排土排弃计划等。可实现露天矿山开发规划、设计、生产、闭坑全生命周期的环境污染控制
智能安全治理	安全辅助智能指数	智能摄像头覆盖率	具有智能识别摄像头与摄像头总数之比，单位：%
		供电系统无人值守	实现供电系统无人值守
		过磅系统无人值守	实现过磅系统无人值守
		水泵系统无人值守	实现水泵系统无人值守
智能基础指标	基础设施	4G、5G网络	露天矿坑部署建成4G或者5G或者NB-IOT等网络
	通信网络指数	露天矿建设调度控制中心	提供网络、视频、通信、监测、控制、远程操作、大屏幕展示等基础设施，为信息集中展现、设备集中操控、生产统一指挥提供环境及硬件支持
		部署露天矿数据采集转换设备	实现露天矿坑内生产数据的接入上传，同时支持边坡、视频、采运排钻孔辅助设备、水文、地质、供电等系统数据的上传，实现上述数据转换

表8-4（续）

一级指标	二级指标	三级指标	
		指标名称	指标描述
		露天矿数字资产管理系统平台	实现数据的质量、数据治理等功能
		网络安全	矿山网络安全等级保护

备注：其中涉及的无人驾驶，远程操控是指：露天矿山相应环节全部实现该功能，如无人驾驶，矿坑内所有运输、采掘、钻进设备实现无人驾驶

8.3 智能露天矿山分级

为了方便矿山企业评估其智能矿山建设水平，将露天矿山智能化评价结果分成5个等级：智能矿山准备阶段、智能矿山发展阶段、智能矿山追赶阶段、智能矿山走向成熟阶段以及智能矿山领跑阶段。矿山智能化评价等级如表8-5所示。

表8-5 矿山智能化等级

等级	建设水平的描述
智能矿山准备阶段	露天矿山仅仅建设了部分信息化系统，整体信息化水平落后，还存在部分环节的人工手动统计计算工作，整体智能化处于准备阶段。总体智能化评价因子得分<20分
智能矿山发展阶段	露天矿山基础设施体系、生产智能化系统得到普遍应用。建设了一个或多个可单独应用的露天矿山智能化系统，但各系统彼此独立，并未实现系统数据对接或未建立系统之间的联动规则和流程。实现单一系统应用。总体智能化评价因子得分21~40分
智能矿山追赶阶段	智能化系统与基础信息化系统实现集成，成为信息化集成体系中的组成部分。相关联的多个智能化系统能够通过自主协作实现互动操作和联动运行，达到局部融合的效果。总体智能化评价因子得分41~60分
智能矿山走向成熟阶段	各生产系统整体初步实现智能联动，多系统协同应用。总体智能化评价因子得分61~80分
智能矿山领跑阶段	生产经营数据实现广泛采集，数据通过智能决策系统得到充分利用。露天矿山多系统整体应用。总体智能化评价因子得分81~100分

8.4 智能露天矿山建设标准

为保证智能露天矿山建设的科学化、合理化，需制定涉及智能露天矿山建设发展的相应矿山建设标准规范，包括基础标准、采集汇聚制度标准、共享服务制度标准、网络安全制度标准、云计算平台制度标准、智能露天矿山系统平台框架以及信息系统开发制度标准等内容。

图8-8所示为智能露天矿山建设标准架构。

图8-8 智能露天矿山建设标准框架图

参考文献

[1] 吴立新.数字矿山技术[M].长沙:中南大学出版社,2009.

[2] 王李管.智慧矿山技术[M].长沙:中南大学出版社,2019.

[3] 贺佑国,刘国林.我国煤矿智能化现状及发展方向[M].北京:应急管理出版社,2020.

[4] 中国煤炭学会露天开采专业委员会.中国露天煤炭事业发展报告[M].北京:煤炭工业出版社,2014.

[5] 杨荣新.露天采矿学:下册[M].徐州:中国矿业大学出版社,1984.

[6] 史文中,吴立新,李清泉,等.三维空间信息系统模型与算法[M].北京:电子工业出版社,2007.

[7] 李增学.煤炭地质学[M].北京:煤炭工业出版社,2009.

[8] 丁世飞.高级人工智能[M].徐州:中国矿业大学出版社,2015.

[9] 李志林,朱庆.数字高程模型[M].武汉:武汉大学出版社,2000.

[10] 李翠平,李仲学,赵怡情.数字矿山理论、技术及工程[M].北京:科学出版社,2012.

[11] 刘峰,曹文君,张建明.持续推进煤矿智能化,促进我国煤炭工业高质量发展[J].中国煤炭,2019,45(12):32-37.

[12] 王国法,刘峰,孟祥军,等.煤矿智能化(初级阶段)研究与实践[J].煤炭科学技术,2019,47(8):1-36.

[13] 王国法,王虹,任怀伟,等.智慧煤矿2025情景目标和发展路径[J].煤炭学报,2018,43(2):295-305.

[14] 张瑞新,毛善君,赵红泽,等.智慧露天矿山建设基本框架及体系设计[J].煤炭科学技术,2019,47(10):1-23.

[15] 赵红泽,刘元旭,王群,等.智慧露天矿山规划发展路径研究[J].中国煤炭,2021,47(1):27-34.

[16] 王忠鑫,孙鑫,王金金,等.基于BIM的智慧露天矿协同工作平台架构与关键技术[J].煤炭科学技术,2019,47(10):36-42.

[17] 张瑞新,赵红泽.中国露天矿山信息化现状及发展趋势[J].露天采矿技术,2014(9):1-4.

[18] 王猛,马晓燕,国承斌.智慧露天矿山底层平台构建[J].工矿自动化,2020,46(12):116-119.

[19] 何帅,王海洋,赵力.露天煤矿智慧化建设关键技术及智能管控理念[J].煤矿安全,2020,51(10):298-304.

[20] 孙健东,张瑞新,贾宏军,等.我国露天煤矿智能化发展现状及重点问题分析[J].煤炭工程,2020,52(11):16-22.

[21] 王忠鑫,辛凤阳,宋波,等.论露天煤矿智能化建设总体设计[J].煤炭科学技术,2022,50(2):37-46.

[22] 付恩三,刘光伟,王新会,等.基于"互联网+"智慧露天煤矿建设发展新构想[J].中国煤炭,2020,46(2):35-41.

[23] 付恩三,刘光伟,赵浩,等.智慧露天矿山总体框架及关键技术研究[J].工矿自动化,2021,47(8):27-32.

[24] 刘光伟.数字化露天矿虚拟开采模型构建技术及应用研究[D].阜新:辽宁工程技术大学,2007.

[25] 刘闯.相邻露天矿边帮压煤协调开采技术研究[D].阜新:辽宁工程技术大学,2013.

[26] 张志,刘闯,薛应东,等.相邻露天矿境界重叠区边帮压煤协调开采技术[J].煤炭科学技术,2013,43(9):91-95.

[27] 白润才,刘闯,薛应东,等.相邻露天矿边帮压煤协调开采技术[J].煤炭学报,2014,39(10):2001-2006.

[28] 刘光伟,白润才,曹兰柱.基于多层DEM的露天矿三维地质模型构建及其应用[J].煤炭工程,2010,382(9):73-75.

[29] 刘光伟,白润才,曹兰柱,等.基于AutoCAD的露天矿三维地质模型的三维可视化构建方法[J].世界科技研究与发展,2008,30(6):758-760.

[30] 白润才,李成盛,刘光伟,等.内蒙古吉林郭勒二号露天煤矿真三维实体模型构建[J].世界科技研究与发展,2013,35(5):594-596.

[31] 车兆学.安家岭露天煤矿内排开拓运输系统优化[J].采矿与安全工程学报,2007,24(4):494-502.

[32] 车兆学,才庆祥.露天煤矿内排时期下部水平开拓运输系统优化[J].煤炭科学技术,2007,35(10):33-37.

[33] 白润才,刘闯,刘光伟,等.季节性剥离露天煤矿内排开拓运输系统优化[J].重庆大学学报,2014,37(8):99-104.

[34] 周伟,才庆祥,谢廷堃,等.大型近水平露天煤矿转向期间开拓运输系统优化研究[J].采矿与安全工程学报,2008,25(4):404-408.

[35] 李静静.含断层的复杂地质体三维建模与等高线生成[D].青岛:山东科技大学,2005.

[36] 吕进国.煤矿床数字化建模插值方法及其应用研究[D].阜新:辽宁工程技术大学,2009.

[37] 赵浩.宝日希勒露天矿三维地质建模及应用研究[D].阜新:辽宁工程技术大学,2012.

[38] 武强,徐华.三维地质建模与可视化方法研究[J].中国科学(D辑:地球科学),2004,(1):54-60.

[39] 陈国良.三维地质断层结构模型构建及切割分析技术研究[D].武汉:中国地质大学,2006.

[40] 陈明铭.高邮凹陷吴堡断裂带与油气成藏关系研究[D].北京:中国石油大学,2011.

[41] 李昌领.复杂地层体三维建模算法研究[D].徐州:中国矿业大学,2014.

[42] 李玉立,程钢.北斗RTK测量系统在矿山测量中的应用探讨[J].金属矿山,2015(4):191-194.

[43] 吉绪发.结合无人船与网络RTK技术测量露天矿坑土方量[J].测绘通报,2019(7):151-155.

[44] 贺凯.无人机载雷达在露天矿边坡位移监测中的应用[J].煤矿安全,2018,49(3):118-120,124.

[45] 李胜林,王宗睿,孙建成,等.基于无人机航测的露天矿爆堆形态与延期间隔的研究[J].爆破,2021,38(1):70-74.

[46] 顾清华,宋江珊,薛步青,等.露天矿无人驾驶矿用卡车排土边缘警戒线更新方法[J].矿业研究与开发,2022,42(2):151-157.

[47] 李必军,方志祥,任娟.从激光扫描数据中进行建筑物特征提取研究[J].武汉大学学报(信息科学版),2003(1):65-70.

[48] 黄磊,卢秀山,陈传法.基于激光扫描仪数据的建筑物立面特征信息提

取[J].测绘科学,2006(6):141-142,9.

[49] 蔡湛.机载LiDAR点云数据建筑物检测和屋顶轮廓线提取算法研究[D].阜新:辽宁工程技术大学,2014.

[50] 王晓辉,吴禄慎,陈华伟,等.基于区域聚类分割的点云特征线提取[J].光学学报,2018,38(11):66-75.

[51] 罗敏.数字图像辅助激光点云特征提取研究[D].长沙:中南大学,2011.

[52] 刘倩,耿国华,周明全,等.基于三维点云模型的特征线提取算法[J].计算机应用研究,2013,30(3):933-937.

[53] 段煜.基于激光点云的室外场景三维重建[D].大连:大连理工大学,2021.

[54] 浦仕贵.不同地形复杂度地貌点云曲面构建技术方法研究[D].昆明:昆明理工大学,2021.

[55] 任东风,郝凌云.三维实景精细建模在露天矿综合治理中的应用[J].辽宁工程技术大学学报(自然科学版),2021,40(6):530-537.

[56] 孙继平.煤矿事故分析与煤矿大数据和物联网[J].工矿自动化,2015,41(3):1-4.

[57] 李东,周勇.大数据在煤矿安全领域应用方法研究[J].煤炭经济研究,2018,38(6):39-45.

[58] 郜彤,刘传安.基于大数据分析的煤矿安全风险预测系统研究[J].煤炭工程,2018(7):173-176.

[59] 毛善君,刘孝孔,雷小锋,等.智能矿井安全生产大数据集成分析平台及其应用[J].煤炭科学技术,2018,46(12):169-176.

[60] 王万丽,崔超.煤矿安全生产大数据应用管理系统研究与设计[J].中国煤炭,2018,44(2):91-94,117.

[61] 刘海滨,刘浩,刘曦萌.煤矿安全数据分析与辅助决策云平台研究[J].中国煤炭,2017,43(4):84.

[62] 吴金兵,毛善君,李梅.大型矿区应急救援"一张图"关键技术研究[J].煤矿安全,2016,47(11):83.

[63] 郑海山.阳煤集团安全生产矿区"一张图"内涵分析[J].煤矿安全,2017,48(12):234-236.

[64] 张广山,杨富强,彭伟,等.基于智能视频识别技术的煤矿井下空顶作业告警应用研究[J].数字通信世界,2018(9):273,282.

[65] 闫顺礼,宋玉斌,于忠厚.井下主运带式输送机智能煤流系统的研究[J].煤矿机械,2019,40(9):180-183.

[66] 许志,李敬兆,张传江,等.轻量化CNN及其在煤矿智能视频监控中的应用[J].工矿自动化,2020,46(12):13-19.

[67] 张谢华.煤矿智能视频监控系统关键技术的研究[D].徐州:中国矿业大学,2013.

[68] 万航.煤矿井下视频监控异常行为识别算法的研究[D].太原:太原科技大学,2013.

[69] 杨起,王忠平,丁正凡.浅析倾斜井巷视频监控系统在铁能公司的应用[C].中国煤炭工业协会,2014.

[70] 王波.zigbee技术在视频监控系统中的辅助应用与实现[D].成都:电子科技大学,2020.

[71] 聂珍,马宏伟.煤矿巡检机器人巷道气体环境智能检测系统设计[J].工矿自动化,2020(6):17-22.

[72] 胡劲松.远程视频巡检系统设计与自适应传输策略研究[D].西安:西安工业大学,2019.

[73] 黄磊.城市智慧公安综合视频系统模型设计[D].西安:西安电子科技大学,2017.

[74] 赵凯.基于深度学习的暴恐视频识别关键技术研究[D].北京:北京邮电大学,2019.

[75] 赵家辉.基于视频识别的小区智能停车位管理系统的设计与实现[D].上海:东华大学,2020.

[76] 尚兆功.基于视频识别技术的智能车库管理系统[D].济南:山东建筑大学,2016.

[77] 周庆东.基于智能视频识别技术的作业告警系统[J].电子设计工程,2020,28(5):31-35.

[78] 卫杰.一种智能视频人流检测系统的设计与实现[D].上海:上海交通大学,2017.

[79] 唐铭谦.基于对象的监控视频摘要算法研究[D].西安:西安电子科技大学,2014.

[80] 龚建伟,姜岩,徐威.无人驾驶车辆模型预测控制[M].北京:北京理工大学出版社,2014.

[81] 陈慧岩,熊光明,龚建伟.无人驾驶汽车概论[M].北京:北京理工大学出版社,2014.

[82] 刘生强.基于滑模控制的纯电动汽车避撞系统控制策略研究[D].合肥:合肥工业大学,2017.

[83] 李滨.车辆自动驾驶纵向控制系统仿真研究[D].成都:西华大学,2016.

[84] 肖迪.汽车纵向防撞预警控制系统建模与仿真研究[D].长沙:湖南大学,2014.

[85] 沈忱.汽车纵向主动避撞系统的建模与仿真[D].武汉:武汉理工大学,2012.

[86] 李诗福.汽车避撞控制系统建模与仿真研究[D].长沙:湖南大学,2009.

[87] 王富民,贺昌斌.露天矿卡车无人驾驶技术的现状与展望[J].露天采矿技术,2021,36(3):45-47.

[88] 武讲,郑群飞.哈尔乌素露天矿无人驾驶方案研究[J].金属矿山,2021(2):167-172.

[89] 孙庆山,张磊,庞东君,等.矿用卡车无人驾驶系统实现方式及效益优势分析[J].露天采矿技术,2020,35(2):35-38.

[90] 赵浩,毛开江,曲业明,等.我国露天煤矿无人驾驶及新能源卡车发展现状与关键技术[J].中国煤炭,2021,47(4):45-50.

[91] 付恩三,刘光伟,邸帅,等.露天矿山无人驾驶技术及系统架构研究[J].煤炭工程,2022,54(1):34-39.

[92] 李庆玲,张慧祥,赵旭阳,等.露天矿无人驾驶自卸卡车发展综述[J].煤炭工程,2021,53(2):29-34.

[93] 高金龙,蔡明祥,王识辉.准东露天煤矿5G+卡车无人驾驶技术应用试验[J].露天采矿技术,2021,36(5):39-42.

[94] 杜德林,黄洁,王娇娥.基于多源数据的中国智能城市发展状态评价[J].地球信息科学学报,2020,22(6):1294-1306.

[95] 胡军燕,修佳钰,潘灏.基于面板数据的城市智慧度评价与分类[J].统计观察,2020(7):76-80.

[96] 黎精明,张泽宇.国有企业发展质量评价指标体系构建与实证[J].管理决策,2021(12):166-169.

[97] 王东旭,张紫昭.新疆非金属露天开采矿山地质环境评价指标体系与模型建立[J].中国矿业,2018,27(3):93-99.

[98] 刘亦晴,梁雁茹,刘娜娜,等.基于高质量发展视角的绿色矿山建设评价指标体系研究[J].黄金科学技术,2020,28(2):176-187.

[99] 赵国彦,邱菊,赵源,等.金属矿绿色开采评价指标体系及组合赋权法研究[J].安全与环境学报,2020,20(6):2309-2316.

[100] 岳宁芳,金彦,孙明福,等.基于多指标气体的煤自燃进程分级预警研究[J].安全与环境学报,2020,20(6):2139-2146.

[101] 邱硕涵,谭章禄.煤炭企业智慧矿山建设指标体系研究[J].煤炭科学技术,2019,47(10):259-266.

[102] 林楚佩,石磊.生态经济指标体系及省域评价研究[J].生态经济,2020,36(7):77-82.

[103] 贺耀宜.智慧矿山评价指标体系及架构探讨[J].工矿自动化,2017,43(9):17-20.

附 录

附录1 固体矿产资源储量新老分类标准转换基本对应关系

附表1 固体矿产资源储量新老分类标准转换基本对应关系表

序号	新分类标准资源储量类型		老分类标准资源储量类型
1	储量	证实储量	111
			121
2		可信储量	122
3	资源量	探明资源量	111b
			121b
			2M11
			2M21
			2S11
			2S21
			331
4		控制资源量	122b
			2M22
			2S22
			332
5		推断资源量	333

附录2 固体矿产资源/储量分类

附表2 固体矿产资源/储量分类表

经济意义	地质可靠程度			
	查明矿产资源			潜在矿产资源
	探明的	控制的	推断的	预测的
经济的	可采储量 (111)			
	基础储量 (111b)			
	预可采储量 (121)	预可采储量 (122)		
	基础储量 (121b)	基础储量 (122b)		
边际经济的	基础储量 (2M11)			
	基础储量 (2M21)	基础储量 (2M22)		
次边际经济的	资源量 (2S11)			
	资源量 (2S21)	资源量 (2S22)		
内蕴经济的	资源量 (331)	资源量 (332)	资源量 (333)	资源量 (334)?

注：表中所用编码（111~334）：

第1位数表示经济意义，即1=经济的，2M=边际经济的，2S=次边际经济的，3=内蕴经济的，?=经济意义未定的；

第2位数表示可行性评价阶段，即1=可行性研究，2=初步可行性研究，3=概略研究；

第3位数表示地质可靠程度，即1=探明的，2=控制的，3=推断的，4=预测的，b=未扣除设计、采矿损失的可采储量。

附录3 煤炭资源量估算指标

附表3 煤炭资源量估算指标表

项目			煤类			
			炼焦用煤	长焰煤、不粘煤、弱粘煤、贫煤	无烟煤	褐煤
煤层厚度 (m)	井采	倾角 <25°	≥0.7	≥0.8		≥1.5
		25~45°	≥0.6	≥0.7		≥1.4
		>45°	≥0.5	≥0.6		≥1.3
	露天开采		≥1.0			≥1.5
最高灰分 A_d（%）			40			
最高硫分 $S_{t,d}$（%）			3			
最低发热量 $Q_{net,d}$（MJ/kg）			——	17.0	22.1	15.7

附录4 千万吨级露天矿明细表

附表4 千万吨级露天矿明细表

序号	煤矿名称	生产状态	地区	设计生产能力	核定生产能力
1	中煤平朔集团有限公司东露天矿	正常生产煤矿	山西省朔州市平鲁区	2000	2000
2	中煤平朔集团有限公司安家岭露天矿	正常生产煤矿		1000	2000
3	中煤平朔集团有限公司安太堡露天矿	正常生产煤矿		1500	2000
4	内蒙古平庄煤业（集团）有限责任公司元宝山露天煤矿	正常生产煤矿	内蒙古自治区赤峰市元宝山区	500	1200

附表4（续）

序号	煤矿名称	生产状态	地区	设计生产能力	核定生产能力
5	扎鲁特旗扎哈淖尔煤业有限公司露天煤矿	正常生产煤矿	内蒙古自治区通辽市扎鲁特旗	1500	1800
6	内蒙古霍林河露天煤业股份有限公司南露天煤矿	正常生产煤矿	内蒙古自治区通辽市霍林郭勒市	1500	1800
7	内蒙古电投能源股份有限公司北露天煤矿	正常生产煤矿		1000	1000
8	哈尔乌素露天煤矿	正常生产煤矿	内蒙古自治区鄂尔多斯市准格尔旗	2000	3500
9	神华准格尔能源有限责任公司黑岱沟露天煤矿	正常生产煤矿		1200	3400
10	内蒙古汇能煤电集团有限公司长滩露天煤矿	长期停建矿井		2000	2000
11	华能伊敏煤电有限责任公司露天矿	正常生产煤矿	内蒙古自治区呼伦贝尔市鄂温克族自治旗	1600	3500
12	神华宝日希勒能源有限公司露天煤矿	正常生产煤矿	内蒙古自治区呼伦贝尔市陈巴尔虎旗	1000	3500
13	大唐国际发电股份有限公司胜利东二号露天煤矿	长期停建矿井	内蒙古自治区锡林郭勒盟锡林浩特市	3000	3000
14	神华北电胜利能源有限公司胜利一号露天煤矿	正常生产煤矿		2000	2800
15	内蒙古胜利矿区胜利西二号露天煤矿	正常生产煤矿		1000	1000
16	内蒙古吉林郭勒二号露天煤矿有限公司	正常建设煤矿		1800	1800
17	国家电投集团内蒙古白音华煤电有限公司露天矿	正常生产煤矿	内蒙古自治区锡林郭勒盟西乌珠穆沁旗	1500	1500
18	内蒙古白音华蒙东露天煤业有限公司白音华煤田三号露天矿	正常生产煤矿		1400	2000

附表4（续）

序号	煤矿名称	生产状态	地区	设计生产能力	核定生产能力
19	内蒙古锡林河煤化工有限责任公司贺斯格乌拉南露天煤矿	正常建设煤矿	内蒙古自治区锡林郭勒盟东乌珠穆沁旗	1500	1500
20	国能宝清煤电化有限公司朝阳露天煤矿	正常生产煤矿	黑龙江省双鸭山市宝清县	1100	1100
21	云南省小龙潭矿务局布沼坝露天煤矿（露天矿）	正常建设煤矿	云南省红河哈尼族彝族自治州开远市	1300	1000
22	陕西神延煤炭有限责任公司神木县西湾露天煤矿	正常生产煤矿	陕西省榆林市神木市	1000	1300
23	国能新疆托克逊能源有限责任公司	正常生产煤矿	新疆维吾尔自治区吐鲁番市托克逊县	400	1000
24	国网能源哈密煤电有限公司大南湖二分公司	正常生产煤矿	新疆维吾尔自治区哈密市哈密市	1000	1000
25	国能新疆红沙泉能源有限责任公司	正常生产煤矿	新疆维吾尔自治区昌吉回族自治州奇台县	800	1000
26	新疆天池能源有限责任公司将军戈壁二号露天煤矿	正常生产煤矿		2000	2000
27	中联润世新疆矿业有限公司奥塔乌日克什露天煤矿	长期停建矿井		1000	1000
28	新疆宜化矿业有限公司新疆准东五彩湾矿区一号露天煤矿	正常生产煤矿	新疆维吾尔自治区昌吉回族自治州吉木萨尔县	2000	2000
29	国能新疆准东能源有限公司	正常生产煤矿		2000	2000
30	新疆天池能源有限责任公司南露天煤矿	正常生产煤矿		3000	3000

附录5 露天矿知识库资料

附表5 露天矿知识库资料表

序号	标准编号	标准名称	发布部门	发布日期	状态
1	GB 50968-2014	露天煤矿工程施工规范	住房和城乡建设部	2014/8/1	现行
2	GB 50970-2014	装饰石材矿山露天开采工程设计规范	住房和城乡建设部		现行
3	GB 51016-2014	非煤露天边坡工程技术规范	住房和城乡建设部	2015/5/1	现行
4	GB/T 51068-2014	煤炭工业露天矿机电设备修理设施设计规范	住房和城乡建设部	2015/8/1	现行
5	GB/T 51111-2015	露天金属矿施工组织设计规范	住房和城乡建设部	2016/2/1	现行
6	GB 51114-2015	露天煤矿施工组织设计规范	住房和城乡建设部	2016/3/1	现行
7	GB 50778-2012	露天煤矿岩土工程勘察规范	住房和城乡建设部	2012/12/1	现行
8	GB 51173-2016	煤炭工业露天矿疏干排水设计规范	住房和城乡建设部	2016/12/1	现行
9	GB 51197-2016	煤炭工业露天矿节能设计规范	住房和城乡建设部	2017/7/1	现行
10	GB 51214-2017	煤炭工业露天矿边坡工程监测规范	住房和城乡建设部	2017/7/1	现行
11	JB/T 8550-2011	履带式露天钻车	工业和信息化部	2011/8/1	现行
12	JB/T 13279-2017	履带式露天液压钻车	工业和信息化部	2018/4/1	现行
13	JB/T 13197-2017	露天矿用风送式喷雾机	工业和信息化部	2018/1/1	现行
14	JB/T 11757-2013	全液压露天钻车	工业和信息化部	2014/7/1	现行
15	JB/T 10247-2016	履带式露天潜孔钻机	工业和信息化部	2016/9/1	现行

附表5（续）

序号	标准编号	标准名称	发布部门	发布日期	状态
16	HG/T 2810-1997	化工矿山露天采矿设计规范	住房和城乡建设部	2001/6/1	现行
17	GB/T 51360-2019	金属露天矿工程施工及验收标准	住房和城乡建设部	2020/4/1	现行
18	GB 51289-2018	煤炭工业露天矿边坡工程设计标准	住房和城乡建设部	2018/12/1	现行
19	GB 51287-2018	煤炭工业露天矿土地复垦工程设计标准	住房和城乡建设部	2018/11/1	现行
20	GB 51282-2018	煤炭工业露天矿矿山运输工程设计标准	住房和城乡建设部	2018/11/1	现行
21	MT/T 881-2000	露天矿矿用自卸汽车适应性试验方法	国家煤炭工业局	2001/5/1	现行
22	MT/T 675-1997	露天煤矿边坡模拟试验方法	煤炭工业部	1998/6/1	现行
23	MT/T 499-1995	露天矿35 kV和66 kV移动变电站	煤炭工业部	1996/5/1	现行
24	MT/T 1186-2020	露天煤矿运输安全技术规范	国家煤矿安全监察局	2021/1/1	现行
25	MT/T 1185-2020	露天煤矿排土场技术规范	国家煤矿安全监察局	2021/1/1	现行
26	MT/T 1183-2020	露天矿边坡稳定性分析及岩移监测方法	国家煤矿安全监察局	2021/1/1	现行
27	MT/T 1152-2011	煤炭工业露天矿工程建设项目可行性研究报告编制标准	国家安全生产监督管理	2011/9/1	现行
28	JC/T 1081-2008	装饰石材露天矿山技术规范	国家发展和改革委员会	2008/12/1	现行
29	JB/T 023.1-2019	潜孔钻机 第1部分：露天矿用型	工业和信息化部	2020/1/1	现行
30	NB/T 10521-2021	现代化安全高效绿色露天煤矿建设技术要求	国家能源局	2021/4/1	现行

附表5（续）

序号	标准编号	标准名称	发布部门	发布日期	状态
31	NB/T 10520-2021	现代化安全高效绿色露天煤矿评价规范	国家能源局	2021/4/1	现行
32	NB/T 10519-2021	现代化安全高效绿色露天煤矿评价技术条件	国家能源局	2021/4/1	现行
33	NB/T 10517-2021	露天煤矿建矿安装工程验收资料标准	国家能源局	2021/4/1	现行
34	NB/T 10516-2021	露天煤矿建矿安装工程质量评价标准	国家能源局	2021/4/1	现行
35	NB/T 10515-2021	露天煤矿建矿安装工程质量验收标准	国家能源局	2021/4/1	现行
36	NB/T 51052-2016	煤炭建设露天剥离工程综合消耗量定额	国家能源局	2016/12/1	现行
37	NB/T 10741-2021	天煤矿大型卡车运行安全测试规范	国家能源局	2022/2/16	现行
38	NB/T 10740-2021	露天煤矿大型卡车运行日常安全检查规程	国家能源局	2022/2/16	现行
39	NB/T 10532-2021	露天煤矿土地复垦质量监测技术规程	国家能源局	2021/4/1	现行
40	AQ 1098-2014	露天煤矿安全设施设计编制导则	国家安全生产监督管理局	2014/6/1	现行
41	AQ/T 2050.5-2016	金属非金属矿山安全标准化规范 小型露天采石场实施指南	国家安全生产监督管理局	2017/3/1	现行
42	AQ/T 2050.3-2016	金属非金属矿山安全标准化规范 露天矿山实施指南	国家安全生产监督管理局	2017/3/1	现行
43	AQ 2027-2010	金属非金属露天矿山在用矿用自卸汽车安全检验规范	国家安全生产监督管理局	2011/5/1	现行
44	DB13/T 2928-2018	金属非金属露天矿山从业人员安全生产培训大纲及考核规范	河北省质量技术监督局	2018/12/31	现行
45	DB12/T 724.28-2021	安全生产等级评定技术规范第28部分：金属非金属矿山（露天）	天津市市场监督管理委	2021/3/1	现行

附表5（续）

序号	标准编号	标准名称	发布部门	发布日期	状态
46	DB11/T 1322.28-2018	安全生产等级评定技术规范第28部分：金属非金属矿山（露天）	北京市市场监督管理局	2019/7/1	现行
47	AQ/T 2063-2018	金属非金属露天矿山高陡边坡安全监测技术规范	应急管理部	2018/12/1	现行
48	DB15/T 356-2018	露天煤矿生态恢复灌草型建设技术规程	内蒙古自治区质量技术监督管理局	2018/6/30	现行
49	DB15/T 1354-2018	露天煤矿生态恢复作物复垦技术规程	内蒙古自治区质量技术监督管理局	2018/6/30	现行
50	DB15/T 1252-2017	草原区露天煤矿排土场植被恢复技术规范	内蒙古自治区质量技术监督管理局	2017/12/10	现行
51	DB15/T 1251-2017	草原区露天煤矿排土场植被恢复技术规范	内蒙古自治区质量技术监督管理局	2017/12/10	现行
52	DB14/T 2271-2015	智能化露天矿建设规范	山西省市场监督管理局	2021/2/26	现行
53	DB21/T 3484-2021	油页岩露天矿山安全规程	辽宁省市场监督管理局	2021/8/30	现行
54	DB15/T 1358-2018	露天煤矿生态恢复牧草复垦技术规程	内蒙古自治区质量技术监督管理局	2018/6/30	现行
55	DB15/T 1357-2018	露天煤矿生态恢复灌木建设技术规程	内蒙古自治区质量技术监督管理局	2018/6/30	现行
56	DB34/T 3249-2018	露天开采金属矿绿色矿山建设要求	安徽省市场监督管理局	2019/1/29	现行
57	DB34/T 3248-2018	露天开采非金属矿绿色矿山建设要求	安徽省市场监督管理局	2019/1/29	现行
58	DB34/T 2566-2015	金属非金属露天矿山安全质量评审准则	安徽省质量技术监督局	2016/1/30	现行
59	DB53/T 790-2016	露天磷矿山采矿工艺控制参数	云南省质量技术监督局	2016/12/1	现行
60	DB43/T 1788-2020	露天矿山采场边坡生态修复施工安全规程	湖南省市场监督管理局	2020/8/15	现行

附表5（续）

序号	标准编号	标准名称	发布部门	发布日期	状态
61	DB37/T 3163-2018	金属非金属露天矿山企业生产安全事故隐患排查治理体系实施指南	山东省质量技术监督局	2018/4/29	现行
62	DB37/T 3162-2018	金属非金属露天矿山企业安全生产风险分级管控体系实施指南	山东省质量技术监督局	2018/4/29	现行
63	GB 31335-2014	铁矿露天开采单位产品能源消耗限额	国家质量监督检验检疫局	2016/1/1	现行
64	GB 29445-2012	煤炭露天开采单位产品能源消耗限额	国家质量监督检验检疫局	2013/10/1	现行
65	GB/T 18024.6-2010	煤矿机械技术文件用图形符号 第6部分：露天矿机械图形符号	国家质量监督检验检疫局	2011/2/1	现行
66	GB/T 15663.4-2008	煤矿科技术语 第4部分：露天开采	国家质量监督检验检疫局	2009/4/1	现行
67	GB/T 10598.2-2017	露天矿用牙轮钻机和旋转钻机第2部分：工业试验方法	国家质量监督检验检疫局	2018/2/1	现行
68	GB/T 10598.1-2017	露天矿用牙轮钻机和旋转钻机 第1部分：通用技术	国家质量监督检验检疫局	2018/2/1	现行
69	GB 50512-2009	冶金露天矿准轨铁路设计规范	住房和城乡建设部	2009/10/1	现行
70	GB 50197-2015	煤炭工业露天矿设计规范	住房和城乡建设部	2015/11/1	现行
71	GB 50175-2014	露天煤矿工程质量验收规范	住房和城乡建设部	2014/8/1	现行
72	GB/T 37923-2019	露天矿用无轨运矿车安全要求	国家市场监督管理总局	2020/3/1	现行
73	GB/T 37807-2019	露天煤矿井采采空区勘查技术规范	国家市场监督管理总局	2020/3/1	现行
74	GB/T 37697-2019	露天煤矿边坡变形监测技术规范	国家市场监督管理总局	2020/1/1	现行
75	GB/T 37573-2019	露天煤矿边坡稳定性年度评价技术规范	国家市场监督管理总局	2020/1/1	现行
76	GB/T 50552-2010	煤炭工业露天矿工程建设项目设计文件编制标准	住房和城乡建设部	2010/12/1	现行

附表5（续）

序号	标准编号	标准名称	发布部门	发布日期	状态
77	YB/T 4865-2020	铁矿山露天转地下废石内排技术规范	工业和信息化部	2021/4/1	现行
78	YB/T 4698-2018	黑色冶金露天矿工程用车智能调度系统技术规范	工业和信息化部	2019/4/1	现行
79	TD/T 1031.2-2011	土地复垦方案编制规程 第2部分：露天煤矿	国土资源部	2011/5/31	现行
80	T/CSPSTC 81-2021	露天矿山边坡生态修复施工技术规程	中国岩石力学与工程学学会	2020/12/30	现行
81	YB/T 4866.1-2020	铁矿山露天转地下开采技术规范 第1部分：通用技术规范	工业和信息化部	2021/4/1	现行
82	YB/T 4866.2-2020	铁矿山露天转地下开采技术规范 第2部分：协同开采技术规范	工业和信息化部	2021/4/1	现行
83	YB/T 4866.3-2020	铁矿山露天转地下开采技术规范 第3部分：覆盖层形成技术规范	工业和信息化部	2021/4/1	现行
84	建标 155-2011	煤炭工业露天矿建设标准		2012/1/1	现行
85	YBJ 13-1989	露天矿边坡勘察规范		2003/4/1	现行
86	YB 9068-1995	黑色冶金露天矿电力机车牵引准轨铁路设计规范		2001/3/1	现行